Marion Lagoda ist im Bergischen Land aufgewachsen und studierte Kunstgeschichte, bevor sie ein Volontariat bei der Rheinischen Post begann. Sie arbeitete als Journalistin u.a. für die Frankfurter Rundschau und spezialisierte sich später auf die Themen Natur und Garten. Sie ist Autorin zahlreicher Gartenbücher und schreibt Gartenreportagen für verschiedene Magazine. Marion Lagoda hat zwei erwachsene Kinder und lebt mit ihrem Mann in Hamburg.

Hamburg, 1913: Als Hedda ihre Stelle als Obergärtnerin bei der jüdischen Bankiersfamilie Clarenburg antritt, hat sie es nicht leicht. Auf dem parkähnlichen Anwesen oberhalb der Elbe ist sie die erste Frau auf diesem Posten und wird von den ausschließlich männlichen Kollegen entsprechend kritisch beäugt. Auch körperlich wird ihr viel abverlangt, denn das Anwesen über der Elbe ist riesig, und der Erste Weltkrieg fordert ihr gärtnerisches Können noch einmal besonders heraus. Trotzdem gelingt es Hedda, hier ihren gärtnerischen Traum zu verwirklichen – bis hin zum Amphitheater im römischen Stil, das zum Mittelpunkt prachtvoller Feste und Theateraufführungen wird. Doch als sich in den 1930er Jahren die Zeiten verdüstern, geraten sowohl Hedda, die jüdische Vorfahren hat, als auch die Familie Clarenburg immer mehr in Bedrängnis. Lebendig und mit faszinierenden Pflanzenbeschreibungen erzählt Marion Lagoda das Leben der Frau nach, deren wahrer Name Else Hoffa lautete und die als Obergärtnerin der Familie Warburg den berühmten Römischen Garten in Hamburg-Blankenese anlegte.

Ein Garten über der Elbe in der Presse:
»Marion Lagoda erzählt die wahre Geschichte einer außergewöhnlichen Frau lebendig, mit faszinierenden Pflanzenbeschreibungen.« hygge

»Geschickt mischt die Autorin Fakten und Fiktion, und so erfährt man viel bei der Lektüre dieses Romans.« NDR Kultur

Außerdem von Marion Lagoda lieferbar:
Der Himmel, unter dem wir Kinder waren. Roman

www.penguin-verlag.de

Marion Lagoda

Ein Garten über der Elbe

Roman

PENGUIN VERLAG

MIX
Papier | Fördert gute Waldnutzung
FSC® C014496

Penguin Random House Verlagsgruppe FSC® N001967

8. Auflage

in der Penguin Random House Verlagsgruppe GmbH,
Neumarkter Straße 28, 81673 München
produktsicherheit@penguinrandomhouse.de
(Vorstehende Angaben sind zugleich
Pflichtinformationen nach GPSR.)

Umschlaggestaltung: Sabine Kwauka
Umschlagmotiv: © Natural History Museum, London / Bridgeman Images; Lucky Team Studio / shutterstock
Satz: satz-bau Leingärtner, Nabburg
Druck und Bindung: GGP Media GmbH, Pößneck
Printed in Germany
ISBN 978-3-328-11103-0
www.penguin-verlag.de

»… das ganze Land ist reizend«, erwiderte er, »und es ist gut da wohnen, wenn man von den Menschen kommt, wo sie ein wenig zu dicht aneinander sind, und wenn man für die Kräfte seines Wesens Tätigkeit mitbringt. Zuweilen muss man auch einen Blick in sich selbst tun. Doch soll man nicht stetig mit sich allein auch in dem schönsten Lande sein; man muss zuzeiten wieder zu seiner Gesellschaft zurückkehren …«

Adalbert Stifter, *Der Nachsommer*

Prolog

ALS SIE SPÄTER AN die Jahre bei den Clarenburgs zurückdachte, erschien ihr diese Zeit wie ein langer, ferner Traum. Dann und wann, wenn sie den Duft einer *Alba Maxima* oder einer *Maiden's Blush* wahrnahm, kam eine flüchtige Erinnerung an Adeles Rosengarten. Und sah sie im Old Vic Shakespeares *Sommernachtstraum*, dachte sie unwillkürlich an die Aufführungen von Tommy, Lilly und Ida und ihren Freunden in dem kleinen Amphitheater hoch über dem Fluss; an Adele, wie sie hoheitsvoll die Gäste begrüßte; an Ludwig, der die Besucher in seiner gewohnt launigen Art zu der runden Naturbühne führte; an diese verzauberten Abendstunden, wenn die bleiche Schleiereule ihre Kreise über Titanias Feenreich zog und die Mondviolen im Dunklen leuchteten.

Einmal noch hatte sie den Garten tatsächlich besucht. Das war lange nach dem Krieg gewesen. Und obwohl sie sich geschworen hatte, nie wieder einen Fuß in dieses Land, in diese Stadt zu setzen, die einst sie selbst und die Clarenburgs ins Exil und Ben und Hannah in den Tod getrieben hatten, war sie doch neugierig gewesen. Sie wollte sich ihr Werk noch einmal anschauen.

Im Nachhinein wünschte sie, sie hätte es gelassen. Der Ort war verwüstet, der Rosengarten gerodet. Die feinen Abstufungen des Amphitheaters waren unter dem viel zu hohen Gras kaum mehr auszumachen, die Terrassenbeete nur ansatzweise erkennbar. Allein die Girlandenhecke erhob sich wie eh und je majestätisch über der Elbe, penibel geschnitten und den Verwerfungen ringsum gegenüber gleichgültig scheinend.

Sie hatte den Gastgebern gegenüber ein paar freundliche Worte gefunden. Sie hatten es gut gemeint und gedacht, sie täten ihr einen Gefallen mit der Einladung. Dann war sie voller Trauer zurückgekehrt nach England, ihrem neuen Zuhause, in dem sie sich auch nach zwanzig Jahren nicht heimisch fühlte.

Sie hatte hier andere Gärten angelegt und gehegt. Doch nie wieder hatte sie sich so eins gefühlt mit einem Ort wie damals auf dem weitläufigen Anwesen der Clarenburgs. Sie dachte jetzt häufiger an diese Zeit. Eine Sache des Alters vermutlich. Dinge, die lange zurücklagen, traten jetzt wieder deutlicher zutage. Sie erinnerte sich an im Grunde unwichtige Details, die sich dennoch in ihr Gedächtnis gebrannt hatten, scheinbare Belanglosigkeiten, die ihr in den vorangegangenen Jahrzehnten entfallen waren: an Adeles blütenweiße Garderobe, die sie ausschließlich zu ihren Gartensoireen trug; an das Grübchen in Renatas Kinn; an das magische Licht während der gestohlenen Stunden mit Lorenz; an Siggi Wermuths leichtes Stottern, wenn er aufgeregt war; an Bens Zigarettenetui mit dem elegant verschnörkelten Monogramm; an Sonnenuntergänge, die sich kupferrot, silbergrau, orange glühend auf dem Fluss spiegelten, und Vollmondnächte, die die Wellen wie Diamanten funkeln ließen; an das immer etwas glucksende Lachen von Hannah; Hannah, ihre goldlockige Hannah ...

Die Erinnerungen waren geblieben. Und dann und wann geschah es sogar, dass sie ohne Wehmut, ohne Groll zurückdenken konnte. Dann war sie dankbar, dass sie diese Zeit erleben durfte, diese fünfundzwanzig Jahre, die schönsten ihres Lebens.

1

ES WAR EIN UNGEWÖHNLICH warmer und freundlicher Tag Ende April des Jahres 1913, als sie ihren Dienst bei den Clarenburgs antrat. Die Obstbäume blühten, als gäbe es kein Morgen, und streuten ihre weißen und rosafarbenen Blütenblätter wie Konfetti auf die Straßen. Die Tulpen in den Vorgärten prangten in all ihren Ostereierfarben. Überall nahm sie eine schier überschäumende, knospende Vegetation wahr.

Sie schaute aus dem Fenster der Kutsche und registrierte, je länger sie fuhren, vor allem haushohe Eibenhecken und immer wieder mächtige Rhododendronpflanzungen, die die Grundstücke rechts und links der stillen Villenstraße begrenzten. Die Knospen mancher der ausladenden Gehölze waren bereits kurz davor aufzubrechen. In ein, zwei Wochen würde das fantastisch aussehen, und für eine kurze Zeit würde man sich fühlen wie in einem Hain aus Edelsteinen. Danach würden diese blickdichten grünen Wände wieder wie ein Schutzwall wirken. Abweisend und undurchdringlich würden sie ihre Aufgabe für alle klar erkenntlich und bestens erfüllen, nämlich die Gärten und die herrschaftlichen Häuser dahinter vor den zudringlichen Blicken des gemeinen Volkes zu verbergen.

Sie verwarf diesen Gedanken. Sie war noch nicht einmal an ihrem Bestimmungsort angekommen, und schon hegte sie böse Vermutungen. Lass dir Zeit, ermahnte sie sich. Schau dir alles in Ruhe an und hab Geduld mit den Menschen. Vor allem das: Geduld mit den Menschen und dann und wann ein wenig Nachsicht.

Sie war am frühen Morgen in Berlin aufgebrochen. In Hamburg angekommen, war sie mit der Vorortbahn Richtung Westen in das am Elbhang liegende Fischerdorf Blankenese gefahren und dort von der hauseigenen Kutsche abgeholt worden. Zwei Koffer, ein Korb mit Reiseproviant, mehr hatte sie nicht dabei. Ihre Notizblöcke, Schreibstifte, Zeichen- und Malutensilien, die Bücher sowie ihre botanischen Nachschlagewerke hatte sie vor einigen Tagen an die neue Adresse geschickt. Ihr künftiger Arbeitgeber bezahlte alles.

Langsam gingen die Rhododendren in eine waldige Parklandschaft über. Die Kutsche bog nach links in einen breiten Seitenweg ab und nach etwa einem Kilometer wieder nach links, wo der Weg in einen runden Vorplatz mündete. Sie hielten vor dem Portal eines weitläufig aussehenden Hauses aus rotem Backstein. Links davon nahm sie eine Remise und Pferdeställe wahr, rechts war ein kleineres, zweistöckiges Gebäude zu sehen, vermutlich das Wohnhaus für das Personal.

Der Kutscher hielt ihr die Tür auf und bot ihr die Hand zum Aussteigen. Er war ein untersetzter Mann mit grauem Haar und freundlichen Augen. »Gehen Sie ruhig ins Haus, Fräulein. Herr Clarenburg erwartet Sie. Ihr Gepäck bringe ich schon mal ins Gärtnerhaus«, sagte er.

Sie fühlte sich verschwitzt und schmutzig von der Reise und hätte sich gern die Hände gewaschen, bevor sie dem Hausherrn gegenübertrat. Aber das war wohl auf die Schnelle nicht möglich.

Als sie auf das klassizistisch anmutende Portal zutrat, kam ihr ein Mann raschen Schrittes aus dem Haus entgegen.

»Sie sind Fräulein Herzog, nicht wahr, Flora Hedwiga Herzog«, sagte er und hielt ihr schon beide Hände entgegen. »Ich bin Ludwig Clarenburg. Herzlich willkommen in Blankenese. Ich hoffe, Sie hatten eine gute Reise.« Sein breites Lächeln zog sich über das ganze Gesicht, ein sympathisches Gesicht, wie sie fand. Hochgewachsen, kräftig, mit sich bereits lichtendem schwarzen Haar, dem breiten Schnurrbart und der lebhaften Attitüde wirkte er nicht gerade so, wie sie sich einen hanseatischen Bankier vorgestellt hatte. Aber was wusste sie schon? Solche Leute kannte sie nicht, hatte sie nie gekannt.

Ohne Umschweife fasste er sie galant am Ellbogen und führte sie ins Haus. »Kommen Sie, kommen Sie. Wir gehen in mein Arbeitszimmer. Da können wir uns unterhalten.«

Sie fühlte sich leicht überwältigt vom Überschwang des Hausherrn, der sie im Eiltempo durch die repräsentative Eingangshalle in sein Arbeitszimmer führte, einen behaglichen Raum mit eichengetäfelten Wänden und Bücherregalen bis unter die Decke sowie einem ausladenden Schreibtisch.

»Nehmen Sie doch Platz«, sagte er, während er ihr einen bequemen Stuhl vor dem Schreibtisch zurechtrückte und sich selbst dahintersetzte.

Er überflog ganz kurz die vor ihm liegenden Papiere und schaute sie dann freundlich an.

Sie schaute abwartend zurück.

Wie nahm er sie wahr, was sah er? Eine schmale, groß gewachsene Frau Ende zwanzig mit dichtem kastanienrotem Haar, unter einem breitrandigen Hut aufgesteckt, und einer sehr hellen, fast durchsichtig wirkenden Haut. Große graugrüne Augen, die ihn wachsam musterten. Ihre Haltung war sehr gerade, die Kleidung durchaus elegant, aber sichtlich abgetragen.

Er betrachtete sie lange. Sie schaute schweigend zurück. Ein ironischer Zug erschien um ihre Mundwinkel und ein kurzes Aufblitzen in ihren Augen.

»Machen Sie sich keine Sorgen«, sagte sie schließlich. »Ich bin ziemlich belastbar.« Sie lächelte zum ersten Mal, seit sie sich kennengelernt hatten. Und zum ersten Mal hörte er auch ihre Stimme, eine ungewöhnlich dunkle Stimme, leicht rauchig.

Er lachte. »Na ja, nichts für ungut. Meine Frau stammt wie Sie aus Würzburg und kannte noch die Gärtnerei Ihres Vaters«, erklärte er. »Sie war immer sehr angetan von seiner Arbeit und hat von Verwandten gehört, dass Sie in seine Fußstapfen getreten sind. Und dann Ihre Ausbildung in Berlin … Ich habe mich natürlich erkundigt. Ihre Referenzen sind tadellos.« Clarenburg schaute noch einmal auf das Empfehlungsschreiben der Königlichen Gärtnerlehranstalt.

»Ich habe da nur wenige Monate hospitiert«, erklärte sie.

»Ich weiß, ich weiß«, sagte Clarenburg. »Aber Ihren Lehrern scheinen Sie dennoch aufgefallen zu sein.«

»Ich war eine von zwei Frauen dort«, bemerkte sie trocken.

Clarenburg blickte auf und sah sie aufmerksam an. »Verstehe«, sagte er. Er lehnte sich in seinem Schreibtischstuhl zurück. »Sehen Sie, ich halte es für eine große Verschwendung, das Potenzial und die Kreativität von Frauen so außer Acht zu lassen, wie das im Moment noch geschieht«, fuhr er fort. »Doch seien Sie versichert: Die Zeiten ändern sich. Meine vier Töchter werden alle aufs Lyzeum gehen und studieren, wenn sie das denn wollen. Auf jeden Fall werde ich dafür sorgen, dass sie einen Beruf ergreifen, um zumindest finanziell unabhängig von einem männlichen Wesen zu sein. In der Zwischenzeit schauen wir erst mal, was wir hier für Sie tun können.«

Dann stand er auf. »Kommen Sie, ich zeige Ihnen Ihr neues Domizil. Henry hat Ihr Gepäck sicher schon ins Gärtnerhaus gebracht.«

»Vielen Dank. Wenn es Ihnen nichts ausmacht, würde ich auch gern gleich den Garten sehen.«

»Sicher, ich habe noch eine Stunde Zeit. Ich zeige Ihnen erst einmal die Südterrasse, den Bereich, für den ich Sie hauptsächlich habe kommen lassen. Den Rest können wir vielleicht in den nächsten Tagen anschauen. Ein Gang über das gesamte Grundstück braucht schon eine Zeit lang.«

»Das ist sehr freundlich, aber ich kann das auch alleine machen. Sie haben sicher genug zu tun, und ich schaue mir gern alles in Ruhe an.«

Er überging die deutlich zum Ausdruck gebrachte Abfuhr mit Nonchalance. »Gut. Dann zeige ich Ihnen jetzt Ihr Haus, und dann gehen wir zur Südterrasse.«

»Könnte ich mich vorher kurz frisch machen und mir andere Schuhe anziehen?«, fragte sie.

»Ja natürlich, und das mit den Schuhen ist sicher sinnvoll. Kommen Sie«, forderte er sie auf.

Das Gärtnerhaus, unterhalb des auf einer Anhöhe errichteten Haupthauses gelegen, sollte ihr alleiniges Refugium sein. Das hatte man ihr schon geschrieben. Clarenburg ging mit ihr durch die Vorhalle mit einer in den ersten Stock führenden, geschwungenen Treppe und vorbei an einem lichten Salon. Bei einem kurzen Blick durch die halb geöffneten Schiebetüren sah sie einen offenen Kamin mit davorstehenden, zwanglos gruppierten Sesseln, helle Wände, Stuckdecken von zierlicher Eleganz und weiß gestrichene Möbel, dazu leichte Vorhänge. Es gab einen Flügel und zwei bequem aussehende Polstersofas zwischen den Fensterfronten. Alles atmete großbürgerliche Gediegenheit, aber auch etwas herrschaftlich Festliches wehte durch die Räume.

Unmittelbar neben dem Salon führte eine gläserne Tür nach draußen, sodass man schon von der Diele aus auf die dahinterliegende Szenerie schauen konnte. Eine lang gezogene, überdachte Terrasse bildete eine Art Laubengang, der sich in den anschließenden Wiesenhang schob. Jeweils sechs bis zum Boden gezogene Rundbögen auf beiden Seiten gaben den Blick nach Osten und Westen frei. Rosen- und Glyzinienranken kletterten an den Pfeilern empor, und von der Decke hingen mit Farnen bepflanzte Körbe, gerade so hoch, dass eine groß gewachsene Person wie Clarenburg problemlos darunter hinwegschreiten konnte. Ein paar Deckchairs waren auf dem hellen Sandsteinboden verteilt.

Sie bemühte sich, ihr Entzücken über das Ambiente im Zaum zu halten. Sie brach auch nicht in Begeisterungsstürme aus, als sie die Treppe am Ende der Terrasse erreichten, wo man über die Kronen der weiter hangabwärts stehenden Bäume hinweg den Lauf der Elbe mehrere Kilometer weit überblicken konnte. Vage nahm sie den Salzgeruch des nahen Meeres wahr.

Clarenburg geleitete sie über den Rasenhang nach links hin zu einem Rhododendronwäldchen, durch das ein abwärts führender, verschlungener Weg zu einem unauffälligen Fachwerkbau führte. Eine große Eberesche und einige Hortensienbüsche flankierten das Haus nach Südosten hin. In einem kleinen Anbau lagerten Holzvorräte. Neben der Eingangstür kletterte ein Jelängerjelieber fast bis unters Dach, und unmittelbar an der Vorderfront machte sie die ersten Triebe von Stockrosen und breite Bänder von bereits blühenden Vergissmeinnicht aus. Nach Norden hin stieg der Hang schon wieder leicht an.

Hinter dem Haus zog sich ein planiertes Areal weithin Richtung Osten. Es bot Platz für zwei große Gewächshäuser samt Frühbeetkästen, einen Geräteschuppen sowie einen daran anschließenden ausgedehnten Gemüsegarten. Er bestand aus einem Dutzend quadratisch angeordneter Beete, die durch gepflasterte Wege säuberlich voneinander getrennt waren, und wurde gen Osten von einer mit Spalieren versehenen Ziegelmauer begrenzt. In den vorderen Kompartimenten machte sie noch die letzten vor sich hin trocknenden Rosenkohlstrünke aus. Sie sah ein Spargelbeet, in dem sich die grünen Spitzen ans Licht schoben, und in einigen der hinteren Partien schnurgerade Reihen mit bereits ausgesäten Bohnen, Zwiebeln und Möhren. »Von da beziehen wir einen großen Teil unserer Früchte und des Gemüses«, erklärte Clarenburg. »Auf dem nördlichen Teil des Grundstücks gibt's noch eine Obstwiese. Das werden Sie ja dann alles noch sehen.«

Dann wandten sie sich um zur Schwelle des Gärtnerhauses. Die Tür war unverschlossen. Sie traten ein, ihr Gepäck stand in der kleinen Diele. Clarenburg zog einen Schlüssel aus seiner Westentasche und reichte ihn ihr. »Das ist nun Ihr neues Zuhause. Ich hoffe, es gefällt Ihnen und Sie fühlen sich wohl.«

»Gewiss«, sagte sie unbestimmt und schaute sich verstohlen um.

»Das Bad ist im ersten Stock, direkt unter dem Dach. Da ist auch Ihr Schlafzimmer«, erklärte Clarenburg. »Hier links ist die Wohnstube und rechts die Küche.«

Sie schaute kurz in die Stube und sah einen Eichenholzfußboden und weiße Wände, einen offenen Kamin und noch leere Bücherregale, die bis zu den Deckenbalken reichten. Ein großer Holztisch stand in der Mitte, darauf eine Vase mit wilden Hyazinthen, die ihren süßherben Duft verströmten. Mehrere Stühle und Sessel waren im Raum verteilt. Ein Sofa stand links der Tür, ein kleiner Beistelltisch vor den Sprossenfenstern, die die Aussicht auf den Fluss freigaben. Ein Blick in die Küche offenbarte einen Kohleherd, einen blank gescheuerten Holztisch, vier Stühle sowie eine ganze Wand mit Einbauschränken und -regalen.

»Geschirr, Besteck, Töpfe, Küchenutensilien. Alles da«, sagte Clarenburg.

»Vielen Dank«, sagte sie. »Verzeihung. Ich bin gleich wieder da.«

Und schon war sie an der Treppe und verschwand kurz darauf samt einem der beiden Koffer in den oberen Gemächern.

Links der Treppe lag ein geräumiges Zimmer mit Gaubenfenster. Auch hier gab es einen Kamin. Auf dem großen Doppelbett war ein kunstvoll gearbeiteter Quilt ausgebreitet, am Fenster stand eine Frisierkommode. Dazu gab es einen schlichten Kleiderschrank und zwei Sessel. Auf dem Holzboden lag ein bunter Kelim. Sie lächelte. Gut möglich, dass sie sich hier wohlfühlen würde.

Sie ging in das Badezimmer rechts der Treppe und wusch sich Hände und Gesicht. Das Bad war nicht groß, bot aber Platz für ein Wasserklosett und eine Badewanne mit Löwenfüßen. Ein Holzofen würde heißes Wasser spenden.

Im Schlafzimmer streifte sie sich die geknöpften Stiefeletten von den Füßen, holte ihre knöchelhohen Arbeitsschuhe aus dem Koffer und zog sie an. Sie schloss für einen Moment die Augen und atmete einmal tief durch. Es war ein langer Tag gewesen, und er war noch nicht zu Ende. Sie war erschöpft, doch sie freute sich auch auf den bevorstehenden Gang zu ihrer künftigen Arbeitsstelle. Dann raffte sie sich auf.

Falls Clarenburg zwischenzeitlich Zweifel an der Entscheidung gekommen waren, diese stille, junge Frau als Obergärtnerin für sein Anwesen zu verpflichten, so ließ er es sich nicht anmerken. Als sie mit Sonnenhut und kräftigen Schnürschuhen ausgerüstet fünf Minuten später wieder die Treppe herunterkam, sah er ihr freundlich entgegen.

»Na, alles zu Ihrer Zufriedenheit?«, fragte er.

»Ja. Können wir gehen?«

»Los geht's«, sagte er vergnügt.

Sie folgte ihm bergab auf einem sich schlängelnden Pfad. Sie fühlte sich jetzt deutlich wohler als im Haus. Beim Laufen, draußen unter freiem Himmel, war sie in ihrem Element.

Zunächst versuchte sie nur, sich den Weg einzuprägen und zu erfassen, wie lange sie von ihrem Haus bis zur Südterrasse brauchen würde. Sie überlegte, ob Clarenburg wohl einen Kommentar von ihr erwartete; zu seinem Haus, seinem Anwesen, dem

Gärtnerhaus ... Doch sie fühlte sich zu befangen. Ihr Selbstbewusstsein hatte sie an anderen Männern geschult; rauen Gärtnerburschen, von denen sie sich längst nichts mehr bieten ließ, und blasierten Lehrern der Landschaftsarchitektur, die meinten, Frauen seien für dieses Metier ungeeignet. Entspannte und unprätentiöse Herzlichkeit war ihr neu und verunsicherte sie zusehends.

So war sie noch ganz in Gedanken, als sie von dem unebenen Pfad hochschaute und die angestrebte Südterrasse erblickte – und stieß schließlich doch noch einen Laut der Überraschung aus.

»Diese Hecke ...«, rief sie nur und lief schon voraus auf das recht großflächige Rasenplateau.

»Großartig, was?«, rief Clarenburg aufgekratzt und schaute ihr hinterher.

Doch sie war schon angekommen bei der Begrenzung dieses hin zum Fluss abfallenden Terrains, einer aufwendig in Girlandenform geschnittenen Thujahecke, gut hundert Meter lang, wie sie schätzte. Zwischen den mehr als ein Dutzend drei Meter hohen Heckensäulen verliefen bogenförmige Auslassungen, die den Blick auf den Fluss freigaben. Hingerissen betrachtete sie die kunstvollen Bögen, das faszinierende Licht- und Schattenspiel.

»Wie kommt die hierhin?«, fragte sie verzückt und ein bisschen töricht, wie sie sogleich erkannte. Aber sie war völlig in Bann gezogen von der Akkuratesse dieser grünen Architektur, die sie in diesem Teil des Landes nie erwartet hätte.

»Die hat noch unser Vorgänger hier angelegt«, erklärte Clarenburg. »Der liebte Italien und die italienischen Gärten. Ich schätze mal, er wollte ein bisschen was von der südlichen Atmosphäre hier in den Norden tragen. Und unsere Familie stammt ja auch ursprünglich aus Italien. Ist zwar schon vierhundert Jahre her, seit wir von dort nach Deutschland umgesiedelt sind, aber diese Sehnsucht nach dem Süden wird uns wohl nie so ganz verlassen.« Er hielt kurz inne. »Na ja, scheint andererseits auch typisch deutsch zu sein. Wie auch immer: Der überwiegende Teil des Anwesens orientiert sich ja eher am englischen Landschaftsgarten, aber dieser Bereich ist ganz und gar italienische Renaissance. Die Bäume, die hier am Rand wachsen, sind Kalifornische Flusszedern, sehen aber aus wie Zypressen. Ist doch alles wie in Italien. Wir nennen dies daher auch manchmal unsere römische Terrasse. Und der Blick auf die Elbe ist fast wie der aufs Mittelmeer, finden Sie nicht?« Er sah sie abwartend an.

»Ja«, sagte sie und verkniff sich ein Grinsen. »Fast.«

Er lachte. »Wir müssen uns halt mit dem zufriedengeben, was wir haben. Und diese Hecke ist doch wirklich etwas Besonderes. Sie muss mal wieder geschnitten werden. Aber darum werden Sie sich dann ja kümmern.«

Sie schaute sich weiter auf dem Gelände um. Sie sah zwei alte baufällige Weinhäuser und einen Schuppen auf dem Ostteil und auf der gegenüberliegenden Seite ein Wäldchen, das sich weithin erstreckte und in die Parklandschaft überging. Nach Norden hin lag der bewaldete Hang mit einem breiten Streifen vernachlässigter Obstgehölze in seinem unteren Bereich.

»Sehen Sie, dieser Berg hier muss gestaltet werden«, erklärte Clarenburg ihrem Blick folgend. »Das ganze Strauchwerk muss weg. Ich möchte hier Blumen haben, jede Menge Blumen. Ich setze da große Hoffnungen in Sie. Aber bei Ihrem Namen dürfte ich kaum enttäuscht werden«, fügte er lächelnd hinzu.

Sie schaute ihn irritiert an, dann verstand sie. »Oh, Sie meinen Flora. Ich werde Hedda genannt.«

»Warum? Flora passt doch vorzüglich zu einer Gärtnerin«, rief er aus.

»Etwas vermessen, oder?«, gab sie knapp zurück. »Nennen Sie mich Hedda.«

Er schaute sie verwundert an und wirkte leicht indigniert.

»Gut, wenn Sie mögen«, sagte er.

Sie wusste, dass ihr Talent, sich ins eigene Fleisch zu schneiden, bemerkenswert war. Doch ihrer Erfahrung nach war es für alle Seiten unkomplizierter, wenn von Anfang an klar war, dass sie sich nicht alles gefallen ließ. So würde sie auch später ihre eigenen Vorstellungen problemloser umsetzen können. Und falls ihm das nicht gefiele, wäre Zeit genug, sich hier baldigst zu verabschieden und woanders eine neue Stelle anzutreten. Sie hatte noch zwei weitere Angebote bekommen.

Es würde ihnen beiden Zeit und Nerven sparen, wenn sie wussten, auf was und wen sie sich einließen. Sie hieß Hedda, auch wenn in ihrer Geburtsurkunde ein anderer Name stand.

Sie überließ Clarenburg seinen womöglich nicht gerade freundlichen Gedanken und widmete ihre Aufmerksamkeit wieder dem Gelände. Die Häuser und den Schuppen würde man abtragen müssen. Den Hang könnte man terrassieren. Auf Anhieb stellte sie sich eine üppig bepflanzte Trockenmauer vor, dahinter eine Eiben- oder Thujahecke, diesmal geradlinig geschnitten, vor der sich die Farben der Blütengewächse effektvoll abhoben.

»Ich verstehe, was Sie meinen«, sagte sie schließlich. »Ich mache einen Plan.«

»Bestens«, erwiderte er nun wieder gut gelaunt. »Und hier«, fuhr er fort und schritt auf das Wäldchen an der Westseite zu. »Was halten Sie von einem Rosengarten? Meine Frau wünscht sich so sehr einen Rosengarten. Dafür müsste dieses Waldstück gerodet werden. Das ist klar. Aber Wald haben wir ja hier genug. Und hier auf dem Rasen, da hätten wir gern ein Seerosenbecken. So eines im italienischen Stil, damit es zur Hecke passt. Ginge das?« Er schaute sie an, fragend und ein kleines bisschen unsicher zwar, doch gleichzeitig auch berauscht von seinen eigenen Gedankenflügen.

Sein Enthusiasmus rührte sie, und sie musste nun doch lächeln über seinen Eifer. »Sicher«, sagte sie. »Warum nicht?«

Die kommenden Tage verbrachte sie mit Wanderungen über das weitläufige Gelände. Die Umgebung erkunden, sichten, beobachten. Licht und Schatten wahrnehmen, dem Wind lauschen und dem Lauf der Täler folgen, ein Gespür bekommen für den Geist, die Seele eines Ortes: Dies alles galt es zu ergründen. Um dann zu entscheiden, wie man diesen Ort gestaltete. So hatte sie es gelernt. Und sie brannte darauf, das Gelernte umzusetzen. Dies würde ihr erster Garten sein, der erste, den sie mit- und zum Teil sogar umgestalten durfte. Als Obergärtnerin, als erste Obergärtnerin Deutschlands, soviel sie wusste. Keine der wenigen Frauen, die sie in diesem Metier angetroffen hatte – und es waren in der Tat sehr, sehr wenige –, hatte jemals zuvor solch eine Verantwortung getragen.

Aber zunächst musste sie sich einen Überblick verschaffen. Gleich am Tag nach ihrer Ankunft begann sie damit. Sie zog ihre Schnürschuhe an, setzte den Sonnenhut auf, packte eine Flasche mit Wasser, zwei Äpfel, Notizbuch und Stift in ihren Wanderrucksack und zog los.

Man hatte ihr Brot, Käse, Schinken, Eier, Obst, Kaffee und Tee ins Gärtnerhaus liefern lassen. Was sie sonst noch benötigte, konnte sie auflisten. Henry, der Kutscher und Diener Ludwig Clarenburgs, würde das Gewünschte bei seinen regelmäßigen Besorgungsfahrten mitbringen. Wenn sie wollte, konnte sie ihn auch begleiten. Und natürlich konnte sie für besondere Wünsche, etwa wenn sie Kleidung oder sonst etwas Persönliches benötigte, mit der Vorortbahn in die Stadt fahren.

Im Großen und Ganzen hieß das, dass sie einigermaßen autark leben würde. Das Mittagessen konnte sie gemeinsam mit den übrigen Bediensteten im Gesindehaus neben dem Haupthaus einnehmen – wenn sie das denn wollte, was vermutlich eher selten der Fall wäre. Ihre Kleidung würde im Haupthaus gewaschen werden, und eine der diversen Haushaltshilfen der Clarenburgs kam einmal in der Woche zum Saubermachen. Sie konnte sich also voll und ganz auf ihre gärtnerischen Verpflichtungen konzentrieren.

Clarenburg hatte sie am Tag ihrer Ankunft noch kurz seiner Frau Adele und seiner ihr unübersichtlich scheinenden, quirligen Kinderschar sowie den Hausangestellten vorgestellt. Dann hatte er sie sich selbst überlassen, was sie für ein gutes Zeichen hielt. Sie arbeitete gern selbstständig und ließ sich ungern reinreden.

Es war immer noch sehr warm für Ende April, und die Sonne schien von einem wolkenlosen Himmel. Sie folgte dem Pfad hangaufwärts Richtung Haupthaus, um dann abzubiegen und durch eine weitere herausgewachsene Rhododendronpflanzung den Hang hochzusteigen. Sie hatte ihre Kindheit in Mainfranken verbracht, in Würzburg, der alten Residenzstadt mit ihren Weinbergen und der sie umgebenden Mittelgebirgslandschaft. Größere Höhenunterschiede im Gelände war sie gewohnt. Aber hier, mitten in der Norddeutschen Tiefebene, ging dieser Hang schon als veritabler Berg durch und wurde von den Anwohnern auch so genannt.

Sie hatte die Chroniken der Liegenschaft studiert. Die Gletscher und Schmelzwässer der Eiszeiten hatten das Relief dieses Ortes geprägt. Drei Eisvorstöße hatten das Ufer des Stroms modelliert, an dessen Nordufer sich der Geestrücken fast achtzig Meter in die Höhe schob. Einst ein kahler, sandiger und nur mit Heidekraut bewachsener Hügelrücken, war er von diversen Besitzern im 19. Jahrhundert gemäß der damaligen Gartenmode nach und nach in einen weitläufigen Landschaftspark mit zum Teil exotischen Gehölzen verwandelt worden.

Sie sah einen Ginkgo etwas abseits auf einer kleinen Lichtung, ein ausgewachsener, breit ausladender Baum, fast zwanzig

Meter groß, mit grauschrundiger Borke. Ein Ehrfurcht gebietendes Gewächs, das allen evolutionären Entwicklungen die Stirn geboten hatte und noch genauso aussah wie vor 250 Millionen Jahren. An einer anderen Stelle nahm sie eine Himalajabirke wahr, mit einem Stamm so weiß und glatt wie frisch poliertes Porzellan. Eine Bergkirsche prunkte bereits mit Blüten in einem pudrigen Rosé. Aber ihr gefiel vor allem der Stamm, so glänzend mahagonifarben, dass er selbst an trüben Wintertagen schimmerte wie eine frisch aus der Schale gefallene Rosskastanie.

In einigen Baumkronen hatten sich Misteln angesiedelt. Jetzt, wo die Bäume noch kahl waren, wirkten die immergrünen Gewächse mit den kugeligen weißen Früchten recht dekorativ. Auf Dauer würden die Schmarotzer dem Wirtsbaum den Garaus machen. Sie schrieb eine Notiz. Zur Weihnachtszeit würde sie einen Gutteil von ihnen entfernen lassen. Sie würden dann den Salon der Clarenburgs schmücken und die Familienmitglieder und deren Gäste zum Küssen verführen. So war es Brauch in England, wie sie von ihrer Freundin Elisabeth erfahren hatte. Man würde sehen, ob die Clarenburgs ihn kannten.

Bei ihrer Wanderung sah sie hin und wieder von fern Männer, die in dem waldigen Gelände mit Baumpflegearbeiten beschäftigt waren. Wenn sie sie bemerkten, hielten sie kurz inne, nickten ihr zu und arbeiteten dann weiter. Man schien auf ihre Ankunft vorbereitet zu sein.

Als sie fast schon am höchsten Punkt des Berges angelangt war, stieß sie auf ein langes, strohgedecktes, weiß getünchtes Holzhaus, das unter sechs hohen Linden auf einem ausgedehnten Plateau lag. Das Sommerhaus der Familie, Arche genannt. Das hatte sie dem Kartenmaterial entnommen, das Clarenburg ihr zur Verfügung gestellt hatte.

Durch ein sirrendes Geräusch irritiert, ging sie an den Bäumen vorbei hinter das Haus. Dort stand ein groß gewachsener, schlanker Mann und mähte mit einer Sense das Gras auf einer weitläufigen, zum Teil schon sauber getrimmten Rasenfläche. Er stand mit dem Rücken zu ihr, nur mit einer Arbeitshose bekleidet, und hatte sie noch nicht bemerkt.

Er stand dort sehr gerade, mit leicht geöffneten Beinen und nach vorn versetztem rechten Fuß. Mit der linken Hand hielt er den hinteren, mit der rechten den vorderen Griff der Sense und bewegte sie in Schnittrichtung von rechts nach links, von rechts nach links, von rechts nach links. Er schien ganz auf die gleichmäßige und kontrollierte Bewegung des Blattes konzentriert, vollends vertieft in sein Tun, was der ganzen Verrichtung die Anmutung eines meditativen Aktes verlieh.

Fasziniert sah sie ihm zu, musterte das Muskelspiel auf seinem Rücken, das beständige Hin und Her der Sense, und verfiel beinahe selbst in eine Art Trancezustand, als er unvermittelt mit der Arbeit innehielt, sich umdrehte und sie überrascht ansah.

»Oh, Besuch«, sagte er aufgeräumt, legte die Sense beiseite, ging langsam zu seinem Hemd, das auf einem schon abgemähten Teil der Rasenfläche lag, und zog es sich über.

Sie spürte, wie ihr die Röte ins Gesicht stieg. Es war ihr peinlich, als Voyeurin ertappt zu werden.

»Entschuldigen Sie bitte. Ich wollte Sie nicht stören. Das sah so perfekt aus, wie Sie die Wiese gemäht haben. Diese Schnitttechnik ... Wirklich ganz außerordentlich, sehr gekonnt, meine ich. Ich hab das nie richtig gelernt«, stammelte sie.

Sein Hemd zuknöpfend, kam er langsam auf sie zu. Er schien etwa in ihrem Alter zu sein, schätzte sie. Schließlich stand er vor ihr und musterte sie; musterte sie offen und unbefangen mit Augen von solch einem klaren und durchdringenden Hyazinthenblau, dass sie sofort wieder die Fassung zu verlieren fürchtete.

»Sie sind die neue Gärtnerin«, stellte er eher fest, als dass er fragte, und bedachte sie ausgiebig mit seinem blauen Blick.

»Ja«, sagte sie knapp und atmete einmal tief durch. »Ich bin Hedda Herzog. Tut mir leid, dass ich Sie gestört habe. Ich war ein bisschen außer Atem. Bin schon eine Weile unterwegs. Ist das hier ein Platz für ... ja, für was eigentlich? Fußball? Rugby?«

»Krocket«, sagte er. »Die Familie spielt gern Krocket und hinten auf dem Platz Tennis.« Er zeigte auf einen von einem Netz geteilten Sandplatz hinter dem Rasenfeld.

»Ah ja«, sagte sie. »Und Sie sind ...?«

»Oh, Verzeihung, wie unhöflich. Mein Name ist Lorenz Vidal. Ich bin einer der Gärtner.« Er machte die Andeutung einer Verbeugung und schaute sie belustigt an. Ihre Verlegenheit schien ihn zu amüsieren.

»Prima«, sagte sie mit fester Stimme. »Ich werde dann mal weitergehen und Sie Ihrer Arbeit überlassen. Wir werden uns dann ja wohl häufiger sehen.«

»Na, das hoffe ich doch«, sagte er vergnügt. »Bis dahin und einen schönen Tag.« Daraufhin drehte er sich um, nahm seine Sense und widmete sich wieder seiner Aufgabe.

Ein paar Minuten lang haderte sie mit ihrer Konfusion, die sie so gar nicht an sich kannte. Doch bald schon hatte sie den Verdruss vergessen und gab sich wieder ganz diesem bezaubernden Frühlingstag hin, der warmen Sonne auf ihrem Gesicht, der malerischen Umgebung. Sie wanderte Richtung Westen, wo der Rasen sanft überging in eine lang gestreckte Obstwiese, auf die blühende Schachbrettblumen einen mauvefarbenen Schleier gelegt hatten. Der Boden schien hier also feuchter zu sein als weiter unten auf dem Anwesen. Sie betrachtete die fachkundig geschnittenen Bäume, Birne und Apfel, Kirsche und Pflaume. An den Rändern wuchsen zahlreiche Beerensträucher.

Ein aufgeschreckter Hase lugte alarmiert aus dem hohen Gras und lief dann im Zickzackkurs in Richtung der schützenden Gehölze weit hinter der Wiese. Über ihr zog ein Mäusebussard seine Kreise.

An die Wiese schloss sich eine ausladende Weißdornhecke an, die die Grenze des Grundstücks markierte. Sie würde in zwei Wochen blühen. Ein Zaunkönig war bereits emsig dabei, in dem undurchdringlichen Geäst sein Nest zu bauen. Sie schaute ihm einen Moment bei seinem Treiben zu und ging dann schon wieder leicht abwärts, stieß auf knospende Magnolien, blühende Felsenbirnen, einen Haselnusshain und zu ihrer Überraschung auch auf einen Japanischen Schnurbaum, gut zwanzig Meter hoch und perfekt auf einer der kleinen Aussichtsplattformen gepflanzt, wo er später im Jahr mit seinen duftenden cremeweißen Rispenblüten einen ziemlich spektakulären Anblick bieten würde. Sie hoffte es zumindest, denn der Baum blühte erst nach gut zwanzig Jahren und brauchte dafür lange, heiße Sommer, die in diesen Breiten eher nicht zu erwarten waren.

Der Baumbestand war in einigen Bereichen in der Tat recht ungewöhnlich. Doch geprägt wurde das Gelände von Eichen, Buchen und Kiefern. Irgendwann, so vermutete sie, musste dann jemand ernsthaft seinen Pückler studiert haben, das Standardwerk über Landschaftsgärtnerei des begnadeten Fürsten zu Pückler-Muskau. Denn vor etwa zwanzig Jahren, so hatte sie gelesen, war das Gelände noch einmal umgestaltet worden, behutsam zwar, aber sehr sichtbar.

So war das Terrain an diversen Stellen terrassiert worden. Rasenplätze und verschlungene Wege waren angelegt, Aussichtspunkte geschaffen worden, die Blicke auf den Strom ermöglichten, der sich hier schon weit zum Meer hin öffnete. Im Moment war er noch nahezu von allen Stellen aus zu sehen. Sie musste das

Ganze noch einmal in Augenschein nehmen, wenn die Bäume belaubt waren und die Perspektiven deutlicher zutage treten würden.

Sie stieß auf die Losung von Mardern und Igeln, von Füchsen, Hasen und Eulen. Sie fand mehrere leere Gehäuse von Schnirkelschnecken und sogar ein unbewohntes Weinbergschneckenhaus. Vorsichtig steckte sie es in eine der Außentaschen ihres Rucksacks. Unter einem Totholzhaufen, wo sie das abgenagte Kerngehäuse ihres Apfels verstecken wollte, entdeckte sie zwei Erdkröten.

Sie hörte einen Specht klopfen und von weither einen Kuckuck rufen. »Die Vögel sind in diesem Garten unser Mittel gegen Raupen und schädliches Ungeziefer«, hatte Freiherr von Risach in Stifters *Nachsommer* erklärt, dem Buch, bei dessen Lektüre sie mehr über die Natur und Wetterphänomene, über Pflanzen und Gartenbau gelernt zu haben meinte als bei all ihren Ausbildern zusammen. Und schon der Freiherr wusste, dass man diesen bevorzugten Helfern des Gärtners die »Bedingungen ihres Gedeihens« geben müsse, so sie sich denn dauerhaft und in großer Zahl ansiedeln sollten. Sie würde Nistkästen besorgen.

Sie war nun schon eine Stunde lang unterwegs. Am Fuß einiger Buchen wuchsen große Kolonien von Buschwindröschen und Hasenglöckchen und bildeten weiße und himmelblaue Teppiche. Sie machte sich eine Notiz.

Langsam ging sie weiter abwärts, die Elbe immer im Blick. Denn der Fluss, das war ihr längst klar geworden, war der Protagonist dieses landschaftlichen Schauspiels. Immer wieder blitzte zwischen den Bäumen das breite, quecksilbrig anmutende Band des mal ins Land hineinströmenden, mal auslaufenden Wassers hindurch. Ein gleichförmiges Mantra der immerwährenden Gezeiten. Ein Trugbild vielleicht, dachte sie, als sie schließlich auf der Südterrasse stand und in die Ferne Richtung Westen schaute. Jeder Anwohner hier wusste, dass der Fluss bei Sturmfluten die am Fuß des Berges gelegenen dörflichen Vororte Hamburgs wild und unbarmherzig unter Wasser setzte. Menschen waren dabei gestorben und würden weiter sterben. Die Natur war immer stärker.

Ein Gedanke, der sie zu ihrem eigentlichen Anliegen zurückbrachte. Diese breite, verwilderte Rasenterrasse würde über die nächsten Jahre hinaus ihr hauptsächlicher Arbeitsplatz sein. Ihre Aufgabe würde es sein, die Wünsche des Besitzers mit den naturgegebenen Bedingungen in Einklang zu bringen – und, gestand sie sich, nicht zuletzt auch mit ihren eigenen Vorstellungen von einem gelungenen Garten.

Sie hatte sich die Ideen Ludwig Clarenburgs in Ruhe angehört und würde sie umsetzen. Sie freute sich auf die Arbeit. Gleichwohl konnte sie nicht leugnen, dass sich auch eine gewisse Unruhe in ihr Gemüt schlich. Die Gestaltung dieses Gartens war ein gewaltiges Vorhaben. Sie war in allen gärtnerischen Belangen gut ausgebildet worden, ihr Wissen über Pflanzen und Gärten war für ihr immer noch junges Alter beachtlich. Aber hier ging es nicht allein um Pflanzenverwendung und gefällig aussehende Beete und Boskette. Sie würde jeden einzelnen Schritt genau planen, die gesamte Logistik des Unternehmens im Blick haben müssen. Darüber hinaus musste sie die Arbeitskräfte leiten und sie bei Laune halten.

Doch Menschenführung war nicht ihre Stärke. Und falls die übrigen Gärtner ein ebensolches Selbstbewusstsein an den Tag legen sollten wie der Mäher an der Arche, kämen möglicherweise nervenzermürbende Monate mit langen und anstrengenden Diskussionen auf sie zu.

Sie ließ ihren Blick über das Terrain schweifen, über die Hecke, den Hang, den vernachlässigten Rasen. Dieses großzügige, aber doch überschaubare Areal war gleichfalls erst vor zwanzig Jahren entstanden, eine Art Aussichtsbalkon zum darunter steil abfallenden Hang. Sie betrachtete die Thujahecke und fühlte sich bei ihrem Anblick in weit südlichere Regionen versetzt. Sie dachte an italienische Renaissancegärten und an den Giardino del Belvedere in Castel Gandolfo, dem Sommersitz der Päpste am Albaner See. Sie hatte Fotografien davon gesehen. Sie spazierte an der Hecke entlang und war fasziniert von diesem reizvollen Spiel von Licht und Schatten, dem gleichmäßigen Wechsel von Schauen und Verbergen.

Wie Clarenburg schon gesagt hatte, musste die Hecke dringend geschnitten werden, sonst wäre die Form dahin. Darüber hinaus schien sie ihr für den spitz zulaufenden Raum zu gewaltig. Wenn der gewünschte Rosengarten hier entstände, würde man die Terrasse Richtung Westen erweitern müssen. Dann würden die Proportionen stimmen.

Nachdenklich betrachtete sie das Waldstück, das sich an die Terrasse anschloss. »Erweiterung der Terrasse Richtung Westen« notierte sie. Und wenn die Weinhäuser und der Schuppen weg wären und Clarenburg die Trockenmauer billigen würde, müsste der Rasen komplett neu angelegt werden.

Sie bückte sich und pulte eine Handvoll Erde aus dem Boden am Waldrand. Sie zerbröselte zwischen ihren Fingern. Sie sah Hungerblümchen und Hasenklee in der Nähe wachsen, was auf sandigen, nicht besonders nährstoffreichen Boden hinwies. Sie erinnerte sich, dass dies früher eine Heidelandschaft gewesen war. Für den Rosengarten müsste die Erde ausgetauscht werden, für eine Trockenmauer wäre sie ideal. Noch eine Notiz.

»Was machen Sie da?«

Sie drehte sich um. Vor ihr stand ein blondschopfiger Junge, vielleicht elf, zwölf Jahre alt, nahm sie an. Sie kannte sich mit Kindern nicht aus.

»Das siehst du doch. Ich schreibe etwas in mein Notizbuch«, antwortete sie knapp, in der Hoffnung, der Kleine würde den Hinweis verstehen und verschwinden.

»Und warum?«

Hoffnung geplatzt. »Zur Erinnerung«, sagte sie. »Damit ich es nicht vergesse«, fügte sie streng hinzu, damit es der Knabe auch wirklich begriff. Dann klappte sie ihr Notizbuch zu, packte es wieder in den Rucksack und inspizierte einmal mehr den verwilderten Nordhang. Merkwürdig, dachte sie. Was hatten sich die Vorbesitzer nur dabei gedacht? Auf der einen Seite diese wunderschöne Hecke und dieser breit angelegte Rasenplatz, auf der anderen diese offensichtliche Verwahrlosung.

»Sie sind die neue Gärtnerin.«

Der Kleine war immer noch da.

»Genau«, sagte sie, weiter den Hang betrachtend.

»Ich hab Sie gestern schon gesehen. Ich bin Thomas. Sie können mich Tommy nennen.«

»In Ordnung. Ich bin Hedda«, sagte sie widerwillig, ohne ihn anzusehen. Sie erinnerte sich. Das war der Älteste der fünf Clarenburg-Kinder. Clarenburg hatte ihr die Namen samt Alter seines Nachwuchses am Vortag präzise und voller Stolz aufgezählt. Doch sie hatte das alles sofort wieder vergessen. Unnützes Wissen.

»Ich muss eine Weile hierbleiben«, sagte er.

»Ach ja? Und warum?«

»Hier sucht mich keiner.«

»Wer sollte dich suchen?«, fragte sie und schritt die Fläche ab. Sie würde das gesamte Gelände noch einmal genau ausmessen, aber fürs Erste genügten ihr die groben Maße. Sie schätzte das gesamte Areal auf gut 2500 Quadratmeter, vielleicht etwas mehr.

»Liebernicht«, sagte der Junge und schaute nervös den Weg hoch, auf dem er gekommen war.

Sie sah ihn irritiert an und musste plötzlich lachen. »Du meinst Frau von Nieberlicht, eure Gouvernante. Was hast du denn angestellt?«

»Habe ihre Flasche Rum entdeckt und Lebertran reingefüllt. Das kann sie natürlich nicht meiner Mutter erzählen. Wär ja dann klar, dass sie heimlich trinkt. Blöderweise ahnt sie, dass ich das war, und dann hat sie gemerkt, dass Dora meinen Hausaufgaben-Aufsatz geschrieben hat. Und das wird sie meiner Mutter jetzt petzen. Aus Rache sozusagen. Und Mutter wird ziemlich wütend sein. Na ja, zumindest eine Weile.«

»So was aber auch. Wie lange willst du dich denn hier verstecken?«

»Na ja, ich denke so in ein, zwei Stunden wird sie sich wieder abgeregt haben. So lange müsste ich noch hierbleiben. Vielleicht kann ich helfen.«

»Kaum«, sagte Hedda, holte noch einmal ihr Notizbuch hervor und war in Gedanken schon wieder ganz woanders. Sie hoffte, dass ihre Bücherkisten bald ankommen würden. Sie hatte sie erst spät losgeschickt, weil sie ihre Nachschlagewerke bis zuletzt gebraucht hatte. Für ein farblich harmonisch aufeinander abgestimmtes Pflanzenkonzept benötigte sie ihren Foerster.

Die Veröffentlichungen des jungen Gartengestalters Karl Foerster hatte sie in Berlin verschlungen. Fasziniert von seinen Werken war sie ziemlich spontan in seine Gärtnerei nach Bornim gepilgert und hatte ihn dort sogar kennengelernt. Er war in seinen Beeten zugange gewesen, und sie hatte ihn kurzerhand angesprochen. Nachdem sie eine Weile intensiv mit ihm gefachsimpelt hatte, war ihm wohl klar geworden, dass er es mit einer Kollegin zu tun hatte und nicht mit einer seiner vielen weiblichen Verehrerinnen.

»Wissen Sie, die Hauptsache ist die Verheiratung und Verschmelzung der Pflanzen untereinander«, hatte er ihr in seinem unnachahmlichen Duktus erklärt. Er empfahl, Pflanzen in Klängen zu sehen. »Ich zum Beispiel habe eine Vorliebe für Dreiklänge, wobei zwei einander fremde Farben durch eine dritte in ein leidenschaftliches Gespräch gesetzt werden.« Dabei hatte er sie mit glühendem Blick angesehen, und sie hatte das unbestimmte Gefühl, dass es für ein leidenschaftliches Gespräch zwischen ihnen beiden keines Dritten bedurfte.

In seiner bisweilen etwas pathetischen Art war dann noch von »seelischen Vitaminträgern« und »Duftschätzen« in den Beeten, von »Zeitriesen und Raumzwergen«, »Ordnungshelden« und von der Farbe Blau als »König der Gärten« die Rede gewesen. Schließlich hatte er ihr eine Ausgabe seines ersten Buches geschenkt, *Winterharte Blütenstauden und Sträucher der Neuzeit*, und sogar eine Widmung hineingeschrieben: »Der Garten ist ein Ausdrucksmittel für die innerste Eigenart und Naturanschauung eines Menschen, durch das wir ganz neue Zugänge zu seinem Wesen finden können. Mensch sein heißt, nach Ausdruck ringen! In Verehrung Karl August Foerster«.

Jetzt brannte sie darauf, die Ideen aus seinen Schriften in die Praxis umsetzen zu können. Auch das war ein Grund gewesen, die Stelle bei den Clarenburgs anzunehmen. Die Trockenmauer wollte sie gemäß der Foerster'schen Maxime »Es wird durchgeblüht!« so anlegen, dass sie zu jeder Jahreszeit interessant aussah. Mit exotischen Mimöschen war das nicht zu schaffen, sondern nur mit Stauden, die dem regionalen Klima und dem Boden gewachsen wären.

»Das da ist zum Beispiel Knirrkohl. Wussten Sie das?« Der Junge holte sie aus ihren Gedanken zurück ins Hier und Jetzt. Er zeigte auf ein unscheinbares Gewächs, das sich knospig aus dem Boden schob.

Sie hatte ihn fast vergessen. Doch jetzt sah sie ihn etwas interessierter an. »Nicht ganz«, sagte sie unfreiwillig beeindruckt. »Das ist das Nickende Leimkraut, botanisch *Silene nutans*. Hübsche Pflanze. Duftet stark. Was du meinst, ist das Taubenkropf-Leimkraut, das wird auch Knirrkohl genannt. Ist verwandt und sieht ähnlich aus. Heißt botanisch *Silene vulgaris*. Interessierst du dich für Pflanzen?«

»Geht so.« Der Junge hob einen Ast vom Boden auf. »Pflanzen sind eben nur Pflanzen.« Er wischte mit dem Ast gelangweilt über den Boden.

»Unsinn«, sagte sie. »Pflanzen sind eben nicht nur Pflanzen. Damit wird man ihrer Vielfalt nicht gerecht. Die biologischen Unterschiede zwischen einem Gänseblümchen und einem Mammutbaum sind gewaltig, ähnlich wie die zwischen einer Schnecke und einem Menschen. Niemand käme auf die Idee, vom Verhalten einer Schnecke auf das eines Menschen zu schließen, obwohl beide dem Tierreich angehören. Aber bei Pflanzen tun wir genau das.«

Er schaute sie nachdenklich an. »Mhm, schon möglich«, sagte er und schlenderte zu dem Wäldchen hinüber. »Hier, schauen Sie mal, das da sind Waldameisen. Haben Sie die schon mal gesehen?« Er wies auf einen kleinen Hügel am Gehölzrand und fuchtelte mit dem Ast in der Luft herum. »Wenn man darin rumstochert, gibt es ein ziemliches Gewusel. Gucken Sie mal.«

Sie trat eilig auf ihn zu und nahm ihm den Ast aus der Hand. »Lass das!«, sagte sie streng.

»Warum? Sind doch nur blöde Ameisen«, gab er zurück.

»›Blöde Ameisen‹? Wir wollen lieber nicht darüber diskutieren, wer hier blöd ist. Ameisen gab es schon vor über 100 Millionen Jahren. Die sind also ein kleines bisschen länger auf der Welt als wir Menschen. Sie sind in hochkomplexen Staaten organisiert. In diesem Haufen hier leben etwa 600 000 Tiere. Es gibt unter ihnen Jäger, Sammler und sogar Viehzüchter. Sie tragen zur Verbesserung des Bodens bei, verbreiten Pflanzensamen und verhindern die Vermehrung anderer Insekten, die ich nicht im Garten haben will. Und darum, mein Lieber, gehören Ameisen zu meinen allerbesten Freunden, und du wirst dich unterstehen, ihren Hügel zu zerstören.«

Der Junge starrte sie verblüfft an. »Schon gut«, sagte er. »Ich mach ja gar nichts.«

»Du solltest etwas mehr Respekt vor den Geschöpfen in deiner Umgebung haben. Auch wenn sie klein sind, auch wenn sie anders sind und du sie nicht verstehst. Kapiert?«

»Ja«, sagte der Junge nur und schaute sie weiter staunend an, als sei auch sie eines dieser Wesen, die sie gerade beschrieben hatte. Nicht klein zwar, aber doch anders und ziemlich rätselhaft.

Sie wandte sich um und ging zu ihrem Rucksack, den sie an der Hecke gelassen hatte. Sie nahm den zweiten Apfel heraus und teilte ihn mit ihrem Schweizer Messer in zwei Hälften.

»Magst du?«, fragte sie den Jungen und hielt ihm eine Hälfte hin.

»Klar, danke«, sagte er und biss in seine Hälfte. Er betrachtete sie interessiert, schien jedoch nicht weiter eingeschüchtert von ihrer kleinen Tirade. Dann spähte er nochmals den Weg zum Haupthaus hoch.

»Darf ich Ihnen eine Frage stellen?«, fragte er, nun doch ein wenig beklommen, als sie Anstalten zum Aufbruch machte, um das Wäldchen auf der Westseite zu erkunden.

»Du darfst eine zweite stellen«, sagte sie.

»Was? Äh … ja, ach so. Kann ich ein bisschen mit Ihnen rumlaufen?«

Sie seufzte. »Meinetwegen. Aber halt die Klappe und geh dicht hinter mir. Wehe, du strolchst einfach so durchs Gelände. Ich will sehen, was hier wächst und was hier sonst noch so lebt. Und ich will nicht, dass du alles zertrampelst.«

Niemals hätte sie sich seinerzeit vorstellen können, dass dies der Beginn einer lebenslangen Freundschaft sein würde. Und wenn sie viele Jahre später befragt wurden, unter welchen Umständen sie beide sich kennengelernt hatten, sahen sich Hedda Herzog und Tommy Clarenburg immer nur kurz an, grinsten und sagten meistens wie aus einem Mund: »Liebernicht.«

2

Für den darauffolgenden Vormittag hatte Ludwig Clarenburg sie ins Haupthaus bestellt. Er wollte ihr die Gärtner vorstellen.

Sie war früh aufgestanden, lehnte mit einer Tasse Tee an der Tür des Gärtnerhauses und schaute auf den Fluss, der in der Morgensonne glitzerte. Sie hatte schlecht geschlafen. Langsam dämmerte ihr, auf was sie sich hier eingelassen hatte, und eine leichte Unruhe befiel sie. An Frühstück war nicht zu denken. Sie war viel zu nervös. Selbst ein leichtes Essen würde Übelkeit hervorrufen. Das kannte sie von sich. Also lieber noch eine Tasse Tee mit viel Zucker. Das musste fürs Erste reichen.

Kurze Zeit später machte sie sich auf den Weg zum Haupthaus.

Clarenburg wartete schon. »Ah, Fräulein Hedda, wunderbar. Kommen Sie, die Jungs sind schon auf der Terrasse und trinken Kaffee.«

Sie war überrascht, sagte aber nichts. Offensichtlich pflegte Ludwig Clarenburg auch gegenüber seinen übrigen Angestellten einen ungezwungenen Umgangsstil.

Auf der Terrasse standen sechs Männer unterschiedlichen Alters mit Kaffeetassen in der Hand und schauten ihr erwartungsvoll entgegen.

»Das«, eröffnete Clarenburg die Vorstellung launig, »ist Hedda Herzog, die neue Obergärtnerin. Ab sofort hört alles auf ihr Kommando.«

Die Männer musterten sie skeptisch. Sie nickte und bemühte sich um ein freundliches Gesicht.

Ihr war von vornherein klar gewesen, dass dies nicht leicht werden würde. Eine Frau als Obergärtnerin: Das kam im Denken dieser Männer und vermutlich im Denken aller Männer mit Ausnahme Ludwig Clarenburgs nicht vor.

»Dies hier ist Jost Vidal. Er ist am längsten bei uns und kennt den Berg und seine Pflanzen aus dem Effeff.« Clarenburg stellte sie einem großen, kräftigen Mann mit eisgrauem Haar um die sechzig vor. Er nickte ihr mit unbewegter Miene zu.

»Und das ist sein Sohn Lorenz. Er wird die Arbeit seines Vaters als zweiter Gärtner übernehmen, wenn Jost sich irgendwann zur Ruhe setzt«, fuhr Clarenburg fort und führte sie zu dem etwa dreißig Jahre jüngeren Pendant seines Vaters, dem Mäher vom Vortag. »Tag, Chefin«, sagte er, ein klein wenig zu ironisch, wie sie fand. Ihre Blicke trafen sich und blieben einen Moment länger als gebührend aneinander hängen.

»Guten Morgen«, sagte sie fest, drückte den Rücken durch und straffte die Schultern. Sie beschloss, von vornherein klarzustellen, wer hier das Sagen hatte. Anders würde es nicht funktionieren. »Wenn es Ihnen allen recht ist, werde ich Sie bei Ihrem Vornamen nennen und siezen, so wie es hier ja offenbar üblich ist«, fuhr sie fort. »Dies hat auch den Vorteil, dass es bei zwei Vidals in der Belegschaft nicht zu Missverständnissen kommt.«

»Ist gut«, »In Ordnung«, »Von mir aus«, schallte es ihr mehr oder weniger zustimmend entgegen.

»Ja prima«, bemerkte Ludwig Clarenburg. »Das sind dann hier noch Peer Schuldt, Gisbert Dreyer und unsere beiden Jungspunde Siegfried Wermuth und Hans Rosenzweig. Und das wär's auch schon, meine Herren. An die Arbeit.«

Sie nickte den vier jungen Männern zu, die sie um die zwanzig schätzte, Siegfried und Hans vielleicht ein paar Jahre jünger.

»Wir treffen uns gleich in dem Schuppen neben den Gewächshäusern«, verkündete sie. Die Männer tranken ihren Kaffee aus, verabschiedeten sich von Clarenburg und gingen Richtung Schuppen davon.

Hedda brannte darauf, Ludwig Clarenburg ihre Pläne für die Südterrasse zu erläutern. Wenn er ihre Vorschläge billigte, käme viel Arbeit auf die sechs Männer zu. Clarenburg lud sie in sein Arbeitszimmer, wo sie ihm ihre Absichten auseinandersetzte: Terrassierung, Trockenmauer, Rasenplateau mit Seerosenbecken als Mittelachse, Rosengarten auf dem erweiterten Plateau Richtung Westen. »Ich muss noch alles genau abmessen und ausrechnen. Dann zeichne ich einen Plan und stelle die Pflanzenliste zusammen. Natürlich nur, wenn Sie einverstanden sind. Ich bräuchte noch einen Kostenrahmen, eine ungefähre Geldsumme, mit der ich rechnen kann.«

Clarenburg nickte. »Kriegen Sie«, sagte er. »Und das alles hört sich wirklich gut an. Ich vertraue Ihnen da ganz. Ich selbst habe überhaupt keine Ahnung von Gärten und Pflanzen. Das fällt mehr in die Domäne meiner Frau. Sie wird sich auch noch mit Ihnen in Verbindung setzen. Im Moment ist sie vor allem mit den Kindern beschäftigt. Wie dem auch sei: Ich für meinen Teil will es einfach nur schön haben.«

»Das dürfte kein Problem sein«, versicherte sie und verabschiedete sich.

Erleichtert, dass Clarenburg ihre Pläne billigte, ging sie zum Schuppen, wo die Gärtner auf sie warteten. Als sie sich dem Eingang näherte, vernahm sie lebhaftes Geplauder, das abrupt verstummte, sobald sie das geräumige Holzhaus betrat. Hier war in Regalen und an Wandhaken hängend alles aufbewahrt, was man für den Gärtnerberuf benötigte. Sie sah Spaten, Hacken und Hippen, Sicheln, Sensen und Rechen, Schubkarren, Gießkannen sowie Scheren und Tontöpfe jedweder Größe. Es waren altvertraute Gerätschaften, deren Anblick sie unversehens ruhig werden ließ und zuversichtlicher stimmte.

In der Mitte stand ein großer Tisch, um den die Männer sich gruppiert hatten und ihr mit erkennbarer Reserviertheit entgegenblickten.

»Guten Morgen noch einmal«, sagte sie mit einem entschlossenen Zug um den Mund und bemühte sich angestrengt um Souveränität, die sie in diesem Augenblick mehr denn je zu benötigen meinte. »Ich möchte mit Ihnen meine Pläne für die Südterrasse besprechen.« Sie trat an den Tisch, und dann legte sie ihnen ihre Vorstellungen ebenso klar und zügig dar, wie sie es zuvor bei Ludwig Clarenburg getan hatte.

Die Gärtner hörten ihr wortlos zu. Die beiden Jüngsten, Siegfried und Hans, schauten hin und wieder unsicher zu Jost Vidal und dann wieder leicht betreten zu Boden. Die vier anderen, Jost, Lorenz, Peer und Gisbert, ließen nicht erkennen, was sie dachten.

»Sie wissen also, was auf Sie, Verzeihung, was auf *uns* zukommt. Zuallererst muss die Girlandenhecke geschnitten werden. Und dann müssen die alten Schuppen abgebaut und weggeräumt werden. Da sollten Sie alle mitarbeiten, damit wir uns möglichst schnell die Terrassierung vornehmen können. Die weiteren Arbeiten auf dem Berg werde ich dann unter Ihnen aufteilen. Ich hoffe, Sie sind einverstanden.«

Ein Moment der Stille.

Im Grunde genommen war es ihr vollkommen egal, ob die Männer mit ihren Anweisungen einverstanden waren. Sie war hier der Chef, und Ludwig Clarenburg hätte es ihrer Ansicht nach nicht treffender formulieren können: Ab sofort müssten alle auf ihr Kommando hören.

Dennoch hatte sie sich um einen verbindlichen Ton bemüht. Denn es war ihr klar, dass sie bei allem, was sie plante, auf die Gärtner angewiesen war. Auch wenn sie den Ton angab, konnten die Männer ihr jede Menge Scherereien bereiten. Sie konnte es sich nicht leisten, sie gleich am Anfang gegen sich aufzubringen.

»Ja, dann werden wir uns mal an die Hecke machen, wenn's recht ist«, sagte Jost Vidal schließlich und nickte ihr kurz zu. »Jungs, ihr wisst, wo die Scheren sind.«

Jeder griff sich eine der Heckenscheren, die an der Wand hingen. Dann zogen sie wortlos ihrer Wege Richtung Südterrasse.

Als sie allein war, ließ sie sich in einen der beiden alten Korbstühle fallen, die am Tisch standen. Sie schloss für einen Moment die Augen. Geschafft!, dachte sie. Dann stand sie auf und machte sich an die Arbeit.

Auch in den kommenden Wochen spazierte sie immer wieder für ein, zwei Stunden zu unterschiedlichen Tageszeiten durchs Gelände und machte sich Notizen über den Sonnenstand. Sie beobachtete, wie sich die Vegetation mit dem voranschreitenden Frühling veränderte, und registrierte die Wandlungen beim Übergang zum Sommer. Die übrige Zeit entwickelte sie Konzepte für das Rasenplateau, die Trockenmauer und den Rosengarten, zeichnete Pläne und stellte erste Pflanzenlisten zusammen.

Die Gärtner waren bereits damit beschäftigt, die Weinhäuser und den Schuppen auf der Südterrasse abzutragen. Unter ihrer Aufsicht war die Hecke geschnitten worden, und sie konnte erstmals die Meisterschaft der Männer bewundern. Freihändig und ohne Schnittschablonen hatten sie auf einer Leiter stehend die Thujen akkurat nur mit einer Heckenschere ausgestattet zurechtgestutzt.

Bald schon könnte die Terrassierung des Nordhangs beginnen.

Mit den Gärtnern kam sie leidlich aus. Sie wusste, dass sie unter Beobachtung stand. Sie würde hier nur dann ein Bein auf den Boden bekommen, wenn ihre Kompetenz in gärtnerischen Belangen die Belegschaft überzeugte. Doch das brauchte seine

Zeit, das war ihr bewusst. Noch sahen sie sie lediglich als Planerin, als einen unkalkulierbaren Eindringling in ihr bislang wohlgeordnetes grünes Reich. Dass sie sehr wohl in der Lage war mit anzupacken und keine Scheu hatte, sich die Hände schmutzig zu machen, konnten sie schließlich nicht wissen.

Misstrauisch beäugten die Männer sie, wenn sie die Südterrasse durchmaß und sich fortwährend Notizen machte. Gab sie ihre Anweisungen, schauten die jüngeren Gärtner nach alter Gewohnheit nach wie vor erst einmal Jost Vidal an. Doch der gab nie zu erkennen, ob er mit ihren Entscheidungen einverstanden war oder nicht, sondern führte sie wortlos, stoisch und zuverlässig aus.

Im Grunde hatte sie mit heftigeren Widerständen gerechnet. Schließlich war Jost bislang der Herr über die Clarenburg'schen Gärten gewesen. Sie hatte keine Ahnung, wie Ludwig Clarenburg ihm die Verpflichtung eines weiblichen Obergärtners dargelegt hatte, und mochte sich die ungläubigen und vermutlich auch empörten Gesichter der männlichen Belegschaft gar nicht vorstellen. Sie war instinktiv auf Intrigen eingestellt, auf mehr oder weniger bösartige Streiche oder Sabotageakte, aber sie fand keine Anzeichen dafür. Oft, wenn sie morgens zu den regelmäßigen Besprechungen im Gärtnerschuppen eintraf, verstummten die Männer schlagartig, sodass sie argwöhnte, sie hätten über sie gesprochen, und höchstwahrscheinlich nicht gerade Schmeichelhaftes. Und dann und wann, wenn ihre Unterredungen beendet waren und sie ihrer Wege ging, hörte sie die Gärtner im Hintergrund verhalten lachen.

Doch sie bemühte sich, alles Zwischenmenschliche auszublenden und sich voll und ganz auf ihre Arbeit zu konzentrieren, ein Feld, auf dem sie sich sicher fühlte. Mit Pflanzen und Gärten kannte sie sich aus, mit Menschen weniger.

Die größten Vorbehalte schien ihr Lorenz Vidal entgegenzubringen. Er redete noch weniger als sein Vater; zumindest in ihrer Gegenwart war er schweigsam und zurückhaltend. Wenn sie ihre Anweisungen gab, nahm er sie mit unbewegtem Gesicht entgegen. Nur hin und wieder fühlte sie sich von ihm beobachtet, und wenn sie ihn ansah, verzog er das Gesicht kaum merklich zu einem leicht spöttischen Lächeln, das sie nicht interpretieren konnte. Sie versuchte, ihn zu ignorieren. Denn auch er tat, was sie ihm auftrug. Und das war die Hauptsache. Schließlich wollte sie hier keinen Beliebtheitswettbewerb gewinnen.

In Briefen an ihre Freundin Elisabeth, die in Guildford im englischen Surrey lebte, schilderte sie ihre ersten Eindrücke.

»Liebste Lizzie,
ich weiß, dass Du begierig bist zu erfahren, wie es mir hier in der neuen Stadt, meinem neuen Domizil, meiner neuen Arbeitsstelle ergeht. Aber ich kann noch gar nicht so viel sagen. Das heißt, ich könnte viel berichten, aber all das Erlebte wirbelt noch sehr ungeordnet durch meinen Kopf, und ich muss das alles erst einmal sortieren, bevor ich es in Worte fassen kann.
Ludwig Clarenburg scheint ein respektabler, zuvorkommender Mann zu sein. Er hat mich sehr freundlich empfangen und meine Pläne für den Garten gebilligt. Mit dem Rest der Familie und den übrigen Bediensteten hatte ich bislang nicht viel zu tun. Mit den insgesamt sechs Gärtnern arbeite ich gut zusammen. Ich vermute, Clarenburg hat sie vorher instruiert und sie angewiesen, mir keine Steine in den Weg zu legen. Die Skepsis steht ihnen ins Gesicht geschrieben. Und ich kann es sogar verstehen. Eine Frau als Obergärtnerin ist eben nicht üblich. So etwas kennt man hier nicht. Sie werden sich daran gewöhnen müssen.
Ansonsten habe ich ein Haus ganz für mich allein. Es liegt abseits des Haupthauses direkt an den Gemüsegärten und den Gewächs-

häusern. Ich bin noch nicht dazu gekommen, es komplett einzurichten. Im Moment ist zu viel zu tun. Aber wenn ich meine Bücherkisten erst einmal ausgepackt habe, wird es sicher hübsch aussehen. Insgesamt geht es mir gut. Für ein abschließendes Urteil ist es aber noch zu früh. Warten wir es ab.
Noch eine große Bitte: Kannst Du mir Breeches samt dazu passender Jacke mit möglichst vielen Taschen besorgen? Ich weiß, dass die Swanley-Absolventinnen in Kew Gardens solche Arbeitskleidung tragen. Hier gibt es so etwas natürlich nicht. Wie gesagt: Frauen als Gärtnerinnen sind hierzulande nicht vorgesehen. Im Garten dienen Frauen vor allem als Dekoration. Sie sollen hübsch aussehen und stilvoll um die Beete flanieren. Noch nicht mal zum Blumenpflücken gehen die Damen des Hauses hier in den Garten. Das besorgt das Personal.
Wie auch immer: Ich kann auf Dauer unmöglich in langen Röcken meiner Arbeit nachgehen. Ich zeichne ja nicht allein famose kleine Pflanzpläne, sondern bin im Moment vor allem im Gelände unterwegs, um die Arbeiten auf der Südterrasse zu beaufsichtigen. Sie wird auch römische Terrasse genannt, und in der Tat hat sie einen Anflug italienischer Eleganz. Zurzeit jedoch ist sie noch ein einziges schlammiges Durcheinander. Ich brauche Hosen!!!
Sei umarmt und Grüße an Everett und die Kinder, Deine Hedda.«

Drei Wochen später traf ein dickes Paket ein. Der Inhalt: eine lange Hose, an den Oberschenkeln weit geschnitten und zu den Knöcheln hin schmal werdend. Dazu eine Ballonmütze sowie eine Weste und eine Jacke aus Harris-Tweed in aparten Grau-Grün-Tönen und mit vielen kleinen und größeren Taschen versehen. Und ein Brief von Elisabeth:

»Liebste Hedda,
ich bin so froh, dass es Dir gut geht. Jedenfalls hörst Du Dich recht zuversichtlich an.

Anbei das Gewünschte. Gott sei Dank bist Du groß und schlank, sodass Dir diese Herrenhosen, Weste und Jacke passen müssten. Die Mütze ist ein altes Teil von Everett. Könnte vielleicht nützlich sein. Ich würde ja zu gern die Gesichter Deiner Herrschaft sehen, wenn Du so angetan durchs Gelände streifst. Hosen für Frauen sind selbst hierzulande unüblich und werden, soweit ich weiß, tatsächlich ausschließlich von den Swanleys getragen. Das hat hier einen Riesenwirbel ausgelöst. In der Presse war ziemlich uncharmant von Pumphosen-Frauen die Rede. Und das Swanley Horticultural College in Kent hat schließlich erst vor gut zwanzig Jahren als erste Gartenbauschule Englands seine Pforten auch für Gartenschülerinnen geöffnet. Das war wohl schon damals eine kleine Sensation, wie mir Everett erzählt hat.
Aber immerhin bist Du die erste Obergärtnerin Deutschlands, und da kannst Du ja nun Maßstäbe setzen. Im Übrigen wirst Du auch in Hosen wie immer wunderbar aussehen. Deine Gärtner werden Dir reihenweise verfallen.
Ich umarme Dich ganz fest, Deine Lizzie.«

Sie probierte ihre neue Arbeitskleidung sofort an. In der Taille war die Hose zu weit. Ein Umstand, dem man mit einem Stück Kordel Abhilfe schaffen konnte. Die Länge passte. Weste und Jacke waren ebenfalls eine Idee zu groß, aber das machte erst einmal nichts. Sie band die Haare hoch und versteckte die üppigen Locken so gut es ging unter der Ballonmütze. Dann betrachtete sie sich in dem großen Spiegel an ihrem Kleiderschrank. Ein junger Mann sah ihr entgegen. Sie musste lachen. Auch wenn ihre langen Beine in dieser Kluft stark betont wurden, blieb doch alles Weibliche gut verborgen. Das konnte ihrer Ansicht nach nur von Vorteil sein. In den vergangenen Tagen hatte sie in der Not ihren Rock in der Taille hochgebunden, um unbeschmutzt auf der Südterrasse arbeiten zu können. Natürlich hatten die Männer geguckt, wenn auch verstohlen.

Als sie am nächsten Tag in ihrer neuen Garderobe zur regelmäßigen Besprechung mit den Gärtnern im Geräteschuppen erschien, starrten die Männer sie zunächst sprachlos an.

»Sieht i-i-irgendwie a-a-aus wie'n Kerl«, stotterte Siegfried Wermuth nach einer halben Minute Schockstarre.

»Halt die Klappe, Siggi«, sagte Jost Vidal. »Sieht prima aus, Chefin«, setzte er hinzu. »Tweed, oder? Gute Qualität und strapazierfähig.« Er schaute in die schweigsame Runde und ließ seinen Blick dann nochmals auf ihr ruhen. »Was steht heute an?«, fragte er.

Hedda gab ihre Anweisungen, und Jost nickte kurz. »Los geht's, Jungs«, forderte er die Männer auf und schulterte die Schaufel. Alle machten sich an die Arbeit, und damit war die Sache erledigt.

Nach dieser Episode hatte sie das unbestimmte Gefühl, dass sie in Jost Vidals Achtung ein kleines bisschen gestiegen war. Denn auch wenn sie es sich nicht eingestehen mochte, war ihr an der Meinung des alten Gärtners gelegen.

Ganz tief in ihrem Inneren nämlich, gut versteckt, im abgelegensten Winkel ihrer Seele verborgen, gab es die nagende Erinnerung an einen anderen Gärtner, ebenso schweigsam und verschlossen, nur wenig jünger als Jost und seit acht Jahren tot. Sie hatte lange nicht an ihren Vater gedacht und war bestürzt darüber, wie viel man vergaß und dennoch nicht loswurde.

3

»GUTEN TAG, FRÄULEIN HERZOG. Schön, Sie einmal zu sehen.«

Hedda blickte überrascht auf. Sie war gerade dabei, die Gemüsebeete zu inspizieren, wo Siggi Wermuth und Hans Rosenzweig Erbsen, Spinat und Porree aussäten, als sie zum ersten Mal seit der kurzen Vorstellungsrunde vor gut fünf Wochen mit Adele Clarenburg zusammentraf.

Sie hatte Adele in den vergangenen Tagen kaum wahrgenommen. Das war nicht weiter verwunderlich. Sie wohnten in verschiedenen Häusern und wohl auch in verschiedenen Welten und hatten unterschiedliche Tagesabläufe. Adele stand einem großen Haushalt vor, und auch wenn sie Kinderfrau, Gouvernante, Köchin und zwei Hausmädchen und dazu Waschfrauen und Büglerinnen aus dem Dorf als Hilfe zur Seite hatte, war sie ihre eigene Haushälterin mit Planungs- und Etathoheit. Sie musste veranlassen, überwachen, Buch führen, verwaltete Wäsche- und Vorratslisten. Und wenn Hedda sie dann doch mal von Weitem sah, war sie ständig mit einem Exemplar ihrer fünfköpfigen Kinderschar beschäftigt.

So war sie an diesem Vormittag einigermaßen erstaunt, Adele bei den Gemüsebeeten anzutreffen.

»Guten Morgen«, erwiderte sie den Gruß. »Wenn ihr hiermit fertig seid, pflanzt den Kürbis raus«, rief sie Siggi und Hans zu. Dann ging sie auf Adele zu, die die wie mit dem Lineal gezogenen Saatreihen mit offensichtlichem Wohlwollen zur Kenntnis zu nehmen schien.

Neben Adele fühlte Hedda sich wie eine Riesin. Adele war eine winzige Frau, und es schien unglaublich, dass sie fünffache

Mutter war. Mit ihrem dichten blonden Haar, den lebhaften dunklen Augen und der aristokratischen Haltung wirkte sie jünger als ihre vierzig Jahre.

»Sieht ja ganz gut aus. Gibt's auch Tomaten?«, fragte sie erwartungsvoll.

»Ja, die haben wir da drüben in einem der hinteren Beete nahe der Mauer gepflanzt. Da stehen sie windgeschützt und mitten in der Sonne. Rote Bete, Bohnen, Pastinaken und Salate sind dort.« Hedda zeigte auf die drei mittleren Beete.

»Wunderbar. So viel Gemüse hatten wir in den ganzen letzten Jahren nicht«, sagte Adele mit frostiger Stimme, die ihre an sich wohlwollenden Worte Lügen strafte.

»Ich habe noch ein kleineres Beet direkt hinter den Gewächshäusern angelegt. Dort probiere ich einige Sorten aus, die man hier nicht so leicht bekommt«, erklärte Hedda beflissen in dem Bemühen, Adele ihre gärtnerischen Absichten darzulegen. »Meine Freundin Elisabeth schickt mir immer mal wieder interessantes Saatgut aus England.«

»Oh, England, natürlich. Da ist man ja sehr viel weiter in allem, was den Garten betrifft, oder? Und diese wunderbaren Möhren in allen möglichen Farben, die es bei uns in Süddeutschland gibt, die hat man hier auch nicht«, sagte Adele. »Hier in Hamburg liebt man ja den Kohl«, fügte sie spitz hinzu und betrachtete dabei Hedda ungeniert von oben bis unten. »Diese Hosen tragen Sie aber nur bei der Arbeit, oder?«

»Ja, sicher, nur bei der Arbeit. In Röcken lässt sich der Kompost schwer umsetzen«, gab Hedda trocken zurück.

Fürs Kompostumsetzen waren Hans und Siggi zuständig, aber das musste Adele ja nicht wissen. Nachdem Ludwig Clarenburg sein Einverständnis für ihre Arbeitskleidung gegeben und nur mit einem »Interessant« kommentiert hatte, sah sie nicht ein, warum sie sich mit seiner Ehefrau darüber hätte streiten sollen.

Adele gab sich mit ihrer Antwort zufrieden, obgleich ihr deutlich anzumerken war, dass sie an der Garderobe ihrer Gärtnerin durchaus einiges auszusetzen gehabt hätte.

»Ich kenne noch Ihren Vater«, sagte Adele, während sie mit Hedda zum Gärtnerhaus ging. »Er war ja oft in den Schlossgärten beschäftigt und hat auch meine Familie mit Pflanzen beliefert und die Gärten in Ordnung gehalten. Wie geht es ihm?«

»Er ist vor acht Jahren gestorben«, antwortete Hedda.

»Oh, das tut mir leid. Und Sie haben seinen Beruf ergriffen.«

»So ungefähr.«

Schweigend liefen sie nebeneinanderher.

»Sie mögen also Ihre Arbeit?«, fragte Adele nach einer Weile.

»Ja«, sagte Hedda widerstrebend. »Ich wollte nie etwas anderes im Leben machen.«

»Und dafür verzichten Sie auf so vieles? Auf Ehe? Und Kinder?«, fragte Adele ungläubig.

»Ja.«

»Das ist schade. Sie sind so eine hübsche Frau. Was für eine Verschwendung.«

Hedda starrte sie an. Nein, Adele schien nicht zu scherzen. »Wenn es Sie beruhigt: Es ist keine Verschwendung. Ich führe haargenau das Leben, das ich immer wollte. Keine Familie, keine Kinder und vor allem kein Mann, der mir sagt, was ich zu tun habe.« Das klang selbst für ihre eigenen Ohren ein wenig unverschämt, aber sie merkte, wie ihr dieses Gespräch mehr und mehr auf die Nerven ging.

»Oh, dann sind Sie wohl eine Anhängerin von Frau Zetkin und Fräulein Luxemburg?«, fragte Adele und zog die Augenbrauen hoch.

»Ich bin niemandes Anhängerin. Ich möchte einfach nur das tun, was ich tun möchte.«

»Nun, ob Sie das hier bei uns können, sei dahingestellt. Schließlich müssen Sie sich ja den Anweisungen meines Mannes fügen«, entgegnete Adele mit maliziösem Lächeln.

Hedda lächelte zurück. »Sagen wir so: Ich mache ihm Vorschläge, und er nimmt sie in der Regel an. Anweisungen gibt er mir eigentlich selten.«

»Stimmt. Er versteht ja auch nichts von der Sache. Im Übrigen sollten Sie wissen, dass der Garten in meinen Aufgabenbereich fällt. Gut möglich, dass Sie irgendwann die Instruktionen einer Frau befolgen müssen, egal ob Sie mit ihnen einverstanden sind oder nicht. Es war nett, mit Ihnen geplaudert zu haben. Adieu.« Damit drehte Adele sich auf dem Absatz um und schlug den Weg zum Haupthaus ein.

Hedda fühlte sich rüde abgefertigt und sah ihr irritiert und auch ein wenig ratlos hinterher. Adele war mindestens zwei Köpfe kleiner als sie, und doch hatte sie es geschafft, auf sie herabzuschauen.

Das Gespräch mit Adele beunruhigte sie jedoch nur kurz. Ludwig Clarenburg schien ihr weit wohlwollender gesonnen zu sein. Er gestattete ihr ein mehr als großzügiges Budget für die Südterrasse und ließ ihr tatsächlich weitgehend freie Hand.

Sie hatte sofort begonnen, ihre Pläne in die Tat umzusetzen, und die Gärtner instruiert. Und doch ging alles für ihr Empfinden viel zu langsam. Einmal in der Woche spazierte sie am frühen Morgen mit Clarenburg durchs gesamte Gelände und erläuterte ihm ihre Ideen von einem Nebeneinander von landschaftlicher Gestaltung der Lenné'schen Schule und regelmäßig-architektonischen Formen.

»Ein Garten braucht Struktur, etwas, woran sich das Auge festhalten kann«, erklärte sie ihm, während sie durch den Haselnusshain schlenderten. »Und was die römische Terrasse betrifft, müssen wir die örtlichen Gegebenheiten mit Ihren Bedürfnissen und denen Ihrer Familie in Einklang bringen. Was wollen Sie dort tun?«

Er schaute sie verdutzt mit hochgezogenen Augenbrauen an.

»Na was man im Garten eben so macht. Lustwandeln, nehme ich an«, antwortete er.

Sie lachte. »Das werden Sie sicher können.«

»Allzu viele Gedanken habe ich mir ehrlich gesagt noch nicht darüber gemacht. Ich habe Ihnen ja schon gesagt, was Adele gern hätte.«

Sie runzelte leicht die Stirn, aber er schien es nicht zu bemerken.

»Ich denke, Sie machen das schon«, sagte er großmütig. »Ich habe im Grunde keine Zeit, mich darum zu kümmern. Unsere Morgenspaziergänge müssen genügen, um alles, was es zu klären gilt, zu besprechen.«

»Schön, dass Sie mir so vertrauen, aber das ganze Projekt ist sehr anspruchsvoll, um es einmal vorsichtig auszudrücken. An wen soll ich mich wenden, wenn's Probleme gibt?«

»Oh Gott, Probleme ... Ersparen Sie mir die«, rief er aus. Er dachte kurz nach. »Hören Sie, was halten Sie von einer zehnprozentigen Zulage, wenn Sie mir Ärger vom Hals halten? Ich habe keine Lust, mit irgendwelchem Ungemach im Garten belästigt zu werden. Regeln Sie das.«

»Herr Clarenburg, mein Gehalt ist großzügig genug.«

»Nein, nein, nein. Ich gewähre Ihnen einen zusätzlichen Bonus. Ich will meinen Garten genießen, und sonst nichts. Kommen Sie mit in mein Arbeitszimmer. Dann besiegeln wir das.«

In einem eigens aufgesetzten Vertrag verpflichtete sich Hedda daraufhin, ihrem Arbeitgeber alle Unannehmlichkeiten im Garten zu verschweigen und sich selbst darum zu kümmern. Dafür bekam sie eine zehnprozentige Zulage. Ein Umstand, der rasch die Runde machte, für amüsierte Gesichter sorgte und unter dem Namen »Ärgerprämie« in die Clarenburg'schen Familienannalen einging.

Sie hatte sich eine Tagesstruktur zurechtgelegt. Morgens gegen sieben besprach sie mit den Gärtnern an dem großen Tisch im Geräteschuppen, was getan werden musste. Jeder von ihnen bekam seine Aufgaben zugeteilt, und dann sah sie sie meist erst am Abend wieder, wenn sie zur Lagebesprechung zusammenkamen. Sie selbst war zu allen Tageszeiten mal hier, mal dort auf dem Grundstück unterwegs, um die Arbeiten zu beaufsichtigen, vor allem aber, um die Lichtverhältnisse während des fortschreitenden Jahreslaufs zu datieren. Gartenwissen bestand für sie vor allem aus Beobachtung.

Auf der Südterrasse arbeiteten die meiste Zeit Hilfskräfte aus den umliegenden Dörfern unter der Aufsicht von Lorenz Vidal. Irgendwie war es dazu gekommen, dass sie ihm die Leitung der jungen Gärtnergehilfen übertragen hatte. Eigentlich war es eine auf der Hand liegende Entscheidung. Jost Vidal kannte das gesamte Terrain von Grund auf und beaufsichtigte die fest angestellten Gärtner, die die umfangreichen Arbeiten jenseits der Südterrasse zu erledigen hatten. Sein Sohn war in den Dienst bei den Clarenburgs hineingewachsen. Er wusste über die botanischen und topografischen Gegebenheiten des Grundstücks fast ebenso gut Bescheid wie sein Vater und besaß, wie sie mehrfach bemerkt hatte, auch sonst eine solide Bildung. Und er hatte eigene Ideen.

»Hier hätte ich gern ein paar Hortensien«, erklärte sie, als sie mit Lorenz den Bereich in Augenschein nahm, wo die alten Weinhäuser gestanden hatten.

»Ich würde ein paar der neuen Arten aus Amerika nehmen«, schlug er vor. »Waldhortensien mit besonders großen weißen Blüten. Würden gut in diese Ecke passen.«

»Große Blüten? Ich weiß nicht recht. Ich finde, Größe wird allgemein überschätzt, finden Sie nicht?«, entgegnete sie.

Er grinste. »Wenn Sie es sagen.«

Sie spürte, wie sie errötete, wandte sich gereizt ab und betrachtete die kahle Stelle.

»Die alten Bauernhortensien sind vielleicht robuster«, meinte sie.

»Glaub ich nicht. Aber wenn Sie es lieber kleiner mögen, kann man das auch bei den amerikanischen Arten hinbekommen, mit der richtigen Handhabung, versteht sich.« Er sah sie belustigt an.

Sie atmete kurz durch. »In Ordnung, nehmen wir die Amerikaner. Und sorgen Sie dafür, dass die Blüten eine angenehme Größe beibehalten.«

Er lachte. »Machen wir. Machen wir alles.«

Irritiert ging sie Richtung Arche und steigerte sich mehr und mehr in eine Empörung über seine Unverfrorenheit. Aber im Grunde genommen ärgerte sie sich vor allem über sich selbst, über ihre Unsicherheit im Umgang mit ihm und dieses ständige Erröten. Eigentlich hatte er nichts Verwerfliches gesagt. Dies war schließlich nur ein Gespräch über Hortensien gewesen.

An seiner Arbeit war ohnehin nichts auszusetzen. Er arbeitete gut und hart, und auch wenn er offensichtlich eigene Vorstellungen hatte und diese kundtat, tat er doch stets das, was sie sagte.

Und dennoch meinte sie, immer auch eine gewisse Aversion ihr gegenüber zu spüren. Sie wusste, dass er verheiratet war, drei Kinder hatte und in einem der Dörfer unten am Fluss wohnte. Vielleicht hatte er sich selbst Hoffnungen auf die Obergärtnerstelle gemacht. Die Angestellten der Clarenburgs verdienten nicht schlecht, und Jost und Lorenz wurden weit über dem durchschnittlichen Gehalt eines Gärtners entlohnt. Aber Heddas Verdienst war eben noch ein wenig höher, und mit drei kleinen Kindern konnte man vermutlich jeden Pfennig gebrauchen. Sie versuchte, ihr Unbehagen zu ignorieren. Solange er gute Arbeit leistete, war alles andere egal.

Um die Mitte des Sommers wurde es lebhaft auf und rund um den Berg. Die in Amerika und Skandinavien lebenden Brüder Ludwig Clarenburgs kamen samt ihren Familien für Wochen zu Besuch und nahmen die Arche in Beschlag. Wenn sie jetzt nach der Arbeit an der Südterrasse durch die Wälder und Haine spazierte, sah sie immer mal wieder eines der Kinder beim Verstecken oder Räuber-und-Gendarm-Spielen über die Wiesen huschen, sich hinter einem Baum oder im hohen Farn verstecken. Wie kleine Elfen und Kobolde flitzten sie im Dämmerlicht durchs Gelände. Kaum sah man sie, waren sie schon wieder verschwunden. Und manchmal, wenn die letzten Lichtpartikel der untergehenden Sonne winzige Sprengsel auf den Waldboden malten und die Glühwürmchen eifrig um sie herumschwirrten, fragte sie sich, ob sie hier nicht tatsächlich in einem verwunschenen Feenreich gelandet war.

Die Kinder störten sie nicht. Wenn sich eines von ihnen auf die Südterrasse verirrte, wurde es von den Gärtnern sofort davongescheucht. Sie konnte die Kinder verstehen. Auch wenn der Ort in seinem derzeitigen Zustand auf den ersten Blick wenig anziehend war, musste er für Kinder doch einen ganz eigenen Reiz besitzen. Diese merkwürdigen Zwischenstadien, wenn man spürte, etwas Neues war im Entstehen, aber gerade noch alles in furchtbarer Unordnung, hatten auch sie als kleines Mädchen immer wieder fasziniert. Perfektion war langweilig, Unvollkommenheit verlockend.

Die Gärtner waren dabei, das Gelände zu planieren und zwei übereinandergestaffelte Trockenmauern aus grob behauenen Bruchsteinen anzulegen. Für den Kauf und die Herbeischaffung der Steine war Lorenz zuständig gewesen. Die Steine waren aus der Region und unterstützten mit ihrer hellen Tönung den mediterranen Charakter, den sie für diesen Gartenbereich anstrebte.

Sie wurden sorgfältig übereinandergeschichtet, sodass sie den Hang zwar abstützten, aber so viel Zwischenraum boten, dass man sie später mit Polsterstauden würde bepflanzen können. Eine Kaskade von Blüten sollte den Hang herabstürzen. So stellte sie es sich vor. In der Mitte sollte eine halbkreisförmig herausgearbeitete Terrasse mit einer zwölfstufigen Treppe davor Platz für eine Rundbank bieten. Als immergrüne Kulisse für das florale Schauspiel und den Sitzplatz würde eine dahinter gepflanzte formal geschnittene Thujahecke dienen.

Es war eine Knochenarbeit, bei der auch sie selbst immer mal wieder Hand anlegte und Steine schichtete. Ihr ging das alles viel zu langsam voran. Dazu kam, dass das Wetter während des ganzen Sommers kühl und regnerisch war und sich die Südterrasse immer mehr in eine schlammige Ödnis verwandelte. An manchen Tagen konnten die Gärtner überhaupt nicht arbeiten.

»Wann kann ich pflanzen?«, fragte sie ungeduldig, als die Sonne gerade mal zwei Tage schien und die Arbeit sichtlich voranging.

Lorenz schaute nachdenklich den Hang hoch. »Wenn Sie mich fragen: Das wird in diesem Jahr nichts mehr«, sagte er. »Wir haben jetzt September und wären froh, wenn wir die Steine bis zum Winter an Ort und Stelle hätten.«

Unwillig runzelte sie die Stirn und beobachtete die Gärtner.

»Warten Sie mit dem Pflanzen bis zum nächsten Jahr«, schlug er vor.

»Unsinn«, brachte sie ärgerlich hervor.

»Unsinn wäre es, zu pflanzen, solange die Steine nicht vernünftig geschichtet sind«, sagte er ruhig.

»Wann hier gepflanzt wird, bestimme immer noch ich«, gab sie eingeschnappt zurück.

»Ist ja schon gut, in Ordnung.« Er hob beschwichtigend die Hände.

Sie sah ihn missmutig an. »Ich will endlich anfangen. Ich hab die Pflanzen längst bestellt.«

»Die Gärtnereien hier wissen, dass Clarenburgs die Pflanzen pünktlich bezahlen und sie im nächsten Frühjahr abholen werden. Die werden das verstehen«, sagte er geduldig.

Er zog seine Zigarettenpackung aus der Westentasche und hielt sie ihr hin.

»Hier wird nicht geraucht«, sagte sie kühl.

»Natürlich wird hier geraucht. Keine Sorge, Asche und die Kippen landen in dieser Büchse. Nichts bleibt hier liegen.« Er zeigte ihr eine alte Teedose, die am Rand der Hecke stand.

Sie sah ihn böse an.

»Bedienen Sie sich ruhig«, forderte er sie nochmals auf. »Sie rauchen doch.«

»Jedenfalls nicht hier«, gab sie gereizt zurück. Sie wusste, dass sie ungerecht war. Der Sommer war schlecht gewesen. Und das war nicht Lorenz' Schuld.

»Na gut, dann eben nicht«, sagte er achselzuckend und steckte sich selbst eine Zigarette an.

»Entschuldigen Sie«, sagte sie schließlich steif. »Sie und die Jungs hier machen gute Arbeit, und Sie haben sicher recht. Ich werde die Gärtnereien benachrichtigen.«

Immer noch missmutig stapfte sie durch den Morast davon. Woher wusste Lorenz Vidal, dass sie rauchte?

4

Der September ging vorbei. Die Sommergäste waren längst wieder in ihrer Heimat. Der Herbst ließ die Bäume Feuer fangen und färbte ihr Laub in den schönsten Rot- und Gelbtönen. Am späten Nachmittag wandelten sich die Wolken am Horizont im dämmrigen Zwielicht von einem dramatischen Scharlachrot in ein düsteres Stahlblau. An sonnigen Tagen genoss sie die frische Luft. Es war die goldene Zeit der Wärme und Reife, mit gerade so viel Melancholie, dass sie noch reizvoll, aber nicht deprimierend war.

Die Ernte in den Gemüsebeeten war mäßig ausgefallen. Die Sonne hatte gefehlt. Für den Hausgebrauch würde es die Wintermonate über reichen. Sollten die Clarenburgs ausgedehnte Diners geben, was zu vermuten war, würde man zukaufen müssen.

Adele hatte gereizt darauf reagiert, dass all das wunderbare Gemüse, das Hedda angebaut hatte, im kalten Regen dieses Sommers ertränkt worden war oder wenig Aroma besaß. Nicht dass sie dies Hedda gegenüber erwähnt hätte. Sie sahen sich nicht oft, und wenn, dann nickten sie sich meist nur kurz zu. Ludwig Clarenburg hatte hin und wieder entsprechende Andeutungen gemacht, ohne freilich zu ahnen, dass sie bei Hedda auf Argwohn und Besorgnis stießen. Sie ahnte langsam, dass sie für alles, was in diesem Garten nicht gelang, von Adele erbarmungslos zur Verantwortung gezogen wurde, selbst wenn sie keinerlei Schuld trug.

Sie versuchte, die beunruhigenden Gedanken zu verdrängen und die Annehmlichkeiten dieses ersten Herbstes auf dem Berg auszukosten. Wenn sie jetzt von ihren Gängen über das Grundstück zurückkam, freute sie sich jedes Mal auf ihr Gärtnerhaus. Sie hatte es von Anfang an geliebt und in Besitz genommen und es nach ihrem Gusto eingerichtet, wobei die von ihr selbst vorgenommene Einrichtung vornehmlich aus Hunderten von Büchern bestand. Das Mobiliar war ja bereits vorhanden gewesen.

»Das Haus ist schlicht und behaglich«, beschrieb sie Elisabeth ihr neues Heim. »Alles, was man braucht, ist vorhanden, aber es gibt keinen überflüssigen Tand. Das Haus ist mein Rückzugsort, mein kleines privates Refugium, in dem mich niemand stört oder etwas von mir erwartet; in dem ich ganz bei mir sein kann.

Die Stadt ist anders als unser altes Würzburg mit seiner Residenz und dem Hofgarten, mit Barock und Rokoko, Main und Weinhängen. Auch ganz anders als Berlin. Hamburg ist eine vollkommen unhöfische Stadt, eher nüchtern und wenig herrschaftlich, stark von merkantilem Geist geprägt. Dafür ist sie zutiefst republikanisch und als alte Hafenstadt relativ offen, und zwar in jederlei Hinsicht. Hier ist alles weit und hell, eine Stadt aus Wasser, Wolken und Licht. Es scheint mir Deinem England recht ähnlich. Vielleicht ist es auch mir gemäßer als die süddeutsche Opulenz. Ich bin mir noch nicht sicher.«

»Liebste Hedda,
vor allem ist es von Hamburg aus viel einfacher, mich zu besuchen«, schrieb Elisabeth zurück. »Du steigst einfach in ein Schiff und segelst Richtung England. Du warst zuletzt vor fünf Jahren hier, als Everett und ich geheiratet haben. Cathy ist gerade drei geworden und Albert ein Jahr, und Du hast sie noch nicht einmal kennengelernt. Das ist eine Schande.

Rupert und Charlotte würden Dich auch gern wiedersehen. Sie erinnern sich an heitere Sommernachmittage, an denen Du mit ihnen durch den Garten getobt bist und ihnen gezeigt hast, wie man aus Hagebutten Juckpulver herstellt, Du böses Mädchen.

Andererseits müsste ich, was die beiden betrifft, fast von einem Besuch abraten. Sie sind gerade in einem grauenvollen Alter. Sechzehn und vierzehn: Was will man da erwarten?

Doch bei aller Widerspenstigkeit gibt es auch anrührende Szenen, kleine Gesten der Zuneigung, und dann spüre ich, dass ich nicht nur eine beliebige Stiefmutter für sie bin oder ihre ehemalige Gouvernante, sondern auch eine Vertraute; vor allem für Charlotte, die ihre leibliche Mutter ja kaum gekannt hat. Patricia-Anne starb, als sie gerade einmal drei Jahre alt war.

Was unsere alte Heimat betrifft: Nichts gegen unser schönes Würzburg. Barock und Rokoko haben ihren Reiz. Aber ich bin seit Vaters Tod auch nicht mehr dort gewesen. Ich habe kaum Verwandtschaft, nur ein paar ältliche Tanten, mit denen ich selten etwas zu tun hatte. Warum also sollte ich noch einmal dorthin reisen?

Ich denke, ich habe hier in Surrey tatsächlich ein neues Zuhause gefunden, hier bei Everett und den Kindern, in diesem großen Haus mit einem noch größeren Garten. Einem Garten übrigens, der mich zur Verzweiflung treibt. Ich habe ja nicht Dein Wissen. Also bitte steig in ein Schiff und segle gen England. Ich brauche Deinen Rat zu Rosen und Levkojen, Rittersporn und Elfenblume.

Es liebt Dich, Deine Lizzie.«

Doch Elisabeth und ihr Garten mussten warten. Hedda wollte ein Jahr ohne Unterbrechung auf dem Berg zubringen, um alle jahreszeitlichen Veränderungen, die klimatischen Bedingungen der Region, Wolkenzug und Vogelflug wahrnehmen und aufzeichnen zu können. Selbst als sich der November mit seinen gefürchteten grauen Tagen des Berges bemächtigte und sich auch langsam in ihrem Gemüt festzusetzen drohte, spazierte sie bei jedem Wetter durch die Gärten, durch Eichen- und Buchenwald, durch den Haselnusshain hoch zur Arche und durch das westliche Wäldchen zurück zum Gärtnerhaus, wo es nach Äpfeln duftete und den letzten Rosen des Sommers.

Es wurde jetzt sehr früh dunkel, und schon am Nachmittag entließ sie ihre Gärtner und zog sich in ihr Haus zurück, um Pflanzpläne für die kommende Saison auszuarbeiten und einen Plan für den Rosengarten zu erstellen.

Sie hatte nie Besuch in ihrem Haus. Sie kannte niemanden in Hamburg und den umliegenden Dörfern. Doch sie brauchte auch keine Gesellschaft. Nach dem täglichen Kraftakt, sich als Chefin beweisen zu müssen, war sie froh über die Stunden, die sie hier entspannt, allein arbeitend und lesend, in aller Muße verbringen konnte.

Und so war sie erstaunt, als es Mitte November an einem stürmischen Sonntag voller heftiger Regengüsse an der Tür klopfte. Sie brütete gerade über dem Samenkatalog einer regionalen Saatgutfirma. Neben den ausgefallenen Varietäten, die Elisabeth ihr dann und wann aus England schickte, wollte sie heimisches Gemüse anbauen, Marktgemüse, Sorten, die speziell auf die Besonderheiten und Bedürfnisse dieser norddeutschen Region abgestimmt waren. Sie war in das Studium diverser Listen vertieft und daher ungehalten über die Störung. Verärgert öffnete sie die Tür.

»Chefin.« Es war Lorenz Vidal. »Tut mir leid, dass ich störe.«

Groß und breit füllte er den Türrahmen aus.

»Kommen Sie rein«, sagte sie spontan und zog ihn aus dem peitschenden Regen ins Haus. »Und ziehen Sie um Gottes willen Ihr Ölzeug aus.«

Er legte den schweren Mantel und den Südwester ab. »Was für ein Wetter«, sagte er und ließ die nassen Sachen auf den Steinboden klatschen.

Erst dann sah er sie aufmerksamer an und zog überrascht die Brauen hoch. Sie trug Rock und Bluse und hatte sich nicht die

Mühe gemacht, die fast hüftlangen Locken wie sonst üblich hochzustecken. Sie versuchte, sich ihre Verlegenheit nicht anmerken zu lassen, und bat ihn in die Wohnstube, wo ein Kaminfeuer behaglich vor sich hin prasselte.

»Was gibt's?«, fragte sie barscher, als sie beabsichtigt hatte.

»Hm, tja, wie es aussieht, hat der Sturm eine der Linden an der Arche gefällt.«

»Meine Güte, woher wissen Sie das?«, entfuhr es ihr. »Wer ist denn bei diesem Wetter oben an der Arche?«

»Mein Vater«, sagte Lorenz und grinste. »Die Linde war schon lange ein bisschen marode. Und Vater wohnt ja im Gesindehaus. Da hat er es krachen gehört. Und wie er nun mal so ist, hat er sich gleich auf die Socken gemacht und nachgesehen.«

»Und Ihnen aufgetragen, dass Sie mir das sagen sollen? Bei dem Wetter?«

»So ist er nun mal. Ist ins Dorf gelaufen und sitzt jetzt bei uns zu Hause. Meine Frau hat ihn erst mal ruhiggestellt und ihm einen Tee gekocht.«

Unverhohlen sah er sich um. Sie war sich seiner Präsenz mit einem Mal sehr bewusst. Es war lange her, dass sie mit einem Mann auf so engem Raum allein gewesen war. Vielleicht zu lange, schoss es ihr durch den Kopf. Entsetzt bemerkte sie, wie ihr die Röte ins Gesicht stieg.

»Möchten Sie auch einen Tee?«, fragte sie, um rasch in der Küche verschwinden zu können.

»Wenn es Ihnen keine Umstände macht.« Er folgte ihr.

Sie nahm den Kessel von der Anrichte, ging zur Spüle und füllte ihn mit Wasser. Sie ging zum Herd und setzte den Kessel auf die heiße Platte. Draußen dämmerte es bereits. Und so holte sie Streichhölzer aus der Tischschublade und zündete Kerzen an. Sie ging zum Küchenschrank, entnahm ihm zwei Tassen, stellte sie mit Zucker und Milch auf ein Tablett und trug das Ganze zum Tisch.

Er blieb während dieser ganzen ziemlich hektisch ausgeführten Tätigkeiten einfach an der Küchentür stehen, lehnte entspannt am Türrahmen und beobachtete sie, wie sie nervös von der Anrichte zum Spülbecken, vom Spülbecken zum Herd, vom Herd zum Tisch, vom Tisch zum Schrank und von dort wieder zum Tisch rannte. Als sie wieder zum Wasserkessel an den Herd eilen wollte, packte er sie plötzlich an den Armen und drehte sie zu sich.

Sie war nur unwesentlich kleiner als er, und so traf sie sein blauer Blick unvermittelt. Eine dunkle Haarsträhne fiel ihm in die Stirn. Dann zog er sie an sich und küsste sie.

Später sagte sie sich, dass sie sich hatte hinreißen lassen. Dass sie nicht mehr klar bei Sinnen gewesen war. Es musste am Wetter gelegen haben; am Sturm, der ums Haus tobte und einen Lärm verursachte, als hätten sich alle Geister, die alten Geschichten zufolge in diesem dunklen Monat unterwegs waren, hier ein Stelldichein gegeben. Was auch immer der Grund sein mochte, sie erwiderte jedenfalls seinen Kuss, und das sehr lange, zu lange, obwohl sie wusste, dass sie möglicherweise einen folgenschweren Fehler beging.

Doch was auch immer noch vor wenigen Sekunden an Skrupeln, gesundem Menschenverstand, schierer Vernunft bei ihr vorhanden gewesen war, war nun verschwunden und einem stillen Gutheißen gewichen.

Als sie schließlich voneinander abließen, schaute sie ihn fassungslos an. »Das geht nicht«, flüsterte sie.

»Ich finde, das geht eigentlich ganz gut, oder?«, sagte er ruhig und zog sie wieder an sich.

Sie versuchte, sich aus seiner Umarmung zu lösen.

»Hör zu, wenn wir hier weitermachen und jemand das erfährt, dann fliegt uns unser Leben um die Ohren«, beschwor sie ihn.

Er seufzte, hielt sie auf Armlänge von sich fest und schaute sie eindringlich an. »Wer sollte das erfahren? Von mir erfährt es keiner. Von dir auch nicht.« Er zog sie wieder an sich und strich ihr eine widerspenstige Locke aus dem aufgewühlten Gesicht.

»Und was soll das werden?« Sie war vollkommen durcheinander. »Eine Affäre? Ich bin kein Typ für irgendwelche Liebesabenteuer.«

»Bist du nicht?« Er zog die Brauen hoch. »Falls du deswegen Bedenken hast …«, sagte er vage und zog eine längliche Gummihülle aus der Tasche. »Zur Verhütung. Hat Henry vor drei Monaten mitgebracht, als er mit Clarenburg in Paris war«, erklärte er.

»Und wieso hast du das dabei?«, fragte sie empört.

»Hab ich eigentlich immer dabei, seit Henry sie mir verkauft hat«, gab er unumwunden zu. »Ich hatte schon länger vor, dir Avancen zu machen.«

»Und du dachtest, ich wäre leicht dafür zu haben?«

»Nein, dachte ich nicht. Wir beide wollen das, seit wir uns zum ersten Mal gesehen haben. So ist das. Wollen wir hier noch lange herumstehen?«

So begann ihre Liaison mit Lorenz Vidal. Später gab er zu, dass die Sache mit der umgestürzten Linde nur ein Vorwand gewesen sei. Zwar sei sein Vater nach der Entdeckung zu ihnen ins Dorf gelaufen, aber natürlich habe er seinen Sohn nicht bei dem Unwetter vor die Tür geschickt.

»War einfach eine zu gute Gelegenheit, zu dir zu eilen«, sagte er. »Die Gunst der Stunde; ich brauchte eine Ausrede. Wie und wann hätte ich sonst zu dir kommen sollen?«

Nach einiger Zeit kam es ihr ganz natürlich vor, dass er ein-, zweimal die Woche bei ihr hereinschneite, sie wortlos in den Arm nahm, sie küsste und umstandslos mit ihr in den oberen Gemächern verschwand. Es war Winter. Um diese Zeit des Jahres fegte ein eisiger Wind um den Berg. Die Tage waren kurz, und um vier Uhr nachmittags dunkelte es bereits. Am Himmel funkelten die Plejaden, jene Töchter des Atlas, die zu ihrem eigenen Schutz in den Sternennebel versetzt worden waren.

In ihren Briefen an Elisabeth war von Lorenz vorerst nicht die Rede. Warum sie ihrer Freundin gegenüber ein Geheimnis aus ihrer Beziehung machte, wusste sie selbst nicht so recht. Sie wollte diese Romanze und alles, was sie beinhaltete, ganz für sich haben und mit niemandem teilen. Stattdessen schrieb sie von der ersten Weihnachtsfeier bei den Clarenburgs.

»Du weißt ja, dass wir damals zu Hause Weihnachten immer so gefeiert haben wie alle anderen Familien auch. Dass meine Mutter Jüdin war, hat sie nie daran gehindert, einen Baum zu besorgen, ihn zu schmücken und sogar eine Krippe darunter aufzubauen. Es gab Geschenke und Weihnachtslieder und alles, was sonst dazugehört. Und so ähnlich war es hier eigentümlicherweise auch. Obwohl dies eine komplett jüdische Familie ist, wurde das Fest ziemlich traditionell in christlichem Sinne gefeiert.

Es gab einen Tannenbaum in der Halle und einen Empfang am Weihnachtsmorgen für alle Bediensteten, bei dem jeder von Ludwig Clarenburg ein Geschenk überreicht bekam. (Für mich hatte er einen Band mit Gedichten von Karoline von Günderrode ausgewählt; sehr passend natürlich, und ich habe mich sehr gefreut, aber ich frage mich doch, was er von mir denkt.)

Adele steuerte derweil am Flügel das saisonale Musikrepertoire bei, inklusive einiger englischer und amerikanischer Stücke, die meiner Meinung nach viel besser zu diesem Fest passen als die immer etwas tranig-traurigen deutschen Lieder. Ich habe nie verstanden, warum die hierzulande so melancholisch sind. Schließlich ist doch ein Kind geboren worden, was doch, wie man allenthalben hört, stets ein freudiges Ereignis ist. Und dann soll dieses Kind, wie man es uns beigebracht hat, ja auch Gottes Sohn gewesen sein. Also warum tanzen die Leute dann nicht auf den Tischen und fallen sich jubelnd um den Hals? Sehr sonderbar.

An Heiligabend wurde nicht gefeiert. Die Clarenburg-Kinder fanden ihre Geschenke am Weihnachtsmorgen in ihren am Kamin aufgehängten Strümpfen. Diese Gaben hatte natürlich Santa Claus dort hineingesteckt. Den Brauch haben sie wohl von ihren amerikanischen Vettern und Cousinen übernommen.

An diesem ersten Weihnachtstag bekamen alle Hausangestellten frei. Wir Bediensteten, die keine Familie im Dorf haben und auch sonst niemanden zum Feiern, waren am Abend bei Henry und Henriette Liesmann, dem Kutscher und der Köchin, zum Gänsebratenessen eingeladen. Liesmanns haben keine Kinder, und ich glaube, sie freuen sich über den Trubel der mehrheitlich jungen Leute um den großen Tisch in der Küche, die an diesem Abend ganz und gar ihr Reich war. Wir waren zu acht, darunter Peer und Siggi, zwei meiner Gärtner, und es war ein wahres Festessen. Clarenburgs hatten den Wein spendiert, dem reichlich zugesprochen wurde, und es war dann ein recht feuchtfröhlicher Abend.

Ich habe mich allerdings früh zurückgezogen.

Euch allen ein happy new year, Deine Hedda.«

Was sie Elisabeth nicht schrieb, war, dass sie noch lange im Gärtnerhaus an ihrem Fenster gesessen und in den Himmel geschaut hatte, wo dichte Wolken den Blick auf Mond und Sterne versperrten. Doch an diesem Abend gab es keine verhaltenen Schritte vor dem Haus, kein leises Klopfen an der Tür.

Draußen war um diese Zeit wenig zu tun. Die Gärtner erledigten dann und wann Baumpflegearbeiten und gruben die abgeräumten Beete um. Sie arbeitete einen Arbeits- und Pflanzplan für die kommende Saison aus. Darüber hinaus stellte sie eine Liste mit ihren Lieblingsrosen für den angedachten Rosengarten zusammen und hoffte, dass ihre Auswahl wie bislang alles, was sie konzipiert hatte, die Zustimmung der Clarenburgs finden würde.

Wenn sie aus dem Haus ging, war sie die meiste Zeit in einem der Gewächshäuser anzutreffen, wo sie die Saatkästen reinigte und bereits mit der Aussaat von Lauch und Zwiebeln, Levkojen und Löwenmäulchen begann. Sie liebte diese Ameisenarbeit. Es war ein meditativer Akt, bei dem sie völlig vertieft ganz bei sich war und an nichts anderes denken musste. Die Poesie des praktischen Lebens und dazu eine wohltuende Ablenkung von anderen unwillkommenen Gedanken, die sie umtrieben.

Denn sie dachte oft an Lorenz; viel zu oft für ihr Empfinden. Und sie machte sich Sorgen, was geschehen würde, wenn man sie entdeckte. Sie lebten auf engem Raum, auch wenn das Gärtnerhaus ihr ureigenes Domizil war, in das niemand ohne Weiteres Zutritt erhielt. Dennoch fand sie es verwunderlich, dass niemand etwas zu bemerken schien. Keiner der anderen Gärtner schien Verdacht zu schöpfen, wenn Lorenz – manchmal mit ihr, manchmal ohne sie – bei Wind und Wetter durchs Gelände zog und dann für ein, zwei Stunden unauffindbar war.

Jost hatte sich bei seiner Inspektion der vom Sturm gefällten Linde seinerzeit eine Lungenentzündung zugezogen. Er war seit Langem Witwer und hatte ein behagliches Zimmer im Gesindehaus, wo er von Henriette Liesmann und den Hausmädchen versorgt und gesund gepflegt wurde. Und so war es eben Lorenz, der auf dem Grundstück nach dem Rechten sehen musste. So weit, so normal.

Liebte sie ihn? Eher nicht. Sie fand ihn aufregend. Er brachte ihr Dinge bei, von denen sie nie zu träumen gewagt hatte. Aber schließlich beschränkte sich ihre erotische Erfahrung auf einen siebzehnjährigen Gesellen in der Gärtnerei ihres Vaters, in den sie sich mit fünfzehn verguckt hatte, und einen zweiundfünfzigjährigen Lehrer an der Gärtnerlehranstalt in Berlin. Der eine war zu jung, der andere zu alt gewesen. Lorenz, fand sie, war genau richtig.

Ein schlechtes Gewissen hatte sie nicht. Schließlich nahm sie niemandem etwas weg. Sie verlangte nicht, dass er Frau und Kinder ihretwegen verließ. Sie hatte keine Ambitionen, ihn irgendwann zu heiraten oder gar mit ihm eine Familie zu gründen. Ihr genügten die wöchentlichen Zusammenkünfte voll und ganz. Für eine engere Beziehung fehlten ihr Zeit und Talent. Sie eignete sich nicht zur dauerhaften Gefährtin oder gar zur Hausfrau und Mutter. Das alles hatte nie zu ihrem Lebensplan gehört und würde auch weiterhin nicht dazugehören.

Auch er war augenscheinlich nicht unzufrieden mit ihrem Arrangement. Er verschonte sie mit dem Gerede über seine Frau, die ihn nicht verstand. Das hatte der Lehrer in Berlin ihr ständig vorgebetet. Von Lorenz kam kein schlechtes Wort über Martha. Martha war seine Ehefrau und die Mutter seiner Kinder, Hedda seine Geliebte. Punktum.

»Merkt Martha denn nichts?«, fragte sie ihn eines Nachmittags nach einem Jahreswechsel voller Schneestürme und Eiseskälte. Sie lagen beide lang ausgestreckt und unbekleidet auf ihrem Bett und rauchten. Im Kamin prasselte ein Feuer.

»Martha hat viel zu viel mit unseren drei Jungs und dem Haushalt zu tun. Außerdem will sie keine Kinder mehr. Vielleicht ist sie sogar ganz froh, dass ich mich woanders vergnüge. Wer weiß?«

»Ihr Männer macht es euch wirklich leicht«, sagte sie und dachte an den Lehrer.

»Vielleicht«, gab er zu und zog an seiner Zigarette. Sie stützte sich auf den Ellbogen und schaute ihm beim Rauchen zu. Er war der erste Mann, den sie vollkommen nackt sah. Sie betrachtete den flachen Bauch, die dunklen Haare auf der Brust, die muskulösen Arme und Beine, das erschöpfte Geschlecht.

Mit dem Gesellen und dem Lehrer hatte es nur zu hochgehobenem Rock und heruntergezogenen Hosen gereicht. Was für eine dumme Erfahrung, dachte sie. Und was für ein Glück, dass es nicht zu einer Schwangerschaft gekommen war. Zumindest bei dem Gesellen war sie im wahrsten Sinne des Wortes die Unschuld in Person gewesen.

»Wieso nimmst du diese Pariser Dingsdas nicht, wenn du mit deiner Frau schläfst?«, wollte sie wissen.

Er lachte. »Ich glaube, sie wäre einigermaßen misstrauisch, wenn sie erfahren würde, dass ich diese Pariser Dingsdas überhaupt besitze.«

»Meinetwegen brauchst du sie nicht immer zu benutzen. Ich denke inzwischen, dass ich deine einzige, nun ja, Vergnügung bin und du mir keine Geschlechtskrankheit andrehst. Diese Pariser Dingsdas sind so dick und rau, irgendwie unbequem. An meinen unfruchtbaren Tagen können wir es gern ohne probieren.«

Er sah sie interessiert durch den Rauch seiner Zigarette an. »Aha«, sagte er langsam. »Und wann hast du deine unfruchtbaren Tage?«

»Jetzt zum Beispiel.«

»Und woher weißt du das so genau?«

»Ich notiere mir den Zeitpunkt meiner Blutungen und messe meine Temperatur. Eine Frau kann nur an höchstens sieben Tagen in einem Zyklus schwanger werden. Das lässt sich messen und ausrechnen.«

»Woher weiß ein gut behütetes und wohlerzogenes Mädchen wie du so was?«

»Der Vater meiner besten Freundin war Schulmeister in unserem Ort und hatte eine sehr umfangreiche und äußerst vielfältige Bibliothek. Die durften wir benutzen, wann immer wir wollten. Elisabeth las Jane Austen und die Brontës, und ich habe mich auf die naturwissenschaftlichen Werke gestürzt.«

»Sieh an, sieh an, wozu Bücher doch gut sind«, sagte er. Dann drückte er gemächlich seine Zigarette aus und beugte sich über sie.

Nach langem Zögern berichtete sie Elisabeth schließlich doch von ihrer Beziehung zu Lorenz.

Elisabeths Antwort war wie immer wortreich und voller Verständnis. Doch jeder ihrer Sätze lief letztendlich immer auf einen einzigen Imperativ hinaus: »Pass auf!!!«

5

Im März war Jost wieder auf dem Damm und inspizierte mit ihr das Grundstück.

Hedda schilderte ihm ihre Pläne, wozu es im Prinzip keinen Grund gab. Sie war die Chefin und nur ihrem Arbeitgeber gegenüber verantwortlich, und das war für sie ausschließlich Ludwig Clarenburg. Selbst Adele mochte sie nicht als Vorgesetzte akzeptieren, trotz ihres unmissverständlichen Hinweises, dass auch sie den Garten betreffend weisungsberechtigt sei. Clarenburg machte keinen Hehl daraus, dass er vom Gärtnern keine Ahnung hatte, und ließ sie machen. Adele hingegen versuchte, sich einzumischen und ihr immer mal wieder ins Handwerk zu pfuschen, obwohl auch sie, Heddas Meinung nach, nur über wenige nennenswerte Kenntnisse verfügte. Das ließ sie in Heddas Augen nicht gerade souverän erscheinen.

An Josts Anerkennung jedoch war ihr aus einem ihr unerklärlichen Grund gelegen.

»Liebste Hedda,
Deine Innenwelt ist für Dich offenbar nach wie vor ein Buch mit sieben Siegeln«, schrieb Elisabeth dazu. »Ich weiß, dass Dir Seelenschürferei nicht liegt und Du offensichtlich noch nie etwas von den Lehren eines Wiener Arztes namens Dr. Freud gehört hast. Von ihm stammt der Begriff der ›Übertragung‹, der einen Vorgang beschreibt, bei dem Gefühle, die ursprünglich auf die Eltern bezogen waren, in der Psyche präsent bleiben und im späteren Leben auf andere Menschen übertragen werden können.

Und? Geht Dir ein Licht auf? Wie Du mir Jost Vidal schilderst, gleicht er doch haargenau Deinem Vater. Natürlich willst Du seine Anerkennung.

Jost, Lorenz und Du ... Das ist jetzt aber eine etwas komplizierte Gemengelage, oder? Dr. Freud wäre vermutlich begeistert.

Alles Liebe, Deine Lizzie.«

Sie las den Brief und schüttelte ratlos den Kopf. Elisabeths Lektüre schien ins Merkwürdige abzudriften. Was meinte sie mit »komplizierte Gemengelage«?

Wer war Dr. Freud? Und was zum Teufel hatte ihr Vater mit alldem zu tun? Elisabeth hatte recht: Seelenschürferei lag ihr nicht. Und so ließ sie es dabei bewenden, legte den Brief beiseite und beschloss, sich später näher damit zu befassen. Irgendwann. Wenn sie genügend Zeit hatte.

Die vom Sturm gefällte Linde wurde von Peer Schuldt und Gisbert Dreyer zerkleinert und als Brennholz für den Clarenburg'schen Kamin gelagert. Die Arbeiten an der Südterrasse wurden fortgesetzt. Ludwig Clarenburg hatte wieder Hilfsgärtner aus dem Dorf angestellt, und überall auf dem Grundstück schien es von Menschen zu wimmeln. Aber das kam ihr vermutlich nur so vor. Mehr denn je wollte sie allein sein, allein mit ihren Gedanken und Empfindungen.

Sie war in eigenartiger Stimmung und wusste ihre Gefühle nicht recht zu lassen. Sie pikierte Tomaten und Salatpflanzen, erntete das letzte Wintergemüse oder bearbeitete ihren großen Arbeitstisch im Gärtnerhaus mit Bienenwachspolitur, und dann, ehe sie es verhindern konnte, überkam sie das Verlangen. Sie spürte, wie es in ihr lebte, ganz eigenständig zu existieren schien und plötzlich über sie herfiel, wann immer es wollte, ohne Erlaubnis im harten Licht des Nachmittags und in einem Augenblick, in dem sie es am wenigsten erwartete.

Sie wunderte sich nach wie vor, dass die anderen Gärtner nichts zu bemerken schienen. Für gewöhnlich gab es unter solchen Umständen schiefe Blicke, ein abschätziges Grinsen hier und da oder undeutlich, aber unmissverständlich gemurmelte Worte. Das kannte sie aus ihrer Ausbildungszeit. Aber hier war alles wie immer. Wenn die anderen dabei waren, gingen sie und Lorenz betont höflich miteinander um. Manchmal war sie regelrecht schroff zu ihm, und die Gärtner schauten sie verwundert an. Nur Jost bedachte sie mit einer nachdenklichen und, wie sie meinte, besorgten Miene.

Lorenz blieb stets gleichbleibend ruhig und freundlich. Selbst wenn sie sich nur zu zweit an der Südterrasse aufhielten, was selten genug geschah, kam es niemals zu Zärtlichkeiten.

Manchmal störte sie das. Sie wollte nahezu immer von ihm berührt werden und hatte zu den unmöglichsten Tageszeiten Sehnsucht nach ihm. Doch auch wenn sie bei fast jeder ihrer Besprechungen den unstillbaren Drang verspürte, ihn jetzt sofort in einen der unzähligen dunklen Winkel des Anwesens zu ziehen und ihm die Kleider vom Leib zu reißen, ließ sie sich das nie anmerken. Wenn sie etwas gelernt hatte in ihrer Schul- und Ausbildungszeit war es dies: Contenance wahren!

In Briefen an Elisabeth berichtete sie indes ganz offen von ihrem nicht enden wollenden Sehnen, ihm nahe zu sein. Schließlich kannte sie auch all die Höhen und Tiefen, die Elisabeths Ehe ausmachten. Die Vertrautheit mit ihrer Freundin schien ihr durch den lebhaften Briefwechsel noch einmal intensiver geworden zu sein. Im Gegensatz zu ihr war Elisabeth eine gute Analytikerin der Gemütslage ihrer Mitmenschen. Überdies tat ihr das Aufschreiben ihrer Sorgen, Probleme, Ängste gut. Erst einmal in Worte gefasst, schienen ihr die schweren Gedanken nur mehr halb so viel zu wiegen.

»Ich verstehe mich selbst nicht«, schrieb sie. »Das bin doch gar nicht ich. Das ist alles so bar jeder Vernunft, was wir hier treiben. Wenn uns jemand auf die Schliche kommt, sind wir vermutlich beide unsere Arbeit los. Das wäre eine Katastrophe; für Lorenz, weil er eine Familie hat, für mich, weil ich hier meine gärtnerischen Vorstellungen voll und ganz verwirklichen kann. Wenn ich mit Schimpf und Schande davongejagt würde, dürfte es schwer werden, wieder eine Anstellung zu finden, zumal eine so perfekte wie diese.

Trotz alledem ist mir das sonderbarerweise alles ganz gleichgültig. Ich fühle mich stark und kühn und vollkommen furchtlos. Es ist sehr verwirrend.

Alles Liebe und wie immer Grüße an Everett und die Kinder, Deine Hedda.«

Elisabeth wiederum betrachtete das Leben der Freundin im wahrsten Sinne des Wortes mit einigem Abstand.

»Liebste Hedda,
Du hegst zu viele Gefühle für diesen Kerl«, schrieb sie. »Auch wenn Du es mit aller Vehemenz abstreitest, so ist es doch ganz offensichtlich, dass Du in ihn verliebt bist. Bei all Deiner Klugheit und Belesenheit bist Du Dir noch nie in Deinem Leben über Deine Gefühle im Klaren gewesen. In Deinem Herzen war immer nur Platz für Pflanzen, Pflanzen und noch mehr Pflanzen, fürs Botanisieren und für all die großartigen Gärten, die Du anlegen willst. Du hast noch nie mitbekommen, wenn jemand in Dich verliebt war, und bekommst es, wie es aussieht, immer noch nicht mit.

Und schlimmer noch: Du erkennst noch nicht einmal, wenn Du selbst Dich verliebt hast. Denn genau so fühlt man sich, wenn man liebt: stark und kühn und vollkommen furchtlos!

Ich weiß ja selbst, dass diese Gefühle sehr mächtig sein können, uns regelrecht benebeln und für die Realitäten des Lebens unempfänglich machen. Du weißt, meine Liebe zu Everett war keine auf den ersten Blick. Wir haben uns erst ineinander verliebt, als wir uns besser kannten. Aber als es dann so weit war, fühlte ich mich ständig berauscht, und ich weiß bis heute nicht, wie ich damals meiner Arbeit nachkommen konnte. Offenbar hat es aber keine größeren Ausfallerscheinungen gegeben. Ich habe jedenfalls nichts davon gehört.

Dennoch bleibt festzuhalten, dass auch Du derzeit in einem emotionalen Ausnahmezustand lebst. Ich mache Dir keine Vorwürfe, aber Du solltest doch bedenken, dass Du in eine Ehe eingebrochen bist. Du weißt nichts über Martha Vidal. Vielleicht merkt sie ja doch, dass ihr Mann auf Abwegen wandelt, und ist kreuzunglücklich.

Du schreibst selbst, dass das Ganze unabsehbare Konsequenzen nach sich ziehen könnte. Liebste Hedda, Du weißt, ich werde immer auf Deiner Seite sein, aber als Ehefrau fühle ich mich auch betroffen. Ich weiß nicht, was ich täte, wenn Everett sich einer anderen Frau zuwenden würde. Ich will mir das auch gar nicht vorstellen. Ich bitte Dich nur, auch Marthas Lage zu bedenken.

Nicht böse sein. Ich umarme Dich, Deine Lizzie.«

Hedda las den Brief und ließ ihn bedrückt sinken. Sie saß auf der Bank vor ihrem Haus und sah einem Dompfaffpärchen beim Nestbau zu. Natürlich hatte Elisabeth recht, aber in ihrer derzeitigen Verfassung erreichten die Worte der Freundin lediglich ihren Kopf. Doch ihr Verstand war eben gerade nicht in allerbester Verfassung; seine ansonsten tadellosen Leistungen waren einem nie gekannten Gefühlsüberschwang gewichen. So beschloss sie einmal mehr, Elisabeths Ausführungen vorerst zu verdrängen. Ändern ließ sich an ihrer Seelenlage sowieso nichts, und außerdem gab es viel zu tun.

Bei den morgendlichen Besprechungen mit den Gärtnern erläuterte sie ihre Pläne für die Bepflanzung der Trockenmauern und die Anlage des Seerosenbeckens. Das Becken sollte den Schnittpunkt zwischen zwei Sichtachsen bilden. Die eine führte von der Aussichtsbank zwischen den Trockenmauern hin zum Fluss, die andere quer durch den geplanten Rosengarten auf das Rasenparterre. Es war ein anspruchsvolles Unterfangen, das exakter Planung und einer ausgefeilten Logistik bedurfte.

»Du hast viel vor«, sagte Lorenz an einem der Abende, an denen er sich, ohne Verdacht zu schöpfen, von zu Hause fortstehlen und zu ihr kommen konnte.

Es war das erste Mal, seit sie zusammen waren, dass sie sich über den Garten unterhielten. Sie hatte das stets vermieden. Sie wollte keine Konflikte, weil sie seine Chefin war, und sie vermutete, dass ihm dieser Umstand möglicherweise zu schaffen machte.

»Ich hab Ideen«, sagte sie. »Und hier habe ich die Möglichkeit, sie umzusetzen. Ich wüsste nicht, wie das sonst möglich wäre. Ich selbst habe kein Geld, und Clarenburg stellt mir ein großzügiges Budget zur Verfügung.«

Wie immer lagen sie, nachdem sie ihre Lust aufeinander gestillt hatten, auf ihrem Bett und rauchten.

»Ach ja, Geld«, sagte er, und es klang resigniert.

»Was ist so schlimm an Geld?«, fragte sie.

»Gar nichts. Wenn man es hat.«

»Mir macht es nichts aus, kein Geld zu haben und hier einen Garten für die Clarenburgs anzulegen.«

»Und was wäre, wenn die Clarenburgs es sich ganz plötzlich anders überlegen würden? Das Geld für etwas anderes ausgeben würden? Oder gar wegzögen?«

»Dann würde ich es woanders versuchen.«

»Wirklich?« Er klang skeptisch. »Der Elan, mit dem du dich

hier hereinstürzt, ist ungewöhnlich. Ich habe den Eindruck, du hängst schon viel zu sehr an diesem Flecken Erde.«

Sie zog ein letztes Mal an ihrer Chesterfield und drückte sie dann in dem zwischen ihnen stehenden Aschenbecher aus. »Nein, ich glaube nicht, dass ich das tue«, sagte sie und strich nachdenklich mit dem Zeigefinger über den schmalen dunklen Haarstreifen, der von seinem Bauchnabel abwärts verlief.

Er ließ es eine Zeit lang geschehen, drückte dann ebenfalls seine Zigarette aus und stellte den Ascher beiseite.

»Hör zu, mein schöner Botticelli-Engel: Häng dein Herz niemals an Dinge, auch nicht an ein Stück Erde«, sagte er. Dann zog er sie an sich.

Sie würde später noch oft an diesen Satz denken. Sehr viel später, als sie ihr Herz längst an diesen Garten verloren hatte. Und zu einer Zeit, in der es fast zu spät war, Lorenz' Worte zu beherzigen.

6

Sie freute sich an dem V aus Wildgänsen, die im Formationsflug gen Norden unterwegs waren, und experimentierte mit neuem Saatgut. Wie immer im Frühling spürte sie Aufbruchsstimmung. Die Wacholderdrosseln lärmten in der Eberesche, und im Nistkasten an der Giebelwand ihres Hauses brüteten Blaumeisen. Den ganzen Tag über hörte sie den namengebenden Ruf des Zilpzalps, der sich irgendwo in den Büschen hinter ihrem Haus versteckt hielt, den sie gleichwohl nie zu Gesicht bekam.

Wenn sie jetzt das Gelände durchstreifte, suchte sie nach Vogelnestern, um den Artenbestand zu ermitteln. Sie brach oft am frühen Morgen auf, noch vor Sonnenaufgang, um der Nachtigall zu lauschen, die im Unterwuchs des lichten Buchenwalds brütete. Um diese Zeit waren auch viele andere Vögel zu hören, Rotschwänze und Rauchschwalben zunächst, kurz darauf folgten Drosseln und Rotkehlchen, dann Meisen, Heckenbraunellen und Buchfinken. Man hätte die Uhr danach stellen können. Sie entdeckte Nester von weiteren Vögeln, von Dorngrasmücke und Stieglitz. Der Zaunkönig nistete wieder in der Weißdornhecke an der Arche. Kleiber und Sperlinge waren sowieso allgegenwärtig, Kuckuck, Specht und Eichelhäher gleichfalls unüberhörbar.

Die Nisthilfen für Höhlenbrüter wie Meise, Star und Rotschwanz schienen, wie man aus dem leisen Gezwitscher im Inneren vernehmen konnte, gut angenommen worden zu sein. Siggi und Hans hatten die Vogelkästen im Herbst unter Josts Anleitung gebaut und an verschiedenen Stellen auf dem Berg aufgehängt.

Insgesamt war sie sehr zufrieden. Schädlinge würden es schwer haben auf diesem Anwesen.

In einem für sie unüblichen Enthusiasmus schrieb sie an Elisabeth.

»Liebste Lizzie,
ein Jahr bin ich jetzt hier, und im Moment macht es mich einfach nur froh, das vielfältige Leben auf dem Berg zu beobachten. Ich habe unzählige Spezies ausgemacht. Eine unglaubliche Bandbreite an Singvögeln, aber auch Mäusebussarde, Sperber, Turmfalken und eine Schleiereule, die abends geisterhaft um meine Gärtnerklause schwebt.
Es gibt mindestens ein Dutzend Schmetterlingsarten und dazu Wildbienen, Hummeln und all die anderen nützlichen Insekten. Ich versuche gerade, einen der Gärtner von der Imkerei zu überzeugen. Dieses Handwerk wollte ich ja auch immer einmal erlernen, aber ich fürchte, dafür fehlt mir die Geduld. Und die Zeit sowieso. Und meine Gärtner konnte ich bislang auch noch nicht dafür begeistern.
Jedenfalls tummelt sich hier eine artenreiche Fauna. Diese Vielfalt, die ganze Bandbreite an Farben und Formen, die die Natur hervorbringt, ist einfach ein Schatz, den es zu hüten gilt, in der Fauna ebenso wie in der Flora. Und dass dies hier offensichtlich gelingt, stimmt mich heiter, ja beinahe glücklich.
Liebste Lizzie, ich würde Dich gern besuchen, Cathy und Albert kennenlernen und Dir bei Rosen und Levkojen, Rittersporn und Elfenblume zur Seite stehen. Ich habe mir sogar schon eine Verbindung herausgesucht, ein Schiff, mit dem ich gen England segeln kann. Allein, es geht nicht, gerade jetzt nicht. Es ist Frühling, und ich kann die Arbeit nicht delegieren.
Irgendwann im Spätherbst vielleicht …
Es umarmt Dich, Deine Hedda.«

Aber auch wenn sie es problemlos hätte delegieren können, wäre sie im Frühling nie verreist. Gärtnerisch war das für sie die schönste Zeit. Man war noch voller Hoffnung, dass alles gelingen würde.

Natürlich wusste sie aus Erfahrung, dass selbst in guten Jahren nur ein Teil ihrer botanischen Träume keimen, aufgehen, Blüten und Früchte tragen würde. Aber das war egal. Im Frühling hatte sie alle Zuversicht der Welt.

Sie säte gelbe *Jaune-du-Doubs*-Möhren, ringelig gemusterte Rote Bete aus Chioggia und buntstieligen Mangold. Und, auf Henriette Liesmanns ausdrücklichen Wunsch hin, jede Menge Türkische Erbsen.

»Was sind das für Erbsen? Die kenn ich gar nicht«, hatte sie sich bei Henriette erkundigt.

»Die brauchen wir für ›Birnen, Bohnen und Speck‹«, antwortete Henriette.

»Da sind Erbsen drin?«, fragte Hedda verblüfft. Natürlich kannte sie dieses norddeutsche Gericht, das sie selbst für einigermaßen gewöhnungsbedürftig hielt.

»Min Deern, da sieht man, dass du nicht von hier bist«, sagte Henriette und bedachte Hedda mit einem nachsichtigen Blick. »Türkische Erbsen sind keine Erbsen. Das sind kleine, erbsengroße Bohnen, und zwar die leckersten, die es gibt«, behauptete Henriette.

»Und die kommen aus der Türkei?« Hedda war verwirrt.

»Nee, die kommen aus Südamerika. Doch das wussten die Leute früher wohl nicht. ›Türkisch‹ war alles, was fremd war, und so haben sie die Bohnen eben ›türkisch‹ genannt.«

»Aha«, sagte Hedda. »Eigenartig.«

Selten traf sie auf Pflanzennamen, bei denen rein gar nichts stimmte.

In ihren Büchern gab es nur magere Hinweise auf die Zubereitung des farbenfrohen Gemüses, für das Hedda sich so begeisterte; vor allem, weil es auch im Beet etwas hermachte und die Blicke auf sich zog. Sie selbst war keine Köchin und konnte nicht viel beisteuern, wenn sie Henriette ihre Ernte brachte. Aber Henriette fand das Thema zunehmend spannend und zeigte unerwartetes Vergnügen am Experimentieren. Als junge Frau schon hatte sie das Werk ihrer Namensvetterin Henriette Davidis gleichsam verinnerlicht. Mit den Anweisungen aus dem *Praktischen Kochbuch* im Kopf und vertraut mit kulinarischen Kniffen jedweder Art, zauberte sie bald aus den ausgefallenen Zutaten ebenso ausgefallene Gerichte, die bei den berühmten Diners der Clarenburgs zunehmend für Furore sorgten.

»Ich möchte gern ungewöhnliches Gemüse anbauen«, schrieb Hedda Elisabeth. »Gemüse, das es hier nicht an jeder Ecke zu kaufen gibt und das nicht in jedem Garten wächst. Die Auswahl an Obst, Gemüse und Kräutern ist hier nicht gerade groß, die Würzung der Mahlzeiten so na ja. Daher bin ich auch gerade dabei, einen Kräutergarten vor meinem Haus anzulegen. Außer Petersilie und Schnittlauch und hin und wieder Dill scheint man hier im Norden kein Kraut zu kennen. Es ist mir ein Rätsel, wie man auf Basilikum und Thymian, auf Oregano, Rosmarin und Salbei verzichten kann. Möglich, dass sie im nasskalten norddeutschen Winter eingehen, aber man kann sie doch mit Stroh abdecken und schützen oder zur Not in Töpfen ziehen. Man kann Stecklinge ziehen oder Samen sammeln und die Pflanzen einjährig kultivieren. Das alles haben wir früher in der Gärtnerei auch immer so gemacht. Funktionierte tadellos. Aber hier kennt man das eben nicht. Man scheint sowieso wenig Wert auf Genuss zu legen. Quantität ist wichtiger als Qualität. Das ist jedenfalls mein Eindruck.

Ich habe die örtlichen Gärtnereien auf der Suche nach den

Pflanzen durchforstet, aber die Ausbeute war gering. Kannst Du mir Saatgut schicken? In Deinem englischen Gartenland gibt es doch alles, was mein grünes Herz begehrt.

In Liebe, Deine Hedda.«

Und Elisabeth schickte.

»Liebste Hedda,
anbei Saatgut vom Gärtner meines Vertrauens. Mr. Enscombe meinte, das sei nichts Besonderes, aber ich denke, für Deine norddeutschen Verhältnisse sind diese Pflanzen vermutlich kleine Schätze. Viel Glück damit.
Und, liebste Hedda, ich bin so froh, dass Du es dort in Deiner Gärtnerklause gut angetroffen hast und Du wieder ein Stück Zuhause gefunden zu haben scheinst. Es ist so schwer, wieder Wurzeln zu fassen, wenn es einen aus den heimischen Gefilden irgendwohin in die Welt verschlagen hat. Ich habe Jahre dafür gebraucht, England als mein neues Zuhause anzusehen. Ich war anfangs so unglücklich hier.
Meine Rettung waren schließlich die Liebe zu Everett und die Kinder. Sie erden mich im wahrsten Sinne des Wortes. Eine Heimat habe ich hier dennoch nicht gefunden. Meine Heimat wird immer unsere fränkische Stadt sein; Balthasar Neumann und Tiepolo, die Gärten der Residenz und über uns Schäfchenwolken am blauen Himmel, die Bibliothek meines Vaters und Euer Zaubergarten.
Nein, England wird nie meine Heimat sein, auch keine neue. Aber bei Everett und den Kindern ist mein Zuhause. Ich finde, das ist ein Unterschied.
Nun wünsche ich Dir viel Vergnügen mit Deinem Kräutergarten, und versinke nicht vollständig in Blütenmeer und Blätterflut.
Es liebt Dich, Deine Lizzie.«

Sie säte Kerbel und Koriander und Majoran für Henriettes berühmte Kartoffelsuppe. Sie pflanzte französischen Estragon, Zitronenmelisse und Minze in verschiedenen Sorten, dazu Lavendel, Ysop und Frauenmantel. Sie kultivierte Ringelblumen und würde Henriette zeigen, wie man aus den Blüten der Pflanze eine Wunden heilende Salbe zubereitete. Als Einfassung der beiden quadratischen Beete links und rechts des Wegs wählte sie eichenblättrigen Gamander, der im Juli rosa blühen würde. Wenn die Winter nicht allzu hart würden, wäre er hier immergrün, eine grundsätzlich schätzenswerte Eigenschaft.

Auf dem flachen Areal hinter der Weggabelung, wo es rechts hoch zum Haupthaus, links bergab zur Südterrasse ging, setzte sie in unregelmäßigen Abständen ein Dutzend Buchsbaumkugeln und -kegel, die sich unmerklich in dem Rhododendronwäldchen verloren. Sie liebte es, abends auf der Bank vor ihrem Haus zu sitzen und auf ihr Gärtchen zu schauen. Sie atmete den würzigen Duft der Kräuter ein, sah den Bienen und Hummeln bei ihrem ausgeklügelten Tanz um die Blüten zu und steckte sich eine ihrer Chesterfields an.

Hin und wieder sah sie Adele mit dem jüngsten ihrer Kinder am Gärtnerhaus entlangspazieren. Die kleine Esther konnte gerade laufen und machte sich einen Spaß daraus, um die Kräuterbeete herumzutoben. Ihre Mutter rannte ihr behänd hinterher. Doch Hedda traute dem heiteren Spiel nicht. Von einem Winkel des Gärtnerschuppens aus hatte sie ihr Haus im Auge und sah, dass Adele dann und wann einen Blick durch die Fenster wagte. Sie behielt ihre Beobachtung für sich. Doch fragte sie sich, was Adele dort zu sehen hoffte.

Einmal überraschte Hedda sie beim Inspizieren eines vollen Aschenbechers, der auf der Bank vor dem Haus vergessen worden war.

»Oh, Sie rauchen?«, fragte Adele ohne jegliche Verlegenheit, beim Schnüffeln erwischt worden zu sein.

»Ihnen auch einen guten Morgen, Frau Clarenburg. Ja, ich rauche, wie Sie sehen«, gab Hedda frostig zurück.

»Sie nehmen sich ganz schön viele Freiheiten heraus«, sagte Adele und betrachtete sie mit kaltem Blick.

Ein »Was geht Sie das an?« lag Hedda auf der Zunge, bis ihr im letzten Moment einfiel, dass natürlich auch Adele als ihre Arbeitgeberin zu betrachten war. Sie schluckte ihren Unmut hinunter und murmelte nur: »Ich weiß nicht, was Sie meinen.«

Ein kleines mokantes Lächeln umspielte Adeles Mund, als sie »Tatsächlich nicht?« sagte und ohne Gruß den Weg zu ihrem Haus hinaufging.

Hedda schaute ihr perplex hinterher. Sie fragte sich, ob Adele von ihrer Beziehung zu Lorenz Wind bekommen hatte, verwarf diesen Gedanken aber sogleich wieder. Wenn sie tatsächlich etwas wüsste, würde Adele ihr das vermutlich unmissverständlich mitteilen und dafür sorgen, dass sie so schnell wie möglich entlassen würde und von hier verschwände. Für ein solches Szenario gab es jedoch keinerlei Anzeichen.

Sie ging ins Haus und beschloss, Adele und die Konsequenzen, die eine Entdeckung ihres Verhältnisses mit Lorenz nach sich zöge, vorläufig zu vergessen.

Denn die Beziehung mit Lorenz war ihr wichtig geworden. Sie wusste nie, wann er kommen würde, und wartete oft genug vergebens auf ihn. Doch wenn er da war, war er ganz und gar präsent, aufmerksam, konzentriert. Er interessierte sich für ihr Leben, fragte nach, und mehr und mehr öffnete sie sich ihm, redete mit ihm über ihre Arbeit, ihre Pläne, ihre Träume.

Bei einem dieser Bett-und-Zigaretten-Gespräche zeigte es sich, dass die moderne Gartenphilosophie von einer standortgerechten Pflanzenverwendung, die sie in Berlin so begeistert aufgenommen hatte, für Lorenz ein alter Hut war.

»Die Bauern hier haben immer nur das gepflanzt, was funktionierte. Das geht doch auch gar nicht anders. Es gibt regionale Obst- und Gemüsesorten, die nur hier gedeihen. Die werden woanders gar nicht angebaut«, sagte er.

»Und man richtet sich nach Boden und Klima?«

»Natürlich richtet man sich nach Boden und Klima. Nach was sonst? Wir schauen, ob wir es mit Ton-, Sand-, Lehm- oder Moorboden zu tun haben, was wir – das hast du alles sicher gelernt – unter anderem an den sogenannten Zeigerpflanzen erkennen können. Und was das Klima betrifft, so achten wir auf Wetterphänomene, Wolkenformationen und bestimmte Pflanzenereignisse, nach denen wir unsere Arbeiten im Garten ausrichten.«

»Wenn die Forsythien blühen, werden die Rosen geschnitten, und Hecken werden gepflanzt, wenn sich im Herbst das Eichenlaub färbt. Meinst du so was?«

»Genau, die gute alte Phänologie.«

»Und was ist mit exotischen Pflanzen?«

»Was soll mit ihnen sein? Wenn sie mit den Bedingungen klarkommen, wachsen und gedeihen sie auch hier. Man guckt sich den Naturstandort an und schaut, ob ähnliche Voraussetzungen gegeben sind. Wir haben doch hier jede Menge Exoten. Allein die Bäume ... Aus Japan, China, den USA, von überallher. Die funktionieren hier bestens, und sie bereichern das Anwesen doch ungemein. Dein halber Kräutergarten besteht aus mediterranen Pflanzen. Ich schätze mal, dass einige einen wirklich kalten Winter nicht überleben werden. Das muss man eben ausprobieren. Und wenn du deinen sagenhaften Rosengarten anlegst, werden vermutlich keine heimischen Bibernell- und Apfelrosen darin wachsen, sondern vor allem diese wunderschönen Schätzchen aus Damaskus, Persepolis oder der Provence, hab ich recht?«

»Schon, ja.«

»Standortgerecht ist in Ordnung und vernünftig, ausschließlich heimisch ist Unfug. Warum sollte man auf all die schönen Pflanzen, die es in der Welt gibt, verzichten?«, sagte er und steckte sich eine weitere Zigarette an.

Sie lag auf dem Bauch neben ihm, das Kinn in eine Hand gestützt und strich mit den Fingern durch sein Haar.

»Woher kommt der Name Vidal?«, fragte sie unvermittelt.

»Hugenotten, wir sind Hugenotten. Vor Jahrhunderten aus Frankreich ausgewandert oder vertrieben, wenn man so will. Und seit Generationen sind wir auch Gärtner.«

»Wirklich? Dein Großvater und Urgroßvater auch?«

»Ja.«

»Wolltest du nie was anderes werden?«

»Nein, nie. Insofern geht's mir wohl so wie dir. Abgesehen davon, dass ich nicht so einen Ehrgeiz habe.«

»Ich bin gar nicht ehrgeizig«, widersprach sie energisch.

Er sah sie an und zog spöttisch die Augenbrauen hoch.

»Nein, wirklich nicht«, beharrte sie.

»Wollen wir sagen, du hast Ambitionen?«, schlug er vor.

»Ich hab dir doch schon gesagt, dass ich hier vor allem so viele Möglichkeiten sehe, meine Vorstellungen von einem Garten umzusetzen.«

»Ah, Möglichkeiten oder Capabilities, so heißt es doch im Englischen, oder? Machst du dem guten Capability Brown Konkurrenz?«, neckte er.

»Unsinn«, entrüstete sie sich. »Ich versetze keine Bäume und lege auch nicht ganze Landschaften neu an.«

»Na gut«, sagte er und stand auf. Langsam zog er sich an. Sie erhob sich ebenfalls und schlüpfte in einen seidenen Morgenmantel, ein Geschenk von Elisabeth.

Beide gingen sie nach unten.

»Trinkst du noch eine Tasse Tee mit mir?«, fragte sie.

»Ja, ein bisschen Zeit hab ich noch.«

Während sie den Tee zubereitete, war er in die Wohnstube gegangen.

Als sie mit einem Tablett in den Händen das Zimmer betrat, stand er am Fenster und betrachtete die Gegenstände auf dem kleinen Beistelltisch. Es waren Fundstücke aus der Natur, Schneckenhäuser, schrundige Wurzelstücke einer alten Eibe, unterschiedlich große Kiefernzapfen, ein Vogelskelett, einige pergamentene Schoten der Lunaria, die blaue Feder eines Eichelhähers und Versteinerungen von Seeigeln und Austernschalen, die bezeugten, dass sich das Meer einst bis hierher erstreckt hatte. Dazwischen standen kleine Vasen mit duftenden Maiglöckchen und blauer Akelei. Am Rand des Tischchens vervollständigten zwei metallene, dezent verzierte Rosenscheren das unkonventionelle Stillleben.

»Schön, diese Scheren. Wo hast du die her?«

»Gehörten meinem Vater«, sagte sie und reichte ihm eine Tasse mit Tee.

»Er hatte auch eine Gärtnerei, oder? Und sogar eine recht große, bekannte.«

»Ja«, sagte sie knapp.

Lange schaute er sie an. »Ich weiß eigentlich rein gar nichts über dich«, sagte er nachdenklich.

»Du weißt alles über mich, was du wissen musst«, antwortete sie.

»Ich glaube schon, dass es eine Bedeutung hat, wo und wie man aufgewachsen ist. Denkst du nicht?«, meinte er. »Ich zum Beispiel habe meine Mutter so gut wie nicht gekannt. Als ich zwei Jahre alt war, ist sie im Kindbett gestorben und meine kleine Schwester gleich mit. Mein Vater hat für mich getan, was er konnte, und ich schätze ihn wirklich sehr. Aber die Tatsache, dass ich ohne Mutter aufgewachsen bin, hat mich ganz sicher geprägt.«

Sie dachte kurz nach. »Mag sein. Mir ging es ähnlich. Meine Mutter ist früh gestorben. Ich war acht. Und dann hat mein Vater mich mithilfe einer älteren Verwandten auch mehr oder weniger allein großgezogen.« Sie nahm eine der Scheren in die Hand und betrachtete sie gedankenverloren. »Ich habe eine relativ gute Schulbildung gehabt«, fuhr sie fort. »Neben dem üblichen Unterricht bekam ich Stunden in Englisch und Latein bei unserem Schuldirektor, der ein Freund meines Vaters war. Und ich durfte, wann immer ich wollte, in dessen Bibliothek stöbern.«

»Ah, Elisabeths Vater, aus dessen Bibliothek du dein erstaunliches Wissen über Verhütungsmethoden hast.«

Sie lachte, legte die Rosenschere beiseite und schlug ihm spielerisch auf den Arm. Er stellte die Teetasse ab, zog sie an sich und küsste sie.

»Diese Bibliothek ...«, sagte sie, als sie sich wieder voneinander gelöst hatten. »Das war ein großes Privileg, und auch der Englischunterricht.«

»War Elisabeths Vater Engländer?«

»Nein, er hat einige Jahre dort verbracht, als er jung war. Er ist viel herumgekommen. Und so sind Elisabeth und ich eben in den Genuss des Englischunterrichts gekommen.«

»Und dein Vater?«

»Er fand das in Ordnung. Er hat wohl gehofft, dass ich dadurch eine bessere Partie machen würde. Ich sollte ja auf jeden Fall heiraten. Na ja, bei Elisabeth hat das dann ja auch geklappt.«

»Und in der Gärtnerei hat er dich nicht ausgebildet?«

»Wo denkst du hin?«, schnaubte sie. »Er wollte auf gar keinen Fall, dass ich Gärtnerin werde. Eine Frau in seinem Betrieb ... Undenkbar. Bildung war in Ordnung, aber dann sollte ich bitte heiraten und Kinder kriegen, gern einen Sohn, dem er dann seinen Betrieb hätte überlassen können.« Ihrer Stimme war die Verbitterung noch jetzt anzumerken. »Die Gärtnerei hat er nach seinem Tod einem entfernten Cousin vermacht. Von dem Geld, das er mir hinterlassen hat, habe ich dann meine Ausbildung bezahlt.«

Er betrachtete sie und strich mit der Hand zärtlich über ihr langes rotes Haar. »Mein Botticelli-Mädchen ... Was du dir in den Kopf gesetzt hast, setzt du durch, oder?«

»Ich wollte in meinem ganzen Leben nichts anderes werden als Gärtnerin«, sagte sie verdrossen. »Mir ist es immer noch ein Rätsel, warum mein Vater das nicht verstanden hat. Er war sonst durchaus nicht so ein Spießer. Ich hatte eigentlich eine schöne Kindheit, auch wenn ich natürlich meine Mutter vermisst habe. Ich durfte sogar, so viel ich wollte, mit Pflanzen experimentieren und hatte mein eigenes kleines Beet. Aber dass ich das alles beruflich machen wollte ... Darüber war mit ihm nicht zu reden. Vermutlich wäre ich irgendwann durchgebrannt, hätte mich als Junge verkleidet und woanders eine Ausbildung gemacht. Was weiß ich. Aber dann ist er gestorben.«

»Und du warst frei.« Seine Stimme klang sanft und fast mitfühlend, so als begriffe er langsam, was sie umtrieb.

»Das hört sich schrecklich an, aber ja, so war es tatsächlich«, antwortete sie bedrückt. »Ich habe eine Ausbildung bei einem Kollegen meines Vaters gemacht. In unserer alten Gärtnerei wollte ich nicht bleiben. Ich hatte Glück, und der Mann hat mir viel beigebracht. Und dann bin ich eben ein paar Monate in der Gärtnerlehranstalt in Berlin gewesen.«

»Und? Bist du glücklich?«

Sie sah ihn überrascht an. »Ja, sicher. Ich mache genau das, was ich immer machen wollte, genauso wie du.«

»Und wirst du das in zehn Jahren auch noch so sehen?« Sein unbewegtes Gesicht gab nichts preis.

»Ich weiß es nicht«, antwortete sie. »Wer weiß schon, was in zehn Jahren ist? Darüber mache ich mir keine Gedanken. Aber im Augenblick ist dies das Leben, das ich führen möchte.«

Er kniff die Augen zusammen und schaute sie forschend an. »Komme ich in deinen Überlegungen eigentlich auch in irgendeiner Weise vor?«, fragte er mit ausdrucksloser Miene.

»Ja, das tust du«, sagte sie wahrheitsgemäß. »Ich denke viel an dich. Wie das alles in zehn Jahren sein wird, weiß ich nicht. Ich weiß ja noch nicht einmal, wie es in einem Jahr sein wird. Aber im Moment füllst du einen großen Teil meines Lebens und Denkens aus.«

Er lächelte skeptisch. »Na gut«, sagte er einmal mehr und streichelte ihr über die Wange. »Ich geh dann mal. Martha ist übermorgen für ein paar Tage mit den Kindern bei ihrer Schwester«, erklärte er im Weggehen. »Dann komme ich wieder. Zum Ausfüllen.«

Als er fort war, setzte sie sich in den Sessel am Fenster, nahm wieder eine der Rosenscheren zur Hand und dachte nach. Hatte sie sich tatsächlich frei gefühlt nach dem Tod ihres Vaters? War sie vielleicht sogar froh gewesen?

Sie hatte sich diese Fragen nie gestellt. Ausgiebiges Grübeln über Dinge, die nicht zu ändern waren, lag ihr nicht. Sie konnte sich erinnern, dass sie den Tod des Vaters betrauert hatte, natürlich hatte sie das. Er war ein schweigsamer, verschlossener Mann gewesen, dem der Tod der Ehefrau einen Schlag versetzt hatte, von dem er sich nie mehr erholen sollte.

Wenn sie an ihren Vater dachte, war da in erster Linie eine große Leerstelle. Immerzu arbeitete er; in der Gärtnerei, in den Residenzgärten, in anderen Gärten, vor allem immer woanders. Sie bekam ihn selten zu Gesicht, doch dann und wann schien er sich doch daran zu erinnern, dass er ein Kind hatte. Dann erzählte er ihr Märchen und Geschichten, vorzugsweise über Pflanzen.

Sie war gerade zwanzig geworden, als er plötzlich an einem Herzschlag starb. Elisabeth war damals schon in England. Ihr

Vater war zwei Jahre zuvor bei einer Bergtour tödlich verunglückt, der Haushalt aufgelöst, die Bibliothek zunächst gelagert und später fast komplett nach Surrey verschifft worden. Hedda jedoch hatte nach der Schule nichts mit sich anzufangen gewusst. Ganze Tage verbrachte sie in der Gärtnerei, wo sie versuchte, möglichst viel Wissen aufzunehmen. Das meiste brachte ihr Laszlo bei, der Geselle ihres Vaters und ihr sporadischer Liebhaber.

Es wäre ein Einfaches gewesen, Laszlo zu heiraten und mit ihm die Gärtnerei weiterzuführen. Ihr Vater hätte vermutlich gar nichts dagegen gehabt. Aber sie ahnte, auf was das hinausgelaufen wäre. Laszlo und ihr Vater hätten den Laden geschmissen. Und nach dem Tod ihres Vaters hätte natürlich Laszlo allein den Betrieb übernommen und geleitet. Sie wäre von vornherein einfach ins Haus abgeschoben und auf die Rolle der Hausfrau und Mutter reduziert worden. So tolerant und freimütig Laszlo mit seiner Geliebten auch umging, als Ehemann hätte er andere Saiten aufgezogen und auf den traditionellen Pflichten seiner Frau bestanden: Haushalt, Kochen, Kinderkriegen.

Als Laszlo schließlich seinen Meisterbrief in den Händen hielt und erkannte, dass es nie auf eine Heirat mit ihr hinauslaufen würde, ging er seiner Wege. Sie hatte nie wieder von ihm gehört und ihm auch nie eine Träne nachgeweint. Laszlo war charmant gewesen, ein Bruder Leichtfuß, mit dem man Spaß haben konnte. Aber auch nicht mehr.

Wehmut kam immer nur dann auf, wenn sie an die Gärtnerei und den daran angrenzenden Garten ihres Vaters dachte. Der Garten war ein Schmuckstück gewesen, ein Kleinod aus buchsbaumgesäumten Beeten mit einer nonchalanten Melange aus Blumen, Kräutern und Gemüse, mit mannshohen Rosenbüschen und einer Obstwiese mit uralten Apfel- und Birnbäumen. Ihr Sehnsuchtsort, nach wie vor.

Das Testament war ein Schock. Sie fühlte sich verstoßen, hinausgejagt aus ihrem Zuhause. Was hatte sich ihr Vater nur dabei gedacht, seinen Betrieb einem ältlichen Verwandten zu vererben, von dem sie noch nie etwas gehört hatte? Einem Mann, der zwar ebenso das Gärtnerhandwerk erlernt hatte, mit den Feinheiten des Metiers in einer Residenzstadt wie Würzburg jedoch grenzenlos überfordert war und das Unternehmen, soviel sie gehört hatte, schon nach drei Jahren in den Bankrott getrieben hatte.

Immerhin vermachte ihr Vater ihr so viel Geld, dass sie die darauffolgenden Jahre gut über die Runden kam. Ihren Ausbilder, einem Gärtnermeister in Veitshöchheim, bezahlte sie dafür, dass sie bei ihm eine Lehre absolvieren durfte. Und Aufenthalt und Ausbildung in der Gärtnerlehranstalt in Berlin hatten ebenfalls einiges gekostet. Ihr Erbe war merklich geschrumpft.

Traurig zog sie mit dem Finger die in die Rosenschere gravierten Arabesken nach. Es wäre alles so leicht gewesen, dachte sie einmal mehr. Alles wäre so viel einfacher gewesen, wenn sie ein Mann gewesen wäre.

7

DIE SÜDTERRASSE NAHM MERKLICH Gestalt an. Die Trockenmauern waren fertig. Die Gärtner waren dabei, die Thujahecke als Hintergrund zu pflanzen. Der aus Richtung Haupthaus diagonal zum Hang verlaufende Weg wurde erweitert und befestigt. Ihn sollten Apfelhochstämme säumen, die an aufgereihten Bogenspalieren wachsen würden. Sie stellte es sich hübsch vor, wenn man durch die blüten- und blattgerahmten Bögen wie durch Arkaden auf den Fluss schauen könnte.

Auf Lorenz' Empfehlung hin wählte sie eine robuste Sorte namens *Herbstprinz*, einen Apfel, der seit Jahrzehnten in der Region kultiviert wurde und sich gut am Spalier erziehen ließ. Angeblich war er wenig anfällig für Krankheiten und Schädlinge und produzierte rote, süßsäuerliche Früchte.

Sie hatte nie von der Sorte gehört. »Wie auch?«, sagte Lorenz. »Die gibt es ja auch nur hier.«

Doch diese Pflanzung musste bis zum Herbst warten.

Dafür konnte sie endlich mit der Ausgestaltung der Trockenmauern beginnen. Für die beiden schmalen, übereinandergestaffelten und mit Steinen eingefassten Terrassenbeete hatte sie große Mengen Polsterstauden bei den örtlichen Gärtnereien bestellt. Sie pflanzte graulaubiges Hornkraut mit weißen Schalenblütchen und leuchtend gelbes Felsen-Steinkraut, weiße immergrüne Schleifenblumen und ganze Teppiche aus Polsterphlox und Federnelken in Weiß, Rosé und Violett. Für Höhe sorgten wilde Malven.

Doch schon jetzt war es ein rauschhaftes Blühen, das sich vor der grünen Wand der Thujahecke zutrug. Eine sinnliche Melange aus Duft und Farben.

Vielleicht lag es an dem Eifer und der Begeisterung, mit denen sie sich endlich dem Bepflanzen der Trockenmauer widmen konnte. Vielleicht auch an der Ablenkung, die ihr die Zusammenkünfte mit Lorenz boten. Später konnte sie es sich kaum mehr erklären, dass sie die Besorgnis nicht erfasst hatte, die Ludwig Clarenburg seit Wochen an den Tag legte. Und auch die immer bedenklicheren Töne, die sich in Elisabeths Briefe aus England hineinschlichen, hatte sie nicht zu deuten gewusst. Jost Vidal war schweigsamer denn je. Lorenz' Besuche wurden seltener.

»Was ist los?«, fragte sie ihn, als er an einem heißen Juliabend nach drei Wochen Abwesenheit, in denen sie sich auch bei der Arbeit kaum begegnet waren, im Gärtnerhaus erschien.

»Es wird Krieg geben«, sagte er knapp. Statt sie wie sonst üblich zu packen und nach oben zu führen, ging er in die Wohnstube und ließ sich erschöpft in einen der beiden Sessel neben dem Beistelltisch am Fenster fallen.

»Wieso?«, fragte sie.

»Hast du das nicht mitbekommen?«, fragte er erstaunt zurück. »Vor drei Wochen gab es ein Attentat auf den österreichischen Thronfolger in Sarajevo. Und seitdem spielt die Welt verrückt. Es gab eine Panik an der Börse. Clarenburg ist davon überzeugt, dass die Großmächte sich bald an die Gurgel gehen werden. Und ehrlich gesagt bin ich es inzwischen auch.« Er schaute sie leicht irritiert an. »Du hast das wirklich nicht gewusst? Die Leute reden doch über nichts anderes. Du lebst hier tatsächlich auf deiner kleinen Insel der Glückseligen.«

»Was bedeutet das alles?«, fragte sie nun doch ein wenig betroffen ob ihrer Unkenntnis.

»Was es immer bedeutet: Die hohen Herren machen ihre Pläne, und wir sogenannten kleinen Leute müssen es ausbaden. Und die Rüstungskonzerne freuen sich und machen einen Riesenreibach.« Er schüttelte den Kopf. »Aber auch die Bevölkerung scheint wie von Sinnen. Ich versteh's nicht. Die Stimmung ist aufgeheizt. In der Stadt werden bei jeder sich bietenden Gelegenheit patriotische Lieder gesungen, Kapellen spielen Märsche, so was eben. Die denken tatsächlich, dass das ein Spaziergang wird.«

Er starrte eine Weile selbstvergessen vor sich hin. »Martha ist schwanger«, sagte er dann.

Einen Moment lang glaubte sie, sich verhört zu haben. Dann spürte sie, wie das Blut in ihren Adern gefror. Zum ersten Mal im Leben verstand sie diese Metapher, empfand sie als hundertprozentig realistisch. Sie war vollkommen emotionslos und spürte nichts als Kälte.

»Herzlichen Glückwunsch«, brachte sie schließlich hervor.

Verwundert über ihren harschen Tonfall, blickte er auf. »Hedda, was soll das? Natürlich habe ich mit ihr geschlafen. Sie hätte sonst unweigerlich Verdacht geschöpft. Wir wollten beide keine Kinder mehr. Drei reichen ja nun auch. Aber jetzt ist es eben mal passiert«, rechtfertigte er sich. »Komm, sei nicht böse«, versuchte er zu beschwichtigen. »Martha hat zwischen uns doch nie eine Rolle gespielt. Warum sollte sie das jetzt tun?«

Sie sah ihn kalt an. »Du bist wirklich unglaublich. Du meinst, du kannst alles haben. Ehefrau und trautes Heim, ein halbes Dutzend Kinderlein und den wöchentlichen kleinen Spaß mit der Geliebten.«

Er sah sie verblüfft an. »Ich versteh dich nicht. Du schienst mir sehr zufrieden damit. Was wolltest du denn je anderes von mir als diesen wöchentlichen kleinen Spaß? Du hast mir immer klar zu verstehen gegeben, dass etwas anderes für dich nicht infrage kommt. Du warst es doch, die stets bedacht war auf ihre

Eigenständigkeit, und du hast auch nie einen Hehl draus gemacht, dass du dir nimmst, was immer du willst. Du wolltest mich, und du hast mich bekommen. Und das haargenau zu deinen ureigenen Bedingungen. Worüber also beschwerst du dich?«

Müde ließ sie sich in den anderen Sessel fallen. »Schon klar«, sagte sie. Natürlich hatte er recht. Irgendwie hatte sie es in den vergangenen Monaten ausgeblendet, dass es da noch eine Frau gab, eine, die sehr viel mehr Recht auf ihn hatte als sie. Und so wie es schien, hatte sie noch viel mehr ausgeblendet.

»Und was machen wir jetzt?«, fragte sie verdrossen und schaute gedankenverloren in die Ferne. Sie nahm den süßen Honigduft des Jelängerjeliebers durch das geöffnete Fenster wahr. Draußen prunkte die Vegetation in den schönsten Farben und Formen. Die Vögel zwitscherten, ansonsten war es still und friedlich, und der Gedanke an einen Krieg schien absurd.

Er seufzte. »Komm her, mein Botticelli-Engel.« Er zog sie von ihrem Sessel auf seinen Schoß.

»Meine Wunderschöne«, sagte er und ließ die Hand unter ihren Rock wandern. »Lass uns diesen Sommer feiern, solange es noch geht.«

Am 1. August 1914, einem Samstag, erklärte Deutschland Russland den Krieg. Am darauffolgenden Tag, einem strahlenden Sonnentag, begleiteten Familien Väter und Söhne in die Kasernen. Die Begeisterung der Menschen im Land kannte keine Grenzen. Allenthalben glaubte man an einen kurzen Waffengang und einen Sieg noch vor Weihnachten. Am Montag erklärte Deutschland Frankreich den Krieg. Deutsche Truppen marschierten auf ihrem Weg nach Paris in das neutrale Belgien ein, woraufhin wiederum England Deutschland den Krieg erklärte. Ein ganzer Kontinent schien kollektiv Amok zu laufen.

Hedda war fortan um Informationen bemüht. Es war ihr unangenehm gewesen, vor Lorenz so ahnungslos dagestanden zu haben. Dass ihr der Ausbruch eines Krieges beinahe entgangen wäre, zeugte nicht gerade von Weitsicht und Verstand.

Wenn die Clarenburgs sie gelesen hatten, lagen drei Tageszeitungen in der Halle für die Bediensteten bereit. Und natürlich gab es jetzt einen großen Ansturm auf die Blätter. Liesmanns, die Dienstmädchen und die Gärtner rissen sich die Gazetten aus der Hand und studierten die Nachrichten. Sie selbst ging erst gegen Mittag zum Haupthaus, wenn sich der Andrang verflüchtigt hatte. Sie hatte keine Lust, mit den anderen zusammenzutreffen und die Lage zu diskutieren. Was sollte dabei herauskommen? Die zerfledderten Seiten nahm sie in Kauf.

»Deutschland, Deutschland über alles!« stand als Schlagzeile in der Morgenausgabe der *Hamburger Nachrichten* über dem Bericht zur deutschen Mobilmachung. Gleichwohl schien die Stimmung in der Hamburger Bevölkerung ambivalent. Einerseits gab es den Hurra-Patriotismus mit merkwürdig chauvinistischen Absonderlichkeiten. Hedda las befremdet, dass im Sinne der vaterländischen Gesinnung eine sogenannte »Entwelschung« der Sprache gefordert wurde. Es sollte nicht mehr vom Trottoir, sondern vom Gehweg gesprochen werden, nicht mehr von der Chaiselongue, sondern vom Sofa, die Serviette war künftig ein Mundtuch. Sie überlegte. Durfte sie nun einige ihrer Lieblingsrosen nicht mehr beim Namen nennen? *Belle de Crécy, Comte de Chambord, Gloire de Ducher*? Sie war sich nicht ganz sicher, ob ihre Landsleute noch alle Tassen im Schrank hatten.

Selbst vor bekannten Hamburger Institutionen machte der sprachliche Nationalismus nicht halt. So teilte der Wirt des Café Belvedere die Umbenennung seines Hauses in »Kaffeehaus Vaterland« mit. Und der Besitzer des Varietés Moulin Rouge gab offiziell bekannt, dass sein Haus fortan den deutschen Namen »Jungmühle« trage.

Aber neben diesem patriotischen Überschwang machte sich offenbar auch Angst breit. Schon Tage vor der Mobilmachung hatten sich vor Lebensmittelgeschäften und Bankfilialen lange Schlangen gebildet. Sie hatte es bei ihrer jüngsten Fahrt in die Stadt selbst gesehen. In den Gesichtern der Menschen hatte sie Besorgnis und Ratlosigkeit gelesen.

Auch im Haus der Clarenburgs war die Stimmung bedrückt. Nichts war hier von dem Jubel zu spüren, der den Großteil des übrigen Landes erfasst hatte. Man hatte enge geschäftliche und auch persönliche Beziehungen zu England und Frankreich. Darüber hinaus hatte Clarenburg wichtige Kontakte zur Reichsregierung in Berlin und wusste vermutlich mehr über die allgemeinen Verhältnisse, als er sagen durfte.

Doch auch sie selbst war niedergeschlagen. Es war ihr unbegreiflich, warum sich ihre Landsleute und wie es schien auch die Menschen in den übrigen beteiligten Staaten wie die Lemminge ins Verderben stürzten. Denn was bedeutete Krieg anderes als Verderben?

An einem dieser sonnigen Spätsommertage fand Ludwig Clarenburg sie am frühen Morgen Zeitung lesend in der Halle vor.

»Ach, Fräulein Hedda, ich grüße Sie«, sagte er freundlich wie immer. »Was dagegen, wenn wir einen Gang über den Berg machen? Ich brauch ein bisschen Ablenkung. Was macht die römische Terrasse? Ich war schon seit Wochen nicht mehr da unten.«

»Es geht voran«, antwortete sie und legte den *Correspondent* auf den Beistelltisch. Sie setzte ihren Sonnenhut auf und ging mit ihm über die überdachte Terrasse nach draußen auf den sonnenbeschienenen Rasen.

»Was für ein Sommer!«, rief Clarenburg aus. »Und was für ein Schlamassel«, fügte er hinzu.

»Glauben Sie, dass es schnell gehen wird?«, fragte sie.

»Der Krieg? Schwer zu sagen. Alle scheinen das zu glauben. Ich bin da skeptisch.«

»Wie wird sich das alles auf uns hier auswirken?«

»Es wird schlimm werden. Der Krieg mit Großbritannien ist für Hamburg eine Katastrophe. Diese Stadt ist auf den Handel angewiesen, aber durch die britische Seeblockade ist sie nun vom Rest der Welt abgeschnitten. Und unsere Bank lebt vom internationalen Geschäft, von der Zusammenarbeit mit unseren Partnern in London und New York. Aber das ist nun vorbei, und wir stehen ziemlich isoliert da. Eine der ersten Aktionen der Briten war, die Seekabelverbindung nach Amerika zu kappen. Die Kommunikation ist also mühsam. Dazu kommt, dass ein Großteil meiner Angestellten eingezogen wurde. Ich werde Frauen einstellen müssen.«

»Was ist mit den Gärtnern?«

»Peer, Gisbert und Siegfried haben sich freiwillig gemeldet und werden in den nächsten Tagen einrücken, die dummen Jungen. Hans ist erst sechzehn, aber er wird wohl alles daransetzen, seinen Freunden so bald wie möglich zu folgen. Die Leute sind ja alle wie besoffen. Lorenz bekam seinen Einberufungsbefehl heute. Jost ist wohl zu alt. Für den Garten sollten wir vielleicht auch Frauen einstellen. Was meinen Sie?«

Für einen Moment blieb ihr das Herz stehen. Natürlich war damit zu rechnen gewesen, dass auch Lorenz irgendwann an die Front musste. Die Besprechungen im Gärtnerschuppen waren während der Sommermonate, wo jeder genau wusste, was täglich zu tun war, sporadischer geworden. Sie hatte ihn seit Tagen nicht gesehen.

»Ja, Frauen, junge Mädchen, die ich ausbilden kann. Das wäre sicher eine gute Idee«, pflichtete sie ihm zerstreut bei.

»Ich hatte etwas mehr Enthusiasmus erwartet. Ich hielt Sie immer für eine kleine Suffragette«, sagte Clarenburg überrascht.

Sie riss sich zusammen. »Ja, ich weiß. Dafür scheinen mich alle zu halten«, bemerkte sie trocken. »Ich werde eine Anzeige aufgeben. Vielleicht interessieren sich ja ein paar junge Frauen für den Gärtnerberuf.«

»Tun Sie das«, pflichtete er bei. »Und fragen Sie auch Jost. Er kennt sich im Dorf aus und kann mal nachfragen. Außerdem dürfte sein ältester Enkel inzwischen so alt sein wie Tommy. Vielleicht vererbt sich ja das Gärtner-Gen und er hat Lust, hier zu arbeiten.«

Sie schwieg. Die Aussicht, mit Lorenz' Sohn zusammenzuarbeiten, erschien ihr nicht gerade verlockend.

Sie waren an der Südterrasse angekommen. Niemand war zu sehen. Sie ging zur Girlandenhecke und schaute auf den ruhig dahinströmenden Fluss, der bis auf wenige Segelboote eigenartig leer war. Auf der Lebensader der großen Stadt herrschte kaum noch Verkehr. All die Frachtschiffe, Kutter und Schlepper, die Linien- und Kreuzfahrtschiffe der HAPAG, die der Elbe erst diese betriebsame Aura verliehen, den Hauch von weiter Welt: verschwunden, einfach nicht mehr da. Hedda nahm es bekümmert wahr. Sie hatte es geliebt, den Schiffen mit den Augen und einer wohlig zehrenden Sehnsucht im Herzen zu folgen. Nach England hatte sie reisen wollen in diesem Herbst. Doch daran war gar nicht mehr zu denken. Die britische Seeblockade griff bereits. Hamburg war vom Rest der Welt abgeschnitten.

Clarenburg war vor den Terrassenbeeten stehen geblieben »Sieht ja großartig aus«, lobte er. »Und wie das duftet …« Er lief an den Beeten entlang und schnupperte immer wieder an den Blüten. »Einfach wunderbar. Das muss Adele sehen. Ich werde gleich heute Abend mit ihr einen Spaziergang hierher machen.«

Wie stets musste sie über seinen Enthusiasmus lächeln. Was immer Ludwig Clarenburg auch bekümmern mochte, er schien sich davon nie unterkriegen zu lassen. Wenn er etwas Schönes sah, etwas erlebte, das ihm gefiel, ihn berührte oder begeisterte, konnte er sich bedingungslos freuen – und andere Menschen mit seiner Freude anstecken.

»Die Bank für die kleine Terrasse in der Mitte sollte eigentlich schon hier sein«, sagte sie. »Und mit dem Wasserbecken und dem Rasen wollten wir auch schon weiter sein«, fügte sie hinzu.

»Machen Sie sich nichts draus«, beschwichtigte Clarenburg. »Das wird schon. Und wie es aussieht, werden wir in den nächsten Monaten vermutlich ohnehin wenig Gelegenheit haben, unsere Zeit in schönen Gärten zu verbringen.« Er zog seine Uhr aus der Westentasche. »Apropos, ich fürchte, ich muss los. Ich hoffe, ich hab heute Abend Zeit, mit Adele herzukommen. Ich wünsche Ihnen einen schönen Tag.«

»Danke, gleichfalls«, sagte sie und machte sich auf zum Gärtnerschuppen. Dann zog sie mit Schubkarre und Unkrautjäter wieder zur Südterrasse. Arbeit, so schien es ihr, war jetzt das Beste für sie.

Er kam nicht mehr. Von Jost erfuhr sie drei Wochen später, dass er bereits auf dem Weg zur Westfront war. Kurz danach erhielt sie einen Brief.

»Geliebte Hedda,
ich konnte einfach nicht mehr zu Dir kommen. Es gab viel Aufregung im Haus. Martha und die Kinder sind unglücklich. Aber es hilft ja nichts.
Ich hoffe, Du verstehst.
L.V.«

Keine Liebesgrüße, keine Hoffnung auf ein Wiedersehen, nichts. Nur eine Bitte um Verständnis.

Dennoch mochte sie den Brief nicht zerreißen, obgleich das ihrer ersten Regung entsprochen hätte. Stattdessen schob sie ihn zwischen zwei Seiten eines Buches in ihrem Regal. Als sie noch einmal genauer hinschaute, sah sie, dass er in einer Ausgabe von Dostojewski steckte, *Erniedrigte und Beleidigte*. Sie lachte auf. Wie passend.

Es wurde Herbst, und sie erledigte die Gartenarbeiten auf dem Berg weitgehend allein mit Jost und seinem Enkel Karl, einem schlaksigen Halbwüchsigen mit mürrischer Attitüde, in dem sie außer den blauen Augen nichts von Lorenz wiedererkannte. Mitunter packte sie jetzt auch bei den schweren Arbeiten selbst mit an und fiel abends todmüde in ihr Bett.

Sie hatte eine Anzeige in den Lokalblättern aufgegeben, in der sie bekanntgab, dass sie junge Frauen für die Gärtnerarbeit suchte. Tatsächlich meldeten sich einige. Aber sie hatte den Eindruck, dass die meisten der Interessentinnen eine völlig falsche Vorstellung von dem Beruf hatten. Es waren naturverliebte Bürgerstöchter darunter, frisch Geschiedene auf der Suche nach Unabhängigkeit, aber auch Mädchen, die es glamourös fanden, bei den reichen und berühmten Clarenburgs zu arbeiten. Nichts hatte sie vorbereitet auf die harte körperliche Arbeit, die von ihnen erwartet wurde, auf die Geduld, die man beim Säen und Pikieren und allgemein im Umgang mit Pflanzen benötigte, und die unabdingbare Bereitschaft, immerfort zu lernen und, wie Hedda nicht müde wurde zu predigen, genau hinzuschauen, zu beobachten.

Rasch trennte sich die Spreu vom Weizen, und schließlich stellte sie in diesem Jahr nur einen Lehrling ein, die fünfzehnjährige Renata Prinz, Tochter eines Gärtnermeisters, von dem Hedda ihre Gehölze bezog. Renata kannte das Metier und wusste, worauf sie sich einließ. Sie war klug und gewitzt, lernte schnell, und Hedda kam gut mit ihr aus. Mit Renata pflanzte sie die Apfelhochstämme an den Weg von der Südterrasse zum Haupthaus und setzte ihnen Bogenspaliere zur Seite, an denen sie die Äste erziehen wollte. Zu Füßen der Bäumchen setzte sie Knollen von weiß blühenden japanischen Schwertlilien.

Das Jahr endete ereignislos. Von den Schlachten, die im Westen und Osten tobten, bekam man auf dem Berg kaum etwas mit. Man lebte in einer Blase, in einer Welt, die fast unschuldig schien, so heil und unberührt blieb sie von dem Horror da draußen. Der einzige Unterschied: Es ging ruhiger zu. Die üblichen Diners und Abendgesellschaften fanden weitaus seltener statt als in Friedenszeiten. Fast jede Familie hatte Vater, Ehemann, Söhne oder Brüder an der Front. Niemandem war nach Feiern zumute, denn langsam dämmerte es den Menschen, was dieser Krieg bedeutete.

8

ENGLAND WAR NUN FEINDESLAND. Daher hatte sie Ludwig Clarenburg gefragt, ob ihre Briefe weiterhin problemlos bei Elisabeth in Surrey ankommen würden.

»Sie ist mit einem Colonel der britischen Armee verheiratet«, erklärte sie.

»Na ja, problemlos ist in diesen Zeiten nie etwas, und dass Ihre Freundin mit einem Offizier verheiratet ist, macht die Sache sicher nicht leichter. Die Korrespondenz mit England ist auf direktem Weg nicht mehr möglich«, meinte er. »Wir schicken unsere geschäftlichen und privaten Briefe mit einem Kurier der Bank nach Stockholm an die Bank meines Bruders. Von da aus gehen sie in die USA und nach England. Legen Sie Ihre Briefe also wie gehabt in den Ausgangskorb. Es ist umständlich, und die Post kommt später an, als wir es aus Friedenszeiten gewohnt sind, aber sie kommt an«, versicherte Clarenburg.

Der Korb für den Postausgang stand in der Halle im Haupthaus für alle Hausbewohner und das Personal bereit. Und so legte sie ihre Briefe auch weiterhin dort ab.

Sie vermisste Lorenz. Es war merkwürdig. Sie hatten sich diese drei berühmten Worte nie gesagt. Es hatte für sie beide keine Rolle gespielt. Ich finde deinen Körper schön, ich mag es, wenn du mich berührst, ich bin verrückt nach dir. Das alles hatten sie fieberhaft einander zugeflüstert. Aber ein einfaches »Ich liebe dich« war ihnen nie über die Lippen gekommen.

Und doch schien es auf Liebe hinauszulaufen. Schließlich gab es typische Symptome: eine sonderbare Benommenheit, den

Mangel an Appetit, eine Tendenz, in den Sternenhimmel zu starren, und das Kribbeln im Bauch, als habe man zu viel Süßes gegessen. Das alles registrierte sie an sich, wenn sie an Lorenz dachte, und sie dachte im Grunde immerfort an ihn. Selbst wenn sie Saatgutkataloge studierte, den ersten Feldsalat erntete und mit Renata Kompost auf die abgeernteten Gemüsebeete verteilte, waren ihre Gedanken stets von der Sehnsucht nach ihm überlagert.

Die Liebe, das hätte sie wissen müssen, findet sich niemals behutsam ein wie eine schüchterne Verwandte, die verhalten an die Tür klopft. Sie fiel aus dem Hinterhalt über einen her, wenn man es am wenigsten erwartete, wenn man sich nicht mehr schützen konnte, und selbst die Eigensinnigsten, die sich stets widersetzten, waren machtlos, wenn diese Art von Liebe ihre Aufwartung machte.

Weihnachten war Lorenz nicht nach Hause gekommen. Aber im März gebar Martha ihr viertes Kind, wieder einen Jungen, und Lorenz bekam Heimaturlaub. Jost hatte erwähnt, dass er kommen würde, und sie wusste sogar den genauen Termin. Doch er verbrachte die Zeit offensichtlich lieber bei seiner Familie. Ein Besuch bei ihr blieb aus.

Sie wunderte sich nicht weiter. Natürlich war es ihm wichtiger, die wenigen Tage mit Frau und Kindern zu verbringen. Es schmerzte dennoch. Immer wenn sie das Gelände durchquerte und eine groß gewachsene Gestalt zwischen den Bäumen auftauchen sah, hielt sie inne. Immer klopfte ihr das Herz bis zum Hals. Doch immer war es einer der jungen Burschen aus dem Dorf, die Jost für die schweren Arbeiten angeheuert hatte.

Elisabeth war außer sich vor Empörung.

»Liebste Hedda,
ich hoffe, dieser Brief erreicht Dich etwas schneller als der letzte. Der muss einen Umweg über Neuseeland genommen haben. Vier Wochen! Und das alles wegen dieses scheußlichen Krieges. Aber immerhin können wir überhaupt noch in Verbindung bleiben. Auch wenn wir bei Lichte betrachtet ja Feinde sein sollten. Was für ein Irrsinn!!!
Und da wären wir auch schon beim Thema: Wieso besucht Lorenz Dich nicht, wenn er Heimaturlaub hat? Wie lange habt Ihr Euch nun nicht gesehen? Sechs Monate, oder sogar schon sieben? Und geschrieben hat er Dir auch noch nicht. Was denkt er sich eigentlich dabei? Ganz ehrlich, Liebes, vergiss ihn!
Und bevor Du Dich jetzt aufregst und Dich unverstanden fühlst: Ich weiß sehr wohl, dass das nicht einfach ist. Aber ich will nun einmal nicht, dass Du in Dein Unglück rennst. Und das wirst Du, solange Du ihn Dir nicht aus dem Kopf schlägst.
Falls Du diesen Rat nicht beherzigst, was zu befürchten ist, solltest Du Dir auf jeden Fall Gedanken machen, wie das mit Euch beiden weitergehen soll, wenn der Krieg hoffentlich bald vorüber sein wird. Ich weiß ja, dass Du keine Ambitionen hast, ihn zu heiraten (by the way: Weiß ich das wirklich? Oder vielmehr: Weißt *Du* das wirklich?), aber Du kannst doch nicht bis in alle Ewigkeit seine Geliebte sein, während er mit seiner Ehefrau ein Kind nach dem anderen zeugt. Bei aller Libertinage, die ich wirklich an Dir bewundere, aber so eine Konstellation kann nur ins Desaster führen. Das ist zumindest meine Meinung.
Rupert hat sich nun auch als Freiwilliger gemeldet, und ich versuche, diesen Umstand irgendwie auszuhalten. Ich weiß, ich bin nur seine Stiefmutter, aber Du weißt ja, dass ich nie einen Unterschied gemacht habe zwischen Rupert und Charlotte, Catherine und Albert. Ich liebe sie alle vier gleichermaßen. Und so bricht es mir das Herz, wenn ich daran denke, dass er in dieses Gemetzel auf dem Kontinent verwickelt wird.

Everett ist bei einem neuen geheimen Dienst der Regierung angestellt und wird sehr speziell eingesetzt, bleibt aber gottlob im Lande. Sein Versuch, auch Rupert in einer sicheren Abteilung unterzubringen und ihn möglichst von der Infanterie fernzuhalten, war natürlich von vornherein zum Scheitern verurteilt. Der Junge hat eben einen Offizier zum Vater. Er verehrt Everett über alle Maßen und will, dass er stolz auf ihn ist. Und das heißt für Rupert nur: Mitten rein ins Getümmel. Dabei ist Everett sowieso stolz auf ihn. Auch wenn er bisweilen ein etwas militärisches Gehabe an den Tag legt, ist er ein liebevoller Vater, der seine Kinder am liebsten vor allem Unheil in der Welt beschützen möchte. Apropos, Charlotte hat einen Verehrer, einen jungen Sergeant. Sie ist sehr verliebt. Und natürlich ist er Everett ein Dorn im Auge, der arme Kerl. Everett findet, dass Charlotte viel zu jung ist für eine Romanze. Dabei ist Charlotte fast sechzehn, ein Jahr älter als ihre Mutter, als Everett sie kennenlernte. Männer haben bisweilen ein sehr kurzes Gedächtnis, findest Du nicht?
Catherine und Albert sind wohlauf. Cathy hat jetzt eine Gouvernante. Ich weiß, ich bin selber eine, aber es hat sich herausgestellt, dass es einen Unterschied macht, ob man fremde Kinder unterrichtet oder die eigenen. Bei Cathy war ich schrecklich ungeduldig, fürchte ich. Sie ist sehr aufgeweckt und stellt Fragen über Fragen; Fragen zudem über die absonderlichsten Dinge. Gerade beschäftigt sie sich mit dem Altpaläozoikum und der kambrischen Explosion vor Millionen von Jahren. Ist das normal für eine knapp Fünfjährige? Lesen konnte sie ja schon mit drei.
Jedenfalls kommt Louise mit Cathy in vielerlei Hinsicht besser zurecht als ich. Sie arbeitet sich gerade selbst in Cathy-Themen ein, und so lernt unsere Gouvernante sogar auch noch etwas dazu. Was will man mehr?
Und ich kann mich intensiver um Klein-Albert kümmern; und natürlich ein Auge mehr auf Charlotte haben.

Ich hoffe, es geht Dir trotz allem einigermaßen gut.
Sei ganz fest umarmt, Deine Lizzie.«

Sie las den Brief und fand, dass die Freundin mit der Einschätzung ihrer Beziehung zu Lorenz vollkommen recht hatte.

Und doch auch wieder nicht. Sie war sich über ihre Gefühle für ihn einfach nicht im Klaren. Ihm zu schreiben kam nicht infrage. Sie hätte Ludwig Clarenburg oder gar Jost nach seiner Feldpostadresse fragen müssen, doch das würde zwangsläufig Vermutungen nach sich ziehen.

Im Übrigen fand sie, dass Lorenz den ersten Schritt tun müsste. Vielleicht wollte er sie einfach vergessen. Kriege veränderten die Menschen. Sie hatte genug gelesen, um das wissen und nachvollziehen zu können. Vielleicht sehnte er sich nur noch zurück an den heimischen Herd, zu Frau und Kindern. Darauf wies auch der kurze und extrem nüchterne Brief hin, den er ihr nach seiner Abreise geschickt hatte. Und schließlich war auch sie selbst in ihrer eigenbrötlerischen Selbstgenügsamkeit, ihrem Bedürfnis nach Zurückgezogenheit und Vereinzelung nicht gerade die zugänglichste und hingebungsvollste Partnerin.

Im Nachhinein, und sie musste sich eingestehen, dass es wirklich erst im Nachhinein so war, empfand sie das Band zwischen ihnen als ausnehmend eng. Ihr fehlten ja nicht allein die erotischen Stunden im Bett. Sie vermisste die Gespräche mit ihm, seine Ansichten über ihren Beruf, seine Anregungen im Hinblick auf die Gärten, seine Sicht auf das Leben, seinen trockenen Humor, seine vergrübelte, empfindsame Art, die Neckereien, was ihren angeblichen Ehrgeiz betraf.

Bei Lichte betrachtet, litt sie an einem schweren Liebeskummer. Doch hätte ihr das jemand gesagt, hätte sie es mit aller Vehemenz abgestritten. Solche Torheiten erlaubte sie sich einfach nicht.

Über für Hedda unerklärliche Kanäle hatte Elisabeth es geschafft, Saatgut für die weitere Ausgestaltung der Trockenmauer zu schicken: Kalifornischen Goldmohn in Gelb, Orange, Weiß und Karminrosa.

»Ein wunderbares Schätzchen«, hatte Elisabeth geschrieben. »Im Deutschen nennt man die Pflanze hübscherweise ›Schlafmützchen‹, was in zweifacher Hinsicht passend ist. Die Indianer haben sie gegen Schlafstörungen und Schmerzen eingesetzt. Und dann sehen die geschlossenen Blüten tatsächlich aus wie diese altertümlichen Schlafmützen, die wir aus den Zeichnungen Wilhelm Buschs kennen.

Die Pflanze ist übrigens anhänglich. Wo sie ist, bleibt sie für immer, weil sie sich immer wieder selbst aussät und in jedem Jahr neue Abkömmlinge erscheinen; meist da, wo man sie nicht erwartet (und sie hin und wieder auch nicht haben will!). Aber wir haben ja ein Herz für Vagabunden.«

Hedda musste lachen, als sie das las, hatten sie und Elisabeth sich als Kinder doch stets zu dem fahrenden Volk hingezogen gefühlt, das dann und wann Station in ihrer Stadt machte; zu den Gauklern und Magiern, Wahrsagern und Artisten; Menschen, vor denen zu warnen ihre Väter und Lehrer nicht müde wurden. Meist ohne Erfolg.

Und schlussendlich, dachte sie, sind wir selbst zu Vagabunden geworden und stromern durch die Welt, heimatlos, entwurzelt, moderne Nomaden.

Mit ihren Schülerinnen säte sie den Mohn direkt an Ort und Stelle. Sie hatte tatsächlich vier weitere junge Frauen gefunden, die ihr für die Gärtnerarbeit geeignet erschienen. Gertrud Möllmann, Annegret Lüders und Sibylle Lasker, alle vierzehn Jahre alt, sowie die fünfzehnjährige Thea Kunze. Mit Renata hatte sie weitere einjährige Pflanzen im zeitigen Frühjahr in den Gewächshäusern vorgezogen. Zwischen die Stauden, die sich langsam durch die Erde schoben, setzten die Mädchen nun rosavioletten Elfensporn, kupferrote Löwenmäulchen und duftiges Schleierkraut.

Später nahm sie Renata beiseite. »Hör zu, du wirst die Mädchen bei der Arbeit an der Trockenmauer künftig allein beaufsichtigen.«

Renata sah sie erstaunt an. »Sicher, mache ich. Und was machen Sie?«

»Gemüse«, sagte Hedda nur. »Wir brauchen mehr Gemüse. Dieser Krieg wird irgendwann Mangel bedeuten. Davor will ich uns alle möglichst bewahren. Und du machst das hier alles sehr gut. Ich verlass mich auf dich.«

Renatas Gesicht leuchtete kurz auf vor Freude. »Danke. Ich werd das hinkriegen. Die Trockenmauer wird immer hübsch aussehen. Da können Sie sich drauf verlassen. Wir könnten noch ein paar Salvien und Bärenohr dazwischensetzen. Was meinen Sie?«

»Ja, mach das. Karl hat die meisten Salvien schon in den Vorgarten gesetzt. Aber ein paar dürften noch übrig sein.«

Im März war sie dreißig geworden, und bisweilen kam ihr der flüchtige Gedanke, dass sie vielleicht tatsächlich angekommen sei, einen Ort gefunden habe, an dem sie sich möglicherweise einmal zu Hause fühlen könnte.

Ihren Geburtstag hatte sie versucht zu ignorieren, so wie sie es seit dem Tod ihres Vaters immer getan hatte. Nur Elisabeth schrieb ihr beharrlich Jahr für Jahr Glückwunschbriefe, denen sie Geschenke beilegte, Bücher zumeist, Seifen von Bronnley, Paisleygemusterte Herrentaschentücher und Schals, einen seidenen Morgenmantel. Diesmal war es eine besonders schön gestaltete Ausgabe von Yeats' *The Wanderings of Oisin*.

»Ich weiß ja, dass Du Deinen Geburtstag gern einmal ›vergisst‹«, schrieb Elisabeth dazu. »Ich jedenfalls denke immer daran und hoffe nur, dass Dich Brief und Buch rechtzeitig erreichen.

Was den Krieg betrifft, so ist es hier immer noch ungewöhnlich friedlich. Es gab ein paar Zeppelin-Angriffe an der Küste. Aber im Großen und Ganzen geht das Leben wie gewohnt weiter.

Du hast gefragt, ob es antideutsche Ressentiments gibt. Ich denke, die wird es wohl geben, aber ich selbst bin nicht betroffen. Ich lebe ja schon so lange hier und bin mit einem Offizier verheiratet. Vermutlich schützt mich das vor etwaigen Feindseligkeiten. Man hat mich sogar gebeten, in der örtlichen Schule Unterrichtsstunden zu übernehmen. Lehrer Harper ist an der Front.

Rupert ist jetzt gottlob nicht mehr in Frankreich. Aufgrund seiner Erfahrungen in einer Wehrsport-Mannschaft in Eton ist er rasch zum Offizier befördert und anschließend nach Saloniki in Griechenland versetzt worden. Dort geht es im Vergleich zur Westfront offensichtlich weitgehend ruhig zu. Die Kommunikation in dieser zerklüfteten Bergregion ist aber wohl schwierig, und es mangelt an Ausrüstung. Aber es kam bislang zu keinen größeren Gefechten. Ich bete, dass das so bleibt.

Nochmals alles Liebe und Gute zum Geburtstag, und sei ganz kräftig gedrückt, meine liebste Hedda, Deine Lizzie.«

Auch Ludwig Clarenburg hatte ihr einmal mehr einen Lyrikband zukommen lassen, eine Erstausgabe der *Neuen Gedichte* von Rilke. Er hatte ihren Lebenslauf gelesen und wusste daher natürlich, wann ihr Geburtstag war. Doch da er inzwischen auch ihr sprödes Wesen kannte, hatte er das Datum nicht an die große Glocke gehängt. Er war einfach zu einem ihrer Morgenspaziergänge erschienen und hatte ihr den schmalen Band überreicht.

»Alles Gute«, sagte er. »Wir möchten gern eine kleine Feier für Sie ausrichten. Was meinen Sie?«

»Um Himmels willen, nein!«, rief sie panisch.

Er lachte. »War nur Spaß. Hab mir schon gedacht, dass Sie das nicht wollen. Ich hab's auch niemandem erzählt, dass Sie Geburtstag haben, und dann auch noch einen besonderen.«

»Was ist daran besonders, wenn man ein Jahr älter wird?«, fragte sie mürrisch.

»Ach, Fräulein Hedda ...«, seufzte er fast schon resigniert ob ihrer Verweigerung jeglicher gesellschaftlichen Konvention. »Viel Freude mit dem Rilke«, sagte er abschließend. Sie bedankte sich noch einmal für das kostbare Geschenk, und sie verabschiedeten sich voneinander.

Dann ging sie in die Gewächshäuser. Nein, sie hatte kein Problem mit dem Älterwerden, wollte aber auch nicht ständig daran erinnert werden.

Auf dem Berg war es weiterhin friedlich, doch war man auf alle Eventualitäten vorbereitet. Jost hatte zwei Kühe organisiert, die auf der Obstwiese hinter dem Krocketfeld an der Arche weideten und die Familie zuverlässig mit Milch, Butter und Sahne versorgten. Das Krocketfeld selbst war einem Kartoffelacker gewichen, und in dem kleinen Anbau hinter dem Geräteschuppen, den Hedda bislang für die Aufbewahrung ihres Saatguts genutzt hatte, hausten inzwischen ein halbes Dutzend Hühner. Sie lieferten nicht nur Eier, sondern mit ihren Ausscheidungen auch einen begehrten Dünger. Das alles zusammengenommen machte die Clarenburgs und ihre Bediensteten hinsichtlich der Versorgungslage relativ unabhängig.

Doch die Tiere sorgten auch mehr als einmal für Kopfzerbrechen und Aufregung. Weder Jost noch Karl geschweige denn sie selbst oder einer von den Clarenburgs hatte jemals eine Kuh gemolken.

Das erste Mal war eine denkwürdige Angelegenheit gewesen.

»Ich krieg da nix raus«, hatte Karl gestöhnt, der auf einem Melkschemel vor Elsbeths linkem Hinterbein saß und kräftig an deren Zitzen zog.

Jost hielt das Tier fest, Hedda stand ratlos daneben.

»Vielleicht mit etwas mehr Gefühl«, schlug sie vor.

Karl sah sie missbilligend an, rollte mit den Augen und versuchte weiter, Elsbeth ein paar Tropfen Milch zu entlocken.

Elsbeth wiederum reagierte zunehmend ungehalten auf die Misshandlung ihres Euters, muhte zum Steinerweichen und trippelte unruhig hin und her, sodass Jost Mühe hatte, sie zu halten.

»Ich frag mal die Mädels«, sagte Hedda schließlich. Sie erinnerte sich, dass einige ihrer Schülerinnen auf einem Bauernhof groß geworden waren. So lief sie zur Südterrasse, wo Gertrud und Annegret unter Renatas Anleitung Unkraut jäteten.

»Wer hat Ahnung vom Melken?«, fragte sie in die Runde.

Überraschte Gesichter.

»Ich kann melken«, sagte Gertrud.

»Mitkommen«, befahl Hedda.

An der Arche angekommen, scheuchte Gertrud den immer frustrierter werdenden Karl vom Melkschemel und nahm die Sache in die Hand. Unter ihren kundigen Fingern schoss die Milch in ergiebigen Strahlen in den Eimer, der bald halb voll war.

Karl stand mit hochrotem Kopf daneben, und Hedda ahnte, dass er angesichts der eifrig melkenden Gertrud, ihrer rundlichen Formen, des langen blonden Zopfes, der ihr über den Rücken fiel, und der versierten Griffe, mit denen sie an Elsbeths Euter zugange war, andere Milchdrüsen im Sinn hatte; und vermutlich auch überlegte, was Gertruds Hände sonst noch alles bearbeiten könnten.

Die Hormone wallen, dachte sie und ging zu der anderen Kuh, die träge auf der Obstwiese lag und friedlich wiederkäute.

»Na, wie heißt du denn?«, fragte sie freundlich, beugte sich nieder und kraulte dem Tier unerschrocken die Stirn.

»Das ist Desirée«, sagte Jost, der seinem Enkel Elsbeths Halfter übergeben hatte.

»Desirée?« Hedda schaute ihn ungläubig an.

»Manche von den Bauern hier haben einen etwas exaltierten Geschmack«, sagte Jost achselzuckend.

»Desirée.« Hedda konnte es nicht fassen. »Nun gut, soll Gertrud sich erst mal um Elsbeth und, ähm, Desirée kümmern. Vielleicht kann sie Karl ja beibringen, wie man etwas schonungsvoller mit empfindlichen weiblichen Körperteilen umgeht.«

Jost lachte auf. »Haben Sie das auch gemerkt? Ja, sollen die beiden mal machen«, schlug er vor. »Wir sollten aber ein Auge drauf haben«, fügte er hinzu.

»Oder auch zwei«, meinte Hedda.

Auch die Hühner waren nicht gerade pflegeleicht. Aus dem umfriedeten Gehege vor dem Stall am Geräteschuppen rissen sie gern aus und stöberten durch die Gemüsebeete. Karl grenzte ihren recht großzügig bemessenen Außenbereich schließlich gänzlich mit Kükendraht ein.

An einem Morgen stand Jost mit zwei Katzen vor der Tür des Gärtnerhauses.

»Guten Morgen, was wollen Sie mit den Tieren?«, fragte Hedda und schaute argwöhnisch auf die beiden geduldigen Fellknäuel, die Jost links und rechts im Arm hielt.

»Wo Hühner sind, gibt es Mäuse und Ratten. Ablativus und Absolutus werden Ihnen die vom Leib halten.«

Sie starrte ihn entgeistert an. »Machen Sie das extra?«, fragte sie.

»Was meinen Sie?«

»Diese Namen ... Dass Sie mir hier Tiere mit abseitigen Namen anschleppen?«

»Ich weiß nicht. Die beiden hier stammen von Dr. Gröhne; war Lateinlehrer, 'n bisschen verschroben. Ist vor zwei Tagen im satten Alter von fünfundneunzig Jahren gestorben. Die zwei brauchen ein neues Zuhause.«

»Und wo werden Ablativus und Absolutus dann schlafen?«

»Sie müssen sich nicht groß kümmern. Ich richte ihnen im Geräteschuppen ein Plätzchen ein, wenn's recht ist.«

Jost setzte die Katzen auf dem Boden ab. Sofort schlichen sie schnurrend und mit hocherhobenem Schwanz um Heddas lange, in den gewohnten Schnürstiefeln und Breeches steckenden Beine. Jost grinste. Sie beugte sich zu den Tieren hinab und streichelte ihr glattes getigertes Fell.

»Hört zu, ihr Süßen. Ich werde euch auf keinen Fall Ablativus und Absolutus nennen. Von heute an heißt ihr …« Sie dachte kurz nach. »… Vitus und Lotus. Kommt einem Anagramm ziemlich nahe und ist von der Klangbildung her ähnlich. Es sind doch Kater, oder?«

»Ja, sind es. Zwei Brüder.«

»Wie kann ich sie unterscheiden?«

»Ähm, Lotus«, sagte Jost mit nachhaltiger Betonung, »hat zwei weiße Hinterbeine. Vitus ist komplett getigert.«

»Na gut«, sagte sie, schlüpfte in ihre Tweedweste, zog die Haustür hinter sich zu und ging mit Jost zum Gärtnerschuppen zur Besprechung mit Karl, Renata und den Elevinnen, Vitus und Lotus im Gefolge, was in den kommenden Jahren die meiste Zeit auch so bleiben würde. Nur würde Lotus noch einmal eine Namensänderung über sich ergehen lassen müssen, denn die Clarenburg-Kinder nannten ihn von Anfang an nur Socks.

Trotz des Krieges gingen die Arbeiten an der Südterrasse weiter. Im Sommer hoben Jost und Karl die Grube für das Seerosenbecken zu Füßen der zwölfstufigen Freitreppe aus, die zu der inzwischen gelieferten Rundbank hinaufführte. Das rechteckige, mit weißem Travertin eingefasste Becken bildete jetzt die geplante Achse von der Bank hin zum Fluss. Seine Schmalseiten erweiterten sich halbkreisförmig nach außen, was einmal mehr an die Wasserbecken römischer Villen erinnerte. Hedda pflanzte winterharte Seerosen, aber nur so viele, dass sie die Spiegelung des Himmels in dem klaren Wasser nicht verdeckten.

Dann wurde Rasen gesät.

»Es sieht fantastisch aus«, lobte Ludwig Clarenburg, als er mit Adele und allen fünf Kindern das fertige Becken und die über und über blühenden Trockenmauern in Augenschein nahm. Und zum ersten Mal erlebte Hedda auch Adele etwas entspannter.

»Auf diese Sockel hätte ich gern Skulpturen.« Adele saß mit geradem Rücken und in königlicher Haltung auf der Rundbank und betrachtete die Sandsteinsockel im Rokokostil links und rechts, die das Grün der Thujahecke auflockerten.

»Was haben Sie sich denn da so vorgestellt?«, fragte Hedda argwöhnisch, die von Gartendekoration wenig hielt.

»Kennen Sie diese hübschen Kinderplastiken aus dem Hofgarten der Residenz in Würzburg? So was in der Art.«

Hedda kannte die Figuren des Hofbildhauers Johann Peter Wagner. Sie stammten aus dem 18. Jahrhundert und gaben den strengen Mustern des süddeutschen Barockgartens etwas Heiteres, Leichtes, Belebendes. Sie konnte sich die steinernen Kinderszenen tatsächlich gut in diesem Garten vorstellen, auch wenn dies hier alles andere als ein Barockgarten war.

»Ja, die Skulpturen sind hübsch«, sagte sie und überlegte. »Ja, warum nicht? Ich kümmere mich drum.«

Allerdings hatte sie keine Ahnung, wie sie an solche Plastiken herankommen könnte. Sie sah Ludwig Clarenburg zu, wie er mit seinen Kindern auf dem Rasen um das Seerosenbecken herumtollte. Sie hätte ihn fragen können, dachte aber an die sogenannte Ärgerprämie. Es ging ihr dabei nicht um das zusätzliche Geld, das sie bekommen würde, wenn sie ihm diese Geschichte vom Hals hielte, sondern vielmehr darum, ihn nicht noch mehr zu belasten. Die vergangenen Monate hatten Spuren in seinem Gesicht hinterlassen.

»Und dann würde ich gerne Theateraufführungen im Garten veranstalten«, fuhr Adele fort.

»Hier, auf dem Rasen?«, fragte Hedda alarmiert und sah den frisch gesäten smaragdgrünen Teppich schon von unzähligen Schuhen verwüstet.

»Mhm, ich weiß nicht so recht. Ich habe damals auf unserer Hochzeitsreise in Italien ein kleines Amphitheater gesehen. Kennen Sie das antike Theater in Syrakus auf Sizilien? So etwas hätte ich hier gern im Kleinen.«

Hedda stöhnte innerlich auf, ließ sich aber nichts anmerken. Kultur im Garten: Das sah Adele ähnlich. Hedda wusste, dass Adele moderne Kunst schätzte und kaufte. Sie hatte Bilder in der Halle und im Salon gesehen. Auf den ersten Blick eigenartige Bilder; Bilder von intensiver Farbigkeit, mit kantigen, grob dahingeworfenen Körpern, die trotz ihrer Reduzierung auf das Wesentliche eine intensive Sinnlichkeit ausstrahlten.

Und dann gab es im Haus viel Musik. Oft hörte sie Tommy Cello spielen, die Mädchen lernten Geige und Klavier. Und dann und wann gab es auch kleine Konzerte im Salon, zu denen sie regelmäßig eingeladen wurde und zu denen sie ebenso regelmäßig nicht erschien.

Kultur galt in dieser Familie als hohes Gut.

Sie schaute den Hang hinunter. Ein Amphitheater unterhalb des Rosengartens? Sie ahnte, was da auf sie zukommen würde, und war sich nicht ganz sicher, ob dies womöglich eine Falle sein könnte, eine kleine Hinterhältigkeit, mit der Adele versuchte, sie auszumanövrieren. Sie hatte nicht die geringste Ahnung, wie sie an diesem steil abfallenden Hang ein Amphitheater anlegen könnte. Vielleicht wollte Adele sie nur scheitern sehen.

Andererseits gab es auf dem ganzen Anwesen so viele Terrassierungen. Es war also machbar. Und so ein Gartentheater war eine durchaus elegante Art, Höhenunterschiede im Gelände zu überwinden.

Sie sah Adele an und bemerkte um ihre schmalen Lippen eine Andeutung von Spott und Überheblichkeit. Hedda gab sich ungerührt und bemühte sich um heitere Gelassenheit – und nahm den Fehdehandschuh, so es denn einer sein sollte, auf.

»Ein Amphitheater also?«, sagte sie. »Aber nicht aus Steinen, sondern aus natürlichen Materialien, schlage ich vor. Treppen und Rampen aus Rasen, Kulissen aus Hecken.«

Adele wiegte nachdenklich den Kopf. »Ja, das wäre hier vielleicht harmonischer. Ein Theater, das auch im Winter grün ist.«

Vor Heddas geistigem Auge nahm das Theater bereits Gestalt an. Gut konzipiert und angelegt, könnte dies ein fantastisches Szenario werden und dem Garten zu einem weiteren Glanzpunkt verhelfen. Und passen würde es auch zu dieser römischen Terrasse. Vielleicht bewies Adele einfach nur Stilbewusstsein. Wer konnte das wissen?

Wie auch immer, sie beschloss, die Herausforderung anzunehmen: »Ich mach einen Plan.«

9

Kurz vor Weihnachten, als der Frost Eisblumen an ihr Küchenfenster malte, stand er eines Sonntagnachmittags vor ihrer Tür.

Sie hatte sich ein Werk des französischen Gartentheoretikers Antoine-Joseph Dezallier d'Argenville mit dem sperrigen Titel *Die Gärtnerey sowohl in ihrer Theorie oder Betrachtung als Praxis oder Übung* vorgenommen, um sich über die Anlage eines Gartentheaters kundig zu machen. Darüber war sie eingeschlafen. Als es an der Tür klopfte, fuhr sie von ihrem Sofa hoch. Vitus und Socks, die es sich angewöhnt hatten, im Gärtnerhaus zu residieren, und in einem Körbchen vor dem Kamin ineinander verschlungen schlummerten, blickten kurz auf, rollten sich dann wieder zusammen und schliefen weiter.

Sie stand auf, strich ihr Kleid glatt und fuhr sich mit den Fingern kurz durch das lange Haar. Dann erst öffnete sie die Tür, und da stand Lorenz, schmaler geworden, blass, mit erschöpften Augen und ungewohnt verlegen.

»Hedda?«, sagte er eher fragend, als müsse er sich selbst vergewissern, dass sie es war, die da vor ihm stand.

Ihr hatte es für einen Moment die Sprache verschlagen. Sie starrte ihn ungläubig an. Dann zog sie ihn ins Haus und ließ die Tür ins Schloss fallen. Sie warf sich ihm in die Arme und küsste ihn ungestüm.

Alles war wie immer. Sie stürmten in ihr Schlafzimmer und rissen sich die Kleider vom Leib.

»Ungefährliche Tage oder Dingsdas?«, fragte er atemlos.

»Ungefährlich«, gab sie zurück.

»Ich konnte nicht eher zu dir kommen«, sagte er anschließend, als sie ihre gewohnten Zigaretten rauchten.

Sie drückte ihre Chesterfield nur halb geraucht im Ascher aus und schaute ihn an. Sie spürte einen Kloß im Hals. Etwas Hartes, Festes schien sich in ihrem Inneren verankert zu haben und hinderte sie daran, zu sprechen. Für sie selbst überraschend füllten sich ihre Augen mit Tränen, und mit einem Mal weinte sie hemmungslos.

Er zog sie an sich.

»Scht, scht«, tröstete er sie und strich ihr sanft über den Rücken und das lange Haar. »Ich bin ja jetzt da. Nicht weinen.«

Doch sie konnte überhaupt nicht mehr aufhören. Als würden die Tränen eines ganzen Jahres sich plötzlich Bahn brechen, um in einem nie versiegenden Strom aus ihr herauszufluten.

»Warum hast du mir nicht geschrieben?«, brachte sie nach einer Weile immer noch schluchzend hervor.

»Ich habe mit aller Macht versucht, mir dich aus dem Kopf zu schlagen«, sagte er und zog sie noch enger an sich. »Wie man sieht, nicht besonders erfolgreich«, fügte er hinzu und küsste sie.

Sie sahen sich an. »Ich hab dich vermisst«, gab sie schließlich widerstrebend zu.

»Ach ja?« Er klang nicht überzeugt.

Sie schluckte und gab sich einen Ruck. »Ich will einfach nur mit dir zusammen sein«, flüsterte sie.

»Ich muss aber zurück in diesen Krieg. Und ich werde Martha und die Kinder nicht verlassen, selbst wenn ich heil aus dieser Metzelei herauskomme. Das solltest du wissen.«

»Weiß ich doch«, sagte sie leise.

»Wir können das hier nicht ewig weitermachen«, sagte er. »Und ich denke dabei nicht mal ans Erwischtwerden oder dergleichen. Mein Vater ahnt sowieso was und Clarenburg vermutlich auch. Aber das kümmert mich gar nicht so sehr. Tatsache ist:

Ich kann einfach nicht so leben. Ich fühle mich zerrissen. Diese Sache bringt mich völlig aus dem Lot. Wenn Martha und die Kinder nicht wären, würde ich dich heiraten, ganz egal, wie immer du dich dazu stellen magst. Ich würde alles daransetzen, dass du meine Frau wirst, auch wenn ich Jahre zubringen müsste, um dich zu überzeugen. Du könntest weiterhin deine Gärten anlegen oder was immer du willst. Ich mag tüchtige Frauen, die wissen, was sie wollen. Das weißt du ja wohl inzwischen. Aber die Wirklichkeit ist nun mal eine andere.«

Sie blickte ihn mit großen Augen an, ungläubig, überrascht und auch seltsam gerührt über dieses unverhoffte Geständnis seiner Zuneigung.

»Dabei habe ich mit diesem Morden zum angeblichen Wohl des Vaterlandes schon genügend Unerquickliches am Hals«, fuhr er fort. »Die ständige Todesangst sitzt einem im Nacken. Aber darüber redet natürlich niemand, weder die da oben noch die da unten. Entweder drehen die Leute durch, oder sie werden zynisch. Ich lebe gerade von einem Tag auf den anderen und wage es gar nicht, an eine Zukunft zu denken, wie immer die aussehen mag. So ist das eben im Krieg.«

Aufgewühlt von seinen Worten, strich sie ihm eine Haarsträhne aus der Stirn.

»Was sollen wir denn machen?«, fragte sie schließlich.

Er seufzte. »Wenn ich diesen Krieg überlebe, was ich ehrlich gesagt für einigermaßen unwahrscheinlich halte, gehe ich mit Martha und den Kindern von hier weg.«

»Nein!«, entfuhr es ihr.

Er sah sie liebevoll an. »Hedda, ich schaff das nicht. Wenn ich dich hier jeden Tag sehe, werde ich von dir nicht loskommen. Und so ein Doppelleben liegt mir nicht. Für so was bin ich nicht gemacht. Seit wir zusammen sind, habe ich mein inneres Gleichgewicht verloren. Ich konnte schon vor dem Krieg kaum noch schlafen. Ich habe eine Verantwortung für Martha und die Kinder.«

Er zog sie wieder näher zu sich heran, und es kam ihr vor, als wolle er das eben Gesagte damit vergessen machen.

»Manchmal wünsche ich, ich wäre rücksichtsloser und könnte einfach mit dir durchbrennen«, sinnierte er. »Aber so bin ich eben nicht gestrickt. Mit solch einer Bürde könnte ich nicht leben. Clarenburg wird mir ein gutes Zeugnis ausstellen. Es dürfte kein Problem sein, irgendwo anders eine gute Stelle zu finden.«

Sie fror, ihre Halsmuskeln fühlten sich gespannt an. Das Schlucken fiel ihr schwer.

»Wann musst du wieder zurück?«, flüsterte sie.

»Morgen früh.«

»Wie ist es da?«

»Ach, frag nicht.«

»Wann kommst du wieder?«

»Ich weiß es nicht«, antwortete er müde. »Es läuft alles ein bisschen anders, als unsere ach so weisen Heerführer und Regierenden es vorausgesagt haben.«

»Erzähl es mir«, bat sie.

Er löste sich von ihr und steckte sich eine weitere Zigarette an.

»Das Ganze wird dauern«, begann er. »Da, wo ich jetzt stationiert bin, gibt es seit Monaten kein Weiterkommen. Ein Granattrichter neben dem anderen. So weit das Auge reicht, kein Haus, kein Baum, kein Wald, völlig ausgelöschte Dörfer. Wir graben uns in unsere Schützengräben ein. Es ist eine Hölle aus Blut und Schlamm. Eine ganze Generation von jungen Männern wird da gerade verheizt. Das sind ja fast noch Kinder; alle ungenügend ausgebildet. Die stürmen einfach drauflos, manche nur mit einem Stock in der Hand. Und singen dabei das Deutschlandlied, diese Narren. Es ist unglaublich. Und natürlich werden sie von den Engländern reihenweise niedergemäht. Geopfert von unfähigen Generälen, die natürlich alle schön im Trockenen sitzen. Und neuerdings wird Gas eingesetzt. Von unserer Seite wohlgemerkt, aber wenn der Wind ungünstig steht, sterben auch unsere Männer. Man fragt sich wirklich, ist das schlichtes Unvermögen, Gleichgültigkeit, bloße Dummheit ... Und ehrlich gesagt weiß ich nicht, was schlimmer ist.«

Er lag flach auf dem Bett, den rechten Arm angewinkelt über der Stirn, starrte zur Zimmerdecke und rauchte vor sich hin. Sie lag auf den Ellbogen gestützt und schaute ihn an, wartend, dass er fortfuhr.

»Doch der überwiegende Teil an der Front besteht gar nicht mal aus Kampf. Der größte Teil besteht aus Warten und Langeweile«, sagte er. »Diese tägliche Routine und die Langeweile, die einen verrückt macht. Wir sitzen da tagelang herum, ohne etwas zu tun zu haben, als Gewehre zu putzen. Es ist zum Wahnsinnigwerden. Man hat zu nichts mehr Lust, man vergeudet kostbare Kraft für nichts und wieder nichts. Man greift verzweifelt nach jeder Zerstreuung, und wenn es auch nur ein anstrengender Marsch über Land bei irgendeinem Meldegang ist; Hauptsache Abwechslung.«

Er hielt einen Moment inne. »Weißt du, ich bin ja bereit zu kämpfen, wenn es denn nötig sein sollte. Aber dieses sinnlose Herumsitzen und Warten ... Ich denke immer, dass ich hier viel nützlicher sein könnte. Überhaupt erschließt sich mir die Sinnhaftigkeit dieses Krieges nicht. Das Ganze ist eine einzige Abschlachterei. Dabei werden die Männer auf der anderen Seite der Front genauso verheizt wie wir. Wir sitzen im Grunde genommen alle in einem Boot. Es wäre besser, wir schlössen uns zusammen und gingen gemeinsam gegen diese Armleuchter vor, die uns im Namen des Kaisers, des Königs, des Vaterlandes oder was auch immer an der Nase herumführen.«

Sie spürte seine verhaltene Wut und konnte es ihm nachfühlen. Kriege waren eben immer eine einzige Verschwendung, eine Verschwendung von Menschenleben. Sie hätte es gerechter gefunden, wenn die Herrschenden Aug in Aug miteinander um den Sieg gekämpft hätten, statt ihre geschundenen Völker aufeinanderzuhetzen.

Sie streichelte seinen Arm.

»Und was das Ganze wirklich unerträglich macht, sind die Offiziere«, fuhr er fort. »Die sind natürlich weit weg von der Front. Haben nicht die leiseste Ahnung, was da vor sich geht, und zeichnen sich vor allem durch Dummheit, Willkür, Arroganz und die Ungerechtigkeit bei der Verteilung von Gütern und Privilegien aus. Ich hoffe, sie holt alle der Teufel.«

Er schwieg wieder eine Weile, sein Gesicht gab nichts preis. Er rauchte weiter und starrte an die Decke.

Sie legte sich auf den Rücken und nahm seine Hand. Sie wusste nichts zu sagen. Was gab es da zu sagen? So lagen sie nebeneinander, starrten zur Decke und waren unglücklich.

»Dieser Krieg verändert die menschliche Natur«, fuhr er selbstvergessen fort. »Die Granaten, die Einschläge, der tagelange Artilleriebeschuss und dieser ewige Lärm. Du findest nirgendwo Ruhe, nirgends ist Stille. Und dann die Läuse, die einen auffressen, und die Ratten, die das Essen annagen; die zerfetzten Leiber, die Schreie der Verwundeten, die abgetrennten Gliedmaßen der Kameraden, die nach einem Angriff überall verstreut herumliegen, die halb weggeschossenen Schädel, die da liegen in diesem zähen, klebrigen, erstickenden Schlamm; diesem stinkenden Schlamm, einem einzigen Albtraum; man denkt, man ertrinkt im Dreck.« Er hielt einen Moment inne, tief in Gedanken versunken. »Da wird man leicht zum Tier. Nein, nicht zum Tier. Tiere würden sich nie so verhalten. Aber ein Mensch ist man auch nicht mehr. Wir verlieren da alles, unsere Ehre, unseren Anstand, unser Menschsein. Wer das alles erlebt hat, wird sich nie wieder zurechtfinden im Leben.«

Sie lag vollkommen erschüttert da. Sie dachte an ihr immer noch sehr behütetes Dasein auf dem Berg. Auch wenn sie sich das alles, was er erzählt hatte, nicht recht vorstellen konnte, wusste sie doch, es war die Hölle.

Sie schloss die Augen, dachte nach. »Geh da nicht wieder hin!«, sagte sie dann plötzlich. Sie wandte sich zu ihm und rückte näher an ihn heran. Sie umarmte ihn, schlang ihre Arme um ihn, als wolle sie ihn nie mehr weglassen. »Versteck dich!«, sagte sie eindringlich. »Clarenburg wird dir helfen. Er hat Familie in Übersee. Martha und die Jungs können nachkommen. Das muss doch irgendwie möglich sein.«

Er löste sich aus ihrer Umarmung, drückte seine Zigarette aus und starrte ins Nichts. »Ich gehe morgen zurück an die Front.«

»Du wirst sterben da«, sagte sie aufgebracht.

»Möglich.« Er sah sie an und streichelte sanft ihre Wange. »Ich kann nicht einfach weglaufen«, erklärte er ruhig. »Ich habe vier Söhne. Die sollen stolz sein auf ihren Vater.«

Sie starrte ihn ungläubig an. »Das ist doch völlig verrückt. Deine Kinder brauchen einen Vater, der lebt und sich um sie kümmert. Keinen, der in einem verdammten Schützengraben verreckt.«

»Was sie auf gar keinen Fall brauchen«, erwiderte er gleichmütig, »ist einen Feigling und Deserteur als Vater. Ich gehe morgen zurück.«

Schnee fiel, als er sie verließ. Sie schaute ihm nach, als er den Weg zur Südterrasse nahm, von wo aus es einen geheimen Trampelpfad ins Dorf gab. Die Schatten zogen sich dichter um ihn. Sein sonst so stolzer Gang wirkte schleppend, seine aufrechte Gestalt kam ihr gebeugter vor, die Schultern hängend. Doch vielleicht lag das nur am Schneetreiben, vor dem er sich schützen wollte. Sie wusste es nicht. Sie ging zurück ins Bett und überließ sich ihren schweren Träumen.

Sie studierte die Wolken, die von Westen her über Land und Fluss zogen. Sie brachten anhaltendes Regenwetter mit und die in diesem Landstrich so üblichen grauen Tage. Sie versuchte, die

Grautöne zu unterscheiden und ihnen eine Bedeutung abzuringen. Es gab Grau in so vielen Tönen, Grau wie Zinn oder Grafit, wie Austernschale, Taubenfeder oder Gänsedaune, Grau wie Schiefer, Blei und Asche.

Doch bei aller Kurzweil, die ihr diese Nuancierung bescherte, spürte sie, wie sich das hartnäckige Grau auch auf ihre Seele legte. Die so beharrliche Farblosigkeit, die diesen Winter auszeichnete, machte ihr zu schaffen. Allein der Mangel an Farbe konnte einem Menschen jede Hoffnung rauben. In den ersten beiden Jahren war das anders gewesen. Da war sie voller Pläne für den Garten. Und da waren auch Lorenz und die vage Hoffnung, er komme bald zurück. Nach seinem Besuch im Dezember war dieser Optimismus verflogen.

Sie wartete auf die Seidenschwänze, die sich im vergangenen Jahr im Februar auf die Eberesche vor ihrem Haus gestürzt, ihre Früchte in ein, zwei Tagen verzehrt hatten und dann wieder verschwunden waren. Ein Schauspiel der besonderen Art. Aber auch die wollten sich nicht einstellen. Monotonie und Mangel zeichneten diesen Winter aus.

Denn der Krieg machte sich inzwischen überall bemerkbar, und sie war froh, dass sie vorgesorgt und genügend Gemüsesaat gesammelt hatte, sodass die Clarenburgs und ihr Personal erst einmal noch gut über die Runden kämen. Die Schar der Bediensteten hatte sich gelichtet. Greise aus dem Dorf waren eingestellt worden. Von ihren Elevinnen kam im Winter nur Renata Prinz, die als Einzige ernsthaft an einer Berufsausbildung interessiert war und von Hedda in allen gärtnerischen Belangen unterrichtet wurde. Die übrigen Mädchen würden im April wiederkommen. Alle hatten sie Väter oder Brüder an der Front.

»Wir müssen mehr Kürbisse, Zwiebeln, Knoblauch und die ganze Skala an Wurzelgemüse säen, dazu mehr Kartoffeln anbauen;

alles, was sich gut lagern lässt«, sagte sie zu Renata, als sie in den Gewächshäusern ihren Vorrat sichteten. »Lebensmittel werden bereits rationiert. Irgendwann wird es auch hier auf dem Berg zu Engpässen kommen. Ich will, dass wir genug zu essen haben.«

»Glauben Sie wirklich, es wird so schlimm?«, fragte Renata, deren älterer Bruder an der Ostfront kämpfte.

»Ja«, sagte Hedda nur und reichte Renata eine Samentüte mit »Alderman«-Erbsen. »Hier, die sind von Elisabeth. Lass uns die mal ausprobieren. Die sollen sehr große Körner haben und einen besonders feinen süßen Geschmack. Die kannst du gleich schon draußen säen. Aber erst nehmen wir uns die Tomaten vor.«

Elisabeth hatte ihr die Erbsen über die üblichen abenteuerlichen Kanäle geschickt. Hedda hatte sich nie die Mühe gemacht herauszufinden, wie und auf welchen Wegen ihre Post befördert wurde. Sie kam an, und das war die Hauptsache.

»Sind Sie schon lange mit Elisabeth befreundet?«, fragte Renata, die inzwischen an die mehr oder weniger regelmäßig eintreffenden Saatgutpäckchen aus England gewöhnt war.

»Schon seit wir kleine Kinder waren. Wir waren Nachbarn, und unsere Väter waren befreundet«, antwortete Hedda und begutachtete die Tomatensaat, die sie in kleinen, verschließbaren Gläsern aufzubewahren pflegte. »Ich habe nach der Schule in einer Gärtnerei gearbeitet und so etwas wie eine Ausbildung gemacht, und Elisabeth hat ein Lehrerinnenseminar besucht und ist als Gouvernante nach England gegangen. Sie wollte nur ein Jahr bleiben, aber dann hat sie sich in den Vater der Kinder, die sie hüten musste, verliebt; einen Witwer und Colonel der britischen Armee. Den hat sie geheiratet und inzwischen selbst noch zwei Kinder dazu bekommen.«

»Wie romantisch«, sagte Renata versonnen.

»Ja, ein bisschen Jane Eyre, nur nicht ganz so dramatisch«, sagte Hedda.

Renata sah sie irritiert an. »Wer ist das?«

»Jane Eyre? Das ist die Heldin eines Romans von Charlotte Brontë, einer englischen Schriftstellerin. Ich kann ihn dir gern leihen. Er wird dir gefallen.«

»Ich les nicht so viel«, gab Renata zu.

»Solltest du aber«, meinte Hedda. »Man findet sich besser im Leben zurecht, wenn man Romane liest.«

»Ich weiß nicht recht.« Renata schaute skeptisch und reichte Hedda den Sack mit der Aussaaterde.

Hedda wusste, dass Renata heimlich in Peer Schuldt verliebt war. Um das zu erkennen, war keine überragende Intuition erforderlich. Bei den wenigen Malen, die Peer seit seiner Einberufung auf dem Berg erschienen war, schien Renata von einem heiteren jungen Ding zu einem schüchternen, sich permanent verhaspelnden Etwas zu mutieren. Ihre Bewegungen wurden fahrig, und sie konnte den Blick nicht von ihm wenden. Ihre Vernarrtheit war für alle klar ersichtlich, selbst für Peer, der an sich nicht dazu neigte, den Gefühlen seiner Mitmenschen allzu viel Beachtung beizumessen.

Doch soweit Hedda es beurteilen konnte, hielt er sich bei Renata zurück, obwohl er sonst, wie dem Bedienstetenklatsch zu entnehmen war, nichts anbrennen ließ. Jedenfalls machte er keinen Hehl daraus, dass er in der nächsten Zeit nicht vorhatte, sich fest zu binden, und verhielt sich im Übrigen Renata gegenüber schon beinahe übertrieben korrekt.

Siggi Wermuth wiederum hatte sich während seines kurzen Fronturlaubs in Renata verliebt. Auch das lag für alle, die Augen hatten zu sehen, vollkommen auf der Hand. Doch der schüchterne, leicht stotternde Siggi, der schnell errötete, wurde von Renata komplett ignoriert.

Vielleicht sollte sie Renata doch lieber *Anna Karenina* zu lesen geben, überlegte Hedda. Möglicherweise würde ihr die Lektüre die Augen öffnen für das Unglück, das aus Leidenschaft entstehen konnte, und das stille Glück, das direkt vor einem mit Händen zu greifen war. Und das man nur allzu oft geringschätzte.

Doch dann fiel ihr ihre eigene Situation ein, und sie verwarf den Gedanken. Sie war die Letzte, die einem anderen Menschen diesbezüglich Ratschläge erteilen sollte. Und im Moment war das Thema Liebe ohnehin nicht aktuell, weil Peer und Siggi in Flandern kämpften.

»Warum soll ich mich für erfundene Probleme erfundener Leute interessieren?«, fragte Renata nach einer Weile.

»Weil Romane lesen bedeutet, mehr als ein Leben führen zu dürfen«, sagte Hedda und füllte die Aussaatschalen für die Tomaten mit der fein gesiebten Anzuchterde. »Beim Lesen schlüpft man unweigerlich in die Haut eines anderen, und das macht einen empfänglich für mancherlei Dinge des Lebens. Man erfährt viel über die Welt, über Menschen, die ganz anders sind als die, die wir so kennen, und ganz nebenbei erfährt man auch viel über sich selbst. Romane können uns verändern, unsere Wahrnehmung schärfen und erweitern. Aber natürlich kann man beim Lesen auch den Zwängen des Alltags entfliehen, zumindest für einige Zeit.«

Die beiden Frauen nahmen sich ein paar Samenkörner aus dem Glas und begannen mit der Aussaat.

»Lesen macht Mut«, fuhr Hedda fort, ohne die Arbeit zu unterbrechen. »Mich hat das Lesen jedenfalls mutiger gemacht. Je mehr Geschichten ich gelesen habe, desto mehr Verhaltens- und Lösungsmöglichkeiten habe ich kennengelernt. Natürlich auch Risiken. Diese anderen Leben, über die ich gelesen habe, haben mich oft genug bestärkt, getröstet, angespornt.«

Renata dachte einen Moment nach. »Macht Lesen Sie glücklich?«, fragte sie dann.

Hedda überlegte. »Glücklich? Ja, schon, in gewisser Weise. Aber vor allem erweitert es einfach den Horizont. Es schärft den

Blick und schützt dich davor, dich selbst für das Zentrum des Universums zu halten. Insofern lehrt es uns natürlich auch Demut.«

Sie hielt kurz inne und schaute zu, wie Renata die winzigen Samenkörner der Tomaten recht unmotiviert und planlos auf die Aussaatschalen streute. Renata war in einer Baumschule aufgewachsen. Den Umgang mit Gemüsekultur hatte sie nie gelernt. Aber das würde sie nun, dachte Hedda. Sie nahm ihr die Saattüte ab, schüttete sich einige Körner in die linke Hand, holte sich die Samen mit der Rechten einzeln heraus und säte so dünn wie möglich.

»So geht das«, sagte sie. »Beim Gärtnern brauchst du Disziplin, Geduld und Durchhaltevermögen. Genauso wie beim Lesen.«

Nachdem der März noch einmal Schnee und Kälte gebracht hatte, ließ der April langsam den Frühling ahnen. Zaubernuss und Seidelbast blühten am Weg zum Haupthaus zwischen den Rhododendronbüschen, deren dunkles, immergrünes Laub eine perfekte Kulisse bot. Unter den Haselsträuchern hinter ihrem Haus breiteten sich die Elfenkrokusse, die sie zwei Jahre zuvor gesetzt hatte, immer üppiger aus, und sie machte die ersten Knospen der Zimtrose aus, einem wilden, stacheligen Etwas, das sie an die linke Hauswand gepflanzt hatte. Mit ihrem braunroten Geäst und dem ungebärdigen Habitus sah die Rose noch ziemlich unansehnlich aus, doch bereits im Mai würde sie mit karminroten duftenden Blüten aufwarten und war so eine frühe Anflugstelle für Bienen. Später im Jahr würde sie Hagebutten bilden, eine Nahrungsquelle für die Vögel im Garten. Eine Rose ganz nach ihrem Geschmack: wehrhaft, erst auf den zweiten Blick schön, dafür voller innerer Werte.

An einem trüben Vormittag Anfang Mai traf sie sich mit Jost Vidal an der Arche, um Kartoffeln auf dem ehemaligen Krocketfeld zu setzen. Systematisch arbeiteten sie ihre Reihen ab. Gegen Mittag setzten sie sich auf die Bank auf der vorderen Veranda und nahmen sich ihre Lunchpakete vor; Jost zwei üppig belegte Brote, Hedda zwei Äpfel und eine Handvoll Nüsse.

»Sie sollten mehr essen«, sagte Jost mit Blick auf ihr schmales Mahl.

»Ich bin nicht hungrig«, antwortete sie.

»Sie müssen bei Kräften bleiben. Sie sind viel zu dünn.«

Sie schaute ihn überrascht an. Persönliche Gespräche waren sonst nicht seine Art.

»Ich weiß«, sagte sie und biss in ihren Apfel.

Still vor sich hin kauend, schauten sie auf den Fluss.

»Ich werd morgen den Rosenkohl auspflanzen, wenn's recht ist«, schlug Jost vor.

»Ist gut. Setzen Sie Radieschen in die Lücken.«

Jost nickte. »Karl kann mir helfen. Der muss ein bisschen was über Mischkultur und Fruchtfolge lernen.«

»Er will also wirklich Gärtner werden?«

»Im Moment will er vor allem eins, nämlich an die Front. Weiß der Schinder, warum.«

»Und Sie versuchen, ihn zu beschäftigen, damit er auf andere Ideen kommt«, mutmaßte Hedda.

»So ist es.«

»Was will er bloß in diesem Krieg? Sucht er etwa Ruhm und Ehre? So dumm wird er doch nicht sein, oder?«

Jost zuckte resigniert mit den Schultern. »Wer weiß schon, was in den Köpfen dieser jungen Milchbärte vorgeht? Ich denke mal, dass er vor allem seinen Vater beeindrucken will. Lorenz hat ihm zwar ausdrücklich verboten, sich freiwillig zu melden. Aber nun ja ...«

Sie erinnerte sich, was Lorenz ihr bei ihrem letzten Zusammentreffen über die Zustände an der Front erzählt hatte.

»Das ist doch verrückt!« Ähnlich wie bei ihrem Gespräch mit

Lorenz empfand sie eine diffuse Mischung aus Wut und Resignation. »Karl sollte doch wissen, dass man als Einzelner in diesem Krieg nur Kanonenfutter ist. Da gibt es nichts zu holen. Die Männer schlachten sich gegenseitig für nichts und wieder nichts ab.«

Jost betrachtete gedankenverloren sein zweites Brot und packte es schließlich wieder ein. »Lorenz hat letzte Woche geschrieben«, sagte er, als ob er ihre Gedanken erraten hätte. »Ich soll Sie grüßen«, fügte er hinzu.

Sie sah ihn an. »Danke, grüßen Sie ihn bitte zurück, wenn Sie ihm schreiben«, sagte sie förmlich. Nach seinem Besuch vor Weihnachten hatte er nichts mehr von sich hören lassen.

»Na ja, Sie könnten ihm auch selbst schreiben, Feldpost; ich geb Ihnen die Adresse.«

»Ich glaube nicht, dass Martha damit einverstanden wäre, oder?«, meinte sie spitz.

»Muss sie ja nicht erfahren«, erwiderte er betont sachlich.

Sie schwiegen eine Weile und schauten weiterhin auf den Fluss, der ebenso grau war wie der Himmel. Sie dachte daran, wie Lorenz erklärt hatte, dass er sich zerrissen fühle und er Martha und die Kinder, trotz aller Zuneigung zu ihr, nie verlassen würde; dass er, falls er den Krieg überleben würde, weggehen wolle und gerade von einem Tag auf den anderen lebe. Und so war es ihr nur selbstverständlich erschienen, dass auch sie versuchte, möglichst nicht an ihn zu denken, was sich stets als ein zum Scheitern verurteiltes Unterfangen erwies.

»Hören Sie«, unterbrach Jost sie in ihren Gedanken, »Martha ist eine gute Frau und Mutter. Sie und Lorenz kennen sich von Kind auf, und als sie beide in das Alter kamen, wo alles drunter und drüber geht, wurde sie prompt schwanger. Natürlich hat er sie geheiratet. Das ist jetzt siebzehn Jahre her.«

Sie schwieg.

»Ich wollte damit nur sagen«, fuhr er fort, »er ist jetzt in diesem Krieg, und kein Mensch weiß, ob die Männer da wieder heil rauskommen. Ich glaube, er würde sich freuen über ein Wort von Ihnen. Es wäre«, er überlegte, »nun ja, tröstlich, denke ich. Jemanden zu haben, der einen versteht, ist immer tröstlich. Jemanden, mit dem man seine Gefühle und Wünsche und vielleicht auch Ängste teilen kann. Martha ist ihm treu ergeben, das ist mal sicher. Aber mit Worten kann sie nicht umgehen. Und ob sie jemals versucht hat, ihn zu ergründen, bezweifle ich. Sie ist eher praktisch veranlagt, wenn Sie verstehen, was ich meine.«

Sie spürte, wie ihr die Tränen in die Augen schossen. So viele Sätze hintereinander hatte Jost Vidal noch nie zu ihr gesagt.

»Wo ist er denn jetzt?«, fragte sie, als sie meinte, sich wieder gefangen zu haben.

»Bei irgendeinem Kaff in Lothringen«, antwortete er. »Heißt Verdun oder so ähnlich.«

Hedda schrieb ihm dann tatsächlich, ziemlich regelmäßig sogar. Sie berichtete von ihren Arbeiten auf dem Berg, davon, wie ihr Kräutergarten gedieh, von den Unzulänglichkeiten der Hilfsgärtner und dass sie die Arbeit an der Südterrasse bis auf die üblichen Pflegemaßnahmen ganz eingestellt hatte. »Wir bauen jetzt hauptsächlich Obst und Gemüse an«, erklärte sie ihm. Und ganz zuletzt erst schrieb sie, was sie wirklich umtrieb: »Komm zurück! Komm zurück! Komm zurück!«

Seine Antworten kamen prompt und ebenso regelmäßig, waren indes eher unpersönlich und vage. Natürlich konnte er nicht schreiben, wie es wirklich um ihn stand und wie sich der Krieg aus seiner unmittelbaren Sicht der Dinge entwickelte. Die Feldpostbriefe wurden zensiert. Und vermutlich wollte er sie auch nicht beunruhigen. Doch sie verstand es, zwischen den Zeilen zu lesen, und spürte die Resignation, die stille Verzweiflung und die Düsternis, die ihnen entsprang. Sie ahnte, dass er keine Hoffnung mehr hatte; weder für sich selbst noch für sein Land. Und manchmal glaubte sie auch eine Gleichgültigkeit wahrzunehmen, ein Desinteresse allem und jedem gegenüber, so als sei er dem Leben längst abhandengekommen. Das beunruhigte sie mehr, als jede noch so drastisch geschilderte Gefechtsszene es getan hätte.

10

Alle zwei Wochen bearbeitete sie den Rasen auf der Südterrasse mit dem Spindelmäher, einem schwer zu handhabenden Gerät, das dem Gärtner körperlich einiges abverlangte. Immer öfter gesellte sich dann Tommy zu ihr und übernahm die Aufgabe. Sie hatte den Verdacht, dass er hauptsächlich wegen der Elevinnen auf der Südterrasse erschien, von denen immer eine oder zwei die Terrassenbeete einigermaßen in Schuss hielten. Während des langwierigen Mähens konnte er sie mehr oder weniger unauffällig beobachten. Die Mädchen merkten es natürlich trotzdem und machten sich hemmungslos über ihn lustig.

»Du bist wirklich ein starker Junge«, sagte Thea glucksend.

»Es ist doch so heiß. Zieh dein Hemd ruhig aus«, meinte Gertrud.

»Wir gucken auch bestimmt nicht hin.«

So ging das die ganze Zeit. Tommy errötete, arbeitete indes unverdrossen weiter und tat im Übrigen, als höre er ihre spöttischen Bemerkungen gar nicht.

»Mädchen, lasst ihn«, ermahnte Hedda dann und versuchte, ein Grinsen zu unterdrücken. Insgeheim freute sie sich über das selbstbewusste Auftreten ihrer Schülerinnen. Andererseits tat ihr Tommy in seiner offensichtlichen Verlegenheit ob der flotten Sprüche leid. Doch allzu viel schien es ihm nicht auszumachen, denn er fand sich in diesem Sommer immer wieder auf der Südterrasse ein.

War der Rasen gemäht, zog er gern mit Hedda durchs Gelände, wenn sie die übrigen Bereiche des Anwesens in Augenschein nehmen musste.

Im Gegensatz zu dem verschlossenen Karl war Tommy ein munterer, wortgewandter junger Kerl, der sie mit Fragen löcherte.

»Die Mädels meinen das nicht so«, sagte sie zu ihm, als Sibylle ihn einmal wieder besonders heftig aufgezogen hatte.

»Doch, tun sie«, erwiderte er vergnügt. »Macht aber nichts. Ich üb ja nur.«

»Aha.« Sie schaute ihn verwundert an.

»Na ja, von denen wird keine meine Freundin werden.«

»Soso.«

»Nicht dass sie nicht hübsch genug wären oder so«, sagte er schnell.

»Aber nicht deine Gesellschaftsklasse?«, fragte sie.

»Nein, das ist es nicht. Aber irgendwie würden diese Mädchen nicht zu mir passen, finde ich.«

»Gibt es denn ein Mädchen, das zu dir passt?«

Er druckste ein bisschen herum. »Ja, schon«, sagte er dann. »Ich mag Frieda Oldenhof. Aber sie ist zwei Jahre älter als ich.«

»Oje, keine Chance, oder?«

»Nee, im Moment nicht«, sagte er, während sie den Haselnusshain durchwanderten und Hedda prüfte, ob die Sträucher gut trugen. »Aber ich geb nicht auf. Irgendwann wird sie mich schon bemerken.«

Er scheint die Beharrlichkeit seines Vaters geerbt zu haben, dachte Hedda. Und offensichtlich auch dessen Selbstbewusstsein.

»Vielleicht hilft ein Liebeszauber weiter«, neckte sie.

»Hey, so was kennst du?«

Sie zeigte auf eine Gruppe unscheinbarer, ziemlich staksiger Gewächse am Rande des Hains. Sie trugen winzige blasslilafarbene Blütchen und lanzettliche Blätter und wären ihm nie aufgefallen, wenn sie ihn nicht darauf hingewiesen hätte.

»Was ist das?«, fragte er.

»Eisenkraut, botanisch *Verbena officinalis*«, antwortete sie. »Eine uralte Zauberpflanze; wird auch Wunschkraut genannt.«

»Und was macht das so?«

»Unter anderem stärkt es deine Männlichkeit«, sagte sie und registrierte, wie er wieder sanft errötete.

»Na ja, aber das ist in diesem Falle wohl nicht vonnöten«, fuhr sie belustigt fort. »Es ist ein der Venus geweihtes Kraut und eines der vier heiligen Kräuter der Kelten. Die anderen drei sind Brunnenkresse, Mädesüß und Mistel. Vor allem aber, und das wird dich jetzt sehr interessieren, soll ein Stück Wurzel die Männer attraktiv für Frauen machen.«

»Und? Stimmt das?« Er schaute skeptisch.

»Keine Ahnung. Hab's nie ausprobiert. Warum auch? Es soll ja die Frauen verzücken.«

»Und was muss man da machen?«, fragte er und betrachtete die Pflanze misstrauisch.

»An Peter und Paul beim Aufgehen der Venus ein paar Wurzeln ausgraben und bei sich tragen.«

»Das ist jetzt Quatsch, oder?«

»Wie gesagt: Ich hab's nie ausprobiert. Andererseits: Schaden kann's ja nix.«

Sie ging zügig weiter, während er noch zögerlich um die Pflanzen herumschlich.

»Äh, wann ist denn Peter und Paul?«, fragte er, als er hinter ihr hergerannt kam.

»Am 29. Juni«, antwortete sie.

Jost sah von Woche zu Woche mitgenommener aus. Er kümmerte sich so gut es ging um Martha und die Kinder, was sicherlich nicht immer ein Zuckerschlecken war. Immerhin schienen die Bemühungen, seinem ältesten Enkelsohn die Vorzüge des Gärtnerns nahezubringen, langsam Früchte zu tragen. Karl lernte schnell und war eine echte Hilfe bei den Arbeiten auf dem Berg, die mit immer weniger Leuten bewältigt werden mussten. Doch eines Tages war er weg.

»Wo ist er denn nur hin?«, fragte sie ratlos.

»Na wohin schon? Hat sich als Freiwilliger gemeldet, sobald er das Alter hatte«, sagte Jost. Zum ersten Mal sah sie seine Gelassenheit schwinden. »Ich hätte es wissen müssen. Er ist an sich ein wilder Junge, aber in den letzten Monaten war er so folgsam und brav. Das hätte mich misstrauisch machen sollen. Er hat nur seinen siebzehnten Geburtstag abgewartet.«

Sie hatten sich im Gärtnerschuppen getroffen, um zu besprechen, wer von ihnen welches Gemüse in den nächsten Tagen ernten sollte. Doch nun saßen sie unschlüssig und bedrückt auf den alten Korbstühlen um den Arbeitstisch herum. Karl war ihr fremd geblieben. Er hatte das gute Aussehen der Vidal-Männer, aber ohne deren blitzende Augen und den grimmigen Humor. Er ist ja auch noch viel zu jung, dachte sie, und sie war ehrlich genug sich einzugestehen, dass sie ihm bewusst ferngeblieben war. Sie wollte nichts mit ihm zu tun haben und überließ ihn seinem Großvater. Er würde ihm alles, was es zu wissen gab, beibringen.

Ein schlechtes Gewissen hatte sie nicht, denn sie hatte bemerkt, dass er ihr gleichfalls aus dem Weg ging. Warum das so war, konnte sie nicht sagen. Sie hatte sich ihm gegenüber um Freundlichkeit bemüht, aber natürlich war es möglich, dass er über ihr Verhältnis zu seinem Vater Bescheid wusste. Junge Menschen in diesem Alter hatten einen Spürsinn für erotische Verwicklungen jedweder Art. Das wusste sie aus eigener Erfahrung und fühlte diese Gewissheit bei ihren Elevinnen jeden Tag bestätigt.

»Was machen Sie jetzt?«, fragte sie schließlich.

»Warten«, sagte Jost. Er starrte auf einen Punkt hinter ihrer Schulter, starrte, als ob er mit offenen Augen schliefe. Dann kehrte sein Blick wieder zu ihr zurück.

»Warten«, wiederholte er. »Und hoffen, dass er sich von irgendwoher meldet, möglichst heil und an einem Stück. Was bleibt uns anderes übrig?«

Es war im August, in jenem gnadenlos heißen Monat, in dem die Luft vor Hitze flirrte und eine Staubschicht auf den Blättern der Bäume und Sträucher lag, als die Nachricht eintraf. Sie bemerkte eine Veränderung zuerst, als Jost am Morgen nicht zu der üblichen Besprechung erschien. Sie verteilte die Arbeit an ihre Elevinnen und die drei gerade mal vierzehn-, fünfzehnjährigen Burschen, die dann und wann aus dem Dorf zu ihnen kamen, um ein bisschen Geld zu verdienen. »Bis sie die nächstbeste Gelegenheit finden, sich an die Front davonzumachen«, wie Jost bitter bemerkt hatte.

Jetzt war er jedoch nicht da, und sie machte sich langsam Sorgen. Als sie allein im Schuppen war und sich gerade auf den Weg in den Gemüsegarten machen wollte, sah sie Ludwig Clarenburg mit unbewegtem Gesicht den Pfad vom Haupthaus auf sie zukommen.

»Fräulein Hedda, ich grüße Sie. Kann ich Sie kurz sprechen?«

Sie nickte stumm. »Sollen wir ins Haus gehen? Da ist es kühler«, schlug sie vor.

»Nein, nein«, lehnte er ab. »Wenn es Ihnen recht ist, würde ich gern einen kurzen Moment mit Ihnen durch den Garten gehen. Ich habe in diesen Wochen so wenig Gelegenheit, mich draußen im Grünen aufzuhalten.«

Sie gingen ein paar Schritte.

»Lorenz ist gefallen. Er ist tot«, sagte er unvermittelt.

Es dauerte einen Moment, bis die Mitteilung ihr Gehirn erreichte, sodass sie erst einmal gar nicht reagierte. Dann erstarrte sie. Ihr wurde eiskalt, obwohl die Sonne schon jetzt am Vormittag sengend auf sie niederbrannte.

»Entschuldigung«, sagte sie. Dann rannte sie den kurzen Weg zum Gärtnerhaus, stürzte die Treppe hoch in den ersten Stock und übergab sich in die Toilette. Es war knapp gewesen. Sie ächzte und würgte. Tränen liefen ihr über das Gesicht. Langsam richtete sie sich auf und trat zum Waschbecken. Sie hielt ihr Gesicht eine Weile unter den kalten Wasserstrahl. Sie trocknete sich ab und atmete ein paar Mal tief durch.

Nach einigen Minuten ging sie langsam die Treppe hinunter und trat wieder ins Freie. Ludwig Clarenburg hatte sich inzwischen auf der Bank vor dem Haus niedergelassen.

Sie setzte sich neben ihn. »Entschuldigung«, sagte sie nochmals.

»Ich bitte Sie. Sie müssen sich nicht entschuldigen«, sagte er und nahm ihre Hand. Sie ließ es achtlos geschehen.

»Hab wohl was Falsches gegessen«, brachte sie mühsam hervor.

Er seufzte tief und drückte ihre Hand. »Vielleicht haben Sie aber auch gerade die Nachricht bekommen, dass jemand gestorben ist, den Sie lieben«, schlug er behutsam vor.

Sie sah ihn nicht an, sondern blickte starr auf den Fluss. Tränen liefen ihr die Wangen hinunter, aber sie beachtete sie nicht.

»Es tut mir leid. Solche Mitteilungen kann man meiner Meinung nach nicht auf schonende Weise vorbringen. Ich finde diese Drumherumrederei immer furchtbar. Ich hoffe, ich war jetzt nicht zu rücksichtslos«, sagte er.

»Wo ist Jost? Wie geht es ihm?«, fragte sie.

»Er ist bei Martha und den Kindern. Kommen Sie klar ohne ihn? Ich habe ihm angeboten, dass er so lange bei seiner Familie bleiben kann, wie er es für nötig hält. Ist das in Ordnung für Sie?«

»Ja, sicher. Wir kommen zurecht. Im Moment ist nicht viel zu tun.«

Sie schwiegen eine Weile.

»Und? Kommen *Sie* zurecht?«, fragte er.

Sie sah ihn kurz an. »Ja, doch, alles bestens.«

»Wir wissen beide, dass das eine Lüge ist«, sagte er leise.

Sie wandte den Kopf ab und schaute wieder auf den Fluss.

»Ich komme klar«, sagte sie.

Sie blieben noch eine Zeit lang sitzen, ohne ein Wort zu wechseln.

»Nun, dann geh ich mal wieder«, sagte er und stand auf. »Wenn Sie etwas brauchen, und sei es auch nur ein Ohr zum Zuhören ... Sie wissen schon. Sagen Sie Bescheid. Wäre das in Ihrem Sinne?«

Sie erhob sich gleichfalls und versuchte ein Lächeln, das indes gänzlich misslang. »Ja, vielen Dank für das Angebot«, sagte sie. »Ich mach dann auch mal weiter.« Sie gaben sich die Hand, was selten vorkam. Dann gingen sie beide ihrer Wege, er den Weg hinauf zum Haupthaus, sie zu den Gemüsebeeten.

Mit seinen weitreichenden Beziehungen sorgte Ludwig Clarenburg dafür, dass die sterblichen Überreste von Lorenz samt seinen Hinterlassenschaften rasch in seine Heimat überführt wurden und die Familie ihn in Blankenese beisetzen konnte. Sie blieb der Beerdigung fern. Erst einige Tage später ging sie an einem regnerischen Abend auf den etwas abseits des Dorfes gelegenen Friedhof und suchte sein Grab. Sie wusste, dass es den Friedhof erst seit zehn, zwölf Jahren gab. Vorher waren die Toten in einem anderen Elbdorf weiter östlich beigesetzt worden. Es war ein noch sehr naturbelassenes Areal mit den hier üblichen Knicks und uralten Bäumen.

Es würde ihm hier gefallen, ging es ihr durch den Kopf, während sie an den Gräbern entlanglief.

Sie hatte ein Gebinde aus wilden Astern mitgebracht. Sie wusste, dass er diese Blumen geliebt hatte. Als er in ihrem ersten

Sommer gelegentlich in den Beeten rund um das Haupthaus beschäftigt war, hatte er ihr bei seinen Besuchen immer einen Strauß mitgebracht. In seiner Hand erinnerten die Blumen an kleine violette Sterne, die er geradewegs vom Himmel gepflückt hatte.

Es dauerte eine Weile, bis sie das Grab mit dem Stein, der auf die Familie Vidal hinwies, gefunden hatte. Sie stand einige Minuten davor. Welkende Kränze und Blüten lagen auf dem Erdhügel. Sie legte ihre Astern dazu. Sie war nicht religiös und mochte kein Gebet sprechen. Stattdessen flüsterte sie leise die Worte aus Shakespeares 43. Sonett:

»Wie selig, sag' ich, wär mein Auge nun,
Hätt' ich am heitern Tag erst dich gewahrt,
Wenn öde Nacht den Augen, wie sie ruhn,
Dein schönes bleiches Trugbild offenbart.
Mir scheint Nacht jeder Tag, getrennt von dir,
Und Nächte hell wie Tag, zeigst du im Traum dich mir.«

Sie verharrte einen Moment stumm mit gesenktem Kopf. Dann drehte sie sich um und folgte dem Weg zum Friedhofstor.

Sie war aufgewühlt und in Gedanken, und so bemerkte sie die Gestalt, die da in der Dämmerung auf dem schmalen Pfad auf sie zukam, erst spät. Es war eine Frau, ganz in Schwarz gekleidet, hochgewachsen, mit blondem, zum Knoten gebundenen Haar und ausgezehrten Gesichtszügen. Drei Meter voneinander entfernt blieben sie beide stehen. Ohne ein Wort zu sprechen, musterten sie sich. Heddas Blick entsprang eher Neugier, doch im Ausdruck der Frau erkannte sie puren Hass, der Hedda kurz zurückweichen ließ. Schweigend, mit hocherhobenem Kopf setzte die Frau schließlich ihren Weg fort, und Hedda musste zur Seite treten, um nicht von ihr angerempelt zu werden. Die Frau ging zu dem Grab, das Hedda gerade zuvor verlassen hatte, und schleuderte die Astern in einer wütenden Geste auf den Gehweg.

Hedda drehte sich um und ging so schnell sie konnte zum Friedhofstor zurück. Ihr Herz raste.

In ihrem Inneren tobte es. Sie war wütend, extrem wütend. Aber gleichzeitig erfasste sie auch eine unmäßige Trauer. Tränen liefen ihr über die Wangen. Sie beachtete sie nicht. In dieser aufgewühlten Stimmung rannte sie fast die ganze Strecke den Berg hoch.

Zum ersten und einzigen Mal in ihrem Leben war sie Martha Vidal begegnet.

Im Oktober 1916 bemerkte man die Auswirkungen des Krieges auch in den großbürgerlichen Kreisen. Trotz der britischen Seeblockade in der Nordsee war die Versorgung der wohlhabenden Familien, die hier vor den Toren Hamburgs ihre geschützten Enklaven gefunden hatten, bislang vergleichsweise reibungslos verlaufen. Jeder Haushalt hatte große Grundstücke, in denen vorausschauende Gärtner begonnen hatten, Gemüse statt Blumen zu kultivieren.

Doch dann verursachte ein verregneter Herbst die Kartoffelfäule. Eine Katastrophe für einen Großteil der Bevölkerung, denn aufgrund der Rationierung von Getreideprodukten und des fast völligen Fehlens von Fleisch- und Wurstwaren war der Kartoffelverbrauch Anfang des Jahres 1916 auf das Zweieinhalbfache des Vorkriegsniveaus gestiegen. Und jetzt eben die Fäule, die auch Heddas Pflanzen auf dem ehemaligen Krocketgelände befallen hatte. Bis auf wenige Knollen ging die Ernte gegen null.

Die zunehmende Nahrungsknappheit in Verbindung mit den ausbleibenden militärischen Erfolgen ließ die Stimmung im Land allmählich kippen.

In der Zeitung hatte sie von der Judenzählung gelesen. Auf einem ihrer inzwischen seltener gewordenen morgendlichen Spaziergänge fragte sie Ludwig Clarenburg, was es damit auf sich habe.

»Nun ja, das war doch schon immer so. Wenn irgendetwas in Politik und Gesellschaft schlecht läuft, sind die Juden schuld«, antwortete er bitter. »Diesmal läuft eben der Krieg schlecht. Und da ist es auch völlig egal, ob die jüdischen Männer genauso patriotisch sind und an der Front für ihr Vaterland kämpfen wie die christlichen. Das macht für Antisemiten keinen Unterschied.«

»Und was genau will man da zählen?«

»Man will feststellen, ob die Drückebergerei unter den Juden größer ist als unter Nichtjuden. Was natürlich eine Verleumdung beinhaltet. Aber, nun ja, das sind wir ja seit Jahrhunderten gewohnt.«

Sie schwieg beklommen und wunderte sich über Clarenburgs scheinbare Gelassenheit.

»Meine Mutter war Jüdin«, sagte sie nachdenklich.

»Ja, ich weiß. Sie haben sie früh verloren.«

»Ja.«

Sie schwieg eine Weile. An ihre Mutter hatte sie seit Ewigkeiten nicht mehr gedacht. Aber nun plötzlich erinnerte sie sich an die lebhafte Frau mit den schwarzen Haaren und den grünen Augen, die lachend mit ihrer Tochter durchs Haus getobt war. Sie war erst sechsundzwanzig, als sie an einem kalten Wintertag starb; an einer Influenza, die sich zu einer Lungenentzündung ausgewachsen hatte. An die Zeit danach konnte sie sich kaum mehr erinnern. Nur an die Traurigkeit, die ihren Vater seitdem nicht mehr loslassen sollte, an die beklemmende Stille im Haus, an diesen erbarmungslosen Kummer, der sich nach und nach ausgebreitet hatte, gefräßig in alle Zimmer vorgedrungen war und vor dem sie selbst irgendwann die Flucht ergriff; in die Bibliothek von Elisabeths Vater, in die immer enger werdende Freundschaft mit einem gleichaltrigen Mädchen, das ebenfalls viel zu früh Halbwaise geworden war und genauso bücherversessen wie sie selbst.

»Mein Vater war katholisch«, sagte sie schließlich. »Nicht besonders gläubig, doch ich bin katholisch getauft und zur Kommunion gegangen. Aber der Glaube hat in meiner Familie generell keine große Rolle gespielt, auch der jüdische nicht. Wir haben allerdings immer alle christlichen Feste gefeiert. Weihnachten mit Baum und Krippe, Ostern mit Eiern und allem Drum und Dran.«

»Tja, das ist diesen Hetzern nur herzlich egal. Für die sind Sie genauso eine Jüdin, wie ich ein Jude bin. Ich habe mich immer für das jüdische Leben in dieser Stadt eingesetzt. Nichtsdestoweniger habe ich nicht viel mit meinem Glauben am Hut. Jeder nach seiner Fasson, ist meine Devise. Nicht, dass ich Atheist bin. Ich sehe mich eher als Agnostiker.« Er schwieg einen Moment. »Purim, Laubhüttenfest, Versöhnungstag, Pessach: Meinen Eltern waren diese Tage heilig. Für mich haben sie wenig Bedeutung. Wir speisen nicht koscher und feiern selbst Weihnachten, wie Sie wissen, wenn auch eher als Fest für die Kinder. Doch das ist gerade einmal wieder alles völlig gleichgültig. Einmal Jude, immer Jude.«

Es war merklich kälter geworden, und nach einigen regnerischen Wochen war das Wetter gerade einmal freundlich, ein goldener Tag voller Sonne und Wind. Auf der Südterrasse angekommen, schlenderten sie schweigend an der Girlandenhecke vorbei.

»Werden wir diesen Krieg gewinnen?«, fragte sie schließlich.

»Wenn Sie mich fragen, nein. Aber das darf man natürlich nicht laut sagen.«

»Die Regierung scheint recht optimistisch; zumindest wenn man der Zeitung glauben darf.«

»Pah, die Regierung«, sagte Clarenburg verächtlich. »Was

sieht man in dieser Regierung? Nur Arroganz und Stümperhaftigkeit. Es ist nicht zum Aushalten. Sie sollten in der Regierung mal besser auf uns Kaufleute und Bankiers hören. Wenn Sie mich fragen: Der Krieg ist eine zu wichtige Sache, als dass man sie Generälen und Politikern überlassen könnte.«

Sie schaute ihn verwundert an. So herablassend hatte er sich noch nie über die herrschende Klasse geäußert.

»Und jetzt müssen wir auch noch Schweinefutter essen«, setzte er mit Abscheu in der Stimme hinzu.

»Sie meinen Steckrüben? Ja, die werden uns wohl nicht erspart bleiben. Die Kartoffeln sind alle mehr oder weniger verdorben.«

Er seufzte tief und blickte den Berg hoch, blickte in diesen weiten norddeutschen Himmel in seiner erschütternden Gleichgültigkeit. »Na ja, immerhin haben Sie ein bisschen vorgesorgt, sodass uns auch noch ein paar andere kulinarische Optionen bleiben.«

Sie lächelte. »Ja, ich denke, wir werden den Winter überstehen.«

Der Winter dieses Jahres ging später als Steckrübenwinter in die Geschichte ein. Steckrüben gab es keine in den Clarenburg'schen Gärten. Es gab keinen Grund, sie anzubauen. Schließlich galten die derben, rundlichen Rüben mit ihrem herbsüßen, an Kohl erinnernden Geschmack in erster Linie als Schweinefutter. Doch in Notzeiten wie diesen waren sie eben auch oft genug die letzte Nahrungsreserve für einen Großteil der Bevölkerung.

Steckrüben waren die Basis für alle möglichen Gerichte. Man ernährte sich von Steckrübensuppe, Steckrübenkoteletts, Steckrübenmarmelade und Steckrübenbrot. Bald erschienen eigens Steckrüben-Kochbücher. Es gab Rezepte für Pudding, Aufläufe, Sauerkraut-Ersatz und sogar für Kaffee aus Steckrüben. Steckrüben waren allgegenwärtig. Es war das einzige Gemüse, an dem kein Mangel herrschte. Sie standen auch auf dem Speiseplan der Clarenburgs.

Doch Henriette Liesmann hatte große Mengen an Obst und Gemüse aus dem Garten eingeweckt, getrocknet, in Öl und Essig eingelegt oder wie auch immer haltbar gemacht. So war auf dem Berg zumindest für ein klein wenig Abwechslung gesorgt. Und auch wenn Steckrüben in den folgenden Jahrzehnten so manchen vor dem Verhungern bewahrten und man sie mit der ziemlich euphemistischen Bezeichnung »Mecklenburger Ananas« aufzuwerten trachtete, waren sie nach diesem Winter verpönt und erschienen sehr, sehr lange nicht mehr auf den Speisezetteln.

11

DER TOD VON LORENZ lastete schwer auf ihr. Abends las sie Shakespeares Gedichte ein ums andere Mal. Sie empfand die Sehnsucht, die aus ihnen sprach, als tröstlich. »So macht Erinnrung an dein Lieben reich, dass ich's nicht hingäb' um ein Königreich.«

Elisabeth schickte Trostbriefe, Briefe des Beistands, der Ermutigung, der Linderung, des Zuspruchs. Sie musste in jeder freien Minute geschrieben haben, denn beinahe Tag für Tag, durch die langwierige Zusendung stark zeitversetzt, trafen Hoffnung spendende Botschaften aus England bei ihr ein. Doch es half alles nichts. Sie fühlte sich stumpf und belastet, bleimüde. Weinen konnte sie nicht. Die Tränen stauten sich irgendwo hinter ihrem Kummer. Der Schmerz saß in ihrem Inneren fest, war ihr in den Magen gekrochen, wo er wie ein heißer Stein liegen blieb.

Kurz vor Weihnachten hatte sie sich die Haare abgeschnitten. In einem Anfall von Wut und Trauer hatte sie eines Abends zur Schere gegriffen und sich die taillenlangen roten Locken regelrecht abgesäbelt. Danach hatte sie sich ins Bett gelegt und war zum ersten Mal seit Lorenz' Tod in einen tiefen, traumlosen Schlaf gefallen.

Als sie am nächsten Morgen Renata im Gewächshaus traf, blieb der jungen Frau vor Schreck der Mund offen stehen.

»Was ist passiert?«, fragte Renata, als sie ihre Sprache wiedergefunden hatte.

»Nichts weiter«, antwortete Hedda. »Ist praktischer.«

Die Haare hatte sie auf den Komposthaufen geworfen.

Nachdem auch die anderen Menschen in ihrer Umgebung sich von dem Schock erholt hatten, schickte Adele ihr ihren Friseur ins Gärtnerhaus.

»Keine Widerrede«, hatte Adele befohlen. »So können Sie nicht rumlaufen. Das ist keine Frisur, das ist eine Katastrophe.«

Hedda hatte sie verblüfft angestarrt.

»Unsere Bediensteten haben gefälligst ordentlich auszusehen und nicht, als seien sie gerade dem Tollhaus entsprungen«, hatte Adele mit gouvernantenhafter Strenge in der Stimme erklärt, die keinen Widerspruch duldete.

Und wider Erwarten hatte der Friseur es verstanden, den fast kinnlangen Haarschopf zu einem aparten Bob zurechtzuschneiden; einer Frisur, die sie zeit ihres Lebens tragen würde und die bald für die modebewussten Frauen ihrer Generation en vogue werden sollte.

»Sie sehen fantastisch aus«, hatte der Friseur gesagt. »Also bei Ihrem Gesicht sähe auch eine Glatze gut aus. Aber dieser Schnitt … Das hat was.«

Sie hatte die Augen verdreht und ihn vor die Tür gesetzt. Sie wollte nicht fantastisch aussehen. Sie wollte in Sack und Asche gehen und trauern.

Der Jahreswechsel war geprägt von heftigen Weststürmen, die zunächst milde, dann nasskalte Luft im Gefolge hatten. Neben frischem Obst und Gemüse wurde nun auch die Kohle knapp, und im Haupthaus wurden nicht mehr alle Zimmer beheizt. Die Bediensteten der Clarenburgs, die im Gesindehaus wohnten, saßen jetzt abends in der warmen Küche im Haupthaus zusammen und heizten ihre eigenen Zimmer nur mehr spärlich.

Hedda blieb derweil lieber im Gärtnerhaus in der Kälte. Sie ging sparsam mit Kohle und Kaminholz um und saß abends mit Wollpullover und Pulsschonern in Gesellschaft von Vitus und

Socks über ihren Pflanzenbüchern und Aufzeichnungen. Die beiden Katzen verbrachten die Abende für gewöhnlich vor dem Kamin, um dann zu fortgeschrittener Stunde draußen vor der Tür ihrer eigenen Wege zu gehen. Sie hatte sie wider Erwarten gerne um sich. Sie füllten den Raum mit Behagen.

Mit Jost redete sie nie über den Tod seines Sohnes. Doch das war auch nicht nötig. Sie und der alte Gärtner verstanden einander in ihrem Leid, ohne dass sie darüber ein Wort verlieren mussten. Schweigend und in stillem Einvernehmen verrichteten sie ihr Tagwerk. Nur hin und wieder ertappten sie sich gegenseitig dabei, wie sie innehielten, stumm in die Ferne starrten und ihren Gedanken nachhingen.

Anfang März kam Karl mit einer Verwundung am Kopf zurück nach Hause. Sie hatte gar nicht mehr an ihn gedacht, bis Jost ihr mitteilte, dass Karl wieder im Garten arbeiten könne.

»Wie geht es ihm denn?«, fragte sie.

»Er wird wieder. Aber er wird wohl nie mehr derselbe sein. Er hat immer noch Sehstörungen und Gedächtnislücken. Ihm wird oft schwindlig, und nachts schreit er und zittert. Clarenburg hat uns seinen Arzt geschickt, und der hat was von Neurasthenie geredet. Irgendwas Seelisches. Hab nie davon gehört. Na ja, das hat zumindest den Vorteil, dass er vorerst nicht mehr zurück an die Front muss.«

Sie schwiegen eine Weile.

»Gut, dass er wieder da ist«, sagte sie. »Vielleicht ist der Krieg ja bald vorbei und er muss gar nicht mehr an die Front und kann hierbleiben. Wir können ihn gut gebrauchen.«

Und das konnten sie tatsächlich. Renatas Bruder war im Februar gefallen und das Mädchen untröstlich. Hedda hatte ihr angeboten, vorerst bei ihrer Familie zu bleiben. Renata hatte das Angebot dankbar angenommen und wurde erst im Mai wieder erwartet. Die Elevinnen würden im April wiederkommen, aber bis dahin gab es viel zu tun.

Sie spürte langsam, wie sie an ihre physischen Grenzen kam. Immer mal arbeiteten Jungen aus dem Dorf auf dem Berg. Aber die benötigten Anleitung. Jost beaufsichtigte sie so gut es ging, aber oft genug musste sie selbst einspringen und auch die körperlich schweren Arbeiten übernehmen, die früher ihre Gärtner erledigt hatten. Abends fiel sie entkräftet in die Kissen, mit bleischweren Knochen, schmerzendem Rücken und schwieligen Händen, in deren Linien sich die Erde für immer eingegraben zu haben schien. Immerhin schenkte die Erschöpfung ihr Vergessen, denn sie sank regelmäßig in einen fast komatösen Schlaf.

Anfang April 1917 traten die USA aufseiten der Alliierten in den Krieg ein. Spätestens ab jetzt hielt Ludwig Clarenburg den Krieg für verloren.

»Wie lange noch?«, fragte sie ihn bei einem ihrer Morgenspaziergänge.

»Ich weiß es nicht. Ich war in den vergangenen Monaten oft in Berlin. Und was ich da gesehen habe, war nicht gerade erfreulich. Ich wundere mich immer wieder, wie diese hohen Militärs und Beamten arbeiten. Wenn ich so meine Bank führen würde, wären wir längst pleite«, sagte Clarenburg, der sich angewöhnt hatte, offen mit seiner Obergärtnerin zu sprechen. »Ich will mich nicht beklagen. Die Geschäfte laufen noch ganz gut«, fuhr er fort. »Doch die Bank ist in hohem Maße von der Zukunft dieses Landes abhängig. Und vielleicht ist diese Regierungsform auch nicht mehr ganz das Richtige. Wissen Sie, ich war immer ein Anhänger des Kaiserreichs, aber inzwischen glaube ich, dass ein parlamentarischer Staat bessere Arbeit leisten würde, ein Staat, in dem die fähigsten Leute regieren und nicht die, die sich zufällig aufgrund ihrer Geburt oder ihrer Beziehungen in der Regierung und den höheren Beamtenstellen einnisten.«

»Eine Demokratie, in der alle wählen können?«, fragte sie.

»Ja, und in der sich jeder wählen lassen kann. Ich denke, das wäre wohl das Beste. In Amerika klappt das schließlich ganz gut.«

»Aber Frauen dürfen auch in Amerika nicht wählen. Also ist das eigentlich gar keine richtige Demokratie.«

Er lachte. »Da haben Sie den Finger in die Wunde gelegt, meine Liebe. Und natürlich haben Sie ganz recht. Aber glauben Sie mir: Das wird schon. Spätestens nach diesem Krieg, wenn es nicht mehr genug Männer gibt, werden die Frauen sich das Wahlrecht schon erkämpfen. Ohne Frauen wird es dann nicht mehr gehen, weder in der Industrie noch in anderen Bereichen.«

»Klar, wenn die Männer uns brauchen, um hinter ihnen den Mist wegzuräumen, den sie angerichtet haben, werden immer mal ein paar Zugeständnisse an uns Frauen gemacht. Doch selbst wenn wir wählen und uns vielleicht sogar wählen lassen dürfen, können wir dann auch jeden Beruf erlernen und ausüben? Können wir über unser eigenes Geld verfügen? Können wir das, ohne dass uns der Vater oder vielleicht ein Ehemann gnädigst die Erlaubnis dazu erteilt?«

Er spürte ihre Verbitterung. »Ich weiß es nicht, meine Liebe. Ich weiß es wirklich nicht. Ich kann Ihnen nur versprechen, dass ich mich dafür einsetzen werde. Jederzeit und aus ganzem Herzen.«

Sie schaute ihn an und lächelte. »Ja, ich weiß«, sagte sie versöhnlich. »Ich weiß, aber Sie sind ja auch nicht wie der Rest der männlichen Welt. Sonst hätten Sie mich nicht eingestellt.«

»Möchten Sie mir ein Kompliment machen, Fräulein Hedda?«, fragte er fast schon ein wenig flirtend.

»Ja, das möchte ich hiermit offiziell. Ich bin sehr dankbar, dass ich hier arbeiten darf. Und auch dafür, dass Sie mein Chef sind.«

Er lachte noch einmal auf, legte den Arm um ihre Schulter und drückte sie kurz an sich.

»Das sollten meine Leute in der Bank mal hören«, meinte er vergnügt. »Im Übrigen gebe ich das Kompliment zurück. Wir sind gleichfalls sehr froh, Sie hier zu haben. Sie machen das großartig. Ohne Sie wäre unser Speisezettel wohl nicht so abwechslungsreich. Und wenn der Krieg hoffentlich bald vorbei sein wird, können wir uns auch wieder den Blumen widmen.«

»Vielleicht ist es ja bald so weit und die Amerikaner machen kurzen Prozess und das Gemetzel hat ein Ende«, sagte sie. Sie waren an der Arche angekommen, und sie betrachtete den Acker hinter dem Haus. Sie hatte neue Setzkartoffeln besorgt, die sie in den nächsten Tagen würde auspflanzen müssen.

»Wollen wir es hoffen«, sagte Clarenburg und schaute betrübt auf das schwarze, noch unbepflanzte Feld, das einmal ein sorgsam gepflegter Krocketplatz gewesen war. »Das Leben wird ja auch hier immer beschwerlicher. Ohne Bezugsschein gibt es rein gar nichts mehr. Mein Bruder und seine Frau mussten uns via Schweden Kleidung und Schuhe für die Kinder schicken. Die gab es trotz Bezugsschein weder hier noch in Berlin. So weit ist es gekommen. Nirgendwo gibt's mehr Kinderschuhe.«

Doch der Krieg sollte sich hinziehen. In der zweiten Aprilhälfte des Jahres 1917 traf Wladimir Iljitsch Uljanow, besser bekannt unter dem Namen Lenin, aus der Schweiz über Deutschland kommend im russischen Petrograd ein. Im November desselben Jahres (nach dem in Russland noch geltenden julianischen Kalender im Oktober) gelang es Lenin und seinen Bolschewiki, die bürgerliche Regierung zu stürzen und die Macht zu übernehmen. Beinahe sofort erließen die Bolschewiki ein Dekret über den Friedensschluss mit Deutschland. Es folgte ein unverzüglicher Waffenstillstand, der im darauffolgenden Frühjahr in den Friedensvertrag von Brest-Litowsk mündete. Dies bedeutete für Deutschland eine starke militärische Entlastung an der Ostfront. Es bedeutete aber auch, dass das Morden weiterging.

Die Tage wurden zunehmend zermürbender. Die Mehrheit der Deutschen war dem Aufruf zum Fronteinsatz gefolgt, aber inzwischen schienen die unendliche Anzahl von Toten auf den Schlachtfeldern und das Elend in der Heimat mit jedem Tag absurder. Alles schien auseinanderzubrechen.

Die Sinnlosigkeit dieses Krieges, von der Lorenz gesprochen hatte, empfand sie jeden Morgen von Neuem. Sie verfiel in einen stumpfen, sturen Rhythmus, arbeitete von Sonnenauf- bis Sonnenuntergang, schuftete bis zur Erschöpfung, damit weiterhin genügend Gemüse und Früchte zur Verfügung standen. Sie besann sich auf die alten Bauernregeln, die auch ihr Vater größtenteils beherzigt hatte. Wer wusste schon, wie lange dieser Krieg noch andauern würde? Missernten konnte sie sich unter diesen Bedingungen nicht leisten, sie würden die schiere Not bedeuten.

Sie wusste, dass nach Voll- und Neumond ein Wetterumschwung wahrscheinlich war, und richtete sich nach dem alten Grundsatz, dass Abendrot gutes Wetter verkündete, Morgenrot hingegen eher schlechtes. Sie beachtete den Umstand, dass Kumuluswolken, wenn sie wie Schäfchen daherkamen, auf sonniges Wetter hindeuteten. Bildeten sie hingegen haufenartige Wolkentürme, war es ratsam, Deckung zu suchen, denn es drohte Starkregen.

Sie beobachtete die Spinnen im Garten. Webten sie ihre Netze, blieb es trocken. Verließen sie sie, stand ebenso eindeutig Regen bevor wie beim Niedrigflug der Schwalben. Wie hatte Freiherr von Risach in Stifters *Nachsommer* gesagt: »Die besten Wetterkenner sind die Insekten und überhaupt die kleinen Tiere. Sie sind aber viel schwerer zu beobachten, da sie, wenn man dies tun will, nicht leicht zu finden sind, und da man ihre Handlungen auch nicht immer leicht versteht.«

Wie wahr, dachte sie und betrachtete das Treiben der Bienen

und Ameisen, der Sand- und der Springkäfer mehr und mehr auch als meteorologischen Gradmesser.

Sie beschäftigte sich intensiver mit der Phänologie, die die Zusammenhänge zwischen biologischer Rhythmik und den Witterungs- und Klimaverhältnissen begründet.

»Was heißt Phänologie?«, fragte Renata.

»Ist Griechisch, heißt so viel wie ›Lehre von den Erscheinungen‹«, antwortete Hedda.

»Erscheinungen? Sie meinen Geister? Gespenster?« Renatas Gesicht drückte eine Mischung aus Misstrauen und Ungläubigkeit aus.

»Grundgütiger, nein. Wofür hältst du mich eigentlich?«, entrüstete sich Hedda. »Phänologie ist eine Art Klima-Diagnostik. Pflanzen entwickeln sich von Region zu Region unterschiedlich, und nicht der Kalender, sondern das Klima und das Wetter bestimmen, wann sie keimen, blühen und Früchte tragen. Deshalb ist es besser, gärtnerische Arbeiten zu verrichten, wenn sich bestimmte Ereignisse bei Pflanzen oder auch Tieren einstellen, als stur nach Kalender oder Lehrbuch. Wir pflanzen Kartoffeln aus, wenn die Apfelbäume blühen, und säen Feldsalat, wenn die Holunderbeeren reif sind.«

Sie hatte sich ein Barometer angeschafft und sogar begonnen, nach den Mondphasen zu säen, zu pflanzen und zu ernten. Bislang hatte sie nie an diese Methode geglaubt, aber sicher war sicher. Und schaden konnte es schließlich nicht.

Um den Speiseplan etwas abwechslungsreicher zu gestalten, erntete sie neben den Kräutern aus ihrem Garten auch essbare Gewächse, die sie überall auf dem Anwesen fand. An einigen der alten Rotbuchen westlich der Südterrasse entdeckte sie Austernseitlinge und an den Kiefern weiter nördlich Butterpilze. Für Suppen sammelte sie Blätter von Löwenzahn, Sauerampfer und Wiesenkerbel, für Salate Vogelmiere, Scharbockskraut und Giersch.

»Ich soll mit Unkraut kochen?«, fragte Henriette Liesmann fassungslos.

»Wildkräuter, Frau Liesmann, Wildkräuter«, erwiderte Hedda. »Hier, riechen Sie mal.« Sie hielt der Köchin ein paar Kerbelblätter unter die Nase. Die schnupperte misstrauisch. »Na ja, kann's ja mal probieren«, sagte sie gnädig.

Anfang Mai brachte sie Henriette einen Korb voller Bärlauch, der unter den Buchen am westlichen Ende des Grundstücks gerade in großen Mengen wuchs. Gemeinsam studierten sie alte Kräuterbücher und lernten, wie man aus den Blättern der Pflanze eine zähe, aber recht delikate Soße produzierte. Aus Waldmeister bereiteten sie eine berauschende Bowle zu und verarbeiteten den bei den Clarenburgs nicht sehr geschätzten Rhabarber zu exotischen Chutneys. Gemeinsam zogen Gärtnerin und Köchin Holunderblüten durch Bierteig und buken sie aus. Die Clarenburg'schen Kinder stürzten sich auf die ungewohnte Leckerei.

Im Oktober 1918 erfuhr eine völlig unvorbereitete und darob ziemlich konsternierte deutsche Öffentlichkeit, dass ihr Staat nunmehr eine parlamentarische Demokratie sei und dass sie einen neuen Reichskanzler habe – den dritten innerhalb von fünfzehn Monaten.

An einem Spätnachmittag gegen Ende des Monats, als sie die letzten Kürbisse der Saison bei Henriette Liesmann in der Küche abgegeben hatte, lief ihr Tommy in der Halle des Haupthauses über den Weg. Er trug eine nagelneue Uniform. »Hallo, Hedda«, sagte er und nahm sie spontan in den Arm.

Sie starrte ihn fassungslos an. »Du musst zur Front?«, fragte sie, ohne sich mit einer Begrüßung aufzuhalten.

»Klar, ich bin vor zwei Wochen achtzehn geworden und eingezogen worden. Morgen geht's los«, sagte er in neutralem Ton.

Sie erinnerte sich an den lustigen, wissbegierigen Jungen, der vor noch gar nicht langer Zeit mit ihr über das Gelände gezogen war und immer noch mehr über naturkundliche Ereignisse erfahren wollte. Sie hatte es gar nicht bemerkt, dass er inzwischen ein junger Mann geworden war, genauso groß wie sie selbst.

»Das ist doch Wahnsinn«, entfuhr es ihr.

»Was soll man machen? Ist nun mal so. *Dulce et decorum est pro patria mori.*«

»Das ist Blödsinn, und nur weil es von Horaz stammt, wird es nicht besser.«

Er grinste. »War auch nicht ganz ernst gemeint. Wollte dich nur mit meinen Lateinkenntnissen beeindrucken.«

Sie umarmte ihn nochmals. »Wehe, du passt nicht auf dich auf!«, ermahnte sie ihn in gespielter Strenge.

»Wird doch nicht mehr lange dauern«, tröstete er sie.

Mutlos und niedergeschlagen ging sie Richtung Gärtnerhaus. Vitus und Socks warteten bereits vor der Tür direkt neben der Zimtrose, deren fröhlich wirkender Schmuck aus zahllosen scharlachroten Hagebutten ihr in diesem Moment seltsam unangemessen erschien.

Sie öffnete die Tür und ließ die Kater hinein. Sie gewöhnte sich immer mehr an die Gesellschaft der beiden, die sich nach Katzenart ihre Heimstatt nicht von Menschen vorschreiben ließen. Sie hatten das Plätzchen am Kamin von Anfang an als das ihnen angemessene verstanden und es dem Geräteschuppen bei Weitem vorgezogen.

Sie kraulte die beiden zwischen den Ohren und ließ sich dann in einen der Sessel am Fenster fallen.

Das Wetter war regnerisch in diesen Tagen. Dann und wann blitzte die Sonne hinter den Wolken hervor, um dann rasch wieder zu verschwinden und einem neuerlichen Schauer Platz zu machen. Sie konnte es ihr nicht verdenken. Wer hatte schon Lust, sich diesen geschundenen Kontinent länger anzuschauen? Lustlos und voller Sorge um Tommy holte sie schließlich die alten Pläne für ihr Lieblingsprojekt, den Rosengarten, hervor. Sie brauchte ein bisschen Ablenkung.

Sorgfältig breitete sie den bereits ausgearbeiteten Entwurf auf dem großen Tisch aus, schaute sich die Zeichnungen an und fügte hier und da ein paar Details hinzu. Hier würde der Weg verlaufen, dort eine Sonnenuhr den Mittelpunkt markieren. Vielleicht hatte Tommy ja recht und der Krieg würde tatsächlich nicht mehr lange dauern. Sie erlaubte es sich, diesen ermutigenden Gedanken in ihrem Inneren Wurzeln schlagen zu lassen.

Sie dachte an den Rosengarten in Stifters *Nachsommer*, den sie gerade zum wiederholten Male las. Dort war ein Garten beschrieben, in dem Rosen in einer ungeahnten Fülle wuchsen. »Entweder stand hie und da auf einem geeigneten Platze ein einzelnes Bäumchen, oder es waren Hecken nach gewissen Richtungen angelegt, oder es zeigten sich Abteilungen, wo sie gute Verhältnisse zum Gedeihen fanden und sich dem Auge angenehm darstellen konnten. Eine Gruppe von sehr dunklen, fast violetten Rosen war mit einem eigenen zierlichen Gitter umgeben, um sie auszuzeichnen oder zu schützen. Alle Blumen waren wie die vor dem Hause besonders rein und klar entwickelt, sogar die verblühenden erschienen in ihren Blättern noch kraftvoll und gesund.«

Sie seufzte und betrachtete die beiden Kater, die im Korb vor dem Kamin schliefen. Dieser Raum, ein Mittelding zwischen behaglichem Salon und Arbeitszimmer, glich mehr und mehr einer Wunderkammer. Neben den Fundsachen aus der Natur breiteten sich hier Pflanzpläne, botanische Abbildungen, Vasen voller Blumen der jeweiligen Saison und ein kaum mehr überschaubares Konglomerat an Büchern und Nachschlagewerken aus.

Botanische und ornithologische Schriften fanden sich zwischen den Werken antiker Dichter. Thomas Morus' *Utopia* lag friedlich neben Grimm'schen Märchen. Alexander von Humboldts *Ideen zu einer Geographie der Pflanzen* teilten sich eine Ecke des Arbeitstisches mit einer Essaysammlung von Emerson und Gedichtbänden von Gryphius, Eichendorff, John Donne und Robert Burns. An der Wand stapelten sich die botanischen Werke Darwins über die Wirkung der Kreuz- und Selbstbefruchtung, das Bewegungsvermögen der Pflanzen und die Bildung der Ackererde durch die Tätigkeit der Würmer.

Bei den seltenen Malen, die sie nach Hamburg gefahren war, hatte sie zudem mehrere Kunstbände über die niederländischen Meister der Blumenmalerei, über Botticelli, Dürer und den Jugendstil erstanden, die zum Teil aufgeschlagen auf den Sesseln lagen.

Das Ganze glich eher der Studierstube eines kauzigen Gelehrten als dem Wohnraum einer Frau, die gerade einmal die dreißig überschritten hatte. Es war ihr Rückzugsort, ihr eigenes kleines Reich, ein Ort voller Ruhe und Frieden, in dem sie den Erinnerungen an Lorenz nachhängen konnte und zu dem sie nur selten jemandem Zutritt gewährte.

Doch trotz ihres für sie so heimelig gewordenen Gärtnerhauses war sie unglücklich. Zum ersten Mal zweifelte sie an ihrem Lebensentwurf. Sie hatte alles, was sie sich in früheren Jahren erträumt hatte: eine gute Ausbildung in einem Beruf, der ihr alles bedeutete, eine großartige Anstellung, in der ihr weitgehend freie Hand gelassen wurde und sie ihre Vorstellungen verwirklichen konnte, sowie ein Heim, in dem sie sich wohlfühlte. Sie hätte froh und zufrieden sein müssen, stolz auf das Erreichte und voller Vorfreude auf die noch vor ihr liegenden Gartenprojekte.

Aber abgesehen davon, dass die Zeiten nicht danach waren und die Welt gerade dabei war, gründlich aus den Fugen zu geraten, verspürte sie zunehmend weniger Lust, sich mit Rosengärten, Terrassenbeeten und Amphitheatern zu befassen. Das alles schien ihr weit weg und sonderbar belanglos. Sie arbeitete Konzepte und Pflanzpläne aus, weil es ihre Pflicht war, dafür wurde sie schließlich bezahlt und hatte dieses behagliche Haus als Domizil. Aber Freude machte es ihr nicht. Und das verunsicherte sie zunehmend. Was, wenn sie sich geirrt hatte? Was, wenn ein Beruf, ja selbst eine Berufung doch nicht das war, was letztendlich zählte? Aber was zählte dann? Liebe? Eine Familie? Kinder?

Sie dachte jetzt manchmal an Martha Vidal, an die Frau, die vier Söhne von Lorenz hatte. Und es waren keine mitleidigen oder gar herablassenden Gedanken. Keineswegs. Martha hatte ihre Kinder, vier lebendige Andenken an Lorenz. Sie hingegen hatte nur ihre Erinnerungen.

Der Krieg endete schließlich, ohne dass man auf dem Berg allzu viel davon mitbekam. Der Kaiser floh ins ausländische Exil und dankte ab.

Von Jost, dessen Neffe auf der Hochseeflotte stationiert war, erfuhr sie, dass die Matrosen an der Küste den Aufstand probten und sich einem eigenmächtigen Befehl der Seekriegsleitung widersetzten. Die militärische Obrigkeit hatte angeordnet, zu einem, wie sie sagte, ehrenvollen letzten Gefecht gegen weit überlegene britische Verbände auszulaufen. Die kriegsmüden Matrosen hielten das in Anbetracht der Umstände für wenig sinnvoll und weigerten sich, ihr Leben bei einer militärisch aussichtslosen Todesfahrt aufs Spiel zu setzen. Diese mutige Befehlsverweigerung und Auflehnung, denen sich die Arbeiterschaft bald anschloss, rettete Zehntausenden von Matrosen und Soldaten das Leben.

Im Zuge der Meuterei entstanden überall im Land Arbeiter- und Soldatenräte. Sie sahen ihre Aufgabe darin, die Diktatur der kaiserlichen Offiziere und Beamten zu beenden und ein Interregnum zu bilden, bis eine neu gewählte Nationalversammlung eine neue Verfassung beschließen würde. Auf dem Hamburger Rathausturm wehte die rote Fahne.

Dennoch schien die Stadt eher den Atem anzuhalten, als in revolutionäre Euphorie auszubrechen oder aber Gegenmaßnahmen einzuleiten, je nachdem.

Bei einem ihrer gelegentlichen Besuche in der Küche erfuhr Hedda von Henriette Liesmann, dass Ludwig Clarenburg mit dem Arbeiter- und Soldatenrat der Stadt in Kontakt stand.

»Henry hat gesagt, dass sich Herr Clarenburg diesen Leuten gegenüber ziemlich von oben herab aufgeführt hat. Aber was sind das auch für Gestalten! Haben von nix eine Ahnung, führen aber das große Wort«, ereiferte sich Henriette.

»Wieso trifft er sich denn mit denen?«, wollte Hedda wissen.

»Auch Revolutionäre brauchen schließlich Geld«, meinte Henriette ungerührt. »Schöne Ideen allein machen ja nicht satt.«

Clarenburg lachte leise, als Hedda ihn nach den neuen Stadtherren fragte.

»Hört sich vielleicht seltsam an, aber wir haben durchaus gemeinsame Interessen«, sagte er. »Sowohl der Arbeiter- und Soldatenrat als auch wir Bankiers wollen die Selbstständigkeit und die Kreditwürdigkeit der Stadt gewahrt wissen. Die Finanzen sind ruiniert, es gibt kaum noch Lebensmittel, die Menschen haben nichts zum Anziehen und die Industrie keinen Brennstoff, um die Maschinen wieder flottzumachen. Und die neuen Herrscher im Rathaus haben nicht den leisesten Schimmer, wie sie all diese Probleme in den Griff bekommen sollen. Die sind vollkommen überfordert.«

»Und? Können Sie helfen?«, fragte sie.

»Klar. Ich habe ihnen gesagt, dass wir ihnen helfen werden, die Kassen der Stadt wieder aufzufüllen. Aber nur unter der Voraussetzung, dass Leute, die Ahnung von Finanzen und Verwaltung haben, die Kontrolle übernehmen.«

Hedda runzelte die Stirn. »Klingt ein bisschen nach Erpressung.«

»Kann man so sagen«, gab er zu. »Aber die Stadt muss ja irgendwie am Laufen gehalten werden. Und allein kriegen diese Leute das nie hin. Ist ja wie oft in revolutionären Zeiten, der Übergang von alter zu neuer Ordnung verläuft konfus. In der Stadt herrschte ja durchaus zeitweise Chaos. Aber inzwischen scheint der hanseatische Pragmatismus wieder gesiegt zu haben.«

»Und jetzt wollen Sie mit dem Arbeiterrat zusammenarbeiten?« Hedda war verblüfft.

»Mehr oder weniger. Wir alle wollen ja, dass es unserem Hamburg wieder gut geht. Natürlich wollten die revolutionär aufgelegten Herren mich zunächst einschüchtern, gaben mir zu verstehen, dass sie nunmehr das Sagen haben und so weiter.« Er klang belustigt. »Dabei haben sie nur vergessen, dass wir vielleicht gerade nicht das Sagen, aber dafür das Geld haben und nur wir die dringend benötigten Kredite für den Import von Lebensmitteln beschaffen können.«

»Sie meinen, schöne Ideen allein machen nicht satt?«, wiederholte Hedda Henriettes kurzes, aber prägnantes Statement.

»Sie sagen es, meine Liebe, Sie sagen es«, bestätigte Clarenburg.

So wichen die Unruhe und Umsturzlust in dem ohnehin eher konservativ geprägten Hamburg und der näheren Umgebung bald einer vergleichsweise stabilen Ordnung.

12

Obwohl der Krieg vorbei war, ging der Anbau von Obst und Gemüse auf dem Clarenburg'schen Anwesen weiter. Denn die Rationierung von Lebensmitteln war keineswegs gelockert worden, sondern wurde erst im Laufe der kommenden Jahre abgebaut.

Dennoch konnte Hedda sich bald wieder dem weiteren Ausbau der Südterrasse widmen. Außer dem Rosengarten hatte sie auch einen Plan für ein Amphitheater entworfen. Für beide Vorhaben würden Erdbewegungen in größerem Maßstab vonnöten sein. Aber Arbeitskräfte standen jetzt wieder genügend zur Verfügung. Peer Schuldt, Gisbert Dreyer, Siggi Wermuth und Hans Rosenzweig waren äußerlich weitgehend unversehrt aus dem Krieg nach Hause gekommen und arbeiteten wieder für die Clarenburgs. Dazu kamen Jost und Karl sowie die vier Elevinnen Renata, Gertrud, Thea und Sibylle. Annegret hatte im Vorjahr geheiratet, war hochschwanger und hatte mit Bedauern in der Stimme erklärt, dass ihr Ehemann nicht wünsche, dass sie weiterhin als Gärtnerin arbeite.

Bei der Verwirklichung ihrer Pläne war Hedda größtenteils auf sich selbst gestellt. Ludwig Clarenburg widmete sich der Konsolidierung seiner Bank und zunehmend auch der Politik. Als Experte für Finanz- und Währungsfragen nahm er an den Pariser Friedensverhandlungen teil und war nur selten zu Hause.

Außer diesen Gegebenheiten bekam man von den politischen und gesellschaftlichen Verwerfungen jener Zeit auf dem Clarenburg'schen Anwesen nach wie vor so gut wie nichts mit. Man lebte weit vor den Toren Hamburgs in einem von den Nachkriegswirren, von Hunger, Arbeitslosigkeit und Spanischer Grippe unberührten Arkadien. Nur eine bahnbrechende Neuerung gab es: Statt der Kutsche mit dem alten Kaltblüter Berta gab es jetzt zwei Automobile. Henry Liesmann hatte Autofahren gelernt und war jetzt Ludwig Clarenburgs Chauffeur. Berta bekam ihr Gnadenbrot bei einem Bauern in der Umgebung, der von Clarenburgs fürstlich dafür entlohnt wurde. Auch Elsbeth und Desirée weideten fortan dort. Die Obstwiese machte ihrem Namen wieder Ehre und war keine Futterweide mehr. Den Kartoffelacker behielt man vorsichtshalber bei. Er wurde erst zwei Jahre später wieder in einen Krocketplatz umgewandelt.

Den Hühnern gewährte man noch eine Gnadenfrist. Doch nach und nach wurden sie von Henry Liesmann fachgerecht geschlachtet und von seiner Frau zu nahrhaften Suppen verarbeitet. Hedda bedauerte es nicht. Endlich stand ihr der kleine Verschlag wieder für ihr Saatgut zur Verfügung.

Es war eine seltsam entrückte Welt. Wenn sie von ihren seltenen Ausflügen in die Stadt auf den Berg zurückkam, war sie jedes Mal froh, den allerorts sichtbaren Missständen entronnen zu sein. Die Not der Hamburger Bevölkerung war auch nach dem Krieg groß. Die Arbeitslosigkeit war hoch, und es herrschte weiterhin Mangel an Verbrauchsgütern, vor allem an Nahrungsmitteln. Die Menschen der Hansestadt befanden sich in einem Zustand der Unterernährung. Krankheiten wie Blutarmut, allgemeine Erschöpfung und Hungerödeme waren an der Tagesordnung.

Angesichts dieser Umstände empfand Hedda ihre privilegierte Situation zunehmend als belastend. Sie war nie ein politischer Mensch gewesen. Gärten, Bücher und Blumen – das war ihre Welt. Aber nun, in Zeiten, in denen alles im Umbruch schien, alte Werte verworfen wurden oder doch zumindest auf den Prüfstand kamen, schien ihr der Rückzug in ihre kleine private Garten- und Bücherenklave mehr und mehr unangemessen, als eine etwas leichtfertige Vernachlässigung des Morgen zugunsten des Heute. Schließlich hatte sie durch Lorenz' Tod erfahren, dass die Wirklichkeit einen immer einholte. Es gab kein Entrinnen, nirgends.

Sie haderte mit der Welt im Allgemeinen und mit sich selbst im Besonderen. Sie musste sich aufraffen, um morgens aufzustehen, schleppte sich durch den Tag, war ständig müde und hatte keinen Appetit. Die Pläne für den Rosengarten und das Amphitheater machten ihr ebenso wenig Freude wie ihr eigenes florales Kleinod vor dem Gärtnerhaus. Die Buchsbäume hätten längst geschnitten werden müssen, und im Kräutergarten hatten inzwischen Giersch und Knoblauchsrauke das Regiment übernommen.

Darüber hinaus registrierte sie den befremdlichen Umstand, dass dieser Verdruss offensichtlich auf Gegenseitigkeit beruhte. Nicht allein, dass ihr die Lust auf den Garten abhandengekommen war, dem Garten schien auch die Lust auf *sie* vergangen zu sein. Alles, was sie anpackte, wurde zu Asche. Setzlinge, die sie abends gepflanzt hatte, waren am kommenden Morgen pechschwarz. Feldsalat, der bei ihren Schülerinnen wunderbar auflief, keimte bei ihr nicht. Und wenn sie morgens die letzten Dahlien des Jahres für die Vase geschnitten hatte, ließen sie abends die Köpfe hängen. Sie wagte sich kaum mehr in die Gärten aus lauter Furcht, alles gehe ein, sobald sie auch nur einen Blick darauf werfe.

»Ich habe meinen grünen Daumen verloren«, klagte sie in einem Brief an Elisabeth. »Vielleicht werde ich aber auch einfach nur alt. Ich komme mit dieser Vergänglichkeit nicht mehr zurecht, mit diesen ständigen Veränderungen und der Flüchtigkeit allen Lebens. Nichts bleibt, wie es war. Ich bin nicht mehr gelassen genug gegenüber diesem Stirb und Werde, das im Garten ja fortwährend stattfindet. Dieser Verfall, dieses Vertrocknen, Vergilben und Vergehen scheint mir gerade besonders gegenwärtig. Ich weiß noch nicht mal mehr, ob das hier wirklich das Leben ist, das ich mir immer gewünscht habe.

Verzeih, dass ich so ein Trauerkloß bin, Trübsal blase und nur von meinem täglichen Verdruss erzähle, obwohl es bei Dir viel Spannenderes zu berichten gibt. Herzlichen Glückwunsch Dir und Everett zum ersten Enkelkind. Drück auch Rupert und Harriet und den kleinen Edward ganz fest von mir (na ja, den Kleinen nicht ganz so fest, sondern sehr, sehr behutsam). Und vielen Dank für die lustige Schilderung von Charlottes Hochzeit. Dass ihr Schwiegervater bei seiner Rede mit seinem Vermögen und seinen guten Beziehungen zum Königshaus angegeben hat, ist natürlich ein Fauxpas allererster Güte. Ich hoffe, Charlottes Gatte ist aus einem anderen Holz geschnitzt und nicht so ein Wichtigtuer.

Ich freue mich jedenfalls, dass es Dir gut geht, und zu sehen, dass das Leben weitergeht. Das ist doch immerhin ein Trost.

Sei umarmt, Deine Hedda.«

Elisabeth antwortete umgehend und schien besorgt.

»Liebste Hedda,
was ist denn nur? So verzagt kenne ich Dich gar nicht. Und zu verzeihen gibt es da gar nichts. Wir beide waren doch immer füreinander da. Du musstest Dir in der Vergangenheit ja auch so manchen Jammer meinerseits anhören. Erinnere Dich an meine erste Zeit in England und wie furchtbar ich hier alles fand; an die Kinder, die am Anfang ziemlich scheußlich zu mir waren, und dann den ersten Krach mit Everett ... Da darf ich gar nicht mehr dran denken.

Was den Garten betrifft, so erinnere ich mich noch gut an Deine

Maxime, die Du mir immer untergejubelt hast, wenn meine Geranien damals in Würzburg mal wieder den Weg alles Irdischen gegangen waren: Wenn man daran glaubt, dass etwas wächst, dann wächst es auch. Deine Worte. Und dass das jeder wisse, der etwas vom Gärtnern verstünde.
Ich habe das damals nicht begriffen und das Ganze als alberne Narretei abgetan. Aber inzwischen glaube ich, dass Du recht hattest. Pflanzen sind wie Kinder: Wenn man an sie glaubt, wachsen und gedeihen sie.
Ich erinnere mich, wie Du damals zu Hause diese extrem schwierigen Gewächse zu kultivieren versuchtest: Schwarze Kosmeen, Kardinalslobelien, Krötenlilien und diesen wundervollen blauen Mohn aus dem Himalaja. Selbst Dein Vater glaubte nicht, dass Dir das gelingen würde, doch Du hast es immer geschafft. Weil Du diese Zuversicht hattest. Und die wirst Du wieder bekommen. Und Du wirst auch wieder Lust haben auf Deine Gärten – und auch auf Dein Leben. Dieser Krieg hat uns allen zugesetzt. Und im Gegensatz zu mir hast Du jemanden verloren, der Dir wichtig war; vielleicht wichtiger, als Du wahrhaben willst. Und vielleicht ist ja das Dein Problem. Denk mal darüber nach.
Oder noch besser: Komm uns einfach besuchen. Das geht doch jetzt wieder. Was hältst Du von Weihnachten? Um diese Zeit ist im Garten sowieso nicht viel zu tun. Dann können wir alles in Ruhe besprechen und der Sache mal auf den Grund gehen. Wir alle würden uns freuen und ich natürlich ganz besonders.
Es drückt Dich ganz fest, Deine Lizzie. (Deine Liebkosungen habe ich natürlich auch weitergegeben. Alle lassen Dich gleichfalls herzlich grüßen.)«

So fuhr sie denn über Weihnachten tatsächlich nach England. Sie blieb drei Wochen und kam sichtlich erholt zurück. Elisabeth und Everett hatten weitreichende Beziehungen, und so kam sie in den Vorzug, einige der bedeutendsten Gärtnerpersönlichkeiten ihrer Zeit kennenzulernen. In Gravetye Manor hatte sie William Robinson besucht, den streitbaren und eloquenten Autor von *The English Flower Garden*, in Munstead Wood die große alte Dame der grünen Zunft, Gertrude Jekyll.

Jekyll, der der Ruf vorausging, mit den Jahren schroff und herablassend geworden zu sein, war reizend zu ihr gewesen. In ihre üblichen ausladenden schwarzen Gewänder gehüllt, war sie mit ihr durch ihren berühmten Garten spaziert, über die Haselnussallee zur Pergola in Richtung der legendären Rabatten, die nun freilich in tiefstem Winterschlaf lagen. »Wissen Sie, meine Liebe«, hatte sie zu Hedda gesagt, »ein Garten ist ein wunderbarer Lehrer. Er lehrt Geduld und die Gabe zu warten, er lehrt Fleiß und Sparsamkeit, aber vor allem lehrt er grenzenloses Vertrauen.«

Vertrauen, dachte sie. Ja, daran fehlt es mir im Moment ein wenig. Gleichwohl klang ihr nächster Brief an Elisabeth verhalten optimistisch.

»Liebste Lizzie,
nochmals vielen herzlichen Dank für die wunderbaren Gespräche, für Deine Anregungen, Deine Anteilnahme, Deine Ermutigung und überhaupt für Deine und Everetts grenzenlose Gastfreundschaft. Es hat gutgetan, einmal so umsorgt zu werden. Das kenne ich schon lange nicht mehr. Und dass ich endlich Deine beiden Jüngsten kennenlernen durfte, war ein großes Vergnügen, auch wenn ich mich für Cathys Begeisterung für William Henry Bragg nicht recht erwärmen konnte. Ich habe nicht die geringste Ahnung, wie man den Aufbau von Mineralien bestimmt oder was es mit einem Spektrometer auf sich hat. Ich glaube aber nicht, dass Du Dir da Sorgen machen musst. Sie hat eben den Wissensdurst Deines Vaters geerbt. Er hatte doch auch so ein kleines Chemielabor in dem Zimmer hinter Eurer Bibliothek. Wir fanden das immer sehr geheimnisvoll, vor allem, weil wir da nicht reindurften. Als Du dann später den Haushalt

hast auflösen lassen, stellte es sich als simple Vorrichtung zur Herstellung von Obstwein heraus.
Wie auch immer: Lass Cathy forschen. Vielleicht bekommt sie irgendwann den Nobelpreis. Sie hat ja auch noch andere Interessen, hat Freundinnen, reitet gern, kennt jede Wildblume Eurer Gegend und liest die Geschichten von Lewis Carroll und Beatrix Potter. Was will man mehr?
Und Albert ist einfach goldig. Das wird er nicht gern hören, schließlich will er ja ein großer Junge sein. Also verrat ihm bitte nicht, dass ich das über ihn geschrieben habe. Er hat es schon ziemlich gut raus, uns Frauen um den Finger zu wickeln, und das mit sechs Jahren. Da kommt was auf Dich zu.
Und zum ersten Mal habe ich auch Everett richtig kennengelernt. Bei Eurer Hochzeit damals war dafür ja viel zu wenig Zeit. Ich kann Dir jetzt verraten, dass ich seinerzeit meine Zweifel hatte. Everett kam mir so steif vor, ein bisschen snobistisch, typisch englisch eben. Ich hatte ein wenig den Verdacht, Du wollest nach dem Tod Deines Vaters vor allem Sicherheit, ein Heim, einen Ort, dem Du Dich zugehörig fühltest. Für diese Fehleinschätzung bitte ich hiermit um Entschuldigung. Everett ist ein reizender, zuvorkommender und vor allem ein fürsorglicher Mann und Vater. Ich weiß Dich in guten Händen.
Und danke auch noch einmal für die Möglichkeit, Robinson und Jekyll besuchen zu können. Es war ungemein inspirierend. Sie haben mich bestätigt in meinem Gärtnerinnen-Dasein. Ich habe das Richtige getan. Es tut gut, das hin und wieder vor Augen geführt zu bekommen.
Es liebt Dich, Deine Hedda.«

Sie nahm sich vor, mehr Anteil zu nehmen an den Dingen, die um sie herum geschahen. Als sie zurück in Deutschland war, machte sie es sich zur Gewohnheit, intensiver Zeitung zu lesen, so wie sie es in den ersten Kriegsmonaten getan hatte.

Bei den Morgenspaziergängen mit Ludwig Clarenburg, die trotz seiner großen Belastungen bald wieder regelmäßiger stattfanden (»Ich brauch ein bisschen Ablenkung, Fräulein Hedda«), ließ sie sich von ihm erklären, was draußen in der Welt vor sich ging.

»In Versailles ist man gerade dabei, die gesamte Landkarte Europas neu zu zeichnen«, erzählte er. »Und dieser Friedensvertrag, der da ausgehandelt wird, ist den Namen nicht wert. Das ist kein Friedensvertrag, das ist nur ein Waffenstillstand, und der wird keine zwanzig Jahre lang halten. Ich habe geraten, ihn abzulehnen, aber keine Chance.«

»In der Stadt fehlt es weiterhin an allem«, schrieb sie Elisabeth. »Es gibt immer mal Plünderungen und gewalttätige Auseinandersetzungen zwischen hungrigen Zivilisten und der Polizei. Und dann gab es auch noch einen heftigen Aufruhr. Nachdem Fässer mit verdorbenem Fleisch aufgetaucht waren, dachte die Bevölkerung, dass der Fassinhalt an die Hungernden verkauft werden sollte. Daraufhin kam es zu schlimmen Ausschreitungen. Die Regierung in Berlin schickte Reichswehrtruppen, denen nichts Besseres einfiel, als die Revolte blutig niederzuschlagen. Es gab viele Tote.

Das hört sich alles deprimierend an, aber hier auf dem Berg bekommt man von alldem so gut wie nichts mit. Hier ist alles friedlich, und ich kann in Ruhe meiner Arbeit nachgehen.

Und es gibt ja auch Gutes zu berichten. Gemäß der neuen Verfassung besitzen wir Frauen nunmehr das aktive und passive Wahlrecht. Ich fürchte nur, dass es noch lange dauern wird, bis sich die gesellschaftlichen Strukturen diesbezüglich ändern. Allein das Wahlrecht wird die Herren der Welt sicher nicht davon überzeugen, dass wir dieselben Rechte haben wie sie. Aber es ist immerhin ein Anfang.

Ansonsten: *Business as usual*, wie Ihr so schön zu sagen pflegt.

Ich sitze hier auf meinem Berg in meinen Gärten und versuche, den Sommer zu genießen, diesen ersten Nachkriegssommer. Allein, es will mir nicht recht gelingen. Die Turbulenzen, die der Krieg ausgelöst hat, scheinen sich noch nicht gelegt zu haben. Die Stimmung im Land ist bedrückend.

Trotzdem: Das Leben, irgendwie geht es weiter.

Grüße an Everett und die Kinder. Es umarmt Dich wie immer, Deine Hedda.«

Nach wie vor spazierte Adele ungeniert am Gärtnerhaus vorbei, inspizierte den Kräutergarten und die Gemüsebeete und setzte sich unaufgefordert auf die Bank vor Heddas Haus.

Dort fand Hedda sie eines späten Nachmittags vor, als sie von der Südterrasse zurückkam und so müde war, dass sie nur noch die Beine lang strecken und Tee trinken wollte.

»Ah, da sind Sie ja. Was macht mein Rosengarten?«, fragte Adele.

Hedda stutzte. »Wie immer auch Ihnen einen guten Tag, Frau Clarenburg«, sagte sie kühl. »Wir arbeiten dran. Aber im Moment kümmern wir uns immer noch vor allem um die Nutzgärten«, fuhr sie fort und setzte sich neben Adele auf die Bank. Dies hier war ihr Revier, und sie empfand die Distanzlosigkeit Adeles zunehmend als befremdlich.

»Aber die Jungs sind doch jetzt alle wieder da, und mit Ihren Elevinnen sollte es kein Problem sein, beides zu bewältigen, oder?«

»Wie gesagt, wir arbeiten dran.«

»Vielleicht«, sagte Adele spitz im Aufstehen, »ginge alles ein bisschen schneller voran, wenn Sie sich mehr um die Gärten und nicht so sehr um die Männer anderer Frauen kümmerten. Ihr Benehmen ist ein wenig, nun wie soll ich sagen, impertinent? Ja, ich denke, so könnte man es ausdrücken. Im Dorf wird übrigens über Sie geredet, nur damit Sie es wissen. Guten Abend.«

Mit durchgedrücktem Rücken stolzierte sie den Weg hoch zu ihrem Haus.

Hedda starrte ihr entgeistert hinterher. Was sollte dieser Auftritt nun wieder? Ihr war bewusst, dass Adele ihr mächtigen Ärger bereiten konnte, wenn sie wollte. Sie könnte sogar dafür sorgen, dass ihr Mann seiner Obergärtnerin die Kündigung aussprach. Doch sie wusste immer noch nicht so recht, womit sie sich den Unmut der Frau zugezogen hatte.

Die Beziehung zu Lorenz war schließlich Vergangenheit und ging Adele im Grunde genommen auch nichts an. Und die Dörfler unten an der Elbe waren den Clarenburgs bislang herzlich egal gewesen, ebenso wie deren Getratsche.

Sie presste die Lippen zusammen und ging ins Haus.

Sollte Adele doch denken, was sie wollte.

Zwar waren große Vermögen durch Krieg und Inflation dahingegangen, und in vielen Haushalten konnte man sich Personal kaum noch leisten. Doch Clarenburgs Bank hatte die schwierigen Jahre überlebt. Auf dem Berg ging alles seinen gewohnten Gang, und wenn es finanzielle Engpässe geben sollte, bekam Hedda das nicht mit. Für den Garten stand stets eine mehr als großzügige Summe zur Verfügung.

Das alte Vorkriegsleben mit seinen Diners und Musikabenden, Bällen und Soireen, seinen Krocket- und Tennisturnieren wurde bald wiederaufgenommen. Und im Sommer kam die aus allen Himmelsrichtungen herbeiströmende Verwandtschaft der Clarenburgs und richtete sich wie eh und je in der Arche ein.

Das große Arbeitspensum ließ ihre Trauer irgendwann in den Hintergrund treten. Sie versuchte, Zuversicht an den Tag zu legen, und bisweilen gelang ihr das sogar. Gleichwohl konnte sie nicht behaupten, dass die Zeit alle Wunden heilte, und hielt diesen Spruch für eine Zumutung. Denn die Wunde, die ihr Lorenz' Tod geschlagen hatte, ließ eine Narbe zurück, die zwar nicht andauernd, doch immer wieder in unregelmäßigen Abständen aufbrach und schmerzte. Sie fand sich damit ab.

Auf der Südterrasse wurden derweil Bäume gerodet, der Hang im Westen abgetragen und planiert, um Platz für den Rosengarten zu schaffen. Die abgetragene Erde wurde für das Amphitheater genutzt.

Mehr als einmal kamen ihr ernsthafte Zweifel, ob sie die Arbeit würde bewältigen können.

»Ich hab mir zu viel vorgenommen«, schrieb sie verzagt an Elisabeth. »Das Ganze geht unendlich langsam voran. Westlich des Rasenplateaus ist das Terrain vollkommen verwüstet. Ich habe immer gemeint, dass bei der Anlage von Gärten Vorstellungskraft und Organisationstalent zu den grundlegenden Eigenschaften gehören, und ich fand mich eigentlich immer ganz gut mit diesen Wesensmerkmalen ausgestattet. Aber wenn ich jetzt auf die aufgewühlte Erde und die Überreste der Bäume des westlichen Wäldchens blicke, auf diese gewaltigen noch daliegenden Wurzeln mit den abgehackten Stümpfen, und auf den Abgrund, der noch dort klafft, wo einmal das Amphitheater entstehen soll, verliere ich allen Mut. Es fehlt mir jedwede Fantasie, mir hier einen Rosengarten und ein Theater vorzustellen. So wie es hier aussieht, stelle ich mir die verschlammten Schlachtfelder des Krieges vor, von denen Lorenz erzählt hat.«

Zum ersten Mal nach langer Zeit bemerkte sie auch die Skepsis ihrer Gärtner. Wobei nicht ganz klar war, ob sie nun die Männer und die Elevinnen mit ihrem Pessimismus angesteckt hatte oder ihre Helfer sie mit trübsinnigen Gedanken infizierten. Es war auch ganz egal. Eine allgemeine Hoffnungslosigkeit machte sich breit, und sie wusste nicht, was sie dagegen unternehmen sollte.

So machte sie es wie immer, nämlich einfach stoisch weiter. Was hatte Gertrude Jekyll gesagt? Ein Garten lehre Geduld und Vertrauen.

Für die umfangreichen Erdbewegungen hatte sie belastbare norwegische Fjordpferde organisiert. Deren Gleichmut nahm sie sich zum Vorbild. Mit dem ihnen eigenen gemächlichen Trott bewältigten die Tiere ihre Aufgabe, trugen die traurigen Relikte der Bäume ab, beförderten die Erde für das Amphitheater eine Ebene tiefer und transportierten fruchtbaren Schlick vom Fluss den Berg hinauf zu dem Areal des künftigen Rosengartens, um die sandige Erde zu verbessern.

Durch den Rosengarten sollte auch der Zugang zum Theater führen.

»Meine Frau wünscht sich da so was Barockes«, hatte Ludwig Clarenburg ihr wolkig angedeutet. »Sie wissen schon, so eine Treppe wie in der Würzburger Residenz. Die müssten Sie doch kennen, Sie sind doch auch da aufgewachsen.«

Sie wusste, was er meinte, und fand es typisch für Adele, dass sie solch eine pompöse und wuchtige Konstruktion wünschte. Süddeutscher Barock in diesem italienisch inspirierten, norddeutschen Garten: Sie hielt diese Idee für absurd und machte ihrer derzeitigen Stimmung entsprechend auch keinen Hehl aus ihrer Missbilligung.

»Mit Verlaub: Das ist Blödsinn. Hier gehört etwas Dezenteres hin, nicht so ein Bombast. Schließlich muss auch die Abstützung des Hangs in das Treppenkonzept mit eingebunden werden.«

Clarenburg hatte sie ob ihrer Schroffheit verwundert angesehen.

»Tut mir leid. Ich bin gerade ein bisschen flügellahm«, entschuldigte sie sich. »Das Ganze hier sieht momentan grauenhaft aus, und es geht alles unsagbar langsam, wie ich finde.«

»Na ja, gut Ding will Weile haben«, meinte Clarenburg beschwichtigend. »Sie bohren hier schließlich ein ganz dickes Brett. Das ist Ihnen doch wohl klar«, fuhr er fort. »Und machen Sie sich keine Sorgen. Das alles wird fantastisch werden, wenn es erst fertig ist. Davon bin ich überzeugt. Und was die Treppe betrifft ...« Er seufzte. »Na ja, Adele will's halt so. Sie findet die Stadt, die ganze Umgebung hier sowieso viel zu dröge, zu karg, ein bisschen primitiv, Sie verstehen?«

Ja, sie verstand, verschränkte die Arme vor der Brust und schaute trotzig hinunter auf das Rund des Amphitheaters mit den sich schon abzeichnenden Abstufungen. Also Spätbarock statt 20. Jahrhundert.

Nach einigen erfolglosen Unterredungen fand sie schließlich zwei Architekten, die eine dem Ort angemessene Umsetzung der gewünschten süddeutschen Treppensituation entwarfen und realisierten.

Eine bastionsartige Sandsteinmauer wurde gebaut. Sie stützte das abschüssige Gelände. An ihrem Westende führte eine breite, leicht geschwungene Treppe mit aufwendig gestalteter Rokoko-Balustrade über ein kleines Zwischenpodest nach unten in das Theater.

Sie musste schließlich widerwillig zugeben, dass das Ganze prachtvoll aussah; herrschaftlich, ohne übertrieben prunkvoll zu sein. Treppe und Balustrade gaben der Anlage Grandezza. Als beides fertiggestellt war, keimte auch ihr alter Optimismus wieder auf. Endlich nach den monatelangen Arbeiten nahmen ihre ambitionierten Pläne, ihre extravaganten Kopfgeburten Gestalt an. Und zum ersten Mal freute sie sich auch auf das Amphitheater. Garten und Literatur, die Dinge im Leben, die ihr am wichtigsten waren, würden hier eine Verbindung eingehen. Ludwig Clarenburg hatte recht gehabt: Es würde fantastisch werden.

Als das kreisförmige Areal für das Theater schließlich aufgeschüttet und planiert war, wurden auf der dem Garten zugewandten Hälfte fünfstufige rasenbewachsene Ränge für die Zuschauer angelegt. Das andere, dem Fluss zugewandte Halbrund nahm die Bühne ein, gleichfalls mit Rasen bewachsen und mit einer Kulisse aus gestaffelten Heckenwänden aus dunkelgrüner Eibe versehen.

Sie wanderte über die begraste Bühne und strich mit der Hand sanft über die exakt getrimmten Eibenhecken. In Gedanken leistete sie Abbitte bei Adele. Vielleicht war sie zu sehr geneigt, alles, was Adele sagte, als absurd abzutun. Sie betrachtete die Stützmauer. Sie würde Spaliere anbringen lassen, Weinstöcke und eine Glyzinie pflanzen. Dieser Garten würde so werden, wie ihn Clarenburg einst beschrieben hatte: ein Stück Süden im Norden. Und zum ersten Mal in ihrer Zeit bei den Clarenburgs gönnte sie sich einen Moment des Stolzes und auch der Erleichterung. Alles war gut.

13

Vom oberen Teil der Stützmauer geschützt, entstand in diesen Jahren der Rosengarten. Bei der Auswahl der Sorten gab es zum ersten Mal Einwände von Jost.

Es war an dem Tag, als die Bestellung der Pflanzen an die Baumschulen geschickt werden sollte. Sie hatte alle Baumschulen in der näheren und manchmal auch der weiteren Umgebung besucht und ihre Auswahl getroffen. Sie war die Arbeitsabläufe des Tages mit ihren Gärtnern und Gärtnerinnen durchgegangen und schon fast auf dem Weg zur Südterrasse, als Jost noch einmal auf sie zukam.

»Da ist noch was«, sagte er. »Frau Clarenburg hatte auf die Auswahlliste für die Rosen die *Arnold Janssen*, die *Marchioness of Salisbury* und die *George Dickson* gesetzt. Und noch ein paar andere von diesen neuen, mehrfach blühenden Sorten. Die stehen hier gar nicht mehr drauf.« Er hielt die Liste hoch.

»Ich weiß. Aber diese neuen Sorten passen einfach nicht in einen Rosengarten, wie ich ihn mir vorstelle.«

Jost zog unmerklich die linke Augenbraue hoch, schwieg aber.

»Ich will die schönen alten Albas, Damascenas und Gallicas. Dazu passen keine Teehybriden. Die sehen viel zu unnatürlich aus mit ihren großen Blüten. Und dann diese Farben ... Viel zu schrill, finden Sie nicht?«

Beredtes Schweigen.

Sie merkte selbst, dass sie sich in die Sache hineinsteigerte.

»Bestellen Sie die Sorten auf der Liste«, sagte sie knapp.

»Hören Sie, Fräulein Herzog, es geht mich im Grunde nichts an, aber die Gnädigste oben im Haupthaus ist nicht gerade gut auf Sie zu sprechen. Tratsch unter den Bediensteten ... Sie wissen schon. Halten Sie es wirklich für klug, sich wegen der Rosensorten mit ihr anzulegen?« Jost sah sie eindringlich an.

Sie zögerte. »Na ja, ein paar der neuen Dauerblüher sollten wir vielleicht doch dabeihaben. Also wenn's denn sein muss, nehmen Sie die *Antoine Rivoire* und die *Jean Sisley* dazu. Vielleicht auch noch die *Lady Waterlow*. Die sehen zumindest nicht ganz so künstlich aus.«

Jost schien weiterhin skeptisch. »Was ist, wenn Frau Clarenburg ihre ausgewählten Rosen nicht im Garten findet?«

»Glauben Sie wirklich, die sieht den Unterschied? Machen Sie sich keine Sorgen. Ich werd das schon regeln«, erwiderte sie.

»Wenn Sie meinen«, murmelte Jost nicht sehr überzeugt. Dann tippte er sich verabschiedend mit dem rechten Zeigefinger kurz an seine Schirmmütze und stapfte hinaus.

Sie sah ihm nach, wie er Richtung Haupthaus davonging, um die Bestellung aufzugeben.

Sie hatte eine genaue Vorstellung davon, wie der Rosengarten aussehen sollte. Sie wollte die alten Sorten, üppig blühende Büsche voller Würde; Rosen mit betörendem Duft und in erlesenen Farben von dunkelstem Purpur über Rubinrot und Rosé bis hin zu einem vornehmen Elfenbeinweiß. Rosen, wie sie ihr Vater einst kultiviert hatte; wundervolle Rosen mit fremd klingenden und bisweilen komplizierten Namen; Namen, die die Fantasie beflügelten und ihr in ihrer träumerischen Kindheit mitunter viel reizvoller und aufregender erschienen als die Pflanzen selbst.

Es waren Namen, die an ferne Länder und längst vergangene Zeiten erinnerten, die von Leidenschaft und Mut, von Helden und Königen kündeten. Ihr Vater kannte all die Geschichten, die sich hinter Rosennamen verbargen; Geschichten, die er seinem einzigen Kind dann und wann erzählte, in jenen seltenen

Momenten, da er sich wieder daran erinnerte, dass dieses Kind existierte. Dann berichtete er von Rosen, die *Ispahan* oder *Rose de Resht* hießen und an die märchenhaften Gärten des Orients denken ließen. Da gab es die Gallica *Tuscany*, von Shakespeare in seinen Sonetten verewigt, oder die Ramblerrose *Félicité et Perpétue*, die zwei frühchristlichen Märtyrerinnen gewidmet war; *Celsiana*, vor hundert Jahren von dem berühmten Rosenmaler Redouté porträtiert, und die *Souvenir de la Malmaison* aus dem legendären Blumenreich der französischen Kaiserin Josephine. So hatte ihr Vater erzählt und dafür gesorgt, dass sich die Liebe zu Rosen bei seiner Tochter für alle Zeiten ins Herz brennen würde.

Langsam ging sie zur römischen Terrasse und dachte nach. Adele hatte im Grunde keine Ahnung von Pflanzen und verlangte mit unzweifelhafter Sicherheit immer die falschen Sorten; die, die nicht hinreichend winterhart waren, die auf dem hiesigen Boden nicht gediehen oder einfach nicht zum Stil der ganzen Anlage passten. Sie würde das Risiko eingehen, dass Adele die von ihr ausgewählten Sorten vermissen würde – und sich gegebenenfalls eine gute Ausrede einfallen lassen.

Als die Rosen im Herbst geliefert wurden, herrschte Aufregung unter den Elevinnen. So lange war von diesem Garten gesprochen worden, und endlich sollte er tatsächlich Gestalt annehmen. Doch als schließlich an die hundert Rosen im Schuppen auf dem Boden vor ihnen lagen, waren die Mädchen enttäuscht.

»Das sollen Rosen sein? Das sind ja nur Strünke«, sagte Sibylle.

»Sehen aus wie Hexenprügel«, meinte Gertrud.

»Wieso heißt die *Alba*? Ich seh da nix Weißes«, maulte Thea und hielt ein archaisch aussehendes schwarzes Etwas in die Höhe.

Renata, die Gärtnertochter, hielt sich mit ihrem Urteil zurück.

»Tja, meine Lieben, auch wenn ihr es nicht glaubt: Das sind Kostbarkeiten«, sagte Hedda und hob eine Wurzel hoch. »Hier eine Damaszenerrose; wurde 1832 in der Nähe der Stadt Isfahan an der Seidenstraße gefunden, wie auch immer sie da hingekommen sein mag. Jedenfalls: Wenn ihr sie richtig einpflanzt, wird sie im nächsten Jahr vielleicht drei Dutzend rosafarbene, wunderschön gerüschte Blüten ausbilden, im Jahr darauf werden es schon hundert sein und irgendwann Tausende. Und sie wird duften, dass euch die Sinne vergehen. Und dies hier«, sie hob einen anderen Wurzelstock hoch, »ist eine *Cardinal de Richelieu*; als Mensch ein ziemlich unangenehmes Exemplar, aber als Rose einfach göttlich; eine Gallica mit Blüten in dunkelstem Purpur.«

Die jungen Frauen schauten skeptisch auf die Wurzeln.

»Glaubt mir einfach«, sagte Hedda. »Und jetzt los, meine Damen. Die Jungs sind heute im Gelände, und ich zeige euch, wie man wurzelnackte Rosen pflanzt.«

Durch das ungezwungene Verhältnis zu Renata hatte sie sich im Umgang mit ihren Schülerinnen einen Duktus angewöhnt, der ihrem Naturell im Prinzip nicht entsprach, bei den jungen Frauen indes auf Anklang stieß. Wie einst ihr Vater erzählte sie Geschichten, und die Elevinnen hörten gebannt zu. Sie wusste von sich selbst, dass sie Informationen viel besser aufnahm, wenn sie in Form von Anekdoten daherkamen. Reine Namen und Zahlen hatte sie sich nie merken können. Stattdessen verdankte sie ihr Wissen über alles, was Pflanzen betraf, vor allem der Tatsache, dass sie neben den Fachbüchern auch so viele Romane und Gedichte las, die sich in irgendeiner Weise mit Gärten und Pflanzen befassten.

Mit Schubkarren brachten sie die Pflanzen zum Rosengarten, einem langen, fast rechteckigen Bereich, an dessen Ende eine

Treppe zu einer Plattform mit Rundbank führte. Überdacht wurde diese von einer uralten Linde.

Hedda öffnete das hüfthohe Tor, das von der weitläufigen Rasenfläche zum Rosengarten führte. Das Tor war eine kunstvolle Schmiedearbeit und in eine Feldsteinmauer eingefügt. Sie beschritt den schnurgeraden Pfad, der von schmalen Buchsbaumstreifen und in regelmäßigen Abständen gepflanzten Eibenkugeln flankiert war. Rechts und links des Wegs waren die mal rechteckigen, mal kreis- oder ellipsenförmigen Beete angelegt worden. Vor zwei Wochen hatten die Gärtner sie mit zu niedrigen Hecken zusammengefügten Buchsbaumpflänzchen eingefasst. Hunderte Meter Buchsbaum waren hier in die Erde versenkt worden. Sie inspizierte die Pflanzen und befand, dass sie gut angewachsen waren.

An der in der Mitte der Anlage platzierten Steinsäule mit einer darauf thronenden Sonnenuhr blieb sie stehen und gab ihren Schülerinnen Anweisungen. Die verteilten sich mit den ihnen zugeteilten Rosen in die Beete.

»Das Pflanzloch tief graben, mindestens dreißig Zentimeter. Achtet darauf, dass die Veredelungsstelle fünf Zentimeter unter der Erde liegt. Gerät sie tiefer, schadet das der Rose nicht, nur höher darf's nicht werden. Guckt zu, dass die Pflanze gerade steht. Gut antreten und einschlämmen, bitte. Holt euch das Wasser aus dem Brunnen an den Gewächshäusern«, befahl sie.

Sie betrachtete die Sonnenuhr, die an diesem trüben Herbsttag keinerlei Zeit anzugeben vermochte. Die Säule mit der bronzenen Uhr stand im Zentrum des Gartens auf einem runden Platz. Er war der Schnittpunkt vom Hauptweg und einem quer dazu verlaufenden Pfad, der zur Treppe zu dem erst vor Kurzem fertiggestellten Naturtheater führte.

Dem Ganzen lag ein sorgsam durchdachtes Konzept zugrunde, das sie anhand von Plänen italienischer Renaissancegärten ausgearbeitet hatte. Details wie etwa Gartentüren aus filigranem Schmiedeeisen dienten seinerzeit in toskanischen Villengärten als Kunstgriffe im Spiel mit den Entfernungen. Angestrebt wurde eine Vielzahl von Blickbeziehungen, gleichwohl sollte das Terrain nicht komplett einsehbar sein. Das Panorama sollte sich peu à peu entfalten, das Hindurchtreten durch das Tor ein Element der Überraschung sein, das neue Ausblicke gewährte. Geheimnis und Zauber, allüberall.

In dieser Zeit wurden auch die Sockel an den Terrassenbeeten durch die von Adele gewünschten Kinderfiguren ergänzt. Nach langer Suche hatte Hedda einen begabten Steinmetz gefunden, der in der Lage war und sich bereitfand, die Figuren aus dem süddeutschen Residenzgarten eins zu eins zu kopieren. Auf den beschwingten, im Rokokostil mit muschelartigen Rocailleformen verzierten Sockeln standen bald zwei Sandsteinplastiken: ein Kind mit Lamm links, zwei spielende Kinder rechts von der Rundbank.

Die Arbeiten nahmen viel Zeit in Anspruch. Es war ein komplexes Unterfangen, bei dem vieles Hand in Hand laufen musste und sie nie den Überblick verlieren durfte. Die sogenannte Ärgerprämie verdiente sie sich redlich, da sie mit Ludwig Clarenburg nur die groben Pläne, die Ausgaben und die zeitlichen Abläufe besprach.

Clarenburg mischte jetzt kräftig in der Politik des Landes mit, betätigte sich als Berater für diverse Regierungen und war das, was man viele Jahrzehnte später als erfolgreichen Netzwerker bezeichnen sollte. An einem Nachmittag, als sie gerade die noch jungen Rosenbüsche inspizierte, sah sie ihn mit einem distinguiert wirkenden, glatzköpfigen Herrn mit Schnauzer und

Kinnbart über die Südterrasse flanieren. Hinterher hörte sie, dass dies der Außenminister gewesen sei. Zwei Wochen später fiel er einem Attentat zum Opfer.

Kurz nach diesem Ereignis, an einem regnerischen Sommermorgen, als sie im Gewächshaus Stecklinge von Buchsbaum, Santolinen und Lavendel in eine Mischung aus Torf und Sand setzten, teilte Renata ihr mit, dass sie Peer Schuldt heiraten würde.

Hedda war überrascht. Sie hatte insgeheim gehofft, dass sich Renatas Herz doch noch für den schüchternen Siggi erwärmen würde.

»Ich weiß, dass Sie Peer für einen Luftikus halten. Aber er hat sich geändert«, sagte Renata und steckte ein Lavendelzweiglein in die Erde. »Wir werden heiraten, und dann werden wir in der Baumschule meines Vaters arbeiten. Ich muss dann leider hier aufhören«, sagte sie und schaute Hedda schuldbewusst an.

»Ach weißt du, ich habe mich inzwischen daran gewöhnt, dass ihr alle irgendwann heiratet und weg seid. Und eure Ausbildung war dann komplett für die Katz«, erwiderte Hedda verdrossen.

»Nein, nicht ganz«, widersprach Renata. »Mein Vater wird weiter die Baumschule leiten. Aber die Stauden und Sommerblumen, die werde ich ziehen.«

»Und was macht Peer?«, fragte Hedda verwundert.

»Mein Vater denkt natürlich, dass Peer der Staudengärtner ist. Aber Sie und ich wissen ja, dass das nicht der Fall sein wird. Ich werde mich um Stauden, Gemüse und Sommerblumen kümmern. Das habe ich ja schließlich bei Ihnen gelernt. Peer wird meinem Vater helfen und die groben Arbeiten vornehmen. Das kann er.«

»Weiß er das schon?«

»Ich werde ihn schon davon überzeugen.«

»Ja also, ich finde, das ist eine großartige Idee«, sagte Hedda, nachdem sie ihre Verblüffung über die Entschlusskraft ihrer Schülerin verarbeitet hatte.

Natürlich hatte sich Peer nicht im Geringsten geändert. Anders als bei Siggi, Hans und Gisbert, die merklich stiller und in sich gekehrter wirkten, schienen der Krieg und seine Grausamkeiten bei Peer keinerlei Spuren hinterlassen zu haben. Aber so gut kannte sie ihn auch wieder nicht. Immerhin schien er Renatas Qualitäten inzwischen erkannt zu haben. Für eine Gärtnerei brauchte man eine kluge und tüchtige Frau. Und, dachte sie bei sich, als einziges Kind eines Gärtners mit eigener, florierender Baumschule war Renata natürlich auch eine gute Partie.

Abwarten, ermahnte sie sich. Könnte klappen. Und so versuchte sie, sich für Renata zu freuen, und sagte nur »Herzlichen Glückwunsch!«

»Natürlich freue ich mich für sie«, schrieb sie Elisabeth. »Was hat sich das Mädchen nach diesem Kerl verzehrt. Es war kaum mit anzusehen. Nichtsdestoweniger schmerzt mich ihr Weggehen. Ich scheine die Bedeutung der Menschen für mich immer erst dann zu begreifen, wenn sie mich verlassen. Wir haben uns so gut verstanden, viel geredet und gelacht, und ihr allein konnte ich auch die strapaziösen und kniffligen Arbeiten in den Gärten ohne Bedenken überlassen.

Bei den Clarenburgs gibt es auch Veränderungen. Tommy absolviert gerade seine Ausbildung als Bankier in London und New York und ist nur noch selten zu Hause, was ich sehr bedaure. Die älteste Clarenburg-Tochter Dora ist verheiratet und lebt jetzt in Berlin. Lilly hat gerade das Lyzeum beendet und weiß nun nichts mit sich anzufangen. Sie streift durch die Gärten und kultiviert ihren Ennui. Sie erinnert mich an meine Zeit in ihrem Alter. Gott steh dem armen Kind bei. Es war eine der fürchterlichsten Phasen in meinem Leben. Ich war so einsam damals, so unentschlossen ...

Du, liebste Lizzie, warst ja sofort nach der Schule über alle Berge zum Erzieherinnenseminar an der Saale grünem Strande und dann hinfort übers Meer nach England entschwunden. Wusstest Dein ganzes Mädchenleben lang, dass Du mit Kindern arbeiten und Lehrerin werden wolltest.

Vielleicht hätte ich mit Dir gehen sollen. Nicht zum Seminar nach Merseburg; zur Erzieherin eigne ich mich nicht. Aber nach England hätte ich Dir vielleicht folgen sollen. Dort gab's schon damals Gartenschulen für Frauen. Wir hätten zusammenbleiben und ich hätte Deinen Kindern beim Wachsen zusehen können.

Aber das ist Schnee von gestern, und es lohnt nicht, über Dinge zu klagen, die sich nicht mehr ändern lassen.

Deine Dich immer liebende Hedda.«

»Liebste Hedda,
ja, ich hätte Dich damals auch gern mitgenommen«, antwortete Elisabeth. »Ich wäre so gern mit Dir hinausgezogen über die sieben Berge, übers Meer in mein England. Wir haben ja darüber gesprochen. Erinnerst Du Dich? Aber Du warst unschlüssig, wolltest nicht weg aus Deinem Zaubergarten, hegtest immer noch die Hoffnung, dass sich alles fügen würde, Dein Vater Dir eine Ausbildung als Gärtnerin erlauben und Dir die Gärtnerei schließlich vermachen würde. Es war nicht recht von ihm, seinen Nachlass so zu regeln, wie er es getan hat. Aber es stimmt: Es lohnt sich nicht zu hadern. Du hast es dennoch geschafft, Dir Deinen Lebenstraum zu erfüllen; und das ganz ohne Unterstützung, nur kraft Deines gärtnerischen Könnens, Deiner Disziplin und Willenskraft. Darauf darfst Du getrost einmal ein bisschen stolz sein.

Ich jedenfalls bin sehr stolz auf Dich, und wenn mir hier jemand einen Vortrag über die ach so großartige britische Gartenkultur hält mit ihren angeblich berühmtesten Gärtnern der

Welt, sage ich nur, dass meine beste Freundin Deutschlands erste Obergärtnerin ist und gerade dabei ist, einen der schönsten Gärten des Landes anzulegen. Das lässt sie dann erst einmal für eine Weile verstummen.

Es tut mir leid, dass Du nun ohne Tommy und Renata auskommen musst. Aber sie sind ja nicht für immer weg. Sie werden Dich besuchen. Und Du wirst weitere Schülerinnen haben. Denn Deine Behauptung, dass Du zur Erzieherin ungeeignet bist, widerlegst Du doch schon seit Jahren.

Ich wünsche Dir ein frohgemutes Herz, einen beschwingten Sommer und umarme Dich, Deine Lizzie.«

Elisabeth hatte recht. Das Scheiden von Tommy und Renata war nicht für die Ewigkeit. Beide besuchten sie regelmäßig.

Tommy war es dann auch, der ihr schließlich eine Ahnung davon vermittelte, was es mit Adeles offensichtlicher Abneigung ihr gegenüber auf sich hatte.

»Vater wollte eigentlich kommen. Aber meine Mutter hat ihn mit Beschlag belegt. Sehr zu seinem Unwillen«, sagte er lachend, als sie an einem Morgen bei einem seiner Besuche wie in alten Zeiten durchs Gelände zogen.

Sie schaute ihn verständnislos an.

»Na ja«, er zuckte kurz mit den Schultern und lächelte. »Dafür, dass er ein so umtriebiger Mann ist, verbringt er ziemlich viel Zeit mit dir.«

»Wir gehen hin und wieder am frühen Morgen über den Berg und durch die Gärten. Er muss schließlich wissen, was ich hier tue und wofür ich sein Geld ausgebe«, rechtfertigte sie sich.

»Schon möglich. Meine Mutter sieht das aber offenbar anders.«

»Was soll das heißen? Meinst du etwa, sie ist eifersüchtig?«, fragte sie ungläubig.

»Kann schon sein. Die Stunde am Morgen, in der er mit dir über den Berg zieht, würde wohl gerne sie mit ihm verbringen.«

Schweigend gingen sie von der Arche kommend Richtung Südterrasse.

»Weißt du, das ist für sie jetzt eine neue Situation«, meinte Tommy schließlich. »Wir Großen sind aus dem Haus, und Ida und Esther werden auch bald nicht mehr hier sein. Vielleicht hat sie sich ein bisschen mehr Zweisamkeit mit Vater gewünscht. Doch der ist im Moment einfach immer woanders. Und wenn er denn mal hier ist, läuft er mit dir durch die Gärten.«

»Und was soll ich jetzt machen? Ich kann ihn kaum abweisen, wenn er mit mir die Gärten besichtigen will.«

»Nein, natürlich nicht«, sagte Tommy. »Ich hab's auch nur deshalb erwähnt, damit du es im Hinterkopf behältst. Ich will nicht, dass zwischen dir und Mutter eine Missstimmung aufkommt.«

Zu spät, dachte sie, sagte aber nichts dazu und zeigte ihm den Rosengarten, in dem es in diesem Sommer zum ersten Mal eine nennenswerte Blüte gab.

»Wie geht es dir in New York?« Sie hatten auf der Bank unter der Linde Platz genommen.

»Gut eigentlich. Die Arbeit ist aufregend und die Stadt natürlich auch. Aber Frieda ist nicht begeistert.«

Sie bot ihm eine ihrer Chesterfields an, und eine Weile rauchten sie schweigend und atmeten den süßen, die Sinne benebelnden Duft der Lindenblüten ein.

»Willst du sie heiraten?«, fragte sie.

Er zog an seiner Zigarette und betrachtete nachdenklich ein Rotkehlchen, das neugierig vor ihren Füßen umherwippte. »Weiß noch nicht so recht. Wir sind jetzt seit zwei Jahren mehr oder weniger zusammen. Aber ich war ja die meiste Zeit nicht da. Eigentlich kennen wir uns kaum.«

»Wann kommst du denn wieder nach Hamburg zurück?«

»Gute Frage. Ich weiß es nicht. Ich weiß noch nicht einmal, ob ich überhaupt wieder zurückkomme.«

Sie sah ihn überrascht an. »Du bleibst in Amerika?«

»Es gefällt mir da. Alles ist ein bisschen zwangloser als hier. Die Menschen sind freundlich und offen. Neue Ideen werden nicht gleich verworfen, sondern erst einmal mit Wohlwollen aufgenommen und analysiert. Wenn man tüchtig ist, kann man dort alles werden. Hier würde ich doch nur im Fahrwasser meines Vaters segeln können.«

»Weiß dein Vater davon?«

»Natürlich nicht. Er würde in die Luft gehen. Der ganze Zweck meiner Ausbildung besteht schließlich darin, dass ich die Bank hier irgendwann übernehme, mit der Betonung auf irgendwann. Er steht doch noch voll in seinem Saft und ist trotz all seiner Politikbesessenheit nicht im Geringsten willens, die Zügel in der Bank auch nur für ein, zwei Zentimeter aus der Hand zu geben. Nein, nein, bis ich überhaupt hier was zu sagen hätte, bin ich wahrscheinlich uralt.«

»Du übertreibst.«

Er atmete tief durch, und sie spürte, wie Unmut in ihm hochkochte.

»Mein Vater ist ein Patriarch der alten Schule und hat überhaupt noch nicht begriffen, dass sich die Schwerpunkte, die gesellschaftlichen, die politischen und auch die geografischen, nach dem Krieg verschoben haben. Die USA werden künftig den Ton angeben, und New York wird das neue Finanzzentrum sein. Ich möchte da mitmischen, verstehst du?«

»Ja schon«, sagte sie. »Aber vielleicht solltest du das mit deinem Vater besprechen.«

»Der hört doch nicht zu«, sagte er mit Zorn in der Stimme. »Das ist jetzt gerade eine großartige Zeit für ihn«, fuhr er ungehalten fort. »Immer unterwegs und mit den Mächtigen der Welt im Dialog ... Der große Ludwig Clarenburg ... Das ist es, was er immer wollte. Deshalb ist meine Mutter auch so verstimmt. Sie hätte es gern ein bisschen beschaulicher, eine Reise dann und wann und gemeinsame Zeit mit den Enkelkindern. Ist aber nicht dran zu denken.«

»Ach Tommy«, sie fuhr ihm sanft mit der Hand über den blonden Schopf. »Ich glaube, dass jeder seinen eigenen Weg gehen muss und die Eltern nicht über das Leben ihrer Kinder bestimmen sollten. Ich spreche da aus eigener Erfahrung. Schon möglich, dass New York das Richtige für dich ist. Aber du solltest das dennoch mit deinem Vater besprechen. Gib ihm zumindest eine Chance, dich zu verstehen.«

»Das bringt doch alles nichts«, gab er resigniert zurück.

»Mag sein, aber du hast dir hinterher nichts vorzuwerfen. Mein Vater wusste immer, dass ich Gärtnerin werden wollte. Ich habe ihm das jahrelang immer wieder vorgebetet. Er hat's nicht verstanden, oder besser: Er hat's nicht verstehen wollen.«

»Und? Fühlst du dich besser, weil du mit ihm drüber geredet hast?«

»Ja, tue ich. Ich habe zumindest versucht, ihm meinen Standpunkt klarzumachen. Selbst wenn er nicht gestorben wäre, wäre ich weggegangen. Ich wäre auf jeden Fall Gärtnerin geworden und hätte den Bruch mit ihm in Kauf genommen. Ich denke, uns bleibt nur der Versuch. Alles andere ist nicht unsere Sache. Wenn du wirklich in Amerika bleiben willst, wird dich hier nichts halten. Und wer weiß? Vielleicht reagiert dein Vater ja ganz anders, als du denkst.«

Er lachte. »Du bist wirklich eine unverbesserliche Optimistin.«

»Bin ich das? Na ja, als Gärtnerin muss ich das wohl sein.«

»Ich rede mit ihm«, sagte er.

»Versprochen?«

»Versprochen.«

Sie war jetzt Ende dreißig und nach den Maßstäben ihrer Zeit keine junge Frau mehr. Natürlich hatte man ihr Avancen gemacht. Da sie hauptsächlich mit Männern zu tun hatte, Gärtnern,

Baumschulbesitzern, Handwerkern und Architekten, und weil sie als Frau in ihrem Metier immer noch eine Art weißer Rabe war, war ihr Aufmerksamkeit sowieso sicher. Dazu kam, dass sie mit ihrer schlanken, hochgewachsenen Gestalt, dem roten Haar und der ungewöhnlichen Kluft aus langen Hosen und rustikalen Westen nach wie vor eine aufsehenerregende Erscheinung war.

Doch sie erstickte jede sich anbahnende Romanze im Keim. Sie war nicht interessiert. Es hatte lange gedauert, bis sie den Tod von Lorenz verarbeitet hatte; ihrer Ansicht nach viel zu lange. Sie wollte so etwas nicht noch einmal erleben. Sie hatte kein Bedürfnis nach einem Mann und fand sich selbst auch inzwischen zu alt für eine Liebesbeziehung.

Doch dann, an einem Samstag im Juni des Jahres 1924, als der Rosengarten endlich so aussah, wie sie ihn sich vorgestellt hatte, und das Naturtheater mit einem großen Fest eröffnet werden sollte, bekam sie einmal mehr eine Ahnung davon, dass das Leben manchmal anderes mit einem vorhatte als man selbst.

14

Der Tag begann früh. Die Gärtner hatten den Rasen auf den fünfstufigen Rängen des Amphitheaters am Abend zuvor mit dem neuen Spindelmäher gemäht, einem im Gegensatz zu dem alten Mäher leichter zu bedienenden Gerät, das darüber hinaus auch bessere Ergebnisse erzielte. Die nun samtig grünen Sitzflächen würden selbst Damen im allerdünnsten Fähnchen nicht in den Allerwertesten piksen. Die gestaffelten Heckenwände mit Ein- und Abgängen, die die Schauspieler für ihre Auftritte benutzen würden, waren noch einmal akkurat getrimmt worden. Zwei auf der Bühne stehende Steinbänke waren die einzige Möblierung dieses Festsaals unter freiem Himmel.

Sie inspizierte die Südterrasse. Hier auf dem Berg schien die Sonne, doch über dem Fluss hing ein undurchdringlicher Nebel, was dem Clarenburg'schen Anwesen einmal mehr etwas träumerisch Entrücktes verlieh. Sie war allein. Die Terrassenbeete standen in voller Blüte. Hier und da wischte sie mit den Händen Erdkrümel von den Steinen, riss ein von den Gärtnern übersehenes Unkrauthälmchen heraus oder zupfte ein welkes Blatt ab. Dann ging sie Richtung Rosengarten. Sie öffnete das schmiedeeiserne Tor, blieb stehen und gestattete sich einen Augenblick vollendeten Glücks.

Dieser Gartenbereich war eine Welt für sich, fast ein Hortus conclusus oder auch ein Giardino segreto, wenn man so wollte. Auf den Punkt genau waren die Rosen zur Höchstform aufgelaufen. Es war eine berauschende Darbietung, die für ihr Empfinden keinerlei Dramatik im weiter unten gelegenen Amphitheater mehr bedurfte.

Sie lief an den Beeten entlang. Mit dem Zeigefinger strich sie sanft liebkosend über die Blüten. *Francis Dubreuil*: tiefdunkelrot, nach innen aufhellend; *Cardinal de Richelieu*: schwarzvioletter Samt, unendlich gefaltet; *Charles de Mills*: ein winziger Strudel von Karmesin bis Purpur; *Comte de Chambord*: roséfarbene Seide mit violettem Anflug, anmutig gerüscht; *Rosa alba suaveolens*: ein Niagara aus fallenden weißen Blüten; *Rosa mundi*: karmesinrot und weiß gestreift; *Maiden's Blush*: perlmuttfarbene Pompons auf graugrünem Laub; *Reine des Violettes*: geviertelt mit knopfartigem Auge in Lila bis Purpur; *Celsiana*: halb gefüllt, zerkrinkeltes Rosé mit hellgelben Staubgefäßen; und dann ihr Liebling: *Rosa alba*, zunächst rosa überlaufen, später cremeweiß, schon zu Zeiten der Griechen und Römer in Kultur, ein Stück Wirklichkeit gewordener Poesie. Botticelli ließ ihre Blüten vor fünfhundert Jahren auf seine schaumgeborene Venus herabrieseln.

Botticelli: Vielleicht liebte sie die Rose deshalb so sehr. Sie schnupperte an einer der Blüten und schloss für einen Moment die Augen. Es waren Rosen zum Lieben.

»Hej Hedda.« Sie fuhr hoch und sah Ida mit einem jungen Mann auf den Rosengarten zusteuern. Ida öffnete das Tor und betrat mit ihrer Begleitung den Garten.

»Was für ein Duft!«, rief sie aus. »Ach ja, das hier ist unsere Gärtnerin. Sie ist sehr emanzipiert«, wandte sie sich an den Mann und kicherte.

»Guten Morgen, Ida«, erwiderte Hedda kühl und nickte dem Mann zu. Er war von schmaler Statur, unwesentlich kleiner als sie, blond und trug einen eleganten weißen Anzug.

»Hallo, ich bin Benjamin Michaelis«, sagte er und streckte ihr die Hand entgegen.

Sie lächelte und zeigte ihm ihre erdverschmutzten, schwieligen Hände. »Ein anderes Mal vielleicht.«

Er lachte. »Klar, wann immer Sie wollen«, sagte er und betrachtete sie interessiert.

»Komm, ich zeig dir das Theater«, sagte Ida und zog ihn mit sich fort zur Treppe.

»Sind Sie heute Abend auch dabei?«, rief er im Weggehen.

»Natürlich ist sie dabei. Sie hat das doch alles hier geschaffen«, sagte Ida.

Der Tag verging in spannungsvoller Erwartung. *Leonce und Lena* sollte aufgeführt werden. Ein professioneller Regisseur war eingestellt worden, und die Schauspieler probten den ganzen Vormittag. Benjamin Michaelis sollte den Leonce geben, Ida die Lena, Tommy, der gerade zu Besuch war, spielte König Peter, sein Freund Alwin den Valerio.

Auch die übrigen Rollen wurden von Freunden der älteren Clarenburg-Kinder übernommen. Überall wuselten junge Menschen herum. Kostüme lagen auf kleinen Beistelltischen und Stühlen hinter den Hecken. Eine Combo übte schmissige Schlager und populäre Operettenmelodien und sogar Stücke einer neuen aus Amerika kommenden Musikgattung namens Jazz. Vor dem Rosengarten bereiteten Henriette Liesmann und einige Mädchen aus dem Dorf eine Tafel für den Champagnerempfang vor. Ständig rannte einer der Akteure noch einmal zum Haupthaus, weil man noch irgendeine Requisite vergessen hatte. Es war ein Riesenspektakel.

Sie fürchtete insgeheim um den Rasen, um die Terrassen- und Rosenbeete und ganz allgemein um den Garten. An die zweihundert Gäste wurden erwartet, dazu kamen die Familienmitglieder, die Schauspieler, Musiker und Bediensteten. Aber schließlich, so gestand sie sich ein, war der Garten ja genau zu diesem Zweck angelegt worden.

Sie war natürlich gleichfalls eingeladen, und diesmal konnte sie nicht fernbleiben. Clarenburgs hatten darauf bestanden, dass sie bei dem Ereignis dabei wäre. Dies war schließlich ihr Werk.

Sie hatte sich ein gerade geschnittenes, schlichtes schwarzes Etuikleid zugelegt. Es war schwierig gewesen, so etwas in ihrer Größe zu finden. Das Schönheitsideal der Zeit waren zierlichere Frauen, und sie hatte schon erwogen, in einem Anzug aufzutauchen. Aber das war ihr dann doch zu provokativ erschienen. Sie wollte möglichst wenig auffallen, was bei ihrer Größe ohnehin schwierig war.

Gegen acht Uhr abends kamen die Gäste. Ganz in Weiß gekleidet, stand Adele vor dem Rosengarten und begrüßte die Mitglieder der ersten Familien der Stadt, darunter einen ehemaligen Bürgermeister, einen bedeutenden Reeder nebst Gattin, den Chefredakteur einer örtlichen Tageszeitung sowie einige Wissenschaftler und Künstler aus dem Dunstkreis von Ludwig Clarenburgs gelehrtem Bruder.

Hedda half Henriette Liesmann bei der Bewirtung der Gäste mit Champagner und Kanapees. Sie war froh, etwas zu tun zu haben und nicht mit einem Sektglas dumm in der Menge herumstehen zu müssen. Dies war ganz eindeutig nicht ihre Welt. Doch sie schlug sich tapfer. Immer wieder stellte Ludwig Clarenburg sie einem seiner Gäste als »unsere Obergärtnerin, die Schöpferin dieses kleinen Paradieses« vor. Die Leute stutzten und betrachteten sie genauer. Eine Frau als Obergärtnerin? Was hatte sich Clarenburg nur dabei gedacht? Man sah ihnen förmlich an, wie es hinter ihren Stirnen ratterte. »Ja ja, das hier war alles ihre Idee. Ist das nicht großartig?«

Clarenburg war mal wieder in überschwänglicher Stimmung, was vermutlich nicht zuletzt daran lag, dass er schon mindestens zwei Gläser Champagner intus hatte.

Sie sagte nur »Hallo«, nickte freundlich und bot weiterhin Horsd'œuvres an.

Die Aufführung war ein voller Erfolg. Das Publikum klatschte begeistert Beifall. Da waren schon die Sterne aufgezogen und die Schleiereule zog ihre Runden.

Fackeln wurden angezündet und tauchten den Garten in ein magisches Licht. Vor dem Rosengarten spielte die Kapelle ihre einstudierten Stücke. Gäste und Gastgeber tanzten bis spät in die Nacht.

Sie hatte sich längst in ihr Gärtnerhaus zurückgezogen. Aber noch als sie schon erschöpft im Bett lag, hörte sie von fern den Klang der Musik, die im Laufe des Abends immer ruhiger und melancholischer geworden war. Sie erkannte Beethovens *Hymne an die Nacht*, Offenbachs *Barcarole* und schließlich ein Lied, das sie dann doch wieder wach werden ließ. Es kam eher herangeweht, als dass sie es tatsächlich vernahm: *The Parting Glass*, das sie zuletzt vor sechzehn Jahren auf der Hochzeit von Elisabeth mit Colonel Everett Wilkins-Clark in England gehört hatte.

Sie stand noch einmal auf und blickte aus dem Fenster. Vom Schein der Fackeln weiter unten auf der Südterrasse hoben sich die Baumkronen deutlich ab. Alle aus dieser polyglotten Gesellschaft schienen das alte irische Abschiedslied zu kennen und sangen mit. *»Of all the money that e'er I had, I spent it in good company, and all the harm I've ever done, alas it was to none but me.«*

Sie stand da, eine dunkle Silhouette, gedankenverloren, und lauschte ergriffen. Schließlich fiel sie in die letzten Zeilen ein: *»So fill to me the parting glass, and drink a health whate'er befalls, and gently rise and softly call, good night and joy be to you all.«*

Die Gesellschaft auf der Südterrasse klatschte Beifall; den Musikern und wohl auch ein bisschen sich selbst. Sie hörte noch, wie die Menschen plaudernd den Pfad zum Haupthaus hochgingen. Dann war Stille.

»Wo waren Sie denn gestern?« Wie aus dem Nichts stand Benjamin Michaelis plötzlich vor ihr, als sie am nächsten Tag die Naturbühne auf mögliche Zerstörungen hin untersuchte. Sie hatte sich gerade die Taxushecke genauer angeschaut und drehte sich abrupt um.

»Ach Sie«, sagte sie überrascht.

»Ja, ich. Also: Wo haben Sie gesteckt?«

»Tanzen ist nicht so meins«, sagte sie und inspizierte weiterhin die Hecke.

»Wieso denn nicht? Ich hab Sie überall gesucht. Keiner wusste, wo Sie sich rumtrieben.«

»Ich treibe mich für gewöhnlich überhaupt nicht rum«, sagte sie spitz.

»Ach kommen Sie, nicht böse sein. Ich hätte nur gern mit Ihnen getanzt.«

Sie schaute ihn an. »Wie gesagt: Tanzen gehört nicht gerade zu meinen Lieblingsbeschäftigungen. Aber die Vorstellung war großartig.«

Sie ging die Treppe zum Rosengarten hoch. Er folgte ihr.

»Na ja, ein bisschen mehr Proben hätte der Aufführung gutgetan. Aber wir waren ganz zufrieden. Ihnen ist schon klar, dass so was hier jetzt häufiger stattfinden wird. Die Clarenburgs waren hin und weg und wollen nun öfter solche Soireen geben.«

»Oje, der schöne Rasen.«

»Tja, aber dafür ist dieses Theater ja nun mal angelegt worden, oder?«

Sie schwieg und streifte mit den Fingern ein paar Blattläuse von den Rosenknospen.

»Aber erst mal haben Sie Ihre Ruhe«, fuhr er fort. »Ludwig und Adele fahren morgen mit Lilly, Ida und Esther ein paar

Wochen ans Meer. Ich hoffe, Sie verabschieden sich nicht auch in die Sommerfrische.«

»Eher nicht. Ich habe hier im Moment alle Hände voll zu tun.«

»Prima, ich bleib ein paar Tage und bin mit Tommy in der Arche. Was dagegen, wenn ich Sie dann und wann besuche?«

Sie sah ihn scharf an. »Hören Sie, Herr Michaelis«, sagte sie sehr betont. »Ich bin hier nicht zum Vergnügen. Ich arbeite hier.«

»Ja, aber doch nicht immer, oder?« Er schien von der Abfuhr nicht beeindruckt.

»Doch, eigentlich schon«, sagte sie. »Man sieht sich«, fügte sie leichthin hinzu. Dann drehte sie sich um und ging in Richtung Gärtnerhaus davon.

Sie sah und hörte nichts mehr von ihm. Ein paar Tage lang blieb er noch, vor allem um mit Tommy mit der alten Jolle auf dem Fluss zu segeln. Dann brachen die beiden zu einem mehrwöchigen Törn auf, und es kehrte Ruhe ein. Bis die weitverzweigte Clarenburg'sche Sippe in einem Monat wieder in der Arche einfallen würde, hatte sie den Garten fast ganz für sich.

Ihre Elevinnen waren inzwischen allesamt verheiratet, ebenso wie Gisbert und Hans. Nur Siggi Wermuth trauerte nach wie vor Renata hinterher.

Die wiederum schien rundum zufrieden mit ihrem Leben. Sie besuchte Hedda regelmäßig, erzählte von Familie und Beruf und ließ sich von Hedda ihrerseits schildern, was es auf dem Berg und insbesondere in den Gärten Erwähnenswertes zu berichten gab. Ihre ehemalige Schülerin war für Hedda mit den Jahren zu einer ernst zu nehmenden Kollegin geworden, mit der sie sich gern über gärtnerische Belange austauschte.

Renata hatte inzwischen eine Tochter und war bereits wieder schwanger.

»Du siehst gut aus«, sagte Hedda, als Renata an einem sonnigen Sonntagnachmittag bei ihr auftauchte und sich schwerfällig auf die Bank vor dem Gärtnerhaus niederließ.

»Lügnerin. Ich bin ein Walfisch«, sagte Renata munter und strich mit den Händen sanft über ihren gewölbten Bauch.

»Und wie geht es dir?«, fragte Hedda.

»Ganz gut. Langsam wird es ein bisschen beschwerlich.«

»Wie lange dauert's denn noch?«

»Sechs Wochen.«

»Was macht Paulinchen?«

»Bezirzt ihren Vater.« Renata lachte. »Hätte nie gedacht, dass er für eine Tochter so empfänglich ist. Sie hat ihn vollkommen im Griff.«

Peer und das weibliche Geschlecht, dachte Hedda, ein weites Feld.

»Und was macht die Gärtnerei?«, fragte sie.

»Unsere Stauden sind ein großer Erfolg. Ich bin in Kontakt mit englischen und holländischen Züchtern. Ich will ja keine Allerweltspflanzen anbieten. Vater und Peer haben inzwischen auch begriffen, dass ich von Stauden und Gemüse mehr Ahnung habe als sie und darüber hinaus einigermaßen Englisch und Niederländisch spreche. Sobald der Kleine auf der Welt ist, lege ich wieder los.«

»Es wird ein Junge?«

»Sagt jedenfalls die Hebamme. Mir ist es gleich. Hauptsache, das Kind ist gesund und ich kann bald wieder arbeiten.«

»Und du sprichst Englisch und Niederländisch?«

»Wie gesagt: einigermaßen. Zumindest kann ich mich mit den Züchtern verständigen. Zur Not versuchen wir es mit den botanischen Namen. Die hast du mir ja eingetrichtert, bis ich Kopfschmerzen bekam.«

»Jetzt siehst du, wofür es gut war. Und ich finde es wirklich bewundernswert, wie du das alles unter einen Hut bekommst: Ehe, Mutterschaft, Gärtnerei ...«

»Leicht ist es nicht, aber ich wollte das ja alles.« Renata sah Hedda lange an. »Für mich kam dein Lebensentwurf nie infrage«, sagte sie. »Ich wollte immer Kinder haben. Schon als ich ein kleines Mädchen war, konnte ich mir ein Leben ohne Kinder nicht vorstellen.« Sie lächelte versonnen. »An einen Ehemann dachte ich damals allerdings überhaupt nicht.«

»Bist du glücklich mit Peer?«, fragte Hedda und bereute die vermeintliche Indiskretion sofort.

Doch Renata schien die Frage nicht für aufdringlich zu halten. »Ja, bin ich«, antwortete sie unumwunden. »Ich hab mich auf Anhieb in ihn verliebt, als er damals während seines Fronturlaubs hier auftauchte. Das hat ja wohl jeder mitbekommen, der Augen im Kopf hatte. Ich wollte ihn immer heiraten, und das hab ich getan. Ich wollte aber auch immer Gärtnerin sein. Vermutlich wäre es nicht so einfach gewesen, ihm das beizubringen, wenn es den Krieg nicht gegeben hätte. Bei allem Unglück, das er meiner Familie beschert hat, hat er doch auch viele Verkrustungen und überholte Denkweisen hinweggefegt. Eine berufstätige Frau ist heutzutage keine Seltenheit mehr. Und Peer sieht ja, was und wie viel ich leiste.«

»Das tust du wirklich«, bestätigte Hedda.

»Und das alles ist ja nicht zuletzt auch dein Verdienst«, sagte Renata. »Du hast mir schließlich alles beigebracht. Und mir so ganz nebenbei vorgemacht, wie man als Frau auch anders leben kann, als es zum Beispiel meine Mutter getan hat; dass ein Frauendasein eben nicht auf Ehe und Mutterschaft beschränkt sein muss.« Sie schaute Hedda an und lächelte. »Dafür kann ich dir gar nicht genug danken.«

»Unsinn, du wusstest schon eine Menge, als du zu mir kamst«, sagte Hedda leicht verlegen.

»Klar, über Gehölze. Aber über Stauden und Gemüse wusste ich rein gar nichts und über das Leben noch viel weniger. Stauden gehört übrigens ganz eindeutig die Zukunft. Die Gärten werden kleiner. Für ausladende Bäume und Hecken ist da kein Platz mehr, für Akelei und Frauenmantel aber allemal. Und durch den Krieg und seine Entbehrungen sind die Leute auch wieder am Anbau von Gemüse interessiert.«

»Und was macht nun Peer?«, fragte Hedda.

»Der regelt die Finanzen«, sagte Renata und lachte. »Du wirst es nicht glauben, aber das kann er wirklich gut. Er schreibt doch so furchtbar gern Zahlen untereinander. Der Laden brummt, und er ist glücklich und zufrieden.«

Tja, dachte Hedda, manche Talente mussten eben erst einmal zutage gefördert werden.

»Es ist wirklich erstaunlich, wie sich meine kleine Renata entwickelt hat«, schrieb sie an Elisabeth. »Sie war ein so schmächtiges, kleines Ding, als sie hier anfing, und nun ist sie eine gestandene Frau. Sie kam mir so blühend vor mit ihrem dicken Schwangerenbauch. Und vor allem glücklich. Ich hätte das nie gedacht. Peer war immer so ein Hallodri; zumindest habe ich ihn so eingeschätzt. Ein hübscher Kerl und guter Gärtner, aber als Mann habe ich ihn immer für zu leicht befunden.

Doch mit Renata an seiner Seite scheint er gereift zu sein. Sie waren jüngst alle kurz hier, samt der kleinen Pauline, die sein Augenstern zu sein scheint. Die Kleine durfte keine zwei Schritte gehen, ohne dass Peer hinter ihr her war und aufpasste, dass ihr ja nichts geschah. Renata hat sich köstlich amüsiert.

Dass das heute möglich ist, Familie und Beruf miteinander zu vereinbaren, ist ein ungeheures Privileg. Das gab's zu unserer Zeit nicht, um mich mal ein bisschen altjüngferlich auszudrücken.

Und bevor Du fragst, ob dies auch eine Option für mich gewesen wäre: Nein, wäre es nicht. Damals wäre es ohnehin nicht so einfach gewesen. Und man darf nicht vergessen, dass Renata stets einen wohlmeinenden Vater im Hintergrund hatte; einen, der ihre Ausbildung befürwortete und unterstützte. Ich kenne Walter Prinz. Er ist ein kluger und warmherziger Mann, der nach dem Tod seines Sohnes an der Front alle seine Hoffnungen in die Tochter gesetzt hat. Und das hat sich schlussendlich ausgezahlt.

Ich frage mich manchmal, wie mein Vater über mich denken würde, wäre er noch am Leben. Er wäre wahrscheinlich enttäuscht, dass ich keine Kinder habe. Vielleicht hätte ich sogar welche, wenn er mir die Gärtnerei vererbt hätte. Wer kann das wissen? Mit einem selbstbewussten Mann an der Seite, der eine berufstätige Frau nicht als Schande empfände, sondern stolz wäre auf ihre Kompetenz und Tüchtigkeit, hätte es möglicherweise sogar funktioniert. Aber so blieb mir schließlich nichts anderes übrig, als meinen eigenen Weg zu gehen, und zwar allein.

Aber ich will nicht mehr über meinen Vater klagen. Für eine fast vierzigjährige Frau erscheint mir das unwürdig. Er war ein Mann seiner Zeit und hat es einfach nicht besser gewusst. Alle Misslichkeiten des Lebens auf die Eltern zu schieben scheint gerade sehr modern zu sein. Doch ich halte nichts davon. Irgendwann ist man einfach selbst für sein Schicksal verantwortlich.

Dir alles, alles Liebe und wie immer Grüße an Deinen wachsenden Clan. Bei fünf Enkelkindern kann man ja inzwischen davon reden.

Sei ganz fest umarmt, Deine Hedda.«

Im Gegensatz zu den anderen jungen Frauen, die sie ausgebildet hatte und die sich nach einer gewissen Zeit allesamt in Ehe und Mutterschaft verabschiedeten, waren die Männer, Gisbert, Siggi und Hans, auch weiterhin bei den Clarenburgs beschäftigt. Karl arbeitete vor allem mit seinem Großvater zusammen. Die Behinderungen, die der Krieg ihm zugefügt hatte, waren nach wie vor bemerkbar. Er hatte Wortfindungsstörungen und bekam hin und wieder epileptische Anfälle. Die Folge davon war, dass er kaum mehr sprach. Verschlossen und still erledigte er seine Arbeit und hielt sich von den Übrigen sichtlich fern.

Manchmal, wenn sie ihn beim Holzhacken an der Arche, beim Schnitt der Obstbäume oder dem Auslichten der Gehölze in dem Wäldchen an der Westgrenze des Anwesens traf, beobachtete sie, wie er mit nur mühsam zurückgehaltener Wut das Holz bearbeitete. Dann war ihr bange um ihn.

Er musste jetzt Mitte zwanzig sein, rechnete sie zurück. Offiziell wohnte er wie sein Großvater im Gesindehaus, aber wenn die Arche nicht bewohnt war, übernachtete er gern dort. Ihr war es recht, und Clarenburgs schienen auch keine Einwände zu haben. Den wenigsten Häusern bekam es gut, wenn sie über längere Zeit leer standen. Und Karl hütete das Haus und seine Umgebung wie seinen Augapfel.

Sie hatte nie einen Zugang zu ihm gefunden. Von Beginn an war er ihr mit Misstrauen begegnet, auch wenn er sie als seine Chefin zu akzeptieren schien. Inzwischen bedauerte sie seine Abneigung, nicht allein weil er Lorenz' Sohn war, sondern auch um Josts willen, der, was die Zukunft seines ältesten Enkels betraf, zunehmend beunruhigt war.

»Was soll aus ihm werden, wenn ich tot bin?«, hatte er sie gefragt. »Er ist einfach nicht gewandt und selbstbewusst genug, um in dieser verrückten Welt bestehen zu können. Und seine Anfälle werden ihn sein Leben lang begleiten.«

»Sie sollten deswegen keine schlaflosen Nächte haben«, beschwichtigte sie. »Bei Clarenburgs wird Karl immer sein Auskommen haben.«

»Und wenn sie nicht mehr da sind?«

»Warum sollten sie nicht mehr da sein? Hier geht's ihnen doch gut. Und wenn Ludwig Clarenburg irgendwann stirbt oder seine alten Tage mit Adele im Süden verbringen will, wird

Tommy das hier alles übernehmen und weiterführen. Machen Sie sich keine Sorgen.«

Jost, das hatte sie bei diesem Gespräch zum ersten Mal bewusst wahrgenommen, war alt geworden. Er hatte den Tod seines Sohnes nie ganz verkraftet. Soweit sie wusste, hielt er weiterhin engen Kontakt zu Martha und seinen Enkelkindern, von denen zwei inzwischen selbst Familie hatten und ihr eigenes Leben lebten. Nur Wilhelm, der mittlerweile neunjährige Nachzügler, wohnte noch bei seiner Mutter im Dorf unten am Fluss.

Wie sie dem Tratsch der übrigen Bediensteten entnommen hatte, war Martha mit einem wohlhabenden Kaufmann liiert, der Mitglied einer neuen rechtsnationalen Partei war und aktiv in der Politik mitmischte. Von Clarenburg bekam sie eine Art Witwenrente ausgezahlt, die so großzügig war, dass sie gut davon leben und ihren Söhnen eine ordentliche Ausbildung zukommen lassen konnte. Auch dies wusste sie nur vom Hörensagen, aber es schien ihr zu Ludwig Clarenburg zu passen, dass er seine Leute und deren Angehörige gut versorgte.

15

Während der Sommermonate hatte sie jetzt dafür zu sorgen, dass die Südterrasse für die Aufführungen im Amphitheater und die abendlichen Gesellschaften, die die Clarenburgs im Garten gaben, stets auf den Punkt perfekt aussah. Je nach Wetterlage war das bisweilen schwierig und bereitete ihr Kopfzerbrechen. Vor solchen Ereignissen fühlte sie sich jedes Mal angespannt und nervös wie vor einer Prüfung. Sie konnte nicht schlafen und hoffte inständig, dass keiner der um diese Zeit nicht ungewöhnlichen Starkregen oder ein stürmisches Gewitter den Garten verwüsten möge. Auch wenn es ungerecht war, ein unansehnlicher Rosengarten, pitschnasse Rasenränge im Amphitheater oder verhagelte Terrassenbeete würden unweigerlich auf sie zurückfallen. Sie war die Obergärtnerin und hatte die Verantwortung, und das hieß: Alles musste picobello sein.

Und so war sie am Abend vor der geplanten großen Theateraufführung am kommenden Tag noch einmal in den Rosengarten gegangen, um die letzten welken Blüten abzuschneiden.

Es war die Zeit, um die man die Nacht herabsinken spürt, obwohl der Himmel noch voller Licht ist. Hin und wieder sah sie von ihrer Arbeit auf und warf einen Blick auf den Fluss. Es würde einen fantastischen Sonnenuntergang geben und infolgedessen für den nächsten Tag gleichfalls gutes Wetter. Die Clarenburgs und somit sie selbst hatten wieder einmal Glück. Bislang war das Wetter immer perfekt gewesen, wenn sie ihre Soireen im Garten gegeben hatten.

Sie stand mitten im Beet neben der Sonnenuhr, wo sie die gelbgrünen Blütenwolken des Frauenmantels effektvoll um das staksige Geäst der samtroten *Tuscany* drapierte, als sie das schmiedeeiserne Tor ins Schloss fallen hörte. Sie richtete sich auf und schaute sich um.

»Hier stecken Sie also.« Benjamin Michaelis schlenderte gemächlich auf sie zu. »Sieht gut aus«, sagte er mit Blick auf die Beete, in denen es geradezu rauschhaft blühte. »Schöne Kulisse für den *Sommernachtstraum* morgen.«

»Ja«, sagte sie nur und schaute über ihr Reich aus Dutzenden Büschen, auf denen die Blüten im Abendsonnenschein funkelten und ihren Duft großzügig verteilten. Hier ein wenig Aprikose, dort ein wenig Apfel, dann und wann Myrte und Moschus, das reinste Sinnenspektakel.

Er ging weiter und setzte sich auf die Stufen, die zu der halbrunden Terrasse mit der Aussichtsbank unter der großen Linde führten, und schaute ihr bei der Arbeit zu.

»Spielen Sie morgen auch mit? Ich könnte mir vorstellen, dass Sie eine famose Titania abgeben würden«, sagte er.

Sie lachte, schnitt eine etwas unordentlich aussehende Blüte der *Alba maxima* ab und ließ sie in den großen Weidenkorb fallen. Sie betrachtete die Rose genauer und fand sie noch immer ein bisschen mini für eine Maxima, aber vielleicht würde sich das ja noch geben.

»Nein. Sie wissen doch genau, wer morgen die Titania spielt. Keine Chance. Wenn ich mitspielen würde, dann wäre ich sowieso lieber der Puck.«

»Er ist der Hofnarr Oberons«, warf er erstaunt ein. »Sein Diener. Sie kommen mir nicht gerade dienstfertig vor.«

»Ach was, Puck ist doch viel mehr. Ein unabhängiger Geist, ein bisschen anarchisch, die meiste Zeit tut er ja, was er will.«

Er lachte. »So wie Sie, schon klar.«

Sie schaute ihn stirnrunzelnd an.

»Wir alle wissen, dass das hier Ihr Garten ist. Sie haben ihn genauso angelegt, wie Sie ihn haben wollten. Adele hatte nie eine Chance, sich einzumischen. Und Ludwig bei Lichte betrachtet auch nicht.«

»Er hat mich um Rat gefragt, und ich habe ihm gesagt, wie ich es machen würde. Er hat auf mich gehört. So war das«, verteidigte sie sich.

»Carte blanche, ich weiß, ich weiß. Und jetzt glätten Sie mal das gesträubte Gefieder. Kein Grund, sich aufzuregen. Jeder liebt dieses Fleckchen Erde. Die Familie und vermutlich die Hautevolee der ganzen Stadt werden Ihnen auf ewig hin dankbar sein, dass Sie ihnen dieses kleine Kunstwerk geschaffen haben. Alles, was in Hamburg Rang und Namen hat, will zumindest einmal in Clarenburgs berühmtes Naturtheater eingeladen werden und diesen wundervollen Garten besichtigen.«

Sie blies sich eine Locke aus der Stirn, packte die Rosenschere in die Westentasche, zog die Handschuhe aus und ließ auch sie in den Weidenkorb fallen. Für heute war es genug. Die letzten Handgriffe konnten morgen früh erledigt werden, ehe die Akteure auftauchen und den Garten für die Generalprobe beanspruchen würden.

Sie fragte sich, was er hier zu suchen hatte und was er von ihr wollte. Nachdem sie ihn bei der Einweihung des Naturtheaters vor einem Jahr kennengelernt hatte, war er in unregelmäßigen Abständen zu Besuch bei den Clarenburgs gewesen. Sie vermutete, dass er Ida den Hof machte. Die beiden waren dann und wann im Garten herumspaziert. Dabei hatten sie die Gärtnerin getroffen und jedes Mal kurz mit ihr geplaudert.

»Dieser Ort«, begann sie und wischte sich ein paar Erdkrümel von den Breeches, »hat mich nicht gebraucht. Man muss den Genius loci erspüren. Dann ist klar, was zu tun ist. Jeder Gärtner weiß das.«

»Ah, Alexander Pope. ›Befragt den Genius loci überall; er lenkt der Wasser Aufstieg oder Fall, wölbt Hügel zu den Himmeln hoch hinaus, schafft manch Theaterrund im Talverlauf, holt alles Land zu Hilf', fängt Schneisen ein, verbindet Wälder, scheidet Schatten fein, mal bricht, mal lenkt er Linien an ihr Ziel, gestaltet, wenn wir gärtnern, was er will.‹«

Sie lauschte seinen Worten. Da saß er in seinem eleganten weißen Anzug und zitierte Pope. Im Gegensatz zu ihr passte er in dieses romantische Ambiente, ein jugendlicher Held, schlank, blond, mit hoher Stirn und grauen Augen und einem Gesicht, das Intelligenz verriet. Sie selbst fühlte sich mit einem Mal zu groß, zu ungelenk, zu verschwitzt und müde und alt. Sie wusste nicht, wohin mit sich, und ärgerte sich über diese Fahrigkeit und ungewohnte Verlegenheit.

»Pope, ja«, sagte sie gereizt. »Ich lege ihn allerdings nicht ganz so wörtlich aus. Ich mag auch das Barocke, die abgezirkelten Beete und zu Statuetten geschnittenen Buchsbaum. Darüber hat Pope ja gern gespottet, so wie über alles Formale im Garten. Und er verurteilte jeglichen Eingriff in die Natur. Doch das ist natürlich Unsinn. Einen Garten anzulegen bedeutet immer einen Eingriff in die Natur.«

»Mag sein, aber abgesehen von diesem Rosengarten, der Rasenterrasse und den Hecken wirkt dieses Anwesen doch recht natürlich, finde ich.«

»Wenn die Gärtner die Bäume nicht laufend beschneiden und pflegen und die wilden Brombeeren und Brennnesseln im Zaum halten würden, wäre das alles hier in kürzester Zeit wieder Wildnis. Keine Wege mehr, keine Vistas, und wenn die Winterstürme die zu alten oder durch mangelnde Pflege schwach gewordenen Bäume hinweggefegt hätten, würde sich die Heide hier wieder breitmachen. Gärten sind keine Natur. Mit Natur haben Gärten überhaupt nichts zu tun.«

Er schien etwas erstaunt ob dieser apodiktisch geäußerten Meinungsbekundung. »Selbstverständlich haben Sie sich viele Gedanken dazu gemacht. Und Sie haben sicher recht«, meinte er nach einer Weile. »Ich hatte nur bislang immer den Eindruck, dass Sie viel von einem, nun ja, natürlichen oder sagen wir naturnahen Gärtnern halten«, fuhr er fort.

Die Sonne stand tief im Westen und tauchte den Garten in ein weiches Licht. Die Girlandenhecke warf lange Schatten, und der Duft der Rosen lag weiterhin schwer in der Luft. Glühwürmchen schwirrten herum und versprühten irisierende Lichtpünktchen. Die ersten Fledermäuse kreuzten über das Rasenplateau.

Sie stieg über die niedrige Buchsbaumeinfassung und betrachtete grüblerisch die Sonnenuhr. Was wollte er von ihr? Wieso machte er sich Gedanken über ihre Gartenphilosophie?

»Ich bemühe mich, die Natur in die Gartengestaltung mit einzubeziehen«, sagte sie schließlich. »Anders geht es nicht. Auf Dauer richtet man gegen die Natur nichts aus. Eine Moorpflanze zum Beispiel würde hier nicht wachsen.«

»Ah, verstehe«, sagte er, »eine Art Waffenstillstand.«

»In solch drakonischen Kategorien denke ich nicht. Ich würde es eher Balance nennen«, erwiderte sie.

»Gilt das auch für Ihr Leben? Keine Exzesse, immer nur Balance?«

Die plötzliche Wendung irritierte sie.

»Schon möglich. Keine Ahnung. Darüber habe ich mir nie Gedanken gemacht«, antwortete sie nicht ganz wahrheitsgemäß.

Sie wollte zurück in ihr Haus. Wenn er nicht hier säße, wäre sie geblieben, bis die Sonne endgültig untergegangen wäre und nur noch die cremeweißen Blüten der *Madame Plantier* im Dunklen leuchteten.

Als er jedoch keine Anstalten machte aufzubrechen, ergriff sie die Initiative. Sie langte nach dem Weidenkorb. »Ich geh dann jetzt mal«, verkündete sie leicht ungehalten.

»Oh, tut mir leid. Ich wollte Sie nicht vertreiben«, sagte er und stand auf. »Ich weiß ja, dass Sie abends gern allein hier unterwegs sind.«

»Ach, ist das so? Und woher wissen Sie das?«

»Alle wissen das. Abends ist der Garten Terra Flora, sagt Ludwig immer.«

»Ich heiße Hedda«, gab sie unwirsch zurück.

»Ach kommen Sie, wir alle wissen, wie Sie heißen: Flora, wie die Göttin der Blumen. Das sind Sie doch in persona, oder?« Er schlenderte gelassen Richtung Ausgang, und unversehens war er ihr empfindlich nahe gekommen. Er blieb stehen, schaute sie an, hob die Hand und strich ihr sanft eine Haarsträhne aus dem Gesicht.

Sie hielt den Atem an und rührte sich nicht. »Entschuldigen Sie«, sagte sie dann, drehte sich abrupt um und ging durch das Gartentor schnurstracks und ohne sich umzudrehen des Wegs, die Girlandenhecke entlang zu ihrem Haus.

Am nächsten Tag war er weg. Der *Sommernachtstraum* fand ohne ihn statt. Dafür war die halbe Elite Hamburgs zugegen und sah zu, wie die Clarenburg'schen Kinder und deren Freunde Shakespeare in adäquater Umgebung zu dem ihm angemessenen Glanz verhalfen. Dora war mit Mann und Kindern aus Berlin gekommen, Tommy war vor zwei Tagen aus New York angereist und hatte es tatsächlich noch geschafft, kurzfristig die Rolle des Zimmermanns Squenz zu übernehmen, die ursprünglich von Benjamin Michaelis gespielt werden sollte. Ida gab die Titania, Lilly die Hermia. Und Esther, die Jüngste und die begabteste Schauspielerin der Familie, spielte den Puck.

Hedda lehnte am Treppengeländer oberhalb des Theaters, das die vielen Zuschauer kaum fassen konnte. Vergnügt betrachtete sie das Treiben auf dem Halbrund der Bühne und den Zuschauerrängen. Dank einer gut durchdachten Choreografie bewegten sich alle in einem bestimmten Rhythmus, der jedoch nur denen bekannt war, die an den Vorbereitungen beteiligt gewesen waren. Auch die Gäste in ihren kostbaren Kleidern waren, ohne es zu wissen, Teil dieses ineinandergreifenden Spiels. Und es war überhaupt kein Wunder, dass sich spätestens gegen Mitte des Stücks, wenn es Oberon langsam dämmerte, dass Puck die Sache gründlich vermasselt hatte, die Szenerien aufzulösen, ineinander überzugehen schienen.

Puck schwirrte durch die Zuschauerränge und trieb Schabernack, Hermia und Lysander, Helena und Demetrius irrten im Publikum umher und forderten die Gäste zum Tanz auf, zu der von einer Kapelle angestimmten Musik Mendelssohn Bartholdys. Und Zettel, der fulminante Zettel mit dem Eselskopf, saß plötzlich neben dem Senator für Handel und Schifffahrt, und beide sahen sich irritierenderweise ziemlich ähnlich.

Später, als alles wieder fein sortiert war, die Paare sich gefunden hatten, Titania und Oberon sich versöhnt in den Armen lagen und Niklas Zettel endlich seinen Weberkopf zurückbekommen hatte, waren alle wieder an ihrem Platz: die Schauspieler auf der Bühne, das Publikum auf den Rängen. Nur Puck war immer noch unterwegs. Selbst als der brandende Applaus längst verklungen war und sich alle im Fackelschein auf dem Rasenplateau dem Tanz und dem Champagner hingaben, irrlichterte er umher, streute Feenstaub auf Gäste und Gastgeber.

Und wenn Hedda später darüber nachdachte, war sie sicher, dass ein wenig davon auch auf ihren Augenlidern gelandet war. Denn in dieser Nacht träumte sie zum ersten Mal von Benjamin Michaelis.

16

Als er sie das erste Mal besuchte, war sie wie immer nicht auf Gäste vorbereitet. Es war ein Sonntagabend im Mai, und sie war gerade dabei, in ihrer Bibliothek ein wenig Ordnung zu schaffen, als es an der Tür klopfte.

Sie öffnete, und da stand er, in seinem gewohnten Dandy-Look mit einem Rosenstrauß in der Hand.

»Liebste Hedda, ich weiß, das ist wie Eulen nach Athen tragen. Aber ich bin mir ziemlich sicher, dass Sie keine Ihrer Rosen je für einen Strauß pflücken würden, oder?«

Sie starrte ihn an, dann auf die Rosen und musste lachen. »Guten Tag, Herr Michaelis. Und Sie haben recht. Rosen schneide ich mir nur selten für die Vase. Ich finde sie am Strauch viel zu schön, je mehr, desto besser.«

»Ich hab auch darauf geachtet, dass sie duften.« Er schnupperte. »Aber im Grunde riecht es hier schon überall nach Rosen.«

»Das ist die Zimtrose, *Rosa majalis*.« Sie deutete auf den üppig in Blüte stehenden Busch neben der Haustür.

»Rosen? Jetzt schon? Sind die nicht erst später dran?«

»Sie scheinen ein bisschen was von Botanik zu verstehen – aber eben nur ein bisschen was. Diese Rose hier blüht schon im Mai. Sie ist ein wahrer Schatz.«

»Aber ganz schön viele Dornen.«

»Stacheln sind das, aber egal. Möchten Sie reinkommen?«

»Das war der Plan«, sagte er nonchalant und trat über die Schwelle des Gärtnerhauses. »Dieser Rosenstrauß war sozusagen mein Billett.«

Sie ging in die Küche, füllte eine Vase mit Wasser und stellte die Blumen hinein. Dann ging sie ins Wohnzimmer und platzierte sie auf dem mit Büchern bereits ziemlich überladenen Tisch. Ungeniert inspizierte er ihre Bibliothek. Unsicher ob dieses unerwarteten Besuchs arrangierte sie die Rosen mit fahrigen Handbewegungen neu in der Vase und fragte sich einmal mehr, was er von ihr wollte.

»Interessante Lektüre«, meinte er und blätterte in *Walden*. »Thoreau? Ist das nicht dieser Amerikaner, der sich in eine Waldhütte zurückgezogen und da dieses Lob der Wildnis geschrieben hat?« Er hielt das Buch hoch.

»Genau der«, sagte sie.

Er überlegte. »Mitte letztes Jahrhundert, oder? Versuchte, autark zu leben. Bisschen schratig, finden Sie nicht?«

»Ich weiß nicht. Ich schätze ihn eigentlich sehr. Er wollte zeigen, mit wie wenigen Mitteln man im Grunde genommen auskommen kann. Aber das ist für mich gar nicht so interessant. Ich mag an seinen Texten, dass er jeden Tag über das schreibt, was er sieht. Er beobachtet die Natur sehr genau. Setzen Sie sich doch. Soll ich Tee kochen?«

»Ja, gern. War das alles, was er so getrieben hat, nicht ziemlich eskapistisch?«

»Nein, gar nicht. Thoreau war sehr politisch, finde ich. Er hat wegen Steuerhinterziehung im Gefängnis gesessen. Er wollte nicht, dass mit seinen Steuern die Sklaverei finanziert wird.«

»Aha.« Er nahm ein weiteres Buch vom Tisch und blätterte darin herum. »Stifter; ich erinnere mich vage, ziemlicher Langweiler, all diese Naturidyllen.«

Sie war auf dem Weg zur Küche, um Tee zu kochen.

»Ich finde ihn überhaupt nicht langweilig«, rief sie ihm zu. Sie setzte Teewasser auf und ging in die Stube zurück. »Und hinter diesen angeblichen Stifter'schen Idyllen lauert ja immer auch das Unheimliche. Hier, sehen Sie: *Kalkstein* zum Beispiel.« Sie nahm das Buch zur Hand, blätterte darin und reichte ihm den aufgeschlagenen Band. »Das ist eine absolut anti-idyllische Erzählung. In diesen mit verschiedenen Steinen betitelten Erzählungen geht es ungemein düster zu.«

»Aber irgendwie flieht er auch in die Natur, oder nicht?« Er begann zu lesen.

Sie kehrte in die Küche zurück, bereitete den Tee zu und trat mit einem Tablett, auf dem Teekanne, Geschirr, Zucker und Milch arrangiert waren, wieder in den Wohnraum.

»Bedienen Sie sich«, sagte sie. »Und nein: Stifter ist keineswegs in die Natur entflohen. Er begrüßte zum Beispiel die Revolution von 1848. Später kamen ihm dann Zweifel. Sein Ideal war nicht so sehr der Umsturz der Verhältnisse, sondern Bildung. Sie erschien ihm als Voraussetzung für ein gehobenes und wahres Menschentum. Lesen Sie mal den *Nachsommer*. Deshalb wollte er die Jugend erziehen. In seinen Novellen spielen ja oft auch Kinder die Hauptrolle. Er arbeitete zwischenzeitlich sogar als Schulrat in Linz, wo er neue Schulen baute und sich bemühte, die Unterrichtsmethoden zu verbessern. Er hatte da viele Ideen. Im *Nachsommer* kommt das perfekt zum Ausdruck.«

»Ich hab's nie geschafft, das zu Ende zu lesen. Zu lang, zu weitschweifig und zu leidenschaftslos. Bin regelmäßig über der Lektüre eingeschlafen.«

»Nun ja, der Held der Geschichte ist in der Tat ein bisschen farblos. Aber Leidenschaften sind in Stifters Spätwerk, glaube ich, generell nicht vorgesehen. Ihm ging es da um andere Dinge. Es war die Zeit der Restauration. Er war desillusioniert und vielleicht wirklich ein bisschen eskapistisch.« Sie überlegte. »Aber aus der Betrachtung und der Auseinandersetzung mit der Natur, mit diesem oft minimalen und doch so großartigen Geschehen, kann ja auch eine Stärke in der Einstellung zur Welt entstehen, finden Sie nicht?«, fuhr sie fort. »Ob das Eskapismus ist ...? Ich weiß es nicht. Vielleicht ist es tatsächlich so, dass ein gewisser

Eskapismus in schwierigen, politisch kritischen Zeiten auch Kraft verleihen kann.«

»In Zeiten wie diesen zum Beispiel?« Er sah sie erwartungsvoll an.

»Mag sein.« Seine Gedankensprünge von literarisch-philosophischen Betrachtungen hin zu ihrer ganz persönlichen Gegenwart irritierten sie immer wieder. »Ich mag an Stifter vor allem seine Art, die Natur zu sehen. Er ist sehr klar in seinen Schriften, aber er missioniert niemals. Er beobachtet und beschreibt das Beobachtete, ohne es zu kommentieren. Diese exakte Beobachtung natürlicher Begebenheiten ist es auch, was ich an Thoreau so sehr mag. Ich finde, das hat nichts Eskapistisches und auch nichts Idyllisches. Die Natur ist kein Idyll.«

»Ah, Ihr Lieblingsthema.« Er trank einen Schluck Tee und grinste sie an.

»Natürlich«, gab sie lächelnd zurück. »Wenn die Natur ein Idyll wäre, bräuchte man ja keine Gärtner. Dann ginge ja alles beschaulich und friedlich zu; ohne Unkraut, ohne Schnecken, ohne Läuse und Wühlmäuse, ohne all das Fressen und Gefressenwerden.«

»Und Sie wären überflüssig.«

»Genau.«

»Und das wollen wir ja nicht«, sagte er und erhob sich. »Kommen Sie, wir schauen mal, ob Tommy in der Arche ist. Der kann ein bisschen Gesellschaft gebrauchen. Haben Sie gehört, dass Frieda Oldenhof seinen Heiratsantrag abgelehnt hat, und das, obwohl sie schon seit Jahren zusammen sind? Angeblich weil er Jude ist. Das Mittelalter geht nicht vorbei.«

»Es ist schon spät«, gab sie zu bedenken.

»Ach was, noch nicht mal halb zehn. Wir können ja auch einfach ein bisschen rumspazieren«, schlug er vor.

»Hören Sie, Herr Michaelis, ich will nicht mit Ihnen ›rumspazieren‹.«

»Nennen Sie mich Ben, bitte. Und warum wollen Sie nicht mit mir rumspazieren? Angst um den guten Ruf?«

»Unsinn.« Sie stand auf und trug das Tablett mit dem Teegeschirr in die Küche. »Mir ist nur nicht ganz klar, was Sie eigentlich von mir wollen«, sagte sie im Weggehen.

Er seufzte und folgte ihr. Sie stellte das Geschirr im Spülbecken ab. Er trat hinter sie, umarmte sie und drehte sie zu sich. Dann küsste er sie.

Sie war nicht erschrocken. Nicht so wie damals bei Lorenz. Sie ließ es einfach geschehen und wartete ab, und zwischenzeitlich kam ihr auch der Gedanke, dass sie es künftig vielleicht vermeiden sollte, mit einem Mann allein in ihrer Küche zusammenzutreffen.

Als er die Hand zu ihren Brüsten wandern ließ, machte sie sich sachte von ihm los.

»Ich bin zu alt für Sie«, sagte sie und zündete sich eine Zigarette an. Sie hielt ihm die Packung hin, und er nahm das Angebot schweigend und leicht ungehalten an. Rauchend standen sie mit dem Rücken an die Spüle gelehnt nebeneinander.

»Was bedeutet schon das Alter?«, fragte er ungeduldig. »Ich finde Sie attraktiv. Ich unterhalte mich gern mit Ihnen. Sie sind eine interessante Frau. Ich weiß gar nicht, ob Ihnen das so klar ist.«

Sie zog an ihrer Chesterfield. »Es ist mir gleichgültig«, sagte sie schließlich. »Es hat mich nie gekümmert, was andere Leute von mir halten.«

»Genau das habe ich gemeint«, sagte er. »Deswegen habe ich geglaubt, dass wir beide auch ein wenig mehr teilen könnten als anregende Lektüre oder philosophische Diskussionen.«

»So, glauben Sie das?« Sie musterte ihn.

»Na ja, sagen wir besser: Ich habe es gehofft«, sagte er.

Sie zog an ihrer Zigarette und schwieg.

»Na kommen Sie, Sie müssen doch gemerkt haben, wie sehr Sie mir gefallen«, sagte er.

»Die Clarenburgs werden nicht erfreut sein, wenn die gute Partie, die sie für ihre Tochter ausgesucht haben, mit der Gärtnerin ins Bett steigt, oder?«, gab sie zu bedenken.

Er lachte. »Sie meinen Ida? Ich und Ida? Da ist rein gar nichts.«

»Weiß Ida das auch?«

»Keine Ahnung. Ich habe ihr nie Hoffnungen auf irgendwas gemacht. Und im Übrigen bin ich wohl alt genug, um mir meine Freunde und auch die Frauen, mit denen ich zusammen sein will, selbst auszusuchen.«

»Sicher, aber es ist doch so: Wenn jemand von einer Beziehung zwischen uns Wind bekäme, ständen Sie nach wie vor ohne Fehl und Tadel da. Aber ich wäre diskreditiert. Der Goldjunge und die ältliche Gärtnerin ... Ich bitte Sie!«

»Ich glaube eher, dass ich diskreditiert wäre. Ludwig würde mich vermutlich zum Duell fordern oder so was Ähnliches. Auf Sie lässt er doch nichts kommen.« Er sah sie abwartend an. »Ist Ihnen übrigens aufgefallen, dass wir hier gerade ausschließlich die gesellschaftliche Frage einer eventuellen Beziehung diskutieren? Sie haben mit keinem Wort gesagt, dass Sie abgeneigt sind.«

Sie drückte ihre Zigarette aus und wusste dann nicht, wohin mit den Händen. Irgendetwas schien in der Luft zu liegen, das der Vernunft abträglich war. Er gefiel ihr, keine Frage. Aber wo sollte das Ganze hinführen?

»Ich bin zu alt für Sie«, wiederholte sie.

Er lachte auf. »Das Totschlagargument schlechthin«, erwiderte er. »Aber wen interessiert das? Ich finde Sie nun mal wahnsinnig attraktiv. Und Sie finden mich doch insgeheim auch wahnsinnig attraktiv. Wir sind beide erwachsen. Was sollte uns also davon abhalten, unserer gegenseitigen Attraktivität einen angemessenen Ausdruck zu verleihen?«

Sie gingen nicht mehr spazieren an diesem Abend, und selbst Tommy musste ohne ihre Gesellschaft auskommen. Sie war so lange ohne Mann gewesen, und auch wenn ihre Libido, wie sie fand, nicht besonders ausgeprägt war, vermisste sie den Sinnenrausch, der sich aus einer solchen Beziehung ergab. Lorenz Vidal hatte sie dafür empfänglich gemacht, und bisweilen wusste sie nicht, ob sie das als Fluch oder Segen empfinden sollte.

Mit Ben war es anders als mit Lorenz. Er war zärtlich, aber ungestüm, jung eben. Und während Lorenz ihr manche erotischen Praktiken beigebracht hatte, war nun sie die Lehrerin.

Sie sahen sich nicht oft. Die meiste Zeit war er in Berlin, wo er eine Wohnung besaß. Er war offensichtlich wohlhabend, allerdings fragte sie nie, woher sein Geld stammte. Aus Gesprächen mit den Clarenburgs ging hervor, dass er Kaufhauserbe war und finanziell unabhängig. Hin und wieder war er in England, dem Heimatland seiner Mutter.

Doch immer wenn die Clarenburgs zu ihren stadtbekannten Aufführungen im Naturtheater einluden, war er da, um eine der Rollen zu übernehmen. Und um Hedda zu besuchen.

Nach einer Weile, als sich ihre Beziehung auf eine ungezwungene Weise vertraut zu entwickeln begann, erzählte er ihr, dass er auch mit Männern schlief.

»Du stehst auf Jungs? Und wie passe ich da ins Bild?«, fragte sie eher verblüfft als schockiert.

»Ach weißt du, ich mag Männer und Frauen eigentlich gleichermaßen«, sagte er, als sie einmal wieder auf ihrem Bett lagen und rauchten. Er sah sie an. »Bei Frauen allerdings habe ich mich wohl seit einiger Zeit festgelegt.«

»Aha.«

»Ja, irgendwie hast du mich für andere Frauen verdorben.«

»Oho.« Sie lachte und zog an ihrer Zigarette.

»Ja, andere Frauen kommen mir inzwischen ein bisschen fad vor.«

»Ist das so?«

»Ja, ich finde deine Wirkung auf mich auch recht erstaunlich.«

»Weil ich so alt bin?«, fragte sie und bedachte ihn mit einem spöttischen Blick.

»Ach was, dein Alter hat für mich nie eine Rolle gespielt. Das weißt du ganz genau. Und ehrlich gesagt nehme ich dir nicht ganz ab, dass du dir deiner Wirkung auf Männer nicht bewusst bist. Du bist eine schöne Frau, und das wirst du auch noch in zehn oder zwanzig Jahren sein. Aber im Unterschied zu vielen anderen gleichfalls schönen Frauen hast du außerdem Esprit und eine ganz bestimmte Vorstellung von deinem Leben. Ich liebe die Gespräche mit dir. Du bist intelligent, gebildet und hast Humor, und vor allem hast du etwas, wofür du brennst: ein Werk, dem du alles unterordnest. Das macht dich schon ziemlich interessant.«

»Komisch, die meisten Männer sind davon eher abgeschreckt«, sagte sie.

»Tja, meine liebste Hedda. Da kannst du mal sehen, was du an mir hast.«

17

Die Zwanzigerjahre des 20. Jahrhunderts, die später schönfärberisch als »die goldenen« bezeichnet wurden, waren für sie eine Zeit, auf die sie danach gern zurückblickte. Sie hatte ein gärtnerisches Werk vollbracht, das sie weiterhin gut beschäftigte und inzwischen auch wieder inspirierte. Sie hatte mit Tommy, Renata, der fernen Elisabeth und aus ihrer Sicht auch mit Ludwig Clarenburg einen kleinen, aber stabilen Freundeskreis und mit Ben einen einfühlsamen und glücklicherweise nicht allzu oft anwesenden Liebhaber.

Sie hatte ihr Gärtnerhaus, ihre Bücher, und zu stets verlässlicher Gesellschaft hatte sie Vitus und Socks.

»Merkwürdig, ich konnte Katzen nie leiden«, schrieb sie Elisabeth. »Katzen töten Vögel und haben in einem Garten nichts verloren. Das war immer meine Meinung. Doch ich freue mich, wenn ich von der Arbeit nach Hause komme und Vitus und Socks die Katzenminze im Kräutergarten platt liegen. Sie sind verrückt nach diesem Kraut und benehmen sich vollkommen närrisch, wenn sie es riechen. Sie gehen dann für gewöhnlich mit mir ins Haus und legen sich in dem Korb vor dem Kamin schlafen. Sie verbreiten eine wohltuende Heimeligkeit. Das hätte ich nie für möglich gehalten.

Hin und wieder schleppen sie auch eine angenagte Maus an und legen sie mir vor die Tür. Vermutlich wollen sie mich füttern und meinen, ich sei zu dumm, mir selbst was zu fangen. Vögel bringen sie erstaunlicherweise keine mit. Ich glaube, die mögen sie nicht.«

»Träum weiter«, antwortete Elisabeth.

Die Besuche von Tommy wurden gleichwohl mit der Zeit seltener. Zwei Tage nachdem der 60. Geburtstag seines Vaters auf dem Berg mit Pomp und Gloria gefeiert worden war, kam er abends ins Gärtnerhaus, um sich für längere Zeit zu verabschieden.

»Ich bleibe in New York«, sagte er und bedankte sich für die angebotene Zigarette und den Scotch, den sie ihm eingeschenkt hatte.

»Die Buschtrommeln waren bereits aktiv. Ich hab die Kunde schon vernommen«, sagte sie. »Und? Wie hat dein Vater reagiert?«

»Überraschend gelassen«, antwortete er und nippte an seinem Drink. »Er denkt nach wie vor, die Auslandserfahrung und die sich daraus ergebenden Beziehungen täten sowohl mir als auch der Hamburger Bank gut und ich käme irgendwann sowieso wieder zurück.«

»Und? Wirst du?«

»Ich weiß es nicht. Im Moment gefällt es mir einfach zu gut dort. Und die Frauen sind auch ein bisschen ... wie soll ich sagen ...?«

»Freier? Offener? Selbstbewusster?«, schlug sie vor.

Er lächelte. »So könnte man es ausdrücken.« Er zog versonnen an seiner Zigarette und streichelte Socks, der ihm schnurrend um die Beine strich.

»Weißt du, ich bin mit selbstbewussten Frauen groß geworden. Meine Mutter weiß ziemlich genau, was sie will, und meine Schwestern wissen das auch. Und du hast schließlich auch immer deine eigene Sache durchgezogen. Meine Eltern haben seit jeher ein offenes Haus gehabt. Sie sind tolerant und gastfreundlich und hilfsbereit jedermann gegenüber. Herkunft, Hautfarbe, Religion ... spielt bei ihnen alles keine Rolle. Hauptsache, man ist redlich und offen, vielleicht ein bisschen kultivierter als der Durchschnitt und ansonsten genauso tolerant wie sie selbst.

Viele meiner Freunde kommen sie auch jetzt, wo ich längst weg bin, noch besuchen. Aber diese Freiheitlichkeit, die gibt es eben vor allem und vielleicht sogar ausschließlich hier in diesem Haus. Das habe ich inzwischen festgestellt.«

»Du meinst, der Rest der Stadt besteht aus langweiligem, borniertem Establishment?«

»So ähnlich. Die Menschen halten sich hier für so offen, und doch wird stets gefragt, wo man herkommt, wessen Sohn man ist, wo man arbeitet und so weiter. Und dann sieht man ihnen schon an, wie sie überlegen, ob man dich zum Dinner einladen könnte, vielleicht sogar zum nächsten Ball, und ob du eventuell eine gute Partie für die Tochter des Hauses bist und so weiter und so weiter.«

»Und das ist in Amerika anders?«, fragte sie skeptisch.

»Zumindest ist es nicht so ausgeprägt. Die gesellschaftlichen Grenzen sind durchlässiger. Bist du ein einigermaßen zivilisierter Selfmademan, stehen dir die Türen offen.«

»Auch wenn du ein einigermaßen zivilisierter schwarzer Selfmademan bist?«

»Dann nicht so ohne Weiteres, zugegeben. Doch New York ist auch diesbezüglich recht tolerant; zumindest soweit ich es mitbekommen habe. Aber klar, es gibt Rassenprobleme, und es gibt die Prohibition, aber die wird eigentlich nicht wirklich umgesetzt. Vor allem aber gibt es den Jazz und wundervolle Bars.«

»In denen du schicke, offene, selbstbewusste Frauen kennenlernst?«

»In denen ich schicke, offene, selbstbewusste Frauen kennenlerne; Frauen vor allem, die nicht sofort einen Heiratsantrag erwarten, wenn ich einmal mit ihnen geschlafen habe.«

»Oje«, sagte sie lachend. »Ist das hier immer noch so? Ich dachte, die Zeiten hätten sich geändert.«

»In Berlin geht es in dieser Hinsicht etwas freier und ausgelassener zu, aber hier in Hamburg? Never!«

»Na ja, hier ging es in den vergangenen Tagen doch auch reichlich ausgelassen zu, finde ich.«

»Ja, war nett, die ganze Verwandtschaft mal wiederzusehen. Ein Fest ganz nach Vaters Geschmack. Aber mit ›ausgelassen‹ meine ich nicht, dass Dora sich sinnlos betrinkt und dann auf den Tischen tanzt oder ihr Mann sich mit einer Senatorengattin heimlich in die Büsche schlägt. So was ist einfach nur peinlich.«

»Ja, das war dem Anlass nicht ganz angemessen«, meinte sie trocken.

»Das kann man wohl sagen. Vater hatte Mühe, das Ganze am nächsten Tag wieder geradezubiegen. Inzwischen hat sich die Lage beruhigt. Gott sei Dank, ich hätte es nicht ertragen, den Berg in Zwist und Streit zurückzulassen. Hier soll alles so bleiben, wie es war.«

Sie lachte. »Sagt der, dem es hier zu langweilig zugeht und der deshalb nach Amerika flieht. Im Übrigen bleibt nie etwas, wie es war, auch hier nicht. Das weißt du doch.«

»Ja, ich weiß, panta rhei und so weiter. Und ja, du hast recht. Meine Gefühle sind da etwas widersprüchlich. Hier auf dem Berg mag ich keine Veränderungen. Hier möchte ich manchmal die Zeit anhalten. Ich will mit dir durch die Gärten laufen, durch den Rosengarten gehen, mit meinen Schwestern und Freunden Theater und Krocket spielen und auf dem Fluss segeln.« Er zog an seiner Zigarette und kraulte mit der anderen Hand gedankenverloren Socks, der die Chance auf ein paar Streicheleinheiten geistesgegenwärtig genutzt hatte und auf seinen Schoß gesprungen war.

»Doch Zeit stillhalten geht ja nun mal nicht«, sagte er. »Und sobald ich hier weg bin, finde ich das wilde Leben da draußen dann auch wieder ziemlich spannend.«

Sie lächelte. »Na, dann geh mal nach Amerika, du wilder Junge«, sagte sie und schenkte ihnen beiden Whisky nach.

Er lächelte ebenfalls. »Ich werd dich vermissen«, sagte er.

»Du wirst mich vergessen, mein Lieber. Und wenn du hier bist, besuchst du mich. Alles wie immer.«

»Ja, nur nicht mehr so oft.«

Tommy war weg. Dafür hatte sie neuerdings wieder einige Elevinnen um sich, denen sie möglichst viel gärtnerisches Wissen beizubringen gedachte; eine Aufgabe, die ihr unerwarteterweise Spaß machte und für die sie erstaunlich viel Talent besaß, auch dies unerwarteterweise. Ihre Situation kam dem, was sie unter Glück verstand, schon recht nahe.

Hin und wieder verreiste sie sogar. Einmal war sie mit Elisabeth im Lake District, ein anderes Mal in den Highlands gewesen. Das erfüllendste Erlebnis war indes für sie eine Italienreise. Sie war im Hochsommer Richtung Süden gefahren, zu einer Jahreszeit, in der im Garten kein planender Kopf mehr vonnöten war und die Arbeit auch ohne sie vonstattenging. Sie hatte die Anlagen der Villa Lante durchstreift, die Geheimnisse der Gartenräume der Villa d'Este in Tivoli zu ergründen versucht und die grüne Architektur des Gartens der Villa Gamberaia bewundert. Sie hatte Pläne und Fotografien der Anlagen gesehen, aber sie selbst zu durchwandern war noch einmal eine andere Sache. Sie war vollkommen verzaubert und fühlte sich wie aus der Zeit gefallen. Und das, obwohl sie in den Residenzgärten Würzburgs gleichsam groß geworden war. Historische Anlagen waren ihr wohlvertraut, und auch theoretisch hatte sie sich mit diesen Gärten gründlich auseinandergesetzt.

Doch all diese architektonischen und gärtnerischen Glanzleistungen vergangener Epochen in natura zu sehen hatte sie geradezu berauscht. Es musste am Licht gelegen haben, diesem italienischen Himmel, der Sonne, die wärmte, aber nicht erhitzte, oder vielleicht lag ihr Renaissance auch einfach mehr als Rokoko. Sie wusste es nicht. Jedenfalls hatte sie sich dort inmitten all der spektakulären Wasserspiele und der streng frisierten Gartenlandschaften, in denen Natur und Kunst einträchtig zusammenwirkten, glücklich gefühlt. Möglicherweise war sie in einem früheren Leben tatsächlich ein Kind des 16. Jahrhunderts gewesen.

In Rom und Florenz hatte sie aber auch immer wieder an ihr derzeitiges Leben gedacht, ihr Leben in der ersten Hälfte des 20. Jahrhunderts. Und sie hatte gern daran gedacht; fand, dass es ihr durchaus gelungen war, etwas von der Idee dieser italienischen Gärten im hohen Norden Deutschlands zu verwurzeln. Sie war auch gern zurückgekehrt und hatte seitdem kein Verlangen mehr nach Reisen.

»Reisen, nun ja, schön und gut«, schrieb sie Elisabeth. »Aber wie unser aller Goethe schon so treffend sagte: ›Bringet mich wieder nach Hause! Was hat ein Gärtner zu reisen? Ehre bringt's ihm und Glück, wenn er sein Gärtchen versorgt.‹ Der Garten wird hier gut versorgt, wenn ich weg bin, aber eben nicht so gut, wie wenn ich hier wäre.

Ben will mit mir in diesem Sommer nach New York, Tommy besuchen. Aber ich denke, das spar ich mir. Da wäre ich viel zu lange weg.

Aber nun Themenwechsel: Cathy will tatsächlich Chemie studieren? Wie sieht Everett das denn? Er hat doch bestimmt schon längst einen passenden Ehemann für sie parat, oder?«

Elisabeths Antwort wirkte zwiegespalten.

»Liebste Hedda,
Du hast ganz recht. Everett ist natürlich alles andere als begeistert von Cathys Berufswünschen. Allein, dass sie überhaupt einen Berufswunsch *hat*, befremdet ihn. Und dann so was!!! Aber Cathy ist wild entschlossen und hat auch schon einen Platz am Somerville College in Oxford. Sie ist eine der ganz wenigen

Studentinnen, die dort Chemie belegen, und ich kann nicht umhin, sehr stolz auf sie zu sein.
Und ja, Everett hatte auch schon einen ›passenden Ehemann für sie parat‹, wie Du es so schön formulierst. Und auf den ersten Blick hätte es vielleicht sogar gepasst, wenn Cathy denn nicht studieren wollte. Alistair ist sehr in sie verliebt, und sie mag ihn auch, aber er will keine Studierte, partout nicht. Und ehrlich gesagt bin ich inzwischen ganz froh, dass wir früh genug erfahren haben, wes Geistes Kind der gute Alistair ist. So einen Mann hätte ich mir für meine Tochter nicht gewünscht. Everett ist ja mitunter auch nicht ganz einfach, aber er hat meine Bildung stets bewundert und es begrüßt, dass ich mich mit ihm auf Augenhöhe unterhalten kann. Ich denke, bei all den Hochs und Tiefs, die eine langjährige Ehe nun einmal mit sich bringt, hat es uns und unsere Liebe zueinander immer wieder gerettet, dass wir miteinander reden konnten und wollten.
Und das will ich auch für meine Tochter: einen Mann, der sie nicht allein ihrer Schönheit und ihrer Herkunft wegen schätzt, sondern weil sie eine einzigartige Frau ist, die klug ist und herzlich und humorvoll und die sich für seltsame Naturphänomene begeistert und fasziniert ist von kristallinen Strukturen und der Chemie biologisch relevanter Moleküle. Was immer das auch sein mag. Ich habe nicht die geringste Ahnung, wie das Kind auf solch verstiegene Interessen kommt.
Aber wie dem auch sei: Gott sei Dank hat sie die Konsequenzen gezogen und Alistair den Laufpass gegeben. Und nun heißt es also: Auf nach Oxford!!!«

18

In dieser Zeit galt es vor allem, die Clarenburg'schen Gärten zu bewahren, instand zu halten und hier und da zu optimieren. Neuanlagen waren auf dem Berg nicht mehr geplant. In einigen dunkleren Winkeln des weitläufigen Anwesens pflanzte Hedda Schattenstauden, und sie experimentierte ganz bewusst mit ungewöhnlichen, exotischen Gewächsen, die dem Standort angemessen schienen: mit grazilen blauen Erdorchideen und Leopardenblumen mit apart gefleckten Blüten und jadegrünem, blau-behauchtem Laub. Sie pflanzte duftende Pflaumeniris neben ihren Kräutergarten und Porzellanlilien an den Gehölzrand, wo ihre orangefarbenen Blüten gegen das Dunkel der Bäume und Sträucher wie illuminiert erschienen.

Im Herbst bestellte sie jedes Jahr Hunderte von Tulpenzwiebeln in Holland und setzte sie in den Rosengarten, wo sie im Frühling, bevor die Rosen austrieben, rote, purpurfarbene und gelb-rot gestreifte Blüten hintupften.

Für den Sommer besorgte sie große Amphoren und Töpfe aus Terrakotta, die sie zum Teil mit Geranien bepflanzte und auf der Brüstungsmauer platzierte. Eine Idee Adeles.

»Nach der Blüte wirkt der Rosengarten trostlos«, hatte sie Hedda an einem heißen Augusttag eröffnet, als die Büsche staubig und glanzlos aussahen. »Sie hätten mehr von den öfter blühenden Rosen pflanzen sollen«, sagte sie bissig. »Im Hochsommer macht dieser Gartenteil überhaupt nichts her.«

Hedda verkniff sich einen Kommentar. Denn sie musste zugeben, dass Adele recht hatte. Darüber hinaus hatten sich einige

Rosen als anfällig für Mehltau und Rosenrost erwiesen und mussten ausgetauscht werden. Sie pflanzte neue robustere Züchtungen, die den Charme ihrer geliebten alten Sorten versprühten; die rosafarbene und nach Himbeeren duftende *Adam Messerich*; die stachelige *Pink Grootendorst* mit den nelkenartig ausgefransten Blütenrändern und *Ghislaine de Féligonde* mit zwischen Apricot und Weiß changierenden Doldenblüten und angeblich benannt nach einer Baroness, die im Ersten Weltkrieg ihren verwundet zwischen den Fronten liegenden Ehemann in der Kampfzone gesucht, gefunden, nach Hause gebracht und gesund gepflegt hatte.

Sie konnte diese Geschichte nicht recht glauben, schon gar nicht nach dem, was sie über diesen Krieg wusste. Aber sie fand sie romantisch, Hoffnung spendend, ermutigend.

Adele hatte ihr Plazet für die neuen Rosen gegeben. Der Streit mit ihr entzündete sich schließlich auf einem ganz anderen gärtnerischen Feld, und der Anlass war denkbar banal.

Eines Morgens im Mai stand sie plötzlich auf der Südterrasse, wo Hedda mit zwei der Elevinnen die Beete mit Sommerblumen bepflanzte.

»Beseitigen Sie die abgeblühten Narzissen an der Arche«, sagte sie in ihrem gewohnt kategorischen Tonfall, der keinen Widerspruch gestattete. »Die Sommergäste kommen dieses Jahr früher. Da will ich diese schrumpfköpfigen Dinger und die gelben Blätter nicht mehr auf der Wiese haben.«

»Das geht nicht«, sagte Hedda. »Also die Schrumpfköpfe werden wir in diesen Tagen abknipsen, aber das Laub muss dranbleiben.«

Adele wurde weiß im Gesicht, wie immer, wenn sie in Wut geriet.

»Hören Sie, Fräulein Herzog. Sie tun bitte, was ich Ihnen auftrage. Ich will, dass alles Verblühte entfernt wird, inklusive der Blätter. Das ist doch nicht so schwer zu verstehen.«

Hedda bemühte sich, ruhig zu bleiben, zumal sie die neugierigen Blicke der Elevinnen im Rücken spürte. Das hier war ganz eindeutig eine willkommene Abwechslung für die Mädchen, ein gefundenes Fressen, über das sie sich nach der Arbeit genüsslich würden ausbreiten können: die Obergärtnerin und die Chefin in heftigster Kontroverse.

»Schauen Sie, Frau Clarenburg, das Laub ist nicht hübsch, zugegebenermaßen. Aber es darf nicht abgeschnitten werden. Damit die Narzissen im kommenden Jahr wieder schön blühen, benötigen die Zwiebeln im Boden Nährstoffe. Die ziehen sie aus den Blättern in die unterirdischen Speicherorgane. Deshalb dürfen die Blätter erst in drei, vier Wochen entfernt werden. Werden sie jetzt abgeschnitten, gibt's im nächsten Jahr keine blühende Narzissenwiese.«

Hedda wurde gewahr, dass sie auf Adele so bedächtig einsprach wie auf eine Geistesgestörte. Das Dumme war: Adele bemerkte das auch.

»Fräulein Herzog«, sagte sie um Gefasstheit bemüht, schloss die Augen kurz und atmete tief durch. »Es reicht langsam. Dies hier ist nicht Ihr Garten, Sie sind hier nichts weiter als eine kleine Angestellte, die zu tun hat, was wir Ihnen auftragen. Sie haben keinerlei Befugnis, eigene Entscheidungen zu treffen, auch wenn mein Mann diesbezüglich Ihnen gegenüber immer sehr großzügig war. Diese Kulanz haben Sie stets weidlich ausgenutzt. Aber damit ist jetzt Schluss. Mein Mann und ich werden uns beide überlegen, ob eine Zusammenarbeit unter diesen Bedingungen noch sinnvoll ist. Bis wir zu einer Entscheidung kommen, schneiden Sie die Narzissenblätter gefälligst ab. Ich hoffe, wir haben uns verstanden.«

Damit drehte sie sich wie üblich auf dem Absatz um und stolzierte mit durchgedrücktem Kreuz davon.

Hedda starrte ihr nach, nun doch leicht verunsichert. Fachlich fühlte sie sich auf sicherem Boden, doch vielleicht war es nicht ganz so geschickt gewesen, Adele auf diese Weise zu widersprechen; und das auch noch vor den Elevinnen.

Auf die besann sie sich jetzt rasch wieder. »In Ordnung, Mädels«, sagte sie in gespielter Fröhlichkeit. »Die Vorstellung ist zu Ende. Wir machen jetzt hier weiter, und ich überleg mir, wie wir die Narzissenblüte fürs nächste Jahr doch noch retten können.«

Doch sie war in Sorge. Die kommenden Tage verbrachte sie in einem Zustand wachsender Beunruhigung. Ludwig Clarenburg war in Berlin. Wenn er wieder da wäre, würde Adele mit ihm über ihr Zerwürfnis reden. Da war sie sich sicher.

Derweil ließ sie die Gärtner die Narzissenwiese an der Arche mähen. Es war ihr plötzlich egal, ob es im kommenden Jahr eine Blüte geben würde. Vielleicht wäre sie dann gar nicht mehr hier. Der Gedanke, hier weggehen zu müssen, schmerzte sie unerwartet heftig. Bis auf die ständigen Reibereien mit Adele gab es auch eigentlich keinen Grund für ein Scheiden. Aber wenn man der Chefin nicht genehm war, konnte es trotz aller beruflicher Kompetenz eben zu einer Kündigung führen. Das war ihr bewusst.

Sie erwartete, dass Ludwig Clarenburg irgendwann bei ihr vorbeikäme und sie mit ihm ruhig über die Angelegenheit würde reden können. Stattdessen klopfte er eines Abends in Begleitung von Adele an die Tür des Gärtnerhauses. Hedda war gerade erst nach Hause gekommen und wollte sich ein Sandwich zubereiten. Socks und Vitus strichen ihr wie immer um die Beine in der meist berechtigten Hoffnung, dass ein Stück Käse oder Schinken für sie abfiele.

Als sie die Tür öffnete, erfasste sie die geistige Verfassung ihrer Besucher auf einen Blick: Ludwig ruhig, leise lächelnd und mit einem Anflug von Zerknirschung im Gesicht, Adele kühl, mit hocherhobenem Kopf, ihren Unmut ostentativ vor sich hertragend. Hedda war schon gereizt bevor man auch nur die Begrüßung einigermaßen gesittet hinter sich bekommen hatte.

»Nun ja, Fräulein Hedda, die Wiese oben an der Arche ...«, begann Clarenburg zögerlich.

»... ist bereits gemäht«, vollendete Hedda den Satz. »Kommen Sie herein. Möchten Sie Tee?«

»Danke nein«, sagte Adele barsch. »Wir kommen nicht, um zu plaudern und Tee zu trinken.« Entschlossen betrat sie die Wohnstube und ließ ihre Blicke mit gerunzelter Stirn umherwandern, bis sie ihre Augen auf Heddas Gesicht richtete. »Ihnen sollte klar sein, dass es hier nicht um die Narzissenwiese geht. Seit Sie hier sind, missachten Sie grundsätzlich meine Anweisungen. Ich möchte, dass das ein für alle Mal aufhört. Ansonsten können Sie sich gern eine andere Stelle suchen.«

»Aber Adele, so ist es doch gar nicht«, versuchte Clarenburg zu vermitteln. Aber das brachte seine Frau nur noch mehr in Rage.

»Doch, mein lieber Ludwig, genauso ist es. Diese Frau«, und sie wies mit dem Zeigefinger auf Hedda, »nimmt sich Freiheiten heraus, Freiheiten, die ihr nicht zustehen. Und das wirklich Geschmacklose daran ist, dass du ihr das durchgehen lässt, nicht zuletzt mit dieser unsäglichen ›Ärgerprämie‹. Das ist für sie doch lediglich ein Blankoscheck, hier machen zu können, was sie will, und das, nebenbei bemerkt, nicht allein im Garten.«

Adeles Stimme schraubte sich langsam ins Schrille empor. Hedda stand entgeistert vor dieser Furie, und auch Ludwig Clarenburg schien es die Sprache verschlagen zu haben.

»Adele, meine Liebe, wovon sprichst du?«, brachte er schließlich hervor.

»Das«, fuhr sie ihn an, »weißt du ganz genau. Tu nicht so unschuldig. Du weißt genau, was sie hier treibt. Und ich fordere dich auf, das zu unterbinden. Und zwar auf der Stelle.« Damit ging sie, wie es ihre Art war, schnellen Schrittes zur Tür und knallte sie beim Hinaustreten nachdrücklich hinter sich zu.

Clarenburg atmete tief durch, seufzte und ließ sich in einen der Sessel am Fenster fallen.

»Ich weiß nicht, was sie hat. Sie ist in letzter Zeit so unausgeglichen. Was soll ich da machen?«

Hedda betrachtete ihn, ein Häufchen Elend fast. Das war jetzt nicht mehr der gewiefte Bankier, der scharfsinnige Analytiker politischer und wirtschaftlicher Gegebenheiten, der weltgewandte Menschenfischer, der auf jedem noch so glatten gesellschaftlichen Parkett eine gute Figur machte. Hier saß ein Mann, der sich zwischen geliebter Ehefrau und geschätzter Angestellten entscheiden musste, ein Mann, der sich von den häuslichen Problemen schlichtweg überfordert fühlte.

»Soll ich gehen?«, bot sie an. »Wir könnten uns vielleicht einvernehmlich trennen. Ich würde unschwer wieder eine Anstellung finden. Das wäre kein Problem.«

»Um Gottes willen, nein«, rief er aus und schaute sie bestürzt an. »Sie leisten hier großartige Arbeit, und ich bin sicher, das sieht Adele genauso. Geben Sie ihr einfach ein bisschen nach. Irgendwie scheint die Chemie zwischen Ihnen beiden nicht zu stimmen. Sie ist sonst gar nicht so. So wie sie sich eben aufgeführt hat, kenne ich sie gar nicht.«

»Also wenn ich etwas falsch gemacht habe, bitte ich um Entschuldigung. Wenn Ihre Frau das will, werde ich auch persönlich bei ihr um Verzeihung bitten, worum auch immer. Ich werde mich bemühen, mit ihr besser auszukommen.«

»Ist in Ordnung. Ich schau mal, dass ich die Wogen wieder glätten kann. Das Ganze kommt mir doch sehr wie ein Sturm im Wasserglas vor. Aber was soll's.« Er stand auf.

Sie verabschiedeten sich an der Tür. Sie hatte Kopfschmerzen. Langsam ging sie in die Küche zurück, um ihr Sandwich weiter zuzubereiten. Aber sie hatte keinen Appetit mehr und überließ den Katern ihr Abendessen.

Die Abbitte bei Adele blieb ihr erspart. Die beiden Frauen bemühten sich, einander aus dem Weg zu gehen. Wenn es Anweisungen von Adele gab, setzte Hedda sie ohne zu zögern und mit grimmiger Entschlossenheit um, selbst wenn es genügend überzeugende Gründe für Einwände gegeben hätte.

»Soll sie machen, was sie will«, schrieb sie zürnend an Elisabeth. »Mir doch egal, wenn die Sommerblumen für den Vorgarten zu früh ausgepflanzt und von den Eisheiligen hinweggerafft werden. Mir egal, wenn sie die Bauernhortensien im Frühjahr bis zum Boden zurückschneiden lässt. Dann werden die Sträucher eben in diesem Jahr nicht blühen. Mir auch egal, wenn es ihr beliebt, Lavendel neben die Rosen zu pflanzen, und der Lavendel in dem Schlickboden hoffnungslos versumpft. Mir ist es egal, wenn sie ohne Handschuhe Weinraute für einen Blumenstrauß erntet und dann tagelang mit Ausschlag an den Händen herumläuft. Und, Du wirst es nicht glauben, es ist mir sogar egal, wenn sie die welken Überreste vom Tränenden Herz einfach ausreißen lässt, weil sie sie für Unkraut hält. Mir ist das alles herzlich egal. Soll sie sich austoben.

Die Gärtner sind natürlich fassungslos und gucken mich immer ungläubig an, wenn ich solche hirnverbrannten Anweisungen gebe. Aber ich sage dann immer nur: ›Befehl von oben‹, und sie verstehen.«

»Oje, das mit der Weinraute war aber jetzt wirklich ein bisschen gemein«, antwortete Elisabeth. »Ich habe diesen Ausschlag einmal zwei, drei Wochen mit mir rumgetragen und wusste erst gar nicht, woher er stammte. Es juckte erbärmlich, und alle dachten, ich hätte die Krätze. Bis mir dann unsere alte Nachbarin Mrs. Willmott erklärte, dass man ihn bekommt, wenn man Weinraute bei sonnigem Wetter schneidet. Meine schlaue Cathy hat mir erzählt, dass man so was fototoxisch nennt.

Ich weiß noch, dass in Eurem Garten in Würzburg eine prächtige Weinraute wuchs, ganz hinten an der alten Ziegelmauer. Und irgendwann ist mir dann auch eingefallen, dass Deine Mutter immer Handschuhe trug, wenn sie Blätter und Blüten für ihre berühmten kleinen Kräutersträußchen schnitt, die sie immer auf dem Marktplatz verkaufte. Natürlich habe ich mir damals darüber keine Gedanken gemacht. Und es leider auch vergessen, als ich meine Raute schnitt.

Ich denke inzwischen oftmals an Euren Zaubergarten. Wir werden langsam alt, oder? Da denkt man offenbar häufiger an Kindheit und Jugend zurück.

Ich verbinde Euren Garten seltsamerweise eher mit Deiner Mutter als mit Deinem Vater. Ich hab sie so gern gehabt, und wenn ich an sie denke, sehe ich sie immer in den Beeten herumwerkeln. Ich erinnere mich an ihre Lieblingsblumen, die mit den Märchennamen: Elfenspiegel, Brennende Liebe und Jungfer im Grünen, Adonisröschen, Gauklerblume, Himmelsleiter und Himmelsschlüssel, Sonnenbraut, natürlich Vergissmeinnicht und auch Dein Tränendes Herz, dessen Vernichtung Du so gar nicht beweinst (was ich Dir, ehrlich gesagt, nicht ganz abnehme).

Deine Mutter war immer heiter, und wenn ich zu Euch kam, um mit Dir zu spielen, sagte sie: ›Meine kleine Flora ist irgendwo zwischen all den Blumen hier verschwunden.‹ Sie hat Dich immer Flora genannt. Nur Dein Vater nannte Dich Hedwiga. Für mich warst Du immer Hedda.«

Hedda las den Brief und war bestürzt. Und obwohl es später Abend war, als sie den Blick über Elisabeths Zeilen gleiten ließ, antwortete sie ihr umgehend.

»Liebste Lizzie,
ehrlich gesagt war Dein Brief, waren Deine Schilderungen unseres ›Zaubergartens‹ für mich wie die Büchse der Pandora. Alle

möglichen Erinnerungen stürzten plötzlich auf mich ein. Ich bin mal wieder in Tränen ausgebrochen. Verrückt, das alles. Ich bin sonst doch gar nicht so eine Tränenverschwenderin, oder? Vielleicht liegt es tatsächlich am Alter. Da wird man doch weinerlich, oder? Vielleicht liegt es aber auch an meiner prekären beruflichen Situation. Ich weiß nicht, wohin das Zerwürfnis mit Adele noch führen wird, und bin in angegriffener seelischer Verfassung.

Was mich schockiert, ist, dass ich komplett vergessen habe, dass meine Mutter mich Flora genannt hat. Ich mochte den Namen Hedwiga ja nie und habe auch nie verstanden, warum ich so heiße. In Eurer Bibliothek habe ich nachgeforscht und erfahren, dass eine Hedwiga im 9. Jahrhundert Herzogin von Sachsen war, Mutter von König Heinrich dem Vogler, über den es wiederum ein erhebendes Liedchen gibt. Aber warum, bitte schön, musste ich dann so heißen? Was haben wir mit den Sachsen zu tun? Ein Rätsel.

Ich habe auf den Namen immer nur gehört, wenn mein Vater mich rief. Sonst war ich Hedda, zumindest für mich selbst und meine Freunde.

Dennoch finde ich es im Nachhinein merkwürdig, dass beide Eltern mich mit anderem Namen ansprachen. Ich habe das nie hinterfragt, weder vor noch nach dem Tod meiner Mutter, so wie ich überhaupt nie etwas hinterfragt habe, das im Zusammenhang mit meiner Mutter steht. Ein Umstand, den ich jetzt sehr bedaure.

Aber als meine Mutter gestorben war, habe ich vor allem eine Mischung aus Wut und Trauer verspürt. Wut, weil sie einfach weg war und mich, ihre Tochter, zurückgelassen hatte. Wut, dass sich mein Leben seitdem von Grund auf ändern sollte. Wut, dass eine sauertöpfische Tante bei uns Einzug hielt. Und vor allem anderen Wut, dass mein Vater sich von einem lebenslustigen und humorvollen Mann in einen düsteren Eigenbrötler verwandelte, dem alles außer seiner Gärtnerei gleichgültig war.

Dieses unheilvolle Seelengebräu hat meinen Blick auf alles Schöne, was vor Mutters Tod war, offenbar vollständig verstellt.
Und jetzt, ja jetzt, jetzt kann ich mir nicht verzeihen, dass ich je vergessen konnte, dass sie, die warmherzige, heitere, wunderschöne Rachel Frederica Herzog, mich immer Flora genannt hat. Wie konnte ich das nur vergessen? Das ist doch eigentlich unmöglich.
Es grüßt Dich eine ratlose Hedda.«

»Meine liebe Hedda,
ich wollte diese ›Büchse der Pandora‹ wirklich nicht öffnen, und es tut mir leid, dass meine Erinnerungen Dich so aufgewühlt haben«, antwortete Elisabeth. »Es tut mir andererseits aber auch in der Seele weh, dass Du diese traumverlorenen Stunden mit Deiner Mutter in Eurem Garten vergessen zu haben scheinst. Wir waren dort so oft bei ihr und ihren Märchenblumen, wir haben gespielt und uns versponnene, romantische Geschichten ausgedacht, während Deine Mutter munter ihre Sträuße flocht.

Wiederum andererseits: Du warst so jung, ein Kind, ein kleines Mädchen. Wir beide waren viel zu jung, als unsere Mütter starben. Ich habe meine ja kaum gekannt.

Ich weiß noch, dass Du damals vollkommen unzugänglich warst. Hast Dich verkrochen bei uns, immer auf der Flucht vor Deinem trauernden Vater und dieser in der Tat etwas sonderbaren Tante, die Euch dann den Haushalt führte.

Ich weiß ja, das ist alles so lange her, aber es prägt uns bis heute. Die Vergangenheit, unsere Familie holen uns immer wieder ein, drängen sich in unser Leben, ob wir es wollen oder nicht.

Es umarmt Dich ganz fest, Deine Lizzie.«

19

SIGGI WERMUTH KÜMMERTE SICH inzwischen relativ selbstständig um die Pflege und Bestellung der Beete und das Spalierobst im Gemüsegarten. Sie selbst steuerte nur dann und wann neue Sorten bei, die unter ihrer Aufsicht angebaut wurden. Sie legte einen Pflück-Blumengarten auf einem weiteren planierten Bereich hinter den Gewächshäusern an. Von dort bezogen die Clarenburgs ihren Blumenschmuck fürs Haus. Jost, Karl und die übrigen Gärtner besorgten die Baumarbeiten auf dem Gelände, hegten den Bereich um die Arche und die Beete um das Haupthaus.

Sie war weiterhin hauptsächlich auf der Südterrasse beschäftigt und betreute ihre Elevinnen. Die Chancen ihrer Schülerinnen auf eine spätere Anstellung waren noch nie so aussichtsreich gewesen. Aufgrund des kriegsbedingten Männermangels war die Nachfrage nach Gärtnerinnen größer als das Angebot. Und die jungen Frauen strebten in den Beruf.

Hedda war zufrieden mit ihrem Leben, doch insgeheim fand sie es auch schade, dass sie nicht zwanzig Jahre später zur Welt gekommen war. Noch kurz zuvor wurde die Gartenarbeit für Frauen vor allem als eine Art verlängerte Haushaltstätigkeit verstanden. Obwohl ihre Mutter sich zu Hause um den Garten gekümmert und mit dem Verkauf ihrer Kräutersträuße durchaus Geld verdient hatte, wurde sie nie als eigenständige Gärtnerin oder Floristin betrachtet. Sie war die Frau des Gärtners Gregor Herzog, nicht mehr und nicht weniger. Hedda hatte sich nie gefragt, ob ihre Mutter damit zufrieden war, ob sie vielleicht auch einst eigene berufliche Träume gehabt hatte.

Und sie selbst: Was hatte sie kämpfen müssen für ihre Lebensweise als unverheiratete Frau, der es vor allem darum ging, einen männlich dominierten Beruf zu erlernen und ausüben zu können. Jetzt, nach dem Krieg, wo die Männer fehlten, war die Gartenarbeit für Frauen mehr und mehr professionalisiert worden. Heddas Lehrlinge wollten Berufsgärtnerinnen werden. Inzwischen gab es sogar eine entsprechende Arbeitskleidung für sie. Korsetts waren ohnehin passé. Strapazierfähige Hosen und Jacken waren im Beet auch für Frauen die angemessene Kluft. Plötzlich ging das alles, jetzt, wo es keine Männer mehr für die Gartenarbeit gab.

Ihre Schülerinnen lernten ihr Handwerk von der Pike auf. Gemüse- und Staudenkultur, Baumpflegearbeiten und Obstbaumschnitt, Aufziehen von Sommerblumen und Basiswissen in der Kunst der Gartenarchitektur. Darüber hinaus unternahm sie mit den Elevinnen botanische Exkursionen über das Terrain, die sie ähnlich gestaltete wie Carl von Linné seine Herbationes.

Sie hatte gelesen, dass der Naturforscher und Systematiker einst mit seinen Studenten in der Umgebung von Uppsala auf ziemlich theatralische Weise ins Gelände gezogen war. Waldhornklänge hatten das Auffinden einer seltenen Pflanze verkündet, und die Rückkehr abends um neun fand unter festlicher Musikbegleitung statt.

Man musste ihr nicht wie weiland Linné ein »Vivat« entgegenschmettern, so weit wollte sie nun doch nicht gehen. Ihr war Herr von Linné immer schon ein kleines bisschen zu eitel erschienen.

Aber sie beschloss, ihre Ausflüge zu einem Vergnügen werden zu lassen. Wanderte sie mit den Mädchen über den Berg, wurde in den Rucksäcken reichlich Proviant mitgenommen, und an der Arche gab es dann ein ausgedehntes Picknick. Dabei erzählte sie ihnen Geschichten. Unter anderem eben von Carl dem Größten, wie sie ihn zu nennen pflegte.

»Carl von Linné las auf der Erde, in Steinen, Pflanzen und Tieren wie in einem Buch«, erklärte sie. Er sei ein großer Beobachter gewesen, einer der bedeutendsten Observatoren unter der Sonne. Er habe Pflanzen gesammelt und von seinen Schülern sammeln lassen, habe Staubgefäße gezählt, die Anordnung der Fruchtstände betrachtet und die Pflanzen den Klassen, dann Familien, dann Gattungen zugeordnet. Der Name einer Pflanze, erzählte sie weiter, solle nach Linné aus zwei Teilen bestehen, aus dem der Gattung und dem, der die Art bezeichnet.

»Damit kam Ordnung in die Vielfalt. Fischäuglein, Mäuseohr, Treiblimche, Blauleuchte, Alsine: Für das Vergissmeinnicht kennt man auf Deutsch etwa dreißig Namen. Nach Linné gibt es für das Vergissmeinnicht nur noch einen weltweit gültigen Gattungsnamen: *Myosotis*, auf Deutsch Mäuseohr, weil die Blätter ein bisschen so aussehen. Dazu fügt er als zweites Attribut für die bei uns bekannteste Art *palustris* hinzu, was so viel wie ›sumpfig‹ heißt und uns kundtut, dass das Pflänzchen einen feuchten Boden schätzt. So konnte man die Flora der Welt benennen, binär, Gattung und Art, lateinisch gebeugt. Damit hatten die Botaniker aller Länder eine gemeinsame Sprache gefunden, ein System der Verständigung.«

Sie erzählte vom Landhausgarten des Plinius, von den minimalistischen Zen-Anlagen Japans und den Gärten des Islam, diesen Oasen aus Wasser und Licht. Sie erklärte die Bedeutung der Klostergärten und die gärtnerischen Visionen der Renaissance und des Barock.

»Die in der Renaissance eingeführten Prinzipien einer Geometrisierung des Raums sind eine klassische Formel, die für heutige Gärten noch ebenso gilt wie vor vierhundert Jahren«, erklärte sie. »Schaut euch hier im Garten um. Da werdet ihr viel von dem eben Gehörten wiederfinden. Der Rosengarten und die Girlandenhecke sind reinste Renaissance, die Treppe und Balustrade Rokoko. Das Amphitheater ist angelehnt an die Theater der griechischen Antike. Die Griechen legten ihre Theater seinerzeit als offenes, der Landschaft zugewandtes Halbrund an, gerne mit Aussicht aufs Meer, sodass der vom Meer herkommende Wind die Stimmen der Schauspieler zu den Zuschauerrängen tragen konnte. Für unser Theater stand das Theater in Syrakus auf Sizilien Pate. Und auch wenn die Elbe nicht das Mittelmeer ist, ist es doch eine schöne Assoziation.«

»Und die Terrassenbeete?«, fragte Ada, eine ihrer Schülerinnen.

Hedda lächelte. »Die Terrassenbeete sind ganz zeitgenössisch, fast könnte man sagen modern«, antwortete sie. »Man nennt diesen Stil Reformgarten, eine seiner Leitfiguren ist Karl Foerster, von dem ich euch schon mehrfach berichtet habe.«

»Und den Sie in Berlin kennengelernt haben«, ergänzte Ada.

»Genau, meine liebe Ada, den ich in Berlin kennenlernen durfte. Seine Sprache ist ein wenig, nun wie soll ich sagen, schwärmerisch. Man könnte sie auch leidenschaftlich nennen. Jedenfalls weiß er im Garten, was er tut. Pflanzen ihren natürlichen Wachstumsansprüchen gemäß einsetzen, das ist sein Credo. Das haben wir bei den Terrassenbeeten getan. Das Ergebnis: ein verschwenderisches Blühen, ohne dass man viel dazu beitragen müsste. Hin und wieder zurückschneiden und ein bisschen Unkraut zupfen und im Frühjahr ein paar passende Sommerpflanzen zwischen die Stauden pflanzen. Alles in allem ein rundum gelungenes Gartenkonzept.«

Sie rezitierte aus Ovids *Metamorphosen* (»Ihr werdet einen Lorbeerbusch künftig mit anderen Augen sehen«) und aus Boccaccios *Decamerone*, sie las ihnen *Landors Landhaus* von Edgar Allan Poe vor und Goethes *Wahlverwandtschaften*, diesen Roman, der nicht nur von der Unmöglichkeit der Liebe erzählt, sondern auch vom Planen eines vollendeten Gartens.

Am Tisch im Gärtnerschuppen beugte sie sich mit den Schülerinnen über die Pläne von Knotengärten, den Klosterplan von St. Gallen und jene der bedeutendsten barocken Anlagen. Sie erzählte vom Tulpenfieber in Holland während der ersten Hälfte des 17. Jahrhunderts und präsentierte ihnen Farbdrucke von den Objekten der damaligen Begierde: Die *Semper Augustus*, die *Mère brune* oder die *Viceroy*; oft großblumige, zweifarbig geflammte Varietäten.

Und dann präsentierte sie ihnen ein lebendiges Exemplar ihrer eigenen Lieblingstulpe, die sie im Topf vorgezogen hatte: *Tulipa clusiana*, die Damentulpe, benannt nach Carolus Clusius, dem wichtigsten Botaniker des 16. Jahrhunderts; eine schlanke Schönheit auf dreißig Zentimeter hohen Stielen, mit drei rosarot behauchten Außenpetalen und ansonsten rein weiß, im Inneren jedoch mit einem purpurfarbenen Basalfleck und fast schwarzen Staubfäden versehen.

»Sieht sie nicht wirklich aus wie eine hochwohlgeborene Dame?«, fragte sie entzückt und rein rhetorisch.

Die Schülerinnen nickten wortlos.

Sie mutete ihnen einiges zu; neben dem üblichen Gärtnerhandwerk eine Tour de Force durch die Gartengeschichte und Pflanzensymbolik, das Studium des Pflanzenaufbaus anhand botanischer Schautafeln und das Anlegen von Herbarien. »Gärtnern«, erklärte sie ihnen, »ist Sehen, Wahrnehmungstraining vom Feinsten.«

Mit vielen ihrer Elevinnen hielt sie Kontakt, wenn diese längst in Lohn und Brot standen. Diejenigen ihrer Schülerinnen, die nach der Ausbildung bei ihr noch eine der neu gegründeten Gartenbauschulen für Frauen besuchten, berichteten von neuen Strömungen, von den Architekten der Reformbewegung und den modernistischen Gartenplanern des Bauhauses, die die historischen Stilformen und Gartenprinzipien ablehnten und die Außenräume in eine streng funktionale Beziehung zum Wohnhaus setzten.

Romantische Rosengärten oder malerische Parklandschaften hatten in diesen kleinteiligen Konzepten im wahrsten Sinne des Wortes keinen Platz mehr. Sie las es mit Interesse. Doch bei allem Verständnis für diese nur folgerichtige Entwicklung aufgrund der veränderten soziologischen Strukturen fand sie keinen Zugang zu dieser puristischen Gestaltungsweise. Sie liebte Üppigkeit, verschwenderische Fülle, farbenfrohe Blütenpracht. Vielleicht, dachte sie, war es doch ganz gut, dass sie ihr Metier in viel früheren Jahren gelernt hatte. Nie und nimmer hätte sie Freude daran gefunden, einen Bauhausgarten anzulegen.

20

Natürlich gab es Rückschläge. So hatten heftige Winterstürme dem alten Baumbestand auf dem Berg zugesetzt, und sie musste für neue Gehölze sorgen. Woanders war die eine oder andere Sichtachse im Laufe der Jahre zugewachsen, und Gehölze mussten entfernt werden. Sie hasste diese Arbeit und holte sich Mut und Trost bei Hermann von Pückler-Muskau: »Der Spaten, den man zum Pflanzen braucht, ist notwendig, aber auch die Axt ist für die Gestaltung von Park- und Gartenlandschaften unentbehrlich.«

Nach den ungewöhnlich milden Wintern Mitte der Zwanzigerjahre hatte sie mit einer immensen Schneckenpopulation zu kämpfen.

»Hilft alles nichts. Wir müssen sie absammeln«, befand Hedda, als sie eines Morgens einmal wieder die bis zur Wurzel abgenagten Zinnien und skelettierten Funkienblätter betrachtete.

»Ich denke, die Igel fressen die Schnecken«, meinte Ada.

»Nur wenn sie nichts anderes finden. Und in diesem Sommer finden sie genug.«

»Absammeln?«, fragte Sophie, eine andere Schülerin, und betrachtete angewidert die amorphen braunen und schwarzgrauen Gebilde, die sich in den Beeten langsam voranbewegten.

»Wir tragen Handschuhe, sammeln sie ein und kochen sie ab«, sagte Hedda. »Ihr könnt sie natürlich auch mit eurer Rosenschere durchschneiden. Das ist dann für die Schnecken eine kurze Angelegenheit. Ich will mir aber nicht ausmalen, wie die Beete hinterher aussehen.«

Und so zogen sie in der Dämmerung mit Eimern durch die

Blumen- und Gemüsebeete, sammelten die schleimigen Tiere ein und brachten sie zu dem nur mehr selten genutzten Ofen in den Keller des Gesindehauses. Dort warfen sie ihre Beute in einen alten Einmachtopf mit kochendem Wasser. Den Sud schütteten sie später auf die Beete in der vagen Hoffnung, dass es abschreckend auf die lebenden Exemplare wirken möge.

»Schön ist das nicht«, gab Hedda zu. »Aber das Leben besteht nun mal nicht nur aus hübschen Korbblütlern und interessanten Blattschmuckstauden. Wir müssen Sägemehl um die Beete streuen und im Herbst die Gelege dieser Viecher vernichten.«

Im Frühsommer des Jahres 1928 kam der Fotograf. Ludwig Clarenburg hatte ihn angekündigt.

»Der lichtet nur die Gärten ab. Kümmern Sie sich gar nicht um ihn. Er wird Sie nicht stören«, hatte er gesagt.

Als sie mit Ada im Rosengarten die Zwiebeln der abgeblühten Tulpen fürs Trocknen aus der Erde zog, stand er eines Morgens vor dem schmiedeeisernen Tor.

»Grüß Gott, die Damen«, sagte er mit einem unverkennbar süddeutschen Akzent, der Hedda an ihre Kindheit denken ließ und den sie sich in Berlin schnellstens abgewöhnt hatte.

»Guten Morgen«, sagte sie und betrachtete ihn. Ada schaute von der Arbeit auf, und Hedda bemerkte, wie ihre Schülerin unwillkürlich die Arbeitsweste straff herunterzog, das Haar zurückstrich und ein verzücktes Lächeln aufsetzte.

Sie konnte sie verstehen. Der Mann war ein gut aussehender Bursche, schätzungsweise um die dreißig, groß gewachsen, kräftig, mit ausgeprägten Gesichtszügen.

Er stellte sich vor, sagte aber im selben Atemzug, dass sie seinen Nachnamen gleich vergessen könnten. »Zu viele Konsonanten, ich heiße Albert. Nennen Sie mich Bertie.« Wobei er den Namen englisch aussprach.

»Ich bin Hedda, das ist Ada. Hallo, Bertie«, sagte sie amüsiert.

Wenn etwas zu diesem Kerl überhaupt nicht passte, war es der Name Bertie, selbst wenn man ihn in englischer Manier aussprach. An ihm war nichts Niedlich-Verspieltes. Ganz und gar nicht.

»Ich hab gehört, Sie sind auch aus Würzburg«, sagte er an Hedda gewandt, während er gleichzeitig Ada mit einem anerkennenden Blick bedachte.

»Stimmt, ist aber schon lange her, dass ich da weg bin«, antwortete sie.

»Ich bin auch nur noch zu Besuch da. Hab mich hier und da rumgetrieben. Residenzstadt schön und gut, aber was will man da auf Dauer? Na ja, jetzt hab ich nun mal den Auftrag, diesen Garten zu fotografieren. Ich bemüh mich, Sie nicht zu stören.«

Ein frommer Wunsch, doch vielleicht auch weder fromm noch Wunsch, dachte sie.

Ihre Elevinnen benahmen sich jedenfalls wie aufgescheuchte Hühner, wenn er mit seiner Kamera mal hier, mal dort auf der Südterrasse auftauchte, den Rosengarten ablichtete, sehr oft auch die Girlandenhecke, und die Elevinnen immer wieder lächelnd und mit bedeutungsvoller Miene taxierte.

Ihr war nicht ganz klar, ob dies der professionelle Blick des Fotografen war oder der des begehrenden Mannes. Und sie überlegte sich, inwieweit sie ihre minderjährigen Schülerinnen vor diesem Charmeur zu schützen hatte.

Sie hielt die Augen offen. Doch mehr und mehr verdichtete sich der Eindruck, dass nicht die eine oder andere ihrer Schülerinnen des Schutzes bedurfte, sondern der Fotograf.

»Können Sie mich nicht auch mal fotografieren?«, hörte sie eines Morgens Gesche säuseln, die schönste und ehrgeizigste ihrer derzeitigen Elevinnen. Hedda sah sie dicht bei dem Fotografen in einem der Gewächshäuser stehen, wo Bertie den Sucher auf eine Crassula richtete.

»Ach Fräulein, wissen S', ich fotografier selten Menschen.

Meine Schwerpunkte sind Pflanzen, Landschaften, Architektur, so was …«, sagte er, ganz und gar auf seine Arbeit konzentriert und ohne sie anzuschauen.

»Gesche, was tust du hier?«, fragte Hedda streng.

»Nichts weiter. Hab die Pelargonien gewässert«, antwortete Gesche mit unschuldigem Augenaufschlag und schlenderte hüftenwackelnd Richtung Ausgang.

»Tut mir leid, wenn die Mädchen Sie bei der Arbeit behindern«, sagte Hedda an den Fotografen gerichtet.

»Ach was, machen Sie sich keine Gedanken. Die Mädchen stören mich nicht. Ich kenn das schon. Alle Welt will heutzutage fotografiert werden. Weiß der Himmel, warum. Bei den meisten Leuten lohnt es sich kaum. Nichtssagende Gesichter, gestelzte Posen, keine Persönlichkeit. Und oft genug muss man retuschieren, um die Leute ein bisschen zu verschönern. Na ja, man kann's sich nicht immer aussuchen.«

Er schaute auf und musterte sie. »Sie sind der Boss hier, oder?«

Sie runzelte die Stirn. »Ich würde mich nicht unbedingt so bezeichnen«, erwiderte sie. »Ich bin die Obergärtnerin, ja. Ich habe die Gärten hier angelegt und versuche, den Mädchen etwas beizubringen, sodass sie später einen anständigen Beruf haben.«

»Scheint doch zu klappen. So wie ich das mitkriege, sind die Mädels tüchtig und emsig bei der Sache.«

»Ja, nur interessieren sie sich momentan ein bisschen zu sehr für Sie und Ihre Kamera.«

»Nächste Woche bin ich wieder weg«, sagte er und betrachtete sie nun ganz ungeniert von oben bis unten. »Ich würd Sie gern im Garten fotografieren.«

»Ich denke, Sie fotografieren keine Menschen«, gab sie zurück.

»Stimmt schon. Doch hin und wieder mach ich eine Ausnahme. Ich nehme Sie auf, wenn Sie an den Terrassenbeeten arbeiten; Ihre Hände vielleicht, während Sie Rosen schneiden. Wenn ich Menschen fotografier, dann meist während sie arbeiten.«

»Meinetwegen. Aber erst, wenn die Mädchen Schluss gemacht haben. Wenn die sehen, dass Sie mich fotografieren, scharwenzeln sie nur noch mehr um Sie herum.«

Am nächsten Tag trafen sie sich vor der Girlandenhecke. Die Gärtner und die Elevinnen waren bereits zu Hause. Die Südterrasse war bis auf sie und den Fotografen menschenleer.

Sie hatte es sich anstrengend vorgestellt, für ihn Modell zu stehen, doch es war ein sehr entspannter Spätnachmittag. Sie war in ihrer üblichen Gärtnerkluft erschienen, und er fotografierte sie von der Seite vor den Terrassenbeeten stehend und Unkraut zupfend, im Rosengarten mit Rosenschere in die Ferne schauend und immer wieder ihre Hände.

»Meine Hände sehen grauenvoll aus«, wandte sie ein.

»Gärtnerhände eben«, gab er zurück. »Kräftig, schwielig, dreckig, kurze Nägel ... Alles, wie es sich gehört.«

Sie schaute ihn argwöhnisch an.

»Ich mag nichts Gekünsteltes. Effekthascherei ist mir ein Gräuel«, erklärte er. »Ich will meine Darstellungen einfach, klar und schonungslos realistisch. Ich schicke Ihnen ein paar Abzüge.«

»Meine Hände sind mir egal und die Fotografien von mir auch. Ich hätte nur gern Fotos von der Girlandenhecke«, sagte sie.

»Kriegen Sie. Das Teil ist wirklich ein Prachtstück. Schwer zu fotografieren zwar, aber ein Meisterwerk. Ich denke, ich hab's ganz gut hinbekommen.«

»Mögen Sie ein Glas Wein mit mir trinken?«, fragte sie, vor allem um sich zu revanchieren. Aber, das gestand sie sich dann schon ein, auch weil er ein interessanter Mann und Gesprächspartner war und sie die Ernsthaftigkeit bewunderte, die er seiner Kunst ganz offensichtlich entgegenbrachte.

»Ja, gern. Ich bin hier für heute fertig«, sagte er und packte seine Sachen zusammen.

Sie gingen zum Gärtnerhaus, und wie jeder andere Gast war er überrascht von ihrer Wohn- und Studierstube.

»Sind Sie nicht ein bisschen zu gebildet für eine einfache Gärtnerin?«, fragte er und blätterte in ihren Kunstbänden.

»Nein«, sagte sie und öffnete eine Flasche Riesling. Sie schenkte ihnen beiden ein und reichte ihm sein Glas. »Ich sehe mich nicht als ›einfache Gärtnerin‹. Ich gestalte ja auch, stelle Pflanzpläne zusammen und schaue, dass alles sich gut zusammenfügt. Ein gewisses Maß an Bildung ist in diesem Fall schon vonnöten. Dieser Garten hier zum Beispiel speist sich aus Ideen vieler historischer Anlagen. Da sollte man die einzelnen Stilepochen kennen und unterscheiden können, finde ich. Aber nun erst mal: Zum Wohl.« Sie hoben ihre Gläser und stießen miteinander an.

»Sie sind nicht oft oben im Gesindehaus, oder?«, fragte er, nachdem sie sich in den Sesseln am Fenster niedergelassen hatten.

»Was soll ich da? Ich bin lieber hier für mich.«

Er lachte. »Ja, das haben mir die Leute da oben auch gesagt. Ich ess ja immer mal mit denen zu Mittag. Da kriegt man einiges mit.«

»Ich weiß schon, die halten mich alle für einen arroganten Blaustrumpf.«

»Einen ziemlich eigensinnigen arroganten Blaustrumpf mit mächtig viel Haaren auf den Zähnen«, sagte er und grinste sie an. »Nur die Köchin und der Chauffeur sind gut auf Sie zu sprechen. Und Ihre Gärtner lassen natürlich auch nichts auf Sie kommen. Aber ich fürchte, bis auf den alten Jost haben die vor allem einen Heidenbammel vor Ihrer scharfen Zunge.«

»Ach was, so schlimm bin ich gar nicht. Im Übrigen ist mir mein Wert auf der Beliebtheitsskala ziemlich egal.«

»Kann man so sehen. Ich habe jedoch die Erfahrung gemacht, dass es das Leben erleichtert, wenn man freundlich ist und versucht, mit den Leuten gut auszukommen.«

»Ach ja? Und was hat Ihnen das gebracht? Dass jeder meint, Sie beim Arbeiten stören und blöd anquatschen zu dürfen vielleicht?«

»Stimmt schon, manchmal kann das lästig sein. Andererseits will ich ja auch was von den Leuten, nämlich ihre Gärten, ihre Häuser oder ihre Fabriken fotografieren. Quid pro quo: So seh ich das.«

»Das mag für Sie unabdingbar sein, für mich nicht. Ich kann hier weitgehend selbstständig arbeiten.«

»Das hab ich aber anders gehört. Die gute Adele scheint doch kräftig mitmischen zu wollen; und Ihnen nicht gerade wohlgesonnen zu sein, um es einmal vorsichtig auszudrücken.« Er schaute sie neugierig an.

»Sie hören also auf den Klatsch der Bediensteten?«

»Na, aber sicher doch. Ich hör mir alles an und ziehe dann meine Schlüsse.«

»Und die wären in meinem Falle?«

»Dass das, was ich hier und da über Sie aufschnappe, nicht ganz falsch ist, aber ganz richtig eben auch nicht. Die Wahrheit liegt ja meistens in der Mitte. Sie haben bestimmte Vorstellungen von Ihrem Beruf, und die wollen Sie durchsetzen. Ich kenn das. Ist nicht immer ganz einfach, die eigenen Ideen mit denen der Auftraggeber in Einklang zu bringen.« Er nippte an seinem Wein und schaute aus dem Fenster. »Wie ich das verstanden habe, haben Sie den Garten hier weitgehend nach Ihrem eigenen Gusto gestaltet«, fuhr er fort. »Und ich muss sagen: Chapeau! Die gesamte Anlage wirkt stimmig, abwechslungsreich, romantisch gar und trotz der Einsprengsel verschiedener Stilepochen wie aus einem Guss. Hätte ich einen Garten, ich würde Sie als Gestalterin engagieren.«

»Wie freundlich von Ihnen«, sagte sie lächelnd und bot ihm eine Zigarette an, die er ablehnte. Sie steckte sich eine ihrer Chesterfields an und nahm ein paar Züge. »Aber dass Sie mich trotz meines angeblich so garstigen Wesens engagieren würden, beweist doch nur meine These, dass es auf Leutseligkeit ganz offensichtlich nicht ankommt, sondern vor allem auf Können, auf Professionalität und vielleicht auch auf Respekt.«

»Ja, vielleicht haben Sie recht«, sinnierte er und fuhr gedankenverloren mit dem Zeigefinger über den Rand seines Glases. »Respekt muss man sich erarbeiten.«

»Ja«, pflichtete sie bei. »Und das funktioniert nur, indem man weiß, was man tut. Man muss sein Metier verstehen, möglichst viel Erfahrung in seinem Beruf sammeln und auch mal über den Tellerrand hinausschauen. Viel lesen, vielleicht reisen, sich bilden und die Bildung immer weiter vertiefen.«

Er schaute sie nachdenklich an. »Haben Sie eigentlich auch ein Privatleben? Ich meine, tun Sie auch hin und wieder mal was Verrücktes, das nicht in Beziehung zu Ihrem Beruf oder Ihrem Bildungsdrang steht?«

Sie spürte leichte Verlegenheit. »Ich finde, für solcherlei Fragen kennen wir uns nicht gut genug«, bemerkte sie dann kühl.

»Oh, Pardon.« Er lachte auf. »Ich wollte Ihnen nicht zu nahe treten. So was passiert mir manchmal. Aber vielleicht könnten wir uns ja näher kennenlernen. Dann könnten wir gemeinsam herausfinden, ob Sie nicht doch einen Sinn haben für die lustigen Überspanntheiten des Lebens.« Er schaute sie abwartend an.

Sie zögerte. »Ich weiß nicht recht, Bertie. Vielleicht sollten wir es bei unserem heutigen Nachmittag belassen. Es war sehr vergnüglich, mit Ihnen zu arbeiten.«

Er verstand den mehr oder weniger schonungsvoll vorgetragenen Rauswurf und akzeptierte ihn mit seiner üblichen Nonchalance. »Dito, meine Liebe, dito. Ich werde mich dann mal auf den Weg machen.«

Er stand auf und schnappte sich seine Arbeitsutensilien. »Ich hoffe, wir sehen uns noch mal. Morgen gehe ich zu diesem Holzhaus weiter oben auf dem Berg. Dort habe ich prächtige Fingerhüte gesehen. Die werde ich noch fotografieren, und dann werd ich wohl wieder meiner Wege ziehen.«

Sie begleitete ihn zur Tür.

»Vielen Dank fürs Modellstehen und den Wein«, sagte er und drückte ihr unvermittelt einen Kuss auf die rechte Wange.

»Gern geschehen«, sagte sie lächelnd.

»Ich schicke Ihnen Abzüge«, sagte er im Gehen.

»Von der Girlandenhecke«, rief sie ihm hinterher.

»Von der Girlandenhecke«, wiederholte er und winkte ihr zu.

Sie schaute noch einen Augenblick nachdenklich auf die Wegbiegung, hinter der er in dem Rhododendronwäldchen verschwunden war.

Eine Verbindung mit ihm wäre sicher nicht ohne Reiz gewesen. Doch sie hatte Ben. Ihr genügten die sporadischen Zusammenkünfte mit ihm vollauf. Für einen weiteren Mann war kein Platz in ihrem Leben.

Sie hatte den Fotografen schon fast vergessen, als zwei Monate später ein dick verschnürtes Paket bei ihr eintraf. Sie packte es aus und fand seine Abzüge, Fotos von der Girlandenhecke, von ihr vor den Terrassenbeeten, ihren arbeitenden Händen und ein Detailbild von einem Fingerhut vor schwarzem Hintergrund.

Sie betrachtete die Bilder lange. Die Darstellungen waren von einem rigorosen Purismus durchdrungen. Keine Schnörkel, kein Beiwerk, nichts Beschönigendes. Und doch so ergreifend, dass es ihr die Tränen in die Augen trieb. Ihre Hände, so schrundig und erdverkrustet in den Terrassenbeeten zugange; die Girlandenhecke von der Westseite her aufgenommen, sieben Säulen, die lange Schatten auf das Rasenplateau warfen; ihre schmale, groß gewachsene Gestalt im Rosenbeet, aufrecht, sich leicht umdrehend, Rosenschere in der Hand, Blick Richtung Westen. Und dann der Fingerhut: Gut ein Dutzend gepunktete Hütchen nur, an einem unsichtbaren Stängel, zeigten dem Betrachter ihr Innerstes.

Nie hatte sie einen Fingerhut so gesehen, so klar und einfach und, in diesem Ausschnitt eingefangen, ungewohnt, vollkommen neu.

Sie legte die Aufnahmen beiseite. Die Fotos von ihr und ihren Händen würde sie gut aufbewahren, die Girlandenhecke und den Fingerhut indes würde sie rahmen lassen und in ihrer Wohnstube aufhängen.

Das tat sie dann auch, und fortan gehörten die beiden Bilder zu den beständigsten Begleitern ihres Lebens.

Drei hintereinander folgende milde Winter ohne Frost und nennenswerten Schnee gaben ihr Rätsel auf. Und offensichtlich nicht nur ihr allein. In einem Zeitungsartikel las sie ein Interview mit dem Meteorologen Willi König, seines Zeichens Chef des Deutschen Wetterdienstes, der sich auch mit Themen der Klimaforschung befasste. Auf die Frage, ob die milden Winter der Vorjahre ein Hinweis auf langfristige Klimaänderungen sein könnten, antwortete er mit einem entschiedenen »Nein!«.

Das Zeitunglesen hatte sie jedoch bald wieder aufgegeben. Zu viel Arbeit. In den Gesprächen mit Ben bekam sie die nachhaltigsten Ereignisse mit. Ludwig Clarenburgs ungewöhnlich nebulösen Ausführungen entnahm sie, dass die Bank durch die Inflation, den Zusammenbruch der New Yorker Börse Ende Oktober 1929 und die nachfolgende Weltwirtschaftskrise in heftige Turbulenzen geraten war. Er stand sichtbar unter Druck, wie vermutlich die meisten Bankiers weltweit in solch angespannten Zeiten.

Und doch waren diese Jahre mit ihren fragilen gesellschaftlichen und politischen Strukturen für sie vor allem von Leichtigkeit und Freiheit geprägt. Sie hatte nicht die geringste Ahnung, ob Clarenburgs von ihrem Verhältnis mit Ben wussten. Doch es schien auch ganz egal zu sein. Ihre Haltung, ein Leben ganz und gar nach ihrem Gutdünken zu führen, einen erfüllenden Beruf zu ergreifen und sich den Mann zu nehmen, den sie haben wollte, schien zum allgemeingültigen Prinzip der modernen Frauen geworden zu sein. Lilly, die zweitälteste der Clarenburg-Töchter, hatte Medizin studiert und war mit ihrem Mann, gleichfalls einem Arzt, nach Brasilien ausgewandert. Ida war Malerin und lebte, wie man hörte, ein recht freizügiges Leben in Paris. Und Esther strebte eine Ausbildung zur Schauspielerin an.

»Wäre interessant zu wissen, was Adele davon hält«, schrieb sie in einem Brief an Elisabeth. »Ihrem ehrpusseligen Wesen dürfte es ziemlich zuwider sein, wenn ihre beiden jüngsten Töchter in solch unübersichtlichen Verhältnissen leben.

Wir sind uns nach wie vor in herzlicher Abneigung verbunden. Dabei ist mir immer noch nicht ganz klar, was sie eigentlich an mir auszusetzen hat. Tommy hat mal angedeutet, dass sie womöglich eifersüchtig ist, weil ihr Mann mit mir so oft durch die Gärten spaziert. Aber das ist natürlich Unsinn. Clarenburg und ich pflegen eine berufliche Beziehung, die zugegebenermaßen sehr ins Freundschaftliche tendiert, aber ansonsten vollkommen harmlos ist.

Ich bin mir nicht ganz sicher, ob sie Bescheid weiß über meine Beziehung zu Ben. Sie ergeht sich ja oft in Andeutungen. Und vielleicht hat sie Ben trotz seines Desinteresses doch als gute Partie für Ida ausersehen. Weiß man's?

Ich versuche, ihr nicht in die Quere zu kommen. Das Terrain ist Gott sei Dank weitläufig genug, und man kann sich gut aus dem Weg gehen, wenn man es darauf anlegt.«

Elisabeths Antwort war wie immer um Ausgleich bemüht.

»Ich kann nachvollziehen, dass sie Dir mit ihrer ewigen Krittelei auf die Nerven geht. Andererseits verstehe ich sie auch. Ihre Kinder sind aus dem Haus, und ihr Mann ist selten da. Seit Cathy in Oxford und Albert in Eton ist, fühle auch ich mich ein wenig wie ein Fisch auf dem Trockenen. Das Nest ist leer, und im Gegensatz zu Dir habe ich keinen erfüllenden Beruf. Vielleicht langweilt sich Adele nur. Vielleicht ist sie aber auch verbittert, weil ihre Töchter und sogar ihre Obergärtnerin so ein freies Leben führen können; ein Leben, das ihrer Frauengeneration nicht vergönnt war. Versuch, ein bisschen gnädiger mit ihr zu sein.

Sei ganz fest gedrückt, Deine Lizzie.«

Sie überlegte, ob Elisabeth womöglich recht haben könnte, fand aber keine Anzeichen dafür. Adele hatte nach wie vor genug mit dem Haushalt und ihren gesellschaftlichen Verpflichtungen zu tun. Verbitterung sah sie an ihr nicht.

Und so siegte die Routine. Sie schob die unschönen Gedanken von sich weg und machte weiter wie bisher.

Doch die Zeiten änderten sich, und bald schon drängte sich die Geschichte wieder ungefragt in ihr Dasein. Und dies auf eine Weise, die sie letztendlich nicht mehr so einfach wegschieben konnte.

Sie hätte es wissen sollen, denn für besonders glückliche wie auch besonders unglückliche Phasen im Leben hatte sie sich längst die gleichermaßen demutsvolle wie zuversichtliche Devise zugelegt: Es bleibt nicht so.

Ein ungewöhnlich kalter Winter zeigte ihr, dass der Meteorologe König augenscheinlich recht gehabt hatte. Und dieser Winter offenbarte ihr auch erstmals, dass ihre Komposition der Südterrasse voll und ganz gelungen war. Denn erst befreit von Blatt und Blüte entfaltete sich das architektonische Konzept vor ihr, so wie sie es ursprünglich gezeichnet hatte, mit klaren Linien und vom Raureif hart in Szene gesetzten Konturen.

Es war an einem eisigen Februarmorgen, als sie dick eingepackt über den Berg lief und den Garten erstmals mit nüchternem Blick in Augenschein nahm. Die Luft war kalt, die Stille unheimlich. Kein Eichhörnchen keckerte, kein Eichelhäher rätschte. Der Frost der vergangenen Nacht hatte den Morgennebel in Kristalle verwandelt. Wie feine weiße Krusten überzogen sie das starre Gezweig der alten Eichen und Buchen. Von den verbackenen Laubresten der Rotbuchen nahm sie nur einen flaumigen Anflug wahr. Die Girlandenhecke und die Eibenhecken des Naturtheaters hingegen und die Buchsbaumparterres im Rosengarten sahen aus wie mit Puderzucker überstreut.

Sie hatte immer schon eine Vorliebe für wintergrüne Gehölze, und hier hatte es sich einmal mehr bewiesen, wie wichtig sie im Garten waren. Gerade hier im Norden, wo es in der kalten Jahreszeit nie richtig hell wurde und die Tage in grauer Ödnis vergehen konnten, hatte sie die Hecken aus Thuja, Eiben und Buchsbaum stets als lebendigen und kraftspendenden Hoffnungsschimmer empfunden. Doch jetzt, so kristallin erstarrt, wirkten sie wie eine Szenerie aus Andersens *Schneekönigin*.

Zwischen den Säulen der Girlandenhecke sandte die Sonne vereinzelte Lichtbüschel auf die vereiste Fläche des Seerosenbeckens.

Sie sah ein Dompfaffpärchen aufgeplustert im Geäst der alten Linde hinter dem Rosengarten. Von fern hörte sie Möwengeschrei. Ein kleiner Wind setzte ein und wehte silbrige Stäubchen aus den Baumkronen. Wie Funken sprühten sie über das Unterholz.

Der fast lautlose Klang ihrer Schritte auf dem beinhart gefrorenen Boden und die Regungslosigkeit ringsum verstärkten das Gefühl, als sei der Ort der Welt abhandengekommen. Sie zögerte fast, diese Ruhe zu stören, einzudringen in dieses von Frost und Nebel geschaffene Kunstwerk. Sie ging hinunter zum Amphitheater und betrachtete das sperrige Geäst der Glyzinien, die nun ein Gewand aus Raureif trugen.

Eisschollen trieben auf der Elbe. Die ganze Welt schien gefrostet.

Langsam ging sie zurück zum Gärtnerhaus. Alles um sie herum war in märchenhafte Weiße getaucht. Es sah wundervoll aus.

Noch, dachte sie bei sich. Sie betrachtete den Kräutergarten vor dem Gärtnerhaus. Die Gamandereinfassung war ebenso wie die Bepflanzung in den Beeten weiß überpudert. Doch wenn sich der Frost von dannen gemacht hatte, würden die wärmeliebenden Gewächse schwarz und tot in sich zusammenfallen. Sie würde den Garten komplett neu anlegen müssen.

Viele Jahre später erst war ihr die seltsame Koinzidenz dieses Winters und der Ereignisse, die folgen sollten, aufgefallen. Das ausgelassene Jahrzehnt ging eisig zu Ende, und die Kälte würde bleiben. Sie sollte sich für die kommenden fünfzehn Jahre in das Gemüt der Menschen fressen und sich dort einnisten. Und irgendwann würde nur noch der Tod die Geschehnisse bestimmen.

Es gab Zeichen, so wie es immer Zeichen gibt, wenn bahnbrechende Veränderungen anstehen oder großes Unglück droht.

An einem Morgen im April, als der Westwind besonders heftig um den Berg wehte, kam Jost später als gewöhnlich zur Besprechung in den Geräteschuppen. Die anderen Gärtner waren bereits an der Arbeit, und Hedda wollte gerade zu den Gewächshäusern aufbrechen, als er nur knapp grüßend an den großen Tisch im Schuppen trat.

»Karl hat Socks an der Arche gefunden, mit aufgeschlitzter Kehle«, sagte er.

Hedda starrte ihn irritiert an. »Socks? Wieso?« Dann schaute sie sich hastig nach Vitus um, der jedoch friedlich auf einem der Korbstühle schlief.

»Wir wissen nicht, was passiert ist«, fuhr Jost fort. »In letzter Zeit finden wir hin und wieder tote Tiere an der nördlichen

Grenze des Grundstücks. Kleinere Tiere, Eichhörnchen, Hasen, Kaninchen mit eingeschlagenem Schädel oder eben aufgeschlitzter Kehle. Die sind ganz klar von Menschen getötet worden. Keine Ahnung, wie sie die gefangen haben, womöglich mit Fallen. Wir wissen es nicht.«

»Wer macht so was?«, fragte sie fassungslos.

»Ich vermute mal, Jungs aus den Dörfern unten am Fluss. Karl hat letztens ein paar von denen in dem Buchenwäldchen erwischt, wie sie mit Zwillen auf Vögel schossen. Er hat sie weggejagt. Es gab auch Schmierereien an der Mauer vor der Einfahrt. Hakenkreuze, so nennt man diese Zeichen wohl.«

»Wo ist Socks jetzt?« Sie spürte, wie ihr Tränen in die Augen traten, und wischte sie unwirsch weg.

»Karl wird ihn begraben, oben an der Arche«, sagte Jost milde. »Halten Sie Vitus am besten im Haus. Wenn's recht ist, werden wir die Zäune an der Nord- und Westgrenze verstärken. Vielleicht hilft's ja.«

»Tun Sie das«, sagte sie. Bedrückt kraulte sie Vitus den Kopf. Ihr war plötzlich kalt und leicht übel. Sie zog ihre Jacke über und hob den Kater vom Stuhl hoch. »Ich bin in den Gewächshäusern. Vitus nehm ich mit. Bis später.«

»In Ordnung«, sagte Jost. »Wir werden die Augen offen halten.«

Vor dem Geräteschuppen trennten sie sich, und Hedda ging mit Vitus im Arm in Richtung der Gewächshäuser. Ihr war schwindlig und immer noch übel. Sie drückte den Kater so fest an sich, dass er kurz aufmaunzte.

»Tut mir leid«, sagte sie und kraulte ihn.

Mit diesem Ereignis, das dachte sie später oftmals, war das Böse eingedrungen in ihre heile Gartenwelt. Und damit einher ging eine allmähliche Veränderung ihrer Wahrnehmung und auch ihrer Einstellung zu ihrem Leben auf dem Berg. Irgendetwas war aus dem Gleis geraten. Die Bluttat an Socks war der erste konkrete Hinweis auf die langsam dunkler werdenden Schatten, welche die Veränderungen in Deutschland und in Europa vorauswarfen.

21

Die Zwanzigerjahre waren unmerklich in die Dreißiger übergegangen. Clarenburgs Bank ging es nicht gut, doch zählte sie auch nach der Bankenkrise zu den größten der Branche. Clarenburg selbst hatte zahlreiche Aufsichtsratsmandate in mehreren Konzernen, war im Vorstand verschiedener Institutionen und wie immer viel unterwegs. Dennoch fand er Zeit, sooft es ging die Morgenspaziergänge mit seiner Obergärtnerin fortzusetzen.

»Na, sind Sie zufrieden mit Ihren Schülerinnen?«, erkundigte er sich an einem schon kühlen Herbstmorgen, als der Nebel über dem Fluss sich einmal wieder nicht heben wollte und sie bei geisterhaft fahlem Dämmerlicht Richtung Arche wanderten.

»Doch, die jetzigen sind in Ordnung. Es gibt natürlich Unterschiede. Manche verabschieden sich schon nach zwei, drei Wochen wieder, aber meine derzeitigen Mädchen halten durch.«

»Sind ein paar jüdische Mädchen dabei?«, fragte er.

»Nicht dass ich wüsste. Aber ich frag auch nicht. Warum?«

»Ich war vor ein paar Wochen in Palästina. Esther ist neuerdings Feuer und Flamme für das Land und will dort in einem Kibbuz arbeiten. Das sind ländliche Siedlungen da mitten in der Einöde. Ich weiß nicht, was sie daran gefunden hat.«

»Ich denke, sie will Schauspielerin werden.«

»Tja, dachten wir auch. Ist ja exotisch genug, finde ich. Aber jetzt hat sie von Ben über diese Kibbuzim gehört. Ben ist in jüngster Zeit ein bisschen skeptisch, was das jüdische Leben hier in diesem Land betrifft. Und dann hat Esther auch noch Chaim

Weizmann kennengelernt. Hat wohl einen nachhaltigen Eindruck auf sie gemacht. Und jetzt will sie nach Palästina auswandern.«

»Wer ist Chaim Weizmann?«

»Der Präsident der Zionistischen Weltorganisation. Er kämpft für einen eigenständigen jüdischen Staat in Palästina, und dafür sammelt er Leute, die da wohnen wollen. Mumpitz, wenn Sie mich fragen. Viele, die da waren, kommen wieder zurück. Ist doch klar. Ist doch alles Wüste. Was will man da?«

Als sie an der Arche ankamen, lichtete sich der Nebel langsam, die Luft schien seidenblau, und eine bleiche Sonne verkündete einen vollendeten Herbsttag. Weit unten im Tal war im fahlen Morgenlicht der Fluss erkennbar. Ein Nebelhorn tönte von Weitem. Sie hörte den Schrei der Wildgänse, die Richtung Süden zogen. Die Blätter an den Bäumen ringsum leuchteten in einem so theatralischen Orange, wie es Blättern nur eben möglich war. Über die Obstwiese hatten Spinnen ihre Netze gewoben.

»Das hier ist doch das Leben. Hier gehören wir hin«, sagte Clarenburg mit weit ausholender Geste, und es klang so, als wolle er sich das selbst bestätigen.

Sie betrachtete ihn, wie er da stand, wie er lässig die Hände in die Hosentaschen steckte und auf den Fluss schaute; im Dreiteiler mit ergrautem Haar, etwas mächtiger geworden um die Taille, aber immer noch ein beeindruckender Mann.

Widerstrebend musste sie zugeben, dass Adele mit ihrem Argwohn nicht völlig danebengelegen hatte. Sie hatte ihn immer anziehend gefunden und gespürt, dass das durchaus auf Gegenseitigkeit beruhte. Aber vernünftigerweise hatten sie beide sich gehütet, diesen Gefühlen nachzugeben.

»Warum soll ich jüdische Mädchen ausbilden?«, fragte sie stirnrunzelnd.

Er schwieg eine Weile. »Der Antisemitismus nimmt zu. Und Weizmann hat vielleicht nicht ganz unrecht, wenn er versucht, eine sichere Heimstatt für die Juden zu suchen. Und die sollten dann eine vernünftige Ausbildung haben. Deshalb die Frage nach den jüdischen Mädchen. Aber na ja, was heißt schon sicher? Noch ist Großbritannien Mandatsmacht in Palästina. Und da leben ja auch Menschen, arabische Menschen. Ist ja nicht so, als ob das Gebiet komplett leer wäre.«

»Antisemitismus gab's doch immer. Das geht vielleicht auch wieder vorbei«, sagte sie.

»Das denke ich auch. Ben gibt da manchmal ein bisschen die Kassandra.«

»Kassandra hatte immer recht mit ihren Voraussagen«, gab sie zu bedenken. »Nur hat ihr keiner geglaubt.«

Ein Marsch von mehr als siebentausend SA-Leuten provozierte am 17. Juli 1932 den Altonaer Blutsonntag, in dessen Folge achtzehn Menschen erschossen wurden. Bei der Reichstagswahl wenig später wurden die Nationalsozialisten die stärkste Partei. Jeden Tag las man nun in den Zeitungen von Terroranschlägen mit vielen Toten und Verletzten, von Morden, Überfällen und Misshandlungen Andersdenkender durch die Schlägertrupps der SA.

Aufgrund dieser Begebenheiten zeigten sich in Ludwig Clarenburgs Optimismus die ersten Risse. »Ich kann die demoralisierende Wirkung der hohen Arbeitslosigkeit ja nachvollziehen«, erklärte er bedrückt. »Aber dass Verzweiflung und Hoffnungslosigkeit sich in der Wahl von Männern ausdrücken, die nur hemmungslos Kritik üben, leere Versprechungen machen und keinerlei Sachkenntnis vorweisen können, finde ich erschütternd.«

Nach außen hin ließ er sich gleichwohl nichts anmerken. Gegenüber Verwandten und Geschäftsfreunden gab er sich unverzagt.

»Alles nur Propaganda. Irgendwann ist der Spuk vorbei.« So sein Befund.

Am 30. Januar 1933 ernannte Reichspräsident von Hindenburg Adolf Hitler zum Reichskanzler.

Bei ihren seltenen Ausflügen nach Hamburg nahm sie eine veränderte Stimmung wahr. Es war eine diffuse Mischung aus Euphorie und Angst. Überall wehten Hakenkreuzfahnen. Die Zahl der Uniformträger schien merklich zugenommen zu haben. Der Ton auf den Straßen kam ihr rauer vor. Das Großbürgerlich-Erhabene, das Hamburg in ihren Augen stets ausgezeichnet und das sie bei aller Kritik an hanseatischer Zugeknöpftheit durchaus zu schätzen gelernt hatte, war einer verdruckten Biederkeit gewichen, die sich harmlos gab. Doch unter dieser scheinbaren Arglosigkeit spürte sie eine brodelnde Gereiztheit, eine kaum im Zaum gehaltene Aggressivität, die sich jederzeit Bahn brechen konnte.

Sie sah SA-Angehörige vor dem Eingang von Karstadt an der Mönckebergstraße stehen. Wie sie später erfuhr, hatten sie die Türen so lange versperrt, bis die Firmenleitung alle jüdischen Mitarbeiter entlassen hatte. Mit Sprechchören und Spruchbändern, Farbeimern und Schreckschusspistolen versuchte die SA, jüdische Ladenbesitzer einzuschüchtern und zu vertreiben.

Als sie sich um ihre Spareinlagen kümmern wollte, was selten genug vorkam, bemerkte sie Gestapo vor Clarenburgs Bank. Brüsk wurde sie zurückgewiesen, als sie die Bank betreten wollte, und auch anderen Kunden wurde der Weg versperrt.

»Verschwindet hier! Geht zu deutschen Banken!«, wurde ihnen grob beschieden.

In der Buchhandlung, von der sie seit Jahren ihre Lektüre bezog, wurden einzelne Werke nur mehr unter der Hand an vertrauenswürdige Kunden gehandelt.

Hier konnte man Bücher, gebrandmarkt als »wider den undeutschen Geist«, erwerben und mitunter sogar dem einen oder anderen ihrer Autoren begegnen. Die Buchhandlung avancierte zum Treffpunkt von Regimegegnern und kritischen Intellektuellen.

Hin und wieder begleitete sie die mittlerweile sehr belesene Renata zu den im Geheimen stattfindenden Vortragsabenden. Dann wurden Texte von Erich Kästner, Kurt Tucholsky, Carl von Ossietzky oder Stefan Zweig wiedergegeben und diskutiert; Schriften all der Verfemten, deren Werke auf den Scheiterhaufen des Regimes gelandet waren, den öffentlich veranstalteten Autodafés am Kaiser-Friedrich-Ufer und am Lübeckertorfeld, bei denen Menschen, die es hätten besser wissen sollen, Bücher ins Feuer warfen. Und sie dachte an Heinrich Heines Satz, der sich wenige Jahre später als so prophetisch erweisen sollte: »Dies war ein Vorspiel nur, dort, wo man Bücher verbrennt, verbrennt man auch am Ende Menschen.«

An einem Tag im März kurz nach dem Reichstagsbrand, dem Erlass der Notverordnung, die alle bürgerlichen Grundrechte außer Kraft setzte, und der letzten noch halbwegs demokratischen Reichstagswahl klopfte es abends an der Tür im Gärtnerhaus.

»Ben!« Sie war überrascht, und noch überraschter war sie über das etwa zwölfjährige Mädchen in seiner Begleitung.

Hastig schob Ben sich und die Kleine in die Diele. Er küsste Hedda unüblicherweise auf die Wange und stellte das Mädchen vor.

»Das ist Hannah Silbermann«, erklärte er leise. »Ihr Vater ist Journalist, Sozialdemokrat und Jude und gestern Abend vor ihren Augen von dem Nazi-Mob erschlagen worden. Die Mutter wurde verschleppt. Wir wissen nicht, wohin. Wir brauchen eine sichere Unterkunft für Hannah. Ich hätte sie im Haupthaus untergebracht, aber Clarenburgs sind in New York. Kann sie ein paar Tage hierbleiben? Sie braucht jemanden, der ein bisschen auf sie achtgibt.«

Sie schaute das Mädchen an, das apathisch vor sich hinstarrte.

»Ja, sicher«, sagte sie. »Hallo, ich bin Hedda.« Sie reichte der Kleinen die Hand, aber sie reagierte nicht.

Sie sah Ben ratlos an. »Vielleicht kannst du ihr erst mal was zu essen machen«, schlug er vor.

»Sicher.« Sie gingen in die Küche. Hedda setzte einen Topf mit Milch auf den Herd und fügte einen Löffel Honig hinzu. Dann schnitt sie eine Scheibe Brot ab, bestrich sie dick mit Butter und servierte sie dem Mädchen zusammen mit der warmen Milch. Ben hatte Hannah inzwischen an den Tisch geführt und sie auf einen Stuhl gesetzt. Das Kind ließ alles teilnahmslos mit sich geschehen und rührte das Essen nicht an.

»Ein Freund der Familie hat sie heute Morgen in der Wohnung der Eltern hinter dem Sofa gefunden«, flüsterte Ben ihr zu. »Ihr Vater lag mit eingeschlagenem Schädel davor. Die Wohnung war vollkommen verwüstet. Und wie gesagt: Die Mutter ist verschwunden.«

»Kann sie nicht sprechen?«, fragte Hedda leise zurück.

»Stumm ist sie nicht. Ich hab die Familie gekannt. Die Kleine kam mir immer ganz lebhaft vor; konnte den Mund nicht still halten; aufgeweckt, lustig, nettes Kind. Ich nehme an, das ist der Schock.«

»Mhm, möchtest du ein Glas Wein oder einen Sherry?«, fragte sie Ben.

»Ich würde gern bei dir bleiben, aber ich muss weg. In der Stadt ist die Hölle los. Kannst du auf sie aufpassen? Zumindest solange Ludwig und Adele weg sind?«

»Ja, sicher.« Sie begleitete Ben zur Tür. Sie küssten sich. »Ich melde mich«, sagte er. Dann war er weg.

Sie setzte sich an den Tisch und betrachtete das schweigende, in sich gekehrte Kind genauer. Sie war zierlich gebaut, mit blonden

Locken, großen braunen Augen und einem fein geschnittenen Gesichtchen. Die Kleine versprach eine außerordentliche Schönheit zu werden. Doch im Moment war sie einfach nur eine leblos scheinende Hülle.

»Magst du nicht etwas essen?«

Hannah reagierte nicht und starrte weiter unbeteiligt vor sich hin.

Nach einer Weile holte Hedda eine Decke, legte sie dem Kind um die Schultern und führte es in ihr Wohnzimmer. Sie bettete die Kleine auf das Sofa, deckte sie gut zu und setzte sich mit einem Buch daneben.

Der hochbetagte Vitus döste wie die meiste Zeit in seinem Korb vor dem Kamin. Doch als er Hannah auf dem Sofa bemerkte, erhob er sich mühselig, tapste zu ihr hin und schnupperte vorsichtig an ihrer herunterhängenden Hand. Teilnahmslos streichelte sie seinen Katerkopf. Schnurrend sprang er auf ihre ausgestreckten Beine, rollte sich zusammen und schlief weiterhin schnurrend ein. Das leise, gleichmäßige Brummen ließ schließlich auch Hannah bald in den erlösenden Schlaf fallen.

Sie wünschte dem Kind, dass es ein barmherziger Schlaf sein möge und es für die Dauer eines tröstlichen Traumes eine Weile Vergessen finde.

Sie kraulte Vitus noch einmal kurz den Kopf im Bewusstsein, gerade einmal wieder einem Meisterwerk an katzenüblicher Menschenführung beigewohnt zu haben.

»Du bist ein schlauer Kater«, sagte sie. Dann holte sie sich eine Decke und schlief in ihrem Sessel.

Am nächsten Morgen sprach Hannah immer noch nicht. Hedda führte sie ins Badezimmer und zeigte ihr die Toilette.

»Du musst bestimmt Wasser lassen. Kommst du zurecht?«

Hannah nickte, und Hedda verließ das Zimmer. Immerhin eine Reaktion, dachte sie.

Sie ging in die Küche und bereitete das Frühstück zu. Hannah kam die Treppe herunter, setzte sich an den Küchentisch und trank zaghaft eine Tasse warme Milch mit Honig. Dann fielen ihr wieder die Augen zu, und sie sank auf dem Stuhl zusammen. Gesprochen hatte sie nach wie vor kein Wort.

Hedda wusste nicht, was sie tun sollte. Mühsam bugsierte sie die Kleine wieder auf das Sofa im Wohnzimmer und deckte sie zu. Vitus saß in seinem Korb und putzte sich ausgiebig.

»Pass gut auf sie auf«, sagte Hedda zu ihm, zog sich ihre Jacke über und rannte in den Schuppen, wo die Gärtner und ihre Schülerinnen schon auf sie warteten.

»Ich arbeite heute im Gärtnerhaus. Ihr wisst, was zu tun ist.«

Sie war sich nicht sicher, ob sie ihren Gast erwähnen sollte, und ließ es daher lieber bleiben. Die Kleine schien unter dramatischen Umständen dem Tod entronnen zu sein und hatte zweifelsohne die schlimmsten Dinge erlebt. Und möglicherweise war sie immer noch in Gefahr.

Hastig lief sie zurück ins Gärtnerhaus, kochte Tee und setzte sich wiederum mit einem Buch in der Hand neben das Sofa, auf dem Hannah unruhig schlief.

Auch wenn sie in den vergangenen Jahren eine gute Lehrerin geworden war, hatte sie doch keine Ahnung vom Umgang mit seelisch versehrten Kindern. Sie war wütend auf Ben, dass er sie in eine solche Situation gebracht hatte.

Hannah schlief den ganzen Tag. Hedda traute sich nicht aus dem Haus aus Angst, das Mädchen könne aufwachen und sich dann allein und verängstigt in einer fremden Umgebung wiederfinden.

Sie studierte ihre botanischen Werke und überlegte sich neue Geschichten für ihre Schülerinnen; Arbeiten, für die ihr sonst oft die Zeit fehlte. Von ihrem Arbeitstisch aus hatte sie das Kind stets im Blick. Einmal wurde Hannah wach und ging nach oben ins Bad. Ihre Bewegungen waren stockend, mechanisch, wie fremdgesteuert. Anschließend ließ sie sich wieder auf das Sofa fallen und schlief weiter.

Irgendwann zu später Stunde setzte sich Hedda einmal mehr mit einer Decke in den Sessel am Fenster und döste vor sich hin. Dies war die zweite Nacht, in der sie keinen nennenswerten Schlaf fand. Sie fühlte sich wie gerädert.

Als sie am nächsten Morgen aufwachte, stand Hannah neben dem Sessel.

»Ich habe Durst«, sagte sie mit krächzender Stimme.

»Klar, komm mit in die Küche. Trink erst mal ein Glas Wasser, und dann koche ich Tee und Milch.«

Sie führte Hannah in die Küche, gab ihr ein Glas Wasser und setzte sie auf einen Stuhl am Tisch.

»Soll ich dir was zu essen machen? Ein Käsesandwich? Toast mit Marmelade? Ein Schinkenbrot?«

Kopfschütteln.

»Hör zu, du musst etwas essen. Du wirst sonst ganz kraftlos.«

Da öffneten sich die Schleusen. Es war, als wäre ein Damm geborsten und alle aufgestauten Emotionen brächen mit einem Mal hervor. Ein plötzlicher Aufschrei, dann Weinen und Schluchzen. Mit den Fäusten hieb Hannah auf den Küchentisch. Sie schien vollkommen außer sich, und Hedda stand zunächst rat- und wehrlos vor diesem unerwarteten Ausbruch.

Mehr intuitiv als überlegt hob sie Hannah letztlich vom Stuhl hoch und nahm sie fest in die Arme. Sie umklammerte das Mädchen geradezu mit all der Kraft, die nötig war, ohne ihr wehzutun.

»Ich weiß, das ist alles furchtbar. Aber jetzt bist du bei mir. Hier bist du in Sicherheit.« Ein Versprechen, von dem sie in keiner Weise wusste, ob sie es würde einlösen können. Im Grunde wusste sie überhaupt nichts und empfand wieder diese Hilflosigkeit und eine diffuse Wut auf Ben.

Doch wider Erwarten beruhigte sich Hannah. Ihr Körper entspannte sich langsam, und sie ließ sich von Hedda halten.

»Wo ist meine Mutter?«, fragte sie nach einer Weile.

»Ich weiß es nicht. Ich nehme an, Ben ist auf der Suche nach ihr.«

»Ich glaube nicht, dass er sie findet. Diese Männer … die haben sie geschlagen und ihren Rock hochgehoben … Die haben … Sie wissen schon … mit ihr gemacht. Und sie war die ganze Zeit so still. Dann haben sie sie mitgenommen.«

Hedda starrte sie wortlos an. Sie konnte sich nicht einmal ansatzweise vorstellen, was dieses Kind gesehen hatte und gerade durchmachte. Sie fühlte sich ohnmächtig.

Bemüht, ihr eigenes Entsetzen auszuschalten, versuchte sie es mit freundlicher Sachlichkeit.

»Wir werden jetzt mal abwarten. Ben wird kommen, sobald er kann. Bis dahin bleibst du erst einmal hier. Ich mach dir ein schönes dickes Sandwich, ist das in Ordnung?«

Hannah nickte.

Vielleicht, dachte sie, haben Kinder eine ganz eigene Kraftquelle, die sie diese Art von Grauen auf irgendeine Weise überwinden lässt.

Sie bereitete ein Sandwich mit Butter, Käse, Schinken und Tomaten zu, und Hannah aß, wie es aussah, mit Appetit.

Anschließend ließ sie ihr ein Bad ein.

»Kommst du allein zurecht? Ich muss mal schnell nach nebenan zu meinen Gärtnern. Ich bin gleich wieder da.«

Hannah nickte. »Wo ist die Katze?«, fragte sie.

»Irgendwo im Garten. Aber er kommt sicher bald wieder. Vitus ist ein alter Herr und liegt die meiste Zeit vor dem Kamin und schläft.«

Hedda war nicht wohl dabei, Hannah allein zu lassen. Aber sie hatte schließlich eine Arbeit. Nach einer kurzen Katzenwäsche eilte sie in den Schuppen.

»Tut mir leid. Ich bin heute wieder den Tag über im Gärtnerhaus. Gibt es Fragen?«

»Wir kommen zurecht«, sagte Wibke, die jüngste und aufgeweckteste ihrer derzeitigen Elevinnen.

»Ich ma- ma- mach im Ge- Gewächsha- haus weiter«, verkündete Siggi.

»Bin an der Arche«, sagte Karl und stapfte mit den drei Gehilfen davon.

Nur Jost blieb in dem alten Korbstuhl sitzen und sah sie abwartend an.

»Was ist los?«, fragte er. Jost war inzwischen fast achtzig Jahre alt und half immer noch im Garten aus. Und nach zwanzig Jahren der Zusammenarbeit mit ihr fand er es wohl berechtigt, sie nach dem Grund ihres völlig unüblichen Fernbleibens zu fragen.

Sie seufzte und ließ sich in den zweiten Korbstuhl fallen. »Ich muss zurück ins Haus. Ben hat mir ein Kind gebracht, dessen Vater von den Nazis umgebracht worden ist. Die Mutter wurde vergewaltigt und verschleppt. Die Kleine ist vollkommen verstört. Ich kann sie nicht allein lassen. Bitte sagen Sie den anderen nichts davon.«

»Ist in Ordnung. Wenn Sie Hilfe brauchen, geben Sie Bescheid. Und kein Wort darüber zu Karl. Marthas Künftiger ist Parteimitglied. Karl ist zwar nicht oft da und erzählt in der Regel auch nicht viel. Aber man muss ja nicht riskieren, dass er sich womöglich doch mal verplappert.«

»Ja, gut. Ich danke Ihnen!« Sie stand auf, und schon war sie wieder weg.

Ben kam nicht an diesem Tag und am nächsten und übernächsten auch nicht. Clarenburgs waren immer noch in New York und wurden erst in zwei Wochen zurückerwartet. Es war Frühling, für Gärtner eine arbeitsreiche Zeit, und sie konnte nicht noch weitere Tage in ihrem Haus verbringen.

»Magst du vielleicht mit mir im Garten arbeiten?«, fragte sie Hannah schließlich.

Hannah zögerte. »Ich weiß nicht.«

Jost hatte Kleidung zum Wechseln für sie besorgt. Rock und Bluse, die sie getragen hatte, als Ben sie hergebracht hatte, bedurften dringend einer Wäsche. Jost versprach, sich darum zu kümmern. Jetzt trug sie die abgetragenen, viel zu großen Hosen und Hemden von Wilhelm, dem Jüngsten von Josts Enkeln. Die Kleidung passte hinten und vorne nicht und musste mit Kordeln und Sicherheitsnadeln zusammengehalten werden, aber sie war sauber.

Hedda sah, dass Hannah Angst hatte, das Gärtnerhaus zu verlassen.

»Ich bin die ganze Zeit bei dir. Versprochen. Wir sind im Gewächshaus und ziehen Sommerblumen vor. Ich zeig dir, wie es geht, und du kannst mir helfen.«

Hannah nickte, doch an der Türschwelle hielt sie inne.

»Ich bin bei dir. Wir sagen, du bist eine Verwandte von mir und willst Gärtnerin werden. Ich habe immer Schülerinnen. Alles ganz normal.«

Und das war es dann tatsächlich.

Hannah hielt sich eng an Hedda, als sie den Schuppen betraten, wo die Gärtner und Schülerinnen schon auf sie warteten.

»Guten Morgen! Das ist meine junge Verwandte Hannah. Sie will Gärtnerin werden, und meine Cousine hat sie für einige Zeit hergeschickt, damit wir ihr was beibringen«, log Hedda in gespielter Fröhlichkeit.

Die anderen waren erstaunt ob der ungewöhnlichen Kleidung

und aufgrund der interessanten Neuigkeit, dass ihre geheimnisvolle Lehrerin offenbar doch irgendwo eine Familie zu haben schien. Sie musterten Hannah neugierig, aber doch eher wohlwollend, wie Hedda festzustellen meinte.

»Gut, ihr wisst, was zu tun ist. Wir sind im Gewächshaus. Noch Fragen?«

22

Nach einer Woche hatten sich alle an Hannahs Anwesenheit gewöhnt. Immer in Heddas Schlepptau und unter ihrer Anleitung säte sie Sommerblumen aus und pikierte Tomaten, spazierte übers Gelände, jätete Unkraut in den Terrassenbeeten und schaute zu, wie Hedda die Rosen beschnitt. Hedda hatte ihr ein Notizheft gegeben und ermunterte sie immer wieder, aufzuschreiben, was sie sah und hörte.

Arbeit, Beschäftigung, fand sie, waren immer noch die beste Medizin gegen Trauer und Schmerz und erdeten die Menschen, in Hannahs Fall im wahrsten Sinne des Wortes.

Hannah schlief weiterhin auf dem Sofa. Morgens benutzten sie nacheinander das Bad, kleideten sich an, frühstückten und gingen zur Morgenbesprechung mit den anderen Gärtnern in den Schuppen. Dann verrichteten sie ihr Tagwerk. Abends gab es, wie bei Hedda üblich, ein Mahl aus Brot, Butter, Käse und Eiern, dann und wann einen Salat. Doch für Hannah versuchte sie sich von nun an auch an einfachen Gerichten, an Gemüseeintöpfen, an Kartoffel- und Nudelaufläufen.

Manche ihrer Mahlzeiten sahen beunruhigend aus, schmeckten jedoch in der Regel nicht schlecht. Sie wunderte sich über sich selbst. Sie, die gerade einmal in der Lage war, ein Käsesandwich unfallfrei herzurichten, bereitete nun Arme Ritter, Grießbrei und Pfannkuchen zu. Sie tat etwas, das sie in ihrem ganzen Leben noch nicht getan hatte: Sie kochte.

Sie hätte es einfacher haben können und sich Essen für sie und Hannah im Haupthaus besorgen können, wo Henriette Liesmann, inzwischen über siebzig, nach wie vor die Oberhoheit über die Clarenburg'sche Küche besaß. Doch Hannah scheute fremde Menschen, und Hedda wollte so wenig Aufmerksamkeit wie möglich erregen. Außerdem fand sie es erstaunlich befriedigend, für einen anderen Menschen eine Mahlzeit zuzubereiten.

Sie sorgte sich um Ben.

Es sah ihm nicht ähnlich, sich in schwierigen Situationen aus dem Staub zu machen.

Endlich nach zwölf Tagen, spätabends, als Hannah längst schlief, klopfte es.

Sie öffnete die Tür und stieß unwillkürlich einen Schrei aus.

Bens Gesicht wies Wunden an Stirn und Wangen auf, ein Auge war blau angelaufen und seine linke Hand bandagiert. Rasch trat er ein und schloss die Tür.

»Alles in Ordnung«, sagte er und küsste sie vorsichtig auf den Mund.

»Nichts ist in Ordnung. Du siehst aus wie Frankensteins Monster«, widersprach sie, immer noch entsetzt.

»Nettes Kompliment. Darf ich trotzdem hierbleiben?«

»Wo warst du?«, fragte sie, als sie in der Küche bei einem Single Malt saßen, den er ihr inzwischen regelmäßig von seinen Aufenthalten in England mitbrachte.

»Erst mal hab ich versucht, Erika Silbermann zu finden. Dabei haben mich dann irgendwelche SA-Schergen aufgegriffen und zusammengeschlagen. Damit haben sie erst aufgehört, als ich sie auf meinen britischen Pass hinwies. Ein paar nette Menschen haben mich ins Hospital verfrachtet, wo ich wieder einigermaßen zusammengeflickt wurde. Jetzt bin ich hier.«

»Meine Güte, kommst du wieder in Ordnung?«

»Wird alles wieder heil. Wo ist sie?«

»Schläft im Wohnzimmer auf dem Sofa.«

»Wie geht's ihr?«

»Schwer zu sagen. Ich nehm sie mit in den Garten und in die

Gewächshäuser, und sie assistiert mir. Macht sie gar nicht schlecht. Wir haben einen Tagesrhythmus gefunden. So weit läuft alles gut. Aber wie versehrt sie in ihrer Seele ist, kann ich nicht beurteilen. Sie hat Schlimmes durchgemacht.«

»So ist das wohl. Kann sie noch eine Weile hierbleiben? Sie hat, soviel ich weiß, keine Angehörigen hier. Die Großeltern sind tot, und Geschwister gibt's nicht.«

»Sicher, doch das muss ich auch mit Clarenburgs absprechen, wenn sie wieder da sind.«

»Das mach ich schon.«

»Ich brauche Kleidung für sie, und sie muss irgendwo schlafen. Auf dem Sofa kann sie nicht ewig übernachten.«

»Was ist mit der Arche?«

»Unmöglich. Sie kann nicht allein mit den anderen Mädchen da oben bleiben. Sie entfernt sich keine zwei Meter von mir. Am liebsten ist sie hier im Haus und in den Gewächshäusern.«

Er hielt ihr sein Zigarettenetui hin. Sie bediente sich, und beide rauchten schweigend vor sich hin.

»Tut mir leid, dass ich dich damit behellige«, sagte er.

»Nun ja, in den finsteren Zeiten, die offensichtlich anstehen, muss jeder tun, was er kann, denke ich. Und sie ist wirklich ein nettes Kind.«

»Mütterliche Gefühle?«, fragte er und schaffte es, trotz seines zerschundenen Gesichts belustigt zu grinsen.

»Blödsinn«, blaffte sie.

»Sag mal«, er senkte seine Stimme, »meinst du, wir könnten für ein Stündchen nach oben gehen?«

»Bist du sicher, dass das in deinem Zustand das Richtige ist?«

»Ich sagte doch schon: Wird alles heil. Und das Teil, auf das es jetzt vor allem ankommt, haben sie Gott sei Dank unversehrt gelassen.«

Er blieb die ganze Nacht. Als sie beide am nächsten Morgen in die Küche kamen, hatte Hannah bereits den Tisch gedeckt, Toast zubereitet und Tee gekocht.

»Nanu, das ist ja ein Service«, sagte Ben und umfing sie mit seinem heilen Arm.

»Guten Morgen, Kleines«, sagte Hedda und wunderte sich über das Frühstück und auch darüber, dass sich Hannah so ohne Weiteres umarmen ließ. Sie selbst hatte sie bis auf dieses eine Mal nicht mehr anfassen dürfen.

»Alles in Ordnung?«, fragte Ben.

»Wo ist Mama?«

Ben atmete tief durch. »Tut mir leid. Ich hab sie nicht gefunden.«

»Haben sie dich auch geschlagen?«

»Genau, ich war im Hospital. Deshalb sehe ich aus wie ... na ja, wie ich eben aussehe.«

Sie setzten sich an den Tisch und aßen. Beinahe sahen sie aus wie eine richtige Familie. Aber auch wenn Hedda die Situation befremdlich fand, fühlte sie sich nicht unwohl. Und wenn Hannah es für sonderbar hielt, dass Ben bei Hedda schlief, so ließ sie es sich nicht anmerken.

»Kann ich heute wieder bei dir übernachten?«, flüsterte Ben, als Hannah im Bad verschwunden war und Hedda das Geschirr in die Spüle stellte.

Sie drehte sich um und küsste ihn. »Gerne. Wie lange willst du bleiben?«

Er lachte. »Hast du Gefallen gefunden am Familienleben? Vater, Mutter, Kind?«

»Lass das. Vielleicht habe ich lediglich Gefallen gefunden an deinem unversehrten Teil.«

»Sieh an, sieh an, und was ist mit meiner großartigen Persönlichkeit und meiner wunderbaren Seele?«

Sie schlug ihm sacht mit dem Trockentuch auf den heilen Arm. »Papperlapapp. Was machst du bis heute Abend?«

»Ich bin im Haupthaus und werde telefonieren. Vielleicht kriege ich doch noch raus, wo sich Erika aufhält. Ich fürchte nur, dass sie tot ist.«

»Hannah hat erzählt, dass sie sie vergewaltigt und geschlagen haben.«

»Mein Gott.«

Er schaute aus dem Fenster. Es war März, eine Zeit, in der der Himmel die Farbe grauer Perlen annimmt. Die Eberesche vor dem Haus trug dicke Knospen, aus denen bald hübsch gefiederte Blätter und weiße Blüten hervorbrechen würden. Der nach dem kalten Winter neu angelegte Kräutergarten erwachte zum Leben und würde in diesem Sommer wohl erstmals zu alter Pracht zurückfinden. Die Meisen lärmten um den Nistkasten am Giebel herum, und der Fluss strömte den Gezeiten gemäß Richtung Meer.

Doch das alles schien Ben nicht zu sehen. Er starrte ins Nichts. Mit einer Geste äußerster Ratlosigkeit strich er sich das Haar nach hinten.

»Ich weiß nicht, was das hier alles werden soll. Ich weiß nur, dass irgendwas passieren muss. Jetzt wo dieses Profanum vulgus die Macht übernommen hat und sie mit Sicherheit freiwillig nicht wieder abgeben wird, sind wir Juden in diesem Land nicht mehr sicher. Wie gesagt: Ich werde telefonieren. Wenn du mich brauchst, ich bin im Haupthaus. Morgen kommen Ludwig und Adele zurück. Dann werden wir weitersehen.«

»Liebste Lizzie,
ich schreibe Dir in einer Situation der Konfusion. Ich habe ein jüdisches Mädchen bei mir aufgenommen. Vater ermordet, Mutter verschwunden.
Ich weiß nicht recht, was aus diesem Land werden soll. Die neuen Machthaber gehen rigoros gegen ihre Kritiker vor. Und sie drang-

salieren Juden. Im Moment werden sie überall aus ihren Berufen herausgedrängt. Ludwig Clarenburg versucht, mit den Vertretern der regierenden Partei zu irgendeinem Abkommen zu gelangen, das die Not der arbeits- und einkommenslosen jüdischen Menschen lindern könnte. Ich bin da wenig zuversichtlich.
Darüber hinaus hat er mit gleichgesinnten Mitstreitern Auswanderungsprogramme entworfen, vor allem für die Jüngeren, die hier keine berufliche Zukunft mehr haben. Ben ist im In- und Ausland unterwegs, um Spenden für dieses Vorhaben lockerzumachen. Er ist weltgewandt, mehrsprachig und – das Wichtigste – mit einem britischen Pass ausgestattet. Der schützt ihn weitgehend vor Drangsalierungen. Weitgehend wohlgemerkt, nicht immer.
Hier auf dem Berg geht das Leben seinen gewohnten Gang. Doch spürt man die Unsicherheit. Keiner weiß, was werden soll.
Es grüßt Dich und die Deinen eine etwas verzagte Hedda.«

Erika Silbermann blieb verschwunden, und so wohnte Hannah weiterhin bei Hedda. Doch auch wenn sie das Kind mochte, war sie mit der Situation unzufrieden. Sie war es gewohnt, allein zu leben, und wollte möglichst unabhängig sein. Sie wusste, sie wurde unleidlich, wenn sie für längere Zeit mit einem anderen Menschen zusammen sein musste. Und sie wollte Ben empfangen und mit ihm die Nacht verbringen, wann immer sie es wollte, und keine Rücksicht auf ein Kind nehmen müssen.

Es kam ihr unter den gegebenen Umständen selbstsüchtig vor, doch sie eignete sich nun einmal nicht zur Mutter. Das redete sie sich zumindest so lange ein, bis sie Hannah nach einer Weile vorschlug, gemeinsam mit zwei der anderen ihrer Schülerinnen in der Arche zu übernachten.

»Warum kann ich nicht bei dir bleiben?«

»Es ist nicht so gut, wenn Lehrerin und Schülerin in einem Haus wohnen. Die anderen Elevinnen könnten sich benachteiligt fühlen«, meinte Hedda, und selbst in ihren eigenen Ohren klang das nicht sehr überzeugend.

Hannah sagte nichts mehr dazu und schien sich in ihr Schicksal zu fügen. Was blieb ihr auch anderes übrig?, dachte Hedda. Sie war unglücklich über die verfahrene Situation und hatte ein schlechtes Gewissen.

»Sie kann bei uns im Haupthaus wohnen«, schlug Ludwig Clarenburg schließlich eines Tages bei einem ihrer Morgenspaziergänge vor, nachdem sie ihm das Problem geschildert hatte. »Ich muss natürlich erst einmal Adele fragen. Aber jetzt, wo die Kinder erwachsen sind und ihrer eigenen Wege gehen, hätte sie sicher nichts dagegen einzuwenden. Sie klagt sowieso, dass Tommy und die Mädchen sie so selten besuchen. Hannah würde das leere Nest wieder füllen.«

»Meinen Sie? Ich werde Hannah mal fragen. Sie will eigentlich immer nur bei mir sein.«

»Nun ja, irgendwann wird sie sich lösen müssen. Sie ist traumatisiert; so lautet wohl der medizinische Fachausdruck dafür. Sie hat Schreckliches erlebt, aber sie kommt mir im Moment doch recht gefestigt vor. Fragen Sie sie. Und seien Sie ein bisschen nachdrücklicher. Wenn Sie das Gärtnerhaus wieder für sich haben wollen, müssen auch Sie sich von der Kleinen lösen.«

23

HANNAH BEKAM BEI DEN Clarenburgs eines der Mädchenzimmer, aber sie hielt sich nur zum Schlafen dort auf. Den Tag verbrachte sie weiterhin mit Hedda in den Gärten.

Sie war ein stilles, in sich gekehrtes Kind, eine begabte Gärtnerin und eine emsige Leserin. Wenn Hedda nach zwei, drei Stunden in den Beeten meinte, es wäre nun genug für die Kleine, und sie in die Freizeit entließ, verzog sich Hannah ins Gärtnerhaus, kochte Tee, leistete Vitus Gesellschaft und bediente sich an Heddas umfangreicher Bibliothek.

»Vielleicht solltest du mal etwas mit den anderen Mädchen unternehmen«, meinte Hedda, der dieses Bedürfnis nach Rückzug zwar nicht fremd war, die es aber für ein Kind in Hannahs Alter doch ein wenig bedenklich fand.

»Ich möchte eigentlich nicht«, sagte Hannah.

»Magst du sie nicht?«

»Sie sind dumm.«

Hedda zog die Brauen hoch und betrachtete ihr Ziehkind. Sie war kräftiger geworden. Doch die äußerliche Unversehrtheit konnte natürlich nicht darüber hinwegtäuschen, dass sie mit dem Verlust ihrer Eltern zu kämpfen hatte.

»Na gut«, sagte sie. »Wenn es dir hier gefällt, ist ja alles in Ordnung.«

Merkwürdigerweise schien sich Hannah mit Karl gut zu verstehen. Als sie mit der Zeit eigenständiger und selbstsicherer wurde, zog sie dann und wann mit ihm und Jost über das Gelände. Sie half dabei, kleinere Äste wegzutragen, wenn die beiden Männer die Obstbäume an der Arche schnitten, half beim Ausbessern der Zäune an der Westgrenze des Grundstücks, kehrte Laub auf dem Rasen und reinigte die Gartengeräte im Schuppen.

Ebenso wie Karl war sie nicht sehr gesprächig, doch von schneller Auffassungsgabe. Gemeinsam mit ihm bepflanzte sie die Vorgartenbeete am Haupthaus, eine Arbeit, für die Hedda sich nie hatte begeistern können und für die sie lediglich die Pflanzen vorzog; ihr langweilig erscheinende Blumen wie Leberbalsam, Feuersalbei und Kreuzkraut, die die Gärtner nach Adeles Anweisungen im Tortenmuster zusammensetzten; zu Teppichbeeten, die aussahen wie »Kränze und Nieren, wie Fledermäuse, kopulierende Schmetterlinge, Sterne und Würstchen, Herzen und Kommas, Monogramme und Würmer, gefüllt mit tropischem Unkraut in den scheußlichsten Farben«, wie William Robinson, einer ihrer Garten-Gurus es formuliert hatte. Sie bezweifelte stark, dass die Natur in ihrer gesamten Flora-Abteilung einen deprimierenderen Anblick zu bieten hatte. Aber Adele schien es zu gefallen. So denn.

»Die beiden kommen offenbar gut miteinander aus«, sagte sie eines Tages zu Jost, als sie über neue Gehölzpflanzungen für den Berg beratschlagten. Sie hatten sich die alten Korbstühle vor den Schuppen gestellt, genossen die letzten wärmenden Sonnenstunden des Altweibersommers und beobachteten Karl und Hannah bei der Aussaat von Wintergemüse.

»Nun ja, sie haben beide ihre Eltern verloren«, sagte Jost.

»Karl doch nur den Vater.«

»Wie man's nimmt. Martha ist eine, nun ja wie soll ich sagen, etwas schlichte Person. Karl hat immer mehr an Lorenz gehangen. Deshalb wollte er wohl auch damals unbedingt in den Krieg ziehen. Sein Vater ist sein Vorbild, war er immer.«

Jost betrachtete die beiden jungen Leute in den Beeten. »Irgendwie scheint es in der Natur des Menschen zu liegen, dass er immer die Anerkennung der Eltern braucht«, sagte er versonnen.

Sie schwieg.

»Na, wie auch immer. Dass Martha jetzt wieder geheiratet hat, nimmt er ihr übel. Mit seinem Stiefvater versteht er sich nicht. Karl sieht es wohl schon so, dass er beide Eltern verloren hat. Und vergessen Sie nicht, Karl und Hannah haben Schlimmes durchgemacht. So etwas verbindet.«

»Mag sein«, sagte sie, doch überzeugt war sie nicht.

»Ich bin ja froh, dass sie nicht mehr ständig an meinen Rockschößen klebt. Doch ich mache mir auch Sorgen«, schrieb sie Elisabeth. »Was sieht sie in diesem düsteren, schlecht gelaunten Kerl? Heathcliff? Mr Rochester? Ist sie in ihn verliebt? In diesem Alter? Und wenn ja, wohin soll das führen? Sie liest die Brontës ja rauf und runter, aber seien wir ehrlich: Charlotte, Anne und Emily drücken sich immer sehr vage aus, wenn's ums Detail geht. Und sie ist ein Kind und er ein Mann von über dreißig Jahren.«

Elisabeth schien eher amüsiert als besorgt und versuchte wie immer, die Wogen zu glätten.

»Liebste Hedda,
erinnerst Du Dich, wie Du Dich ungefähr in Hannahs Alter in Euren Lehrling verliebtest? Oder war er schon Geselle? Laszlo hieß er, oder? Ein feuriger junger Ungar, der allem, was Röcke trug, hinterhercharmierte. Du hast es mir nicht explizit erzählt, aber ich habe immer vermutet, dass er Deine Jungfräulichkeit auf dem Gewissen hat (das ist jetzt ein bisschen quer ausgedrückt, aber egal).
Ich will damit nur sagen, dass es nicht ungewöhnlich wäre, wenn Hannah auf diese romantisch verklärte Weise in Karl verliebt ist.

Die Frage ist natürlich, wie er damit umgeht. Ich weiß, dass Du ihn nicht besonders magst und ihm misstraust. Aber auch wenn er Dir ein bisschen wunderlich erscheint, so ist es doch andererseits gut, dass Hannah Kontakte knüpft, ein wenig mehr aus sich herausgeht, ihr Umfeld und seine Menschen wieder nach und nach erkundet. Das ist, wie Du ja selbst sagst, ein wesentlicher Fortschritt.
Mein Rat: Halt einfach die Augen offen. Ich denke, Jost wird das auch tun, so wie Du ihn mir geschildert hast. Der scheint ja ein sehr verantwortungsbewusster Mensch zu sein. Verbieten und insistieren bringt in diesem Alter gar nichts. Da schalten sie nur auf stur. Charlotte und Cathy haben mich damals fast in den Wahnsinn getrieben. Vertrauen ist nicht schlecht, auch wenn sich das jetzt sehr naiv anhören mag.
Ich umarme Dich ganz fest, Deine Lizzie.«

Sie versuchte es tatsächlich mit Vertrauen, denn sie scheute sich auch, Hannah nach ihren Gefühlen für Karl zu fragen. Einerseits, weil sie sich nach wie vor nicht in eine Mutterrolle gedrängt sehen wollte, andererseits, weil sie aus ihrer eigenen Jugendzeit wusste, dass sie vermutlich nur Belanglosigkeiten zu hören bekäme. Ihr Vater hatte nie erfahren, was sie und Laszlo in den Gewächshäusern trieben, sobald sie sich allein wähnten. Und hätte er sie danach befragt, hätte sie ohne zu zögern gelogen.

So hielt sie die Augen offen, konnte aber nichts Alarmierendes in der Beziehung der beiden finden. Wenn sie zusammen arbeiteten, wurde augenscheinlich wenig geredet. Als Gesprächsstoff dienten offenbar vor allem gärtnerische Belange. Karl zeigte Hannah, wie tief Blumenzwiebeln in die Erde gesetzt wurden, und erklärte ihr, welche Küchen- und Gartenabfälle auf den Kompost gehörten und welche nicht. Er brachte ihr bei, wie man Beinwell-Sud zur Bodenverbesserung im Gemüsegarten ansetzte, und demonstrierte das Ausgraben und Einlagern der frostempfindlichen Knollengewächse, all der Gladiolen und Dahlien, die während des Sommers im Pflückgarten wuchsen. So ergänzte er Heddas bisweilen etwas kopflastigen Unterricht um eine bodenständige Komponente.

Hannah wiederum lernte mit Karls Behinderungen umzugehen. Schon bald vermochte sie die Vorboten seiner epileptischen Anfälle zu erkennen. Dann bestand sie darauf, dass er sich auf den Boden setzte. Sie gab acht, dass keine Heckenscheren oder sonstige ihn gefährdende Gegenstände in Reichweite lagen, und holte umgehend Hilfe.

Jost war meist in der Nähe und wusste mit den Anfällen seines Enkels umzugehen. Sie dauerten selten länger als ein paar Minuten, waren indes verstörend anzusehen. Manchmal nässte er ein, und Hannah musste ins Gesindehaus laufen und neue Wäsche für ihn holen. Er schien während dieser Zeit nicht bei Bewusstsein zu sein, sein Körper aufgewühlt von unkontrollierten Zuckungen, das Gesicht von Krämpfen verzerrt.

Hedda fand es bemerkenswert, wie gelassen Hannah mit dieser Situation umging, doch als sie sie dazu befragte, reagierte das Mädchen verständnislos.

»Wieso? Das gehört doch zu Karl. So ist er nun mal.«

Na gut, dachte Hedda und zuckte die Achseln. Im Übrigen hatte sie andere Sorgen.

»Mit jedem Tag verdüstert sich die Stimmung hier mehr«, schrieb sie Elisabeth. »Es gibt kaum noch Soireen und Diners, und die Aufführungen im Amphitheater haben ganz aufgehört. Es kommt ja niemand mehr. Die feine Gesellschaft Hamburgs will sich nun nicht mehr bei Juden einfinden und möglichst auch sonst nichts mit ihnen zu tun haben. Wie Hannah erzählt, werden Clarenburgs auch nicht mehr zu Festen oder anderen Vergnügungen eingeladen.

Was ist das für eine Scheinheiligkeit! So ein verlogenes Getue! Dass diese Leute, die hier ein und aus gegangen sind, sich nicht in Grund und Boden schämen! Verstehe einer die Menschen.«

Eines Morgens, als sie in den Gewächshäusern Gurken und Tomaten vorzog, stand Adele plötzlich vor ihr.

»Fräulein Herzog. Wir müssen reden«, sagte sie in ihrer apodiktischen Art. »Hannah braucht einen regelmäßigen Schulunterricht«, fuhr sie fort, noch ehe Hedda eine Begrüßung formulieren konnte. »Ich schlage vor, ich unterweise sie in Mathematik, Physik und Geografie, Sie übernehmen Biologie inklusive Gärtnerwissen, dann noch Literatur und Latein. Sie haben doch Latein gelernt, oder? Hat mir mein Mann zumindest so erzählt.«

»Ja, schon. Ist etwas eingerostet«, gab Hedda verdutzt zurück.

»Dann werden Sie es auffrischen. Englisch können Sie doch auch, oder? Gut, dann werden wir zwischendurch beide Englisch mit ihr sprechen. Ich gebe ihr dazu Klavierunterricht. Das sollte fürs Erste genügen. Dann bekommt sie Struktur in ihr Leben.«

Hedda holte erst einmal Luft. »Sie haben sicher recht«, gab sie schließlich zu und war beschämt, dass sie nicht selbst daran gedacht hatte. Hannah musste lernen. »Aber warum Latein?«, fragte sie.

»Das braucht sie ja wohl sowieso für ihre gärtnerischen Studien, nicht wahr? Die botanische Nomenklatur ist ja schließlich in Latein gehalten. Was aber viel wichtiger ist: Latein ist eine gute Grundlage für alle romanischen Sprachen. Wer weiß, wo Hannah oder wir alle schlussendlich noch landen werden. Wenn sie Englisch und Latein spricht, kommt sie schon mal sehr weit. Ich habe es leider nie gelernt.«

»Ja«, sagte Hedda noch immer etwas überwältigt. »So machen wir es. Wie wollen wir das Ganze einteilen?«

»Ich schlage vor, Sie übernehmen den Vormittag mit Gärtnern

und Biologie. Latein muss sie dann einfach auch aus Büchern lernen. Ich kümmere mich um entsprechende Lektüre. Den Nachmittag übernehme ich.«

»Ist das nicht alles ein bisschen viel für sie?«, fragte Hedda zögernd.

»Unsinn. Das Kind will ja lernen. Nur traut sie sich nicht vom Berg weg. Aus gutem Grund, möchte ich meinen. Und abgesehen davon werden jüdische Kinder an den höheren Schulen drangsaliert. Das dürfen wir ihr nicht zumuten. Sie hat genug durchgemacht.«

»Mhm.« Hedda fand das Pensum ambitioniert.

»Glauben Sie mir, die Kleine lechzt nach Bildung«, bekräftigte Adele. »Ich fertige einen Stundenplan aus.«

Und schon war sie wieder weg.

»Du fragst, ob sich Hannah gut bei den Clarenburgs eingelebt hat«, schrieb sie Elisabeth. »Ja, hat sie. Es hat lange gedauert. Sie hat im Haupthaus alle Annehmlichkeiten, die man sich nur wünschen kann, jederlei Komfort, den ich ihr im Gärtnerhaus gar nicht bieten kann. Dennoch hat sie sich anfangs schwergetan. Und das, obwohl sich Adele alle erdenkliche Mühe gegeben hat, sie wie ihre eigenen Töchter zu behandeln. Das muss man ihr lassen. Eine gute Mutter war und ist Adele allemal.

Jedenfalls hat Hannah sich inzwischen an die Situation gewöhnt. Wir alle haben einen Modus vivendi gefunden.

Das gilt auch hinsichtlich meiner Beziehung zu Adele. Sie und ich geben Hannah Unterricht in den grundlegenden Schulfächern. Das klappt erstaunlich reibungslos.

Wir rücken gerade alle ein bisschen mehr zusammen und bemühen uns, uns gegenseitig zu helfen, wo es nur geht. Alte Differenzen spielen keine Rolle mehr und kommen einem inzwischen auch reichlich belanglos vor.«

Sie verfolgte die Zeitungen inzwischen wieder aufmerksamer, doch die Lektüre war nur wenig erhellend. Die meisten Druckerzeugnisse waren gleichgeschaltet, und so verließ sie sich auf die Informationen von Ben und Ludwig Clarenburg.

Sie hörte von zunehmenden Ausschreitungen und Übergriffen auf Regimegegner und jüdische Bürger. Sie selbst fühlte sich auf dem Berg immer noch sicher, aber sie traute diesem Gefühl nicht mehr. Bestürzt nahm sie zur Kenntnis, dass ihre Schülerinnen sich eine nach der anderen verabschiedeten, oft unter fadenscheinigen Begründungen.

»Irene ist, wie es aussieht, verlobt und heiratet im Herbst. Elsa zieht angeblich in die Stadt und schafft den Weg nicht mehr. Dabei habe ich sie vor zwei Tagen noch in Blankenese gesehen. Leni arbeitet jetzt bei einem Floristen, und die anderen drei sind von heut auf morgen einfach nicht mehr gekommen«, berichtete sie Ben an einem dieser trägen Spätnachmittage im Hochsommer, wenn die Luft zu stehen scheint und einem die Vergeblichkeit allen Tuns besonders gegenwärtig ist. Sie sah Mehlschwalben mit flirrenden Flügelschlägen in die Lüfte steigen, sich sammelnd für ihren weiten Flug nach Süden.

Es war August, ein Monat, den sie noch nie hatte leiden können. Sie spazierten über die Südterrasse zum Rosengarten, der wie immer um diese Zeit einen müden Eindruck machte. Die meisten Büsche hatten ihre Frische und Farben verloren, und sie war froh, dass sie doch noch ein paar der mehrfach blühenden Sorten gepflanzt hatte. Die rosafarbene *Antoine Rivoire* verströmte noch immer ihren Duft, und *Lady Waterlow* kletterte in zarten Apricot an einem eisernen Obelisken in die Höhe. Ihnen zu Füßen sorgten ein paar Storchschnäbel in hellem Purpur und einem kräftigen Violett für Farbtupfer.

Er legte den Arm um sie. »Du wirst bald neue Schüler haben, wenn du willst«, sagte er.

»Aha, und welche bitte?«

»Du kennst den Jüdischen Hilfsverein?«, fragte er.

»Ja, sicher.«

»Wie du weißt, arbeiten Ludwig und seine Mitstreiter aus dem Verein daran, so viele Juden wie möglich außer Landes zu bringen. Vor allem die jungen Leute haben ja hier keine Zukunft mehr. Aber um in einem anderen Land überhaupt eine Chance zu haben, brauchen sie einen Beruf. Du könntest die Gärtnerausbildung übernehmen. Gärtner werden immer und überall gebraucht.«

»Könnte ich, ja. Ich habe im Moment ja nur noch Hannah. Und ohne die Elevinnen kommen wir hier kaum noch zurecht. Jost ist zu alt. Was Gisbert und Siggi betrifft, weiß ich nicht, ob die sich nicht auch bald verdrücken. Karl wird wohl bleiben. Wo soll er auch hin? Und Hans ist auch jüdisch. Der ist froh, dass er eine Stelle hat. Aber er trägt sich auch mit Auswanderungsgedanken. Er hat vier Kinder.«

»Er soll sich schnell entscheiden und sich an Ludwig wenden. Wenn er nicht über vierzig ist, hat er mit seiner guten Ausbildung noch eine Chance. Schwierig wird es allemal. Es gibt nicht genügend Länder, die bereit sind, Verfolgte aufzunehmen, vor allem keine über Fünfundvierzigjährigen. Und wenn sie dann auch noch arm sind, wird's eng.«

Sie setzten sich auf die Bank unter der großen Linde am Ende des Rosengartens und schauten auf den Fluss, wo ein paar Dampfschiffe und Segler Richtung Hafen steuerten. Sie strich sich ein paar widerspenstige Locken aus dem Gesicht.

Er streckte die langen Beine aus, verschränkte die Arme hinter dem Kopf, lehnte sich auf der Bank zurück und schloss für einen Moment die Augen. Sie betrachtete ihn. Er sah müde aus, erschöpft. Die dunklen Ränder unter seinen Augen hatten sich in den vergangenen Monaten in seinem Gesicht festgesetzt.

Sie strich ihm sanft mit der Hand über die bleiche Wange. Er sah auf und lächelte. So schwiegen sie einen Moment in stillem Einvernehmen.

»Ludwig will in Berlin erreichen, dass die Regierung die Verfolgung der Juden einstellt, wenn die Jüngeren auswandern«, sagte Ben und starrte düster auf die abgeblühten Rosenbüsche.

»Ist das realistisch?«

»Na ja, seine Bank ist immer noch bedeutend. Noch brauchen die Nazis sie. Die Bank kann über ihre internationalen Verbindungen dringend benötigte Devisen und Außenhandelskredite vermitteln. Ludwig ist ein ausgleichender Charakter, sein Ding ist der Kompromiss. Doch ich fürchte, das Ganze sieht für viele einfach ein bisschen zu sehr nach einem schlechten Deal aus. So als wollten Ludwig und einige andere reiche jüdische Geldgeber den Nazis Devisen geben, um damit ihre Glaubensbrüder loszukaufen.«

»Siehst du das auch so?«

»Nein, ich kenne Ludwig schließlich. Aber er wird von jüdischen Organisationen angegriffen, weil er Kontakte zu deutschen Ministerien und Behörden hat, wegen seines angeblichen Paktierens mit den Nazis. Das ist alles so gewiss nicht richtig, aber es wird so dargestellt, und der arme Ludwig sitzt mal wieder zwischen allen Stühlen.«

»Ja, er macht einen niedergeschlagenen Eindruck.«

»Adele will auswandern. Sie glaubt, dass Ludwig in Gefahr schwebt. Und ich glaube das auch. Aber er will nicht. Partout nicht. Er glaubt, solang er hier von Nutzen ist, muss er tun, was er kann.«

Von fern hörten sie Hannah Etüden üben.

»Sie macht sich gut«, sagte Hedda. Die Fingerübungen gingen unvermittelt über in Schuberts *Winterreise*. Eine Weile lang lauschten sie den melancholischen Tönen. »Fremd bin ich eingezogen, fremd zieh ich wieder aus«, sang Hedda leise mit.

»Ganz passend, oder? Hannah wird bald auch Hebräisch lernen müssen«, sagte Ben.

»Hebräisch? Warum denn nur?«

»Alle deine künftigen Schüler und Schülerinnen werden Hebräisch lernen. Sicher ist sicher. Wenn alle Stricke reißen, versuchen wir, sie in Palästina unterzubringen. Das scheint mir im Moment sowieso die naheliegende Lösung zu sein.«

»Sie soll weggehen?«

»Wie es aussieht, werden wir uns alle mit dem Gedanken abfinden müssen wegzugehen. Ludwig wird irgendwann seine Bank verlieren. Ich werde das Kaufhaus verlieren, Gründungsjahr 1815, seit fünf Generationen im Familienbesitz. Du kannst dir vorstellen, wie es mir dabei geht. Ich bin nur froh, dass mein Vater das nicht mehr erleben muss und dass meine Mutter in England in Sicherheit ist.« Er sah sie an. »Überleg dir, was du tun wirst, wenn die Situation hier noch brenzliger wird.«

»Wo gehst du hin? Nach England?«

Er seufzte. »Nach London vermutlich. Ich bin dort geboren, meine Mutter lebt dort, und ich habe Freunde da. Und meine Arbeit für die jüdischen Flüchtlingsorganisationen kann ich auch da weiterführen.«

»Macht es dir gar nichts aus, hier wegzugehen?«, fragte sie beklommen.

Er dachte lange nach. »Ich weiß es nicht«, sagte er schließlich. »Ich habe mich immer zerrissen gefühlt. Alle denken ja, dass so eine Dreifachkultur – deutsch, englisch, jüdisch – ein Glücksfall sei. Aber so habe ich das nie gesehen. Man wird ja immer schnell in Schubladen gesteckt. Hier bin ich der deutsche Jude mit englischen Wurzeln und daher gleich doppelt unzuverlässig, in England bin ich der Deutsche und werde mit entsprechendem Argwohn bedacht. Und ich fürchte, wenn ich auswandere, werden sie mich in England vor allem als deutschen Emigranten ansehen, trotz meiner englischen Mutter und meiner britischen Staatsbürgerschaft.« Er schwieg wieder eine Weile. »Ich habe meine Kindheit in Berlin verbracht und bin dort zur Schule gegangen, aber die Empfindung für ein Zuhause hat sich eigentlich nie eingestellt«, erzählte er weiter. »Erst als ich Anfang zwanzig war und in das Unternehmen meines Vaters eingestiegen bin, kam so etwas wie ein Zugehörigkeitsgefühl in mir auf. Unser Kaufhaus war das älteste und lange Zeit das größte in Berlin. Wir hatten fast zweitausend Angestellte, und denen ging es gut. Kindergarten, Freizeit- und Weiterbildungsangebote, großzügige Pensionsregelung ... Mein Vater fühlte sich für seine Mitarbeiter verantwortlich. Er war der Meinung, dass es einer Firma nur dann gut geht, wenn die Mitarbeiter zufrieden sind. Diese Art von Verantwortung habe ich übernommen und mich dann irgendwann doch noch heimisch, assimiliert gefühlt. Natürlich verdienten wir gut Geld, aber ich leistete eben auch meinen Beitrag und tat etwas Gutes für die Menschen.«

Er reichte Hedda sein Zigarettenetui. Sie bediente sich, und eine Zeit lang rauchten sie still vor sich hin und beobachteten den Schwalbenflug.

»Aber das ist ja nun wieder vorbei. Ich hätte das Werk meines Vaters gerne weitergeführt, vor allem die sozialen Maßnahmen«, fuhr er fort.

»Keine Hoffnung?«, fragte sie.

»Nein, leider nicht. Wir werden boykottiert. Unsere Kunden werden bedroht. Die Angestellten kündigen unter ebenso dubiosen Gründen wie deine Gärtnerinnen. Oder sie sagen ganz offen, dass sie Angst haben, weiter für uns zu arbeiten. Die Nazis werden uns zwingen zu verkaufen.«

»Bist du da nicht ein bisschen zu pessimistisch?«

»Nein, ich fürchte, das bin ich nicht. Immerhin haben die

Nazis eines geschafft: dass ich mich zum ersten Mal in meinem Leben als Jude fühle.«

»Und? Fühlst du dich wohl in dieser Rolle?«, fragte sie skeptisch.

»Es ist keine Rolle. Das ist das Komische. Zum ersten Mal beschäftige ich mich mit meiner Religion, lese den Talmud und die Schriften jüdischer Philosophen. Und ich kann damit tatsächlich etwas anfangen, fühle mich verstanden.«

Sie blieb misstrauisch. »Deine Sexualität werden die Rabbiner und vermutlich auch die jüdischen Philosophen jedweder Couleur ganz gewiss nicht gutheißen. Sie werden sie brandmarken. Das ist dir doch klar, oder?«

Er lächelte und nahm ihre Hand. »Vermutlich«, sagte er. »Aber da bin ich pragmatisch. Ich kann mir nicht vorstellen, dass es Gott interessiert, mit wem ich hier auf Erden das Bett teile. Ich hoffe doch stark, er hat Besseres zu tun. Außerdem glaube ich nicht an diesen Dogmatismus der Orthodoxen. Ich war vor einigen Wochen in Polen. Diese alte Schtetl-Romantik, der die Alten immer noch nachhängen, ist längst passé. Die Zukunft für uns Juden liegt im Zionismus.«

»Und du meinst, wenn ihr in Palästina lebt, ginge es freier zu?« Sie war weiterhin zweifelnd.

»Schauen wir doch mal. Ein paar Leute, die ich ganz gut kenne, versuchen gerade, in einem Kibbuz in der Nähe von Haifa den deutschen Sozialismus mit der jüdischen Kultur zu verbinden. Das wäre doch mal ein Anfang, oder?«

Sie war nicht überzeugt.

»Komm mal her, du Kleingläubige«, sagte er dann und zog sie an sich. Sie küssten sich.

»Wollen wir zu dir?«, fragte er.

»Ja, wollen wir«, antwortete sie.

Arm in Arm gingen sie durch den Rosengarten an der Girlandenhecke entlang zurück zum Gärtnerhaus.

Sie war in niedergeschlagener Stimmung.

Er nahm sie in den Arm. »Nicht traurig sein. Auch wenn ich dir mitunter als unverbesserlicher Pessimist erscheine, habe ich doch immer Hoffnung. Du kennst mein Motto: Am Ende wird alles gut.«

»Ja, ja, ich weiß schon: Und wenn es nicht gut wird, ist es nicht das Ende. Glaubst du das wirklich?«

Nach dem Gespräch mit Ben machte sie sich tatsächlich Gedanken darüber, wohin sie gehen könnte, falls sich die Lage noch weiter zuspitzte. Nicht, dass sie ständig darüber nachsann, aber der Keim war gelegt. Zumal ein Brief von Elisabeth ihr ganz neue Perspektiven eröffnete.

»Liebste Hedda,
wir hören über schreckliche Dinge, die in Deutschland vor sich gehen. Ich mache mir große Sorgen um Dich. Ich weiß ja, dass das Jüdische in Deinem Leben nie eine Rolle gespielt hat, aber was man so hört, scheint das den neuen Machthabern ziemlich egal zu sein.

Willst Du nicht zu uns nach England kommen? Du würdest hier sofort eine Stelle finden. Ich war neulich mit Everett bei einem Diplomatenehepaar in Kent eingeladen. Die beiden haben dort einen zauberhaften Garten angelegt; sehr romantisch, geradezu überbordend. Das Anwesen heißt Sissinghurst. Die Dame des Hauses ist eine Hochwohlgeborene und dazu Schriftstellerin, und, wie man so munkeln hört, dem eigenen Geschlecht eher zugetan als den Herren der Schöpfung. Aber das ist, wie gesagt, nur ein Gerücht. Sie und ihr Ehemann schienen mir sehr einvernehmlich und haben den Garten auch gemeinsam geplant und bepflanzt. Und: Überraschung! Sie suchen einen Gärtner!

Und hätten durchaus auch nichts gegen eine Gärtnerin einzuwenden.
Ich weiß, Du würdest dieses Anwesen lieben und Dich bestens mit den Besitzern verstehen. Sie sind beide sehr unkonventionell.
Überleg es Dir. Sprich mit Ben darüber. Ihm wäre auch wohler zumute, wenn er Dich in England wüsste.
Ich habe ihn übrigens vor einer Woche bei einem Empfang getroffen. Wie immer in höchst eleganter Aufmachung und mit einem reizenden neuen ›Freund‹ an seiner Seite. Seine Männer wechselt er ständig, aber was Frauen betrifft, so hat er ganz offensichtlich seine Wahl getroffen. Wie lange seid Ihr nun zusammen? Zehn Jahre?
Ich finde es nach wie vor bemerkenswert, wie Du mit dieser Situation umgehst. Selbstverständlich kommt es Deinem Unabhängigkeitsdrang entgegen, dass er oft außer Haus ist und keine wie auch immer geartete hausfrauliche Attitüde von Dir erwartet. Aber bist Du nicht manchmal eifersüchtig? Oder auch traurig, wenn er nicht da ist? Sorgst Du Dich um ihn?
Ich hatte bislang immer das Gefühl, Eure Beziehung sei ein lockeres Arrangement. Doch als ich auf besagtem Empfang kurz Gelegenheit hatte, mit ihm zu reden, ergab sich ein anderes Bild. Ich bekam den Eindruck, dass Du einer der wichtigsten Menschen in seinem Leben bist, wenn nicht gar der wichtigste. Ist Dir das bewusst?
Wie immer hast Du das vermutlich wieder einmal nicht wahrgenommen. Deshalb teile ich es Dir auf diesem Wege mit. Du weißt, dass ich mich ungefragt nur dann in Deine Beziehungen einmische, wenn ich meine, dass irgendetwas komplett schiefläuft, oder wenn es Dir schlecht geht. Hier mache ich eine Ausnahme. Ben ist ein so anständiger und liebenswürdiger Mensch.
Sei gut zu ihm.
Und überleg Dir das mit Sissinghurst.
Sei umarmt und gib auf Dich acht, Deine Lizzie.«

»Liebste Lizzie,
ich will Deinen Brief sofort beantworten. Die Stelle in Kent hört sich vielversprechend an, aber ich kann hier im Moment nicht weg. Ich bilde jüdische Jugendliche aus, damit sie eine Chance haben, in einem anderen Land Fuß zu fassen. Und dann ist da Hannah. Es ist wirklich verrückt. Ich wollte nie Kinder, und jetzt habe ich so etwas wie eine Tochter.
Darüber hinaus will ich auch die Clarenburgs nicht so ohne Weiteres im Stich lassen.
Ich werde meine Zukunft davon abhängig machen, wie sich die Situation hier im Land entwickelt. Ich würde gern hierbleiben. Ich bin noch einigermaßen geschützt in meiner kleinen Gärtnerklause auf dem Berg. Aber für Hannah ist das natürlich auf Dauer kein Leben. Sie wird bald sechzehn und ist schon jetzt sehr eigen und zurückgezogen. Sie müsste viel mehr unter junge Leute. Mit den Elevinnen hat sie sich ja nie gut verstanden, Karl ist zu alt für sie, und ich hoffe nur, dass sie sich ein bisschen mehr für meine jetzigen Schülerinnen und Schüler erwärmt.
Aber wie auch immer, wir warten erst einmal ab.
Was Ben betrifft, so kann von einem Zusammensein zwischen uns eigentlich nicht die Rede sein. Ich bin tatsächlich ein bisschen überrascht über Deine Vermutung. Und Du hast natürlich wie immer recht mit Deiner Annahme, dass ich mir bei allem, was sich hier gerade abspielt, wenig Gedanken über meine Beziehung zu ihm gemacht habe. Wenn er da ist, ist er da, und ich freue mich immer, ihn zu sehen. Und Du hast – gleichfalls wie immer – selbstverständlich auch recht mit Deiner Einschätzung, dass Ben ganz einfach ein wunderbarer Mensch ist.
Was wolltest Du mich jetzt eigentlich fragen? Ob ich ihn liebe? In gewisser Weise tue ich das. Aber es ist eher eine freundschaftliche Liebe. Und selbstverständlich gönne ich ihm seine Jungs. Die nehmen ihn mir ja nicht weg. Wenn er hier ist, teilen wir Tisch und Bett. So sagt man doch, oder? Ich mag es, von ihm

offensichtlich nach wie vor begehrt zu werden. Aber vor allem liebe ich die Gespräche mit ihm. Er ist amüsant und gebildet, und wir lachen viel. In jüngster Zeit sind unsere Unterhaltungen allerdings sehr viel tiefgründiger geworden. Er beschäftigt sich viel mit Religion und dem Zionismus. Ich weiß nicht, was ich davon halten soll.
Ob ich eifersüchtig bin? Nein, bin ich nicht. Eifersucht ist eine mir recht fremde Eigenschaft, wie ich festgestellt habe. Aber einmal hatte ich dieses Gefühl tatsächlich. Das war damals, als Martha Vidal schwanger wurde in der Zeit, als ich mit Lorenz zusammen war. Ich wollte nie Kinder haben, das weißt Du. Aber wäre ich in jener Zeit schwanger geworden, ich hätte dieses Kind bekommen. Ganz gleich, was passiert wäre. Ist das jetzt schockierend für Dich?
Rückblickend glaube ich, das war seinerzeit eine hormonelle Geschichte. Der Wunsch ist nie wieder eingetreten. Gott sei Dank!
Noch einmal zu Ben: Ich fürchte tatsächlich um ihn und mache mir Sorgen, wenn er in Deutschland unterwegs ist. Ich weiß ihn lieber in England. Er ist nicht nur Jude, sondern auch homosexuell, und das reicht in diesem Lande völlig, um drangsaliert und für immer weggesperrt zu werden. Irgendwann wird ihm da auch sein britischer Pass nicht mehr helfen.
Ach Lizzie, es sind mal wieder sehr dunkle Zeiten. Sei umarmt, Deine Hedda.«

24

BALD BILDETE SIE IM ständigen Wechsel immer gleichzeitig vier Jungen und vier Mädchen aus. Die Jungen wohnten in der Arche, die Mädchen im Gesindehaus in den Zimmern der Bediensteten, deren Kontingent auf die beiden treuen Liesmanns und Jost zusammengeschrumpft war. Die »Nürnberger Gesetze«, die den Juden die politischen Rechte absprachen sowie Ehe und Verkehr zwischen Juden und Nichtjuden verboten, untersagten auch, dass Juden sogenannte Arier unter fünfundvierzig Jahren als Hausangestellte beschäftigten. Liesmanns und Jost fielen nicht in diese Kategorie, doch sie scherten sich auch sonst nicht um die neuen Verfügungen. Sie fühlten sich ohnehin nicht als Bedienstete, sondern als Familienmitglieder.

Putzen und Waschen übernahmen Rita und Gesa, zwei ältliche Nichten von Jost, die die Hauswirtschaftsstelle nach langem Überreden ihres Onkels und aufwendiger Geheimniskrämerei schließlich aufgrund der guten Bezahlung angenommen hatten.

Durch das von der Reichsregierung erlassene Groß-Hamburg-Gesetz gehörten der Berg und die Dörfer am Fluss inzwischen zwar zur Hansestadt, doch war hier nach wie vor manches möglich, was in der Stadt längst nicht mehr erlaubt war. Die großen Kaufmanns- und Bankiersfamilien, die hier ihre Enklaven hatten, fühlten sich ohnehin zu sehr von dem herrschenden Regime bedrängt, in ihren wirtschaftlichen Entscheidungen eingeschränkt und in ihrem aristokratischen Verständnis düpiert. Dass ihre jüdischen Nachbarn terrorisiert wurden, nahmen sie gleichmütig hin. Ansonsten behandelte man die neuen Machthaber herablassend bis arrogant. Die waren Plebs, niederes Gesindel ohne Stil, ohne Bildung, ohne Manieren, Banausen eben, mit denen man sich zwangsläufig vorerst arrangieren musste. Irgendwann würden sie wieder von der Bildfläche verschwinden.

Sie absolvierte weiterhin ihre Exkursionen über das Clarenburg'sche Gelände, immer mit den Jungen und Mädchen im Gefolge, die bald ihre Heimat verlassen und nach Palästina auswandern würden.

Es war rasch klar, dass Palästina deren neues Zuhause werden würde. Ben war aktiv in der Alijah, einer Hilfsorganisation für Kinder und Jugendliche, deren Eltern für sich im Ausland keine berufliche Zukunft sahen und ihren Nachwuchs in Sicherheit bringen wollten. Für diese jungen Menschen, allesamt zwischen fünfzehn und siebzehn Jahren, hatte die Alijah ein gesondertes Kontingent von Einwanderungserlaubnissen nach Palästina besorgt. Sie mussten auf das Leben in den Kibbuzim vorbereitet werden, den landwirtschaftlichen Gemeinschaften, die Wüsten und Sümpfe urbar machen und das Land bestellen sollten.

Es waren junge Menschen in einem komplizierten und schwierigen Alter, in dem alles Mögliche schiefgehen konnte. Einem Alter, in dem trotz jedweder brenzligen Lage oder extremen Lebenssituation die Hormone regierten und nur das andere Geschlecht Aufmerksamkeit absorbierte, in dem man geneigt war zu überspannten Gefühlen und exaltierten Torheiten.

Sie beobachtete die amourösen Unterströmungen im Verhalten ihrer Auszubildenden mit Amüsement, doch auch mit einiger Sorge. Schließlich war Hannah eine von ihnen und schien sich in Gesellschaft dieser jungen Menschen weitaus wohler zu fühlen als seinerzeit unter den Elevinnen.

»Werde ich auch nach Palästina gehen?«, fragte Hannah eines Tages, als die übrigen Auszubildenden mit Jost und Karl in den Anlagen an der Arche arbeiteten und sie mit Hedda allein die Terrassenbeete für die Saat der Sommerblumen vorbereitete.

»Nach Palästina? Nein, wir werden erst einmal hierbleiben«, antwortete Hedda in Gedanken versunken und schnitt behutsam die welken Blüten und Blätter der Stauden ab.

Sie zeigte auf einen kleinen Horst, der bereits jetzt, so früh im Jahr, mit eleganten weißgelben Blütenflügelchen über glänzend grünem Laub punktete. »Name und Familie?«, verlangte sie zu wissen.

Hannah verdrehte die Augen. »Geweih-Schwertlilie, lateinisch *Iris bucharica*, Familie Iridaceae; und das daneben sind die Blattrosetten der Kleinblütigen Königskerze, *Verbascum thapsus*, Familie Scrophulariaceae; da am Rand des Rasens macht sich Habichtskraut breit, botanisch *Hieracium villosum*, Familie Asteraceae, und dieses Rispige da ist Beifuß *Artemisia vulgaris*, auch Asteraceae. Zufrieden?«

»Ja, stimmt genau«, sagte Hedda.

»Warum muss ich das alles lernen? Das wird mir doch nichts nützen, ob wir nun hierbleiben oder nicht«, maulte Hannah unwillig.

Hedda blieb gelassen. »Schau, es geht mir gar nicht so sehr um die Pflanzen, sondern ums Prinzip. Ihr sollt einfach lernen, genau hinzuschauen. Das ist immer und überall im Leben wichtig. Und Pflanzen unterscheiden zu lernen, sie zu klassifizieren ist dafür eine gute Übung. Im Übrigen ist es schon ganz nützlich zu wissen, ob eine Pflanze zum Beispiel ein Korb-, Kreuz- oder Doldenblütler ist, ob es sich um ein Knöterich-, ein Kürbis- oder Liliengewächs oder eventuell um ein Gras handelt. Die Botanik ist viel leichter zu verstehen, wenn man sie ordnet.«

»Ja, ja, ich weiß, Carl von Linné, et cetera, et cetera, et cetera ...«

»Jawohl, kluger Mann. Wieso fragst du, ob du nach Palästina gehst?«

»Die anderen reden nur von diesem Land und wie wunderbar es dort sein wird.«

Hedda runzelte die Stirn. »Ich denke mal, von denen war noch keiner jemals da. Ich will ja kein Spielverderber sein, aber ein Zuckerschlecken wird das nicht werden. Doch im Gegensatz zu hier haben sie dort eine Zukunft. Das ist schon wahr.«

»Und ich?«

»Du hast mich, Kleines. Wenn ich hier tatsächlich weggehen sollte, was hoffentlich nicht nötig sein wird, kommst du mit mir.«

»Und wohin willst du gehen?«

»Du weißt doch, dass ich eine Freundin in England habe. Sie hätte schon eine Stelle für mich. Aber im Moment habe ich hier noch gut zu tun. Ich kann nicht einfach weg.«

Schweigend verteilten sie feinkrümeligen, mit Sand gemischten Kompost auf die freien Flächen in den Beeten.

»Trotzdem. Ich finde, wir sollten bald weggehen«, sagte Hannah nach einer Weile.

»Ach was, irgendwann wird dieser Spuk vorbei sein.«

Hannah starrte stirnrunzelnd auf die Beete, die langsam zum Leben erwachten. Fingerkraut und Gänsekresse standen mit ihrem Flor in den Startlöchern, und zwischen den immergrünen Polsterstauden schoben sich Wildtulpen ans Licht, mit Blüten wie gestrandete Seesterne.

»Das wird er nicht«, beharrte sie.

»Aber natürlich. So dumm kann kein Volk sein, dass es diesen Schreihälsen lange auf den Leim geht.«

Hannah richtete sich auf, mit verzerrtem Gesicht und mit vor Wut weißen Lippen. »Du hast ja keine Ahnung«, sagte sie nun mit vor Zorn bebender Stimme. In einer aufbrausenden Geste warf sie den Unkrautstecher von sich. »Du lebst hier in deinem

Häuschen mit deinen Büchern und deinem Garten. Du kommst nie raus und weißt überhaupt nicht, was los ist da draußen. Es interessiert dich auch nicht. Aber diese ›Schreihälse‹ haben meine Eltern umgebracht. Und das werden sie auch mit mir tun und irgendwann auch mit dir. Das werden sie mit Ben tun und mit den Clarenburgs. Ich will hier nicht mehr leben. Hast du das verstanden? ICH WILL HIER NICHT MEHR LEBEN!«

Tränen liefen ihr über die Wangen. Sie ließ Hedda stehen und lief aufgebracht in Richtung Gärtnerhaus davon.

Hedda blickte ihr bestürzt hinterher. Für einen Moment stand sie reglos da. Dann ließ sie sich müde auf eine der Stufen zwischen den Beeten nieder und strich sich die Haare aus dem Gesicht. Sie spürte ihr Herz schneller pochen. Solche Auseinandersetzungen war sie nicht gewohnt. In ihrem Leben lief immer alles so, wie sie es wollte. Und auch Hannah hatte sich bislang ihren Prämissen und Anweisungen weitgehend gefügt.

Doch nun war sie unsicher. Hatte Hannah womöglich recht? Lebte sie hier tatsächlich in einem Wolkenkuckucksheim, fernab vom Geschehen und ohne Interesse, was in der Welt vor sich ging?

Aber sie bildete doch diese Kinder aus. Sie konnte nicht einfach weg. Sie wurde hier gebraucht.

Unschlüssig holte sie die Zigarettenpackung aus ihrer Jackentasche und zündete sich eine ihrer Chesterfields an. Sie schaute auf den Fluss. Vitus kam sehr langsam aus dem Rosengarten getappt und strich ihr um die Beine.

»Und was würde denn auch aus dir werden, wenn wir weggingen?«, fragte sie eher rhetorisch und kraulte ihn zwischen den Ohren.

Nein, sie würde warten. Irgendwann würde sich das ganze Ungemach in Wohlgefallen auflösen. Doch sicher war sie nicht. Vielleicht, dachte sie, mache ich mir nur etwas vor.

Es kam ihr nur natürlich vor, dass Hannah die Aufmerksamkeit der Gärtnerlehrlinge auf sich zog. Aber sie schien niemand Speziellen unter ihnen zu bevorzugen. Sie stand sowohl mit den Jungen als auch mit den Mädchen durchweg auf gutem Fuß, lachte mit ihnen und schäkerte herum. Aber für Hedda klang das alles weitgehend harmlos.

Dennoch sprach sie mit Hannah an einem stillen Abend über Verhütungsmethoden. Sie erklärte ihr, wie sie mit sorgfältiger, regelmäßiger Aufzeichnung und Temperaturmessung ihre fruchtbaren Tage ermitteln konnte. Und sie schlug vor, sich um eine ziemlich neue Praxis zur Schwangerschaftsvermeidung zu kümmern und zu versuchen, ein Pessar zu besorgen.

Hannah hörte sich das alles geduldig und mit unbewegter Miene an.

»Mach dir keine Gedanken«, sagte sie schließlich ungerührt. »Die Jungs haben alle Kondome.«

Hedda zog die Augenbrauen hoch und betrachtete ihr Ziehkind, das sich unbeirrt wieder seiner Lektüre zugewandt hatte. Diese Sorgen schienen also unbegründet.

Andere Bedenken trieben sie hingegen weiterhin um. Sie fragte sich, ob ihre Schülerinnen und Schüler das bei ihr aufgenommene Wissen in Palästina würden anwenden können, und konnte nur hoffen, dass ihr ganzer Unterricht von Relevanz war.

Hedda stellte sich Palästina als ein karges Land vor und zeigte ihren Auszubildenden, wie man mit einjährigen Pflanzen schnell und unkompliziert ein kleines Blütenmeer zaubert.

»Kosmeen, Zinnien, Kapuzinerkresse oder Wicken brauchen mindestens zehn Grad plus, um keimen zu können. Das sollte in eurer neuen Heimat kein Problem sein«, erklärte sie ihnen, während sie im Gewächshaus die Blumensaat auf ihre Anzuchttöpfe verteilte. »Bei den geringeren Temperaturen und den kälteren

Wintern hierzulande müssen wir Sommerblumen in hellen, wohltemperierten Räumen vorziehen. Ihr hingegen könnt direkt ins Beet säen. Sät am besten in Zickzack-, in Kreis- oder in anderen Mustern. So könnt ihr die austreibenden Sämlinge von den Unkräutern unterscheiden. Die Erde sollte fruchtbar, aber nicht allzu nährstoffreich sein. Die Pflanzen sollen schließlich blühen und nicht ins Kraut schießen. Sät nicht zu dicht, sonst müsst ihr später ausdünnen, damit jedes Pflänzchen genügend Platz hat. Die meisten Arten brauchen fünfzehn Zentimeter Abstand zum Nachbarn.«

»Wieso lernen wir Blumenzucht? Wir brauchen da vor allem was zu essen, also Gemüse und Obst«, fragte Friedrich, ein hoch aufgeschossener Sechzehnjähriger mit einer altersgemäßen Aura von Weltschmerz und Skepsis.

Hedda schaute ihn an, verständnisvoll und doch ein wenig mitleidig.

»Wenn Menschen von einer besseren Welt träumen, stellen sie sich fast immer einen Garten vor«, begann sie. »Gärten versinnbildlichen die Sehnsucht nach Schönheit, die Vorstellung von einem Leben in Harmonie mit Gott und der Natur. Ihr werdet diese Perspektive brauchen, wenn ihr in dem neuen Land seid. Gemüse ist gut und nützlich und kann sogar hübsch aussehen, aber Blumen sind für die Seele. Wir brauchen ihre Schönheit, ihre Farben, ihren Duft. Pflanzt also Ringelblumen, Kapuzinerkresse und Tagetes. Pflanzt sie in Massen, denn die schützen euer Gemüse noch dazu vor allen möglichen Schädlingen.«

Sie wusste, dass die Pflanzen, die die Jungen und Mädchen unter ihrer Aufsicht kultivierten, in der neuen Heimat möglicherweise gar nicht wachsen würden. Vermutlich war es zu heiß und zu trocken, oder der Boden passte nicht.

Doch eines wusste sie auch, nämlich dass diese jungen Menschen in dem Land, in das sie demnächst ziehen würden, mehr benötigten als etwas zu essen. Denn die Prophezeiung aus dem zweiten Buch Mose, dass das Gelobte Land »ein gutes und weites Land« sei, »ein Land, darin Milch und Honig fließt«, würde sich unter Umständen nicht bewahrheiten.

Sie würden nicht verhungern, das nicht. Für die »Milch«, die Grundbedürfnisse des Menschen, würden sie unter anderem aufgrund des bei ihr Gelernten sorgen können. Aber ob sie den versprochenen »Honig« finden würden, bezweifelte sie stark. Den »Honig«, der die Süße des Lebens symbolisierte, das, wofür man letztendlich existierte; die Liebe zum Leben, das Glück zu leben. Und dazu gehörte für sie eben immer die sinnliche Erfahrung eines Blumengartens mit seinen Farben und Formen, seinem Duft und seiner verschwenderischen Fülle.

Sie hatte sich über Palästina informiert und ahnte, dass den Jungen und Mädchen vermutlich eine Art Kulturschock bevorstand, dazu eine feindlich gesinnte arabische Umwelt. Da würden sie den »Honig« womöglich gut gebrauchen können.

Sie zweifelte nicht am Sinn ihres Tuns. Die Ausbildung dieser jungen Menschen war eine schiere Notwendigkeit und bereicherte ihr eigenes Leben durchaus. Umso mehr Bedenken beschlichen sie hinsichtlich ihrer Gärtnertätigkeit auf dem Berg. Die Terrassenbeete, der Rosengarten, das Amphitheater dienten inzwischen in erster Linie als Anschauungsmaterial für den Unterricht, und sie selbst sah sich mittlerweile eher als Lehrerin denn als Gärtnerin.

»Gut möglich, dass ihr euch irgendwann mal der Rosenzucht widmet. Die schönsten Arten kommen schließlich aus der Region rund um Palästina. Da kann es nicht schaden zu wissen, wie man mit den Pflanzen umgeht«, erklärte sie ihren Schülerinnen und Schülern und demonstrierte den Rosenschnitt unter den argwöhnischen Blicken des kritischen Friedrich.

Natürlich standen Obst- und Gemüsekultur ganz oben auf

dem Lehrplan. Doch darüber hinaus ließ sie die Jungen die Girlandenhecke und die Eibenhecken im Amphitheater schneiden und die Mädchen die Terrassenbeete von Unkraut freihalten und mit Einjährigen bepflanzen. Ihre Lehrlinge mussten den Rosengarten in Schuss halten und den Rasen des Amphitheaters regelmäßig mähen. Die mit den Jahren recht mächtig gewordene Glyzinie an der Stützmauer musste gleichfalls regelmäßig gestutzt, die Weinreben ordnungsgemäß geschnitten und am Spalier geleitet werden. In Ermangelung der meisten ihrer Gärtner pflegten jetzt eben ihre Auszubildenden die Anlagen. Hans Rosenzweig war mit Frau und Kindern nach Palästina ausgewandert, Gisbert und Siggi hatten eine Stelle in der Baumschule von Renata und Peer gefunden. Nach den neuen Gesetzen durften sie nicht für Juden arbeiten.

Die Arbeit, so sagte sie sich, musste schließlich erledigt werden. Denn die Südterrasse war nach wie vor ihre Herzensangelegenheit. Doch außer ihr selbst und ihren Schülerinnen und Schülern hielt sich hier kaum noch jemand auf. Sie hätte den Ort auch verwildern lassen können, und womöglich wäre es den Clarenburgs nicht einmal aufgefallen. Sie hatten andere Sorgen, mussten sich über vielerlei Angelegenheiten Gedanken machen, und die Instandhaltung ihres Gartens gehörte definitiv nicht dazu.

Sie hörte Lorenz' Stimme: »Häng dein Herz niemals an Dinge, auch nicht an ein Stück Erde.« Doch was sonst hatte Bestand im Leben? Menschen? Wohl kaum. Geld? Niemals. Nur ein Flecken Erde, den man nach seinen Bedürfnissen und seinem Gusto gestaltete, war doch von Dauer und gleichbleibendem Wert. Oder nicht? Ihre Gewissheiten waren ihr abhandengekommen.

»Liebste Lizzie,
ich mache gerade eine für mich untypische Periode des Selbstzweifels durch«, schrieb sie an Elisabeth. »Ich habe gerade den Text

eines österreichischen Dichters namens Hugo von Hofmannsthal gelesen, in dem er so etwas Wahres und Schönes über die Anlage von Gärten geschrieben hat, dass es mir schier den Atem verschlagen hat.

Mit der Anlage eines Gartens, so von Hofmannsthal, schreibe man zugleich seine stumme Biografie. Es gäbe im Grunde nichts, was dem Dichten so nahestehe, wie ein Stück lebendiger Natur nach seiner Fantasie umzugestalten.

Ein Gärtner, so schreibt er, tue mit Sträuchern und Stauden das, was der Dichter mit den Worten tue: ›Er stellt sie so zusammen, dass sie zugleich neu und seltsam scheinen und zugleich auch wie zum erstenmal ganz sich selbst bedeuten, sich auf sich selbst besinnen.‹

Ist das nicht ein erstaunlicher Gedanke? Meine ganze Knochenarbeit, das Kompostschaufeln, Umgraben, Unkrautjäten und Rosenschneiden sind Teile eines poetischen Aktes!

Und wenn das dann so sein sollte, was bedeutet das für mich? Wenn ich hier auf dem Berg mit der römischen Terrasse und dem Rosengarten, mit den Kräuterbeeten und dem kleinen Amphitheater meine stumme Biografie geschrieben habe, wäre dies doch mein Leben, oder? Mein Ein und Alles, an dem ich mit jeder Faser meines Herzens hänge.

Ich frage mich nun, ob das denn stimmt. Bislang hatte ich diesbezüglich im Prinzip keine Zweifel. Ich mag diesen Flecken Erde und fühlte mich bislang ungemein wohl hier, ja sogar heimisch, so wie Du Dich in England heimisch fühlst.

Aber wenn ich jetzt nach Hamburg hineinfahre und diese verdüsterte, gewalttätige Stimmung erlebe, mitbekomme, wie gegen uns Juden gehetzt wird (ja, Du hast richtig gelesen: Gegen UNS Juden; denn als etwas anderes werde ich von den nichtjüdischen Menschen hier gar nicht mehr wahrgenommen), dann spüre ich, wie ich mich langsam distanziere. Nicht allein von der Stadt und dem Land, auch von meinen Gärten.

Aber was wird dann aus meiner stummen Biografie, wenn ich wegginge?

Wird sie auch ohne mich Bestand haben?«

Wenn Hannah Hebräischstunden hatte und Hedda nicht im Garten arbeitete oder unterrichtete, lief sie über das Gelände. Dabei nahm sie das Anwesen, den Berg mit seinen diversen Ausblicken, dem abwechslungsreichen Baumbestand, den Tieren und Pflanzen und den vielen geheimnisvollen Winkeln wieder so wahr wie ganz am Anfang, wie beim Erkunden weiland vor dreiundzwanzig Jahren. Sie versuchte, sich alles genau einzuprägen, bis sie irgendwann bemerkte, dass sie Abschied nahm.

Sie überlegte hin und her, ob sie Elisabeths Idee aufnehmen sollte und dem englischen Diplomatenpaar einen Brief mit Lebenslauf und Zeugnissen schicken sollte. Doch selbst wenn die Leute einverstanden wären und nicht längst einen Gärtner gefunden hatten, benötigte sie eine Einwanderungserlaubnis. Für sie selbst wäre das angesichts einer festen Arbeitsstelle und aufgrund der weitreichenden Beziehungen von Elisabeths Familie und den neuen Arbeitgebern kein Problem. Doch sie benötigte auch eine für Hannah.

Deren Status war nach wie vor unklar. Nach dem Überfall auf ihre Eltern hatte Ben geistesgegenwärtig Hannahs Geburtsurkunde beschafft, aber da ihre Mutter nie gefunden worden war, galt sie nach wie vor nicht als Vollwaise, und so konnte Hedda sie nicht ohne Weiteres adoptieren.

Abgesehen davon wäre das Ganze aber wohl sowieso ein schwieriges Unterfangen gewesen in diesem Land, in dem Recht und Gesetz mehr oder weniger außer Kraft gesetzt waren und für Juden ohnehin nicht mehr galten.

Ludwig Clarenburg war jetzt häufiger zu Hause. Er hatte Zeit. Seine Arbeit bestand fast ausschließlich darin, Einwanderungszertifikate nach Palästina zu erlangen und Geld für die Flüchtlinge zu sammeln. Seine Aufsichtsrats- und Vorstandsposten waren ihm längst aberkannt worden, und in der Bank ließ er sich auch kaum mehr blicken. Es war nicht nötig, denn es gab nichts mehr zu tun.

Dann und wann besuchte er sie im Gärtnerhaus. Anfangs war sie etwas befremdet, doch inzwischen hatte sie sich an sein sporadisches Erscheinen gewöhnt und fand es sogar angenehm, mit ihm zu plaudern. Im Gegensatz zu Adele klopfte er stets höflich an die Tür, und wenn sie nicht daheim war, ging er wieder.

»Es ist schön, hier zu sitzen und Ihren Kräutern beim Wachsen zuzusehen«, sagte er eines Abends und schaute auf ihr kleines Reich voller Duft und subtiler Farbtöne.

Er saß mit ihr auf der Bank vor dem Haus und nippte an dem Scotch, den sie ihm angeboten hatte. »Haben Sie gehört, wie unsere neuen Machthaber sich einen Garten vorstellen?«, fragte er und beobachtete dabei die Schmetterlinge, die sich auf dem Thymian tummelten. »Ausschließlich heimische Pflanzen. Keine Rhododendren mehr, keine Hortensien, keine Dahlien, und vermutlich müssten Sie Ihren Salbei, den Rosmarin und den Koriander hier auch bald ausreißen.«

»Die neue Zeit macht eben vor keinem Aspekt des Lebens halt«, sagte sie spöttisch und zog an ihrer Zigarette. »Wir werden sehen, wie das ausgeht«, fuhr sie fort. »Die Kirsche ist aus Kleinasien nach Deutschland gekommen und wächst hier seit mehr als fünfzehnhundert Jahren. Möhren kommen ursprünglich aus Indien, die Kartoffel kommt aus Peru. Meinen Sie, diese Rhododendronhasser verzichten auf ihre Kartoffeln?«

Er lachte. »Wohl kaum.«

»Und dann sollen mir diese Ignoranten mal erzählen, was heimische Pflanzen sind. Ist ein Kraut, das mit den Römern über die Alpen zu uns gekommen ist, heimisch? Sind Pflanzen, die im Mittelalter als Samen über die Hufe der Pferde und den Schlamm an den Wagenrädern über weite Strecken zu uns gelangten, heimisch? Vieles wächst doch seit Ewigkeiten hier. Ob heimisch oder nicht, kann man doch kaum noch unterscheiden.«

»Tja, wem sagen Sie das?« Clarenburg klang resigniert.

Sie sah ihn an. »Wie geht es Ihnen?«

Er schwieg eine Weile und nippte an seinem Drink. »Nun ja, ich weiß nicht recht, wie es weitergehen soll. Die meisten unserer Großkunden haben der Bank gekündigt. Anfangs kamen noch mehr jüdische Kunden dazu, die von anderen Banken abgewiesen wurden. Doch viele von ihnen sind inzwischen ausgewandert. Infolge der Zensur gibt es kaum noch Auslandskorrespondenz und auch keine deutsche mehr. Die Briefe, die man an ein jüdisches Haus richtet, sind eben kompromittierend, Sie verstehen. Die Zahl meiner Mitarbeiter nimmt ab, und neue Geschäfte, Projekte, die man eventuell anstoßen könnte, gibt es auch nicht mehr.«

Sie schwiegen wieder.

»Warum gehen Sie nicht ins Exil?«, fragte sie.

Er seufzte tief und lauschte einen Moment schweigend dem Gesumm der Bienen über den Beeten. »Ich bin zu alt für das Exil«, sagte er schließlich. »Außerdem kann ich hier noch von Nutzen sein. Solange ich Kontakt zu den Machthabern habe, ist es meine Pflicht, meinen jüdischen Mitbürgern zu helfen. So sehe ich das wenigstens.«

Sie schaute ihn zweifelnd an.

»Schauen Sie, ich habe einen Kampf nie aufgegeben«, erklärte er. »Ich war immer beharrlich und bin immer wieder auf das Ziel, das ich mir gesetzt hatte, zurückgekommen. Ich weiß, ich bin oft unbequem und habe Dinge getan, die von meiner Umwelt stark kritisiert wurden. Aber wenn ich von ihrer Richtigkeit überzeugt war, habe ich sie dennoch durchzusetzen versucht. Ich werde jetzt auf meine alten Tage nicht anfangen, meine Lebenseinstellung zu ändern.«

»Ben ist der Ansicht, nur Palästina sei die Lösung.«

»Ja, ich weiß, was er denkt. Ich sehe das anders. Ich bin Deutscher, genauso wie ich Jude bin, und das können mir die Nazis auch nicht nehmen, was immer sie mit mir anstellen sollten. Wer will mir mein Vaterland, mein Zugehörigkeitsgefühl nehmen? Ich sehe mich als Patrioten. Ich kann nachweisen, dass meine Familie sowohl väterlicher- wie mütterlicherseits seit über vierhundert Jahren in Deutschland ist und dass meine Vorfahren die Vergangenheit Deutschlands miterlebt, mitgeprägt, mitgestaltet haben. Was soll ich woanders?«

»Aber Palästina wäre doch zumindest in der jetzigen Situation erst einmal sicherer für die Juden als dieses Land, wo wir nur noch schikaniert werden«, warf sie, den Advocatus Diaboli spielend, ein.

»Mag sein, aber Palästina kann nicht alle aufnehmen, und nicht alle wollen dorthin. Ich war ja da. Noch leben die Araber mit den Juden einigermaßen friedlich zusammen. Warum auch nicht? Die arabischen Grundbesitzer sitzen in Beirut oder Damaskus. Und ihre Pächter hocken seit hundert und mehr Jahren in ihren Dörfern. Es spielte bislang keine Rolle, wem das Land gehört. Doch die jüdischen Einwanderungsbüros behandeln das von ihnen neu erworbene Land jetzt als unveräußerliches Eigentum des jüdischen Volkes. Nur Juden dürfen auf diesem Land wohnen, nur jüdische Arbeitskräfte beschäftigt werden. Die alteingesessenen arabischen Pächter müssen weg und bekommen nicht einmal mehr Lohnarbeit. Wie soll das gut gehen? Da wird doch Hass gesät.«

Er lehnte sich zurück und stöhnte leise auf. »Meine Arthrose«, erklärte er und rieb sein rechtes Knie. »Nein, ich habe Palästina nie als künftigen jüdischen Nationalstaat gesehen. Eher schon als Modell für ein friedliches Nebeneinander verschiedener Religionen und Kulturen. Moslems, Katholiken, Protestanten und Juden: alle auf gemeinsamem Boden; nicht als Herrscher, aber auch nicht als Beherrschte. Aber das wird wohl eine Illusion bleiben.«

Sie schaute nachdenklich in die Ferne, Richtung Westen, wo der Himmel von einem schwindelerregenden Blau in einen perlmuttfarbenen Abendschimmer überging. Sie lauschte dem Zirpen der Grillen und nahm den Duft von Minze und Lavendel wahr, die direkt bei der Bank im Kräuterbeet wuchsen.

»Ich habe im Grunde nie verstanden, warum man es immer auf die Juden abgesehen hat«, sagte sie.

Sie sah, dass sein Glas leer war, und schenkte ihm großzügig nach. Sie hatte zu keinem Zeitpunkt den Eindruck gewonnen, dass er viel trank, aber heute schienen ein kleiner Rausch, ein wenig alkoholgeschwängertes Vergessen ihn über die schweren Stunden zu retten.

Er nahm einen großen Schluck und stellte das Glas dann auf dem Boden ab. Sie hatte nie einen Tisch vor die Bank gestellt. »Ein Mann des Militärs wird Ihnen erklären, dass man eine disparate Gruppe zusammenbringt, indem man ihr ein gemeinsames Feindbild gibt«, sagte er. »Es ist ein ziemlich schlichtes Prinzip, aber es funktioniert.« Er stand auf. »Ich geh jetzt mal. Adele ist noch in Berlin bei Dora und den Enkelkindern. Ich fahr morgen nach. Wir sehen uns am nächsten Montagmorgen.«

25

ENERGISCH SCHRITT ADELE MIT Hedda den Weg hinunter zur römischen Terrasse und blieb dann ziemlich abrupt an der Girlandenhecke stehen, den Blick starr auf den Fluss geheftet.

Sie hatten sich vor dem Gärtnerhaus getroffen, wo Hedda ihre Buchsbäume in Form geschnitten hatte. Und unerwarteterweise hatte Adele sie gefragt, ob sie nicht mit ihr einen kleinen Spaziergang unternehmen wolle.

Hedda war überrascht gewesen. Die Beziehung zu Adele hatte sich zwar merklich entspannt. Die Ausbildung von Hannah hatte sie zur Zusammenarbeit verdammt, und wider Erwarten klappte ihre Arbeitsteilung ausgezeichnet. Doch jahrelanges Misstrauen verschwindet nicht von heut auf morgen. Heddas Argwohn hatte sich verringert, aber nicht in Luft aufgelöst. Und so wollte sie nach Adeles Aufforderung spontan ablehnen und zu viel Arbeit vorschieben.

Aber dann hatte sie Einsamkeit an der Frau wahrgenommen, Einsamkeit, Sorge und Kummer. Adele war im Grunde genommen auf dem Berg gefangen. Juden durften inzwischen keine Theater mehr besuchen, sich nicht auf Parkbänke setzen, keine Haustiere mehr halten. Und Besitzer von Gaststätten, Geschäften, Friseursalons, Kinos erließen nach Gutdünken ihre eigenen Verbote. Für eine Frau, die es gewohnt war, gesellschaftlich zu reüssieren, musste diese Erfahrung niederschmetternd sein.

Also hatte Hedda sich die Hände gewaschen, den Sonnenhut aufgesetzt und war mit Adele zur Südterrasse spaziert.

»Es tut mir leid, dass wir nie besonders gute Freundinnen waren«, sagte Adele schließlich.

Hedda musterte sie verwundert. Adele war jetzt vierundsechzig, und man sah ihr das Alter an. In den vergangenen drei Jahren schien sie noch kleiner und schmaler geworden zu sein. Feine Linien durchzogen ihr Gesicht. Doch schwach wirkte sie nach wie vor keineswegs.

»Vielleicht war ich einfach ein bisschen eifersüchtig«, fuhr Adele fort. »Ludwig hat immer so viel von Ihnen gehalten. Ich dachte, er hätte sich in Sie verliebt.«

»Hat er nicht«, erwiderte sie knapp.

Adele warf ihr einen Blick voll düsterem Argwohn zu. Dann entspannte sie sich. »Ach, und wenn schon. Das ist ja jetzt auch vollkommen egal«, sagte sie. »Heute zählt das alles nicht mehr. Ich bin froh, dass Sie hier sind. Wir wären sonst sehr allein. Für die ersten Familien der Stadt sind wir ja inzwischen Parias. Und für den Rest der Stadt auch.« Sie schüttelte den Kopf. »Es ist unglaublich. Alle waren sie hier zu Gast, und wir waren wiederum bei denen zu Gast. Natürlich wussten wir als Juden, dass wir nie richtig dazugehören würden. Eine Heirat zwischen denen und uns ... Undenkbar! Und das nicht erst seit den sogenannten ›Nürnberger Gesetzen‹. Diese Leute hier haben ja so einen Dünkel. Man fragt sich, auf was die sich was einbilden. Kennen den Preis von allem, aber den Wert von nichts. Haben weder Bildung noch Stil. Kennen keinen einzigen modernen Künstler mit Namen, und ihr Musikverständnis hört bei Schubert auf. Und was ich bei denen aufgetischt bekommen habe, hatte mit gehobener Küche so viel zu tun wie Ihre Gärtnerhose mit einem Ballkleid.« Sie hielt kurz inne und schaute Hedda an. »Entschuldigung, nichts gegen Ihre Gärtnerhose«, sagte sie und lächelte hintergründig. »Wir haben uns ja inzwischen alle daran gewöhnt, dass Frauen Hosen tragen. Und ehrlich gesagt kann ich Sie mir überhaupt nicht mehr anders vorstellen.«

Hedda lächelte zurück, doch Adele starrte schon wieder auf den Fluss, die Stirn in Zornesfalten.

»Wussten Sie, dass Ludwig Finanzminister werden sollte?«, fuhr sie fort. »Kurz nach dem Krieg hat man ihn gebeten, ins Kabinett einzutreten. Und wissen Sie, was er gesagt hat? Dass dieses Land für einen jüdischen Finanzminister noch nicht reif sei. Besser kann man es wirklich nicht ausdrücken. Den Reifegrad dieses Volkes kann man gerade gut beobachten; irgendwo ziemlich nah am Neandertaler, oder? Du liebe Zeit, das Volk der Dichter und Denker. Schauen Sie sich doch mal an, was da auf den Straßen rummarschiert. Ich war nie so optimistisch wie Ludwig, der sich ja hier als assimilierter Jude völlig integriert fand. Ich habe immer die Vorbehalte gespürt. Aber dass die Leute, die an meinem Tisch gesessen, die in unsere Theateraufführungen geströmt sind, dass die uns nun bewusst meiden, die Straßenseite wechseln und uns sogar denunzieren, das ist einfach unerhört. Wissen Sie, Ludwig hat dafür gesorgt, dass diese Stadt endlich eine Universität bekommt, er hat sich immer für Kunst und Wissenschaft, für Theater und Literatur eingesetzt und sich auch sonst stets für die Belange der Stadt engagiert, dafür, dass sie überhaupt mal in der Welt wahrgenommen wird. Diese Provinzler meinen ja, das hier sei der Nabel der Welt. Fragen Sie mal in New York oder Buenos Aires, ob jemand Hamburg kennt. Kein Mensch kennt diese Stadt dort, dafür kennen sie den Namen Clarenburg.«

Adele hielt kurz inne und atmete schwer.

»Vielleicht wäre es wirklich besser, woanders hinzugehen«, sagte Hedda vorsichtig.

»Fast waren wir doch schon mal weg«, sagte Adele. »Erinnern Sie sich nicht? Kurz nach dem Attentat auf den Außenminister, damals 1922. Da ist auch ein Anschlag auf Ludwig geplant worden. Die Polizei hat das seinerzeit herausgefunden und

Ludwig informiert, und man hat uns deutlich zu verstehen gegeben, dass es besser wäre, erst mal zu verschwinden. Wir waren dann für ein paar Wochen in New York bei Ludwigs Bruder. Offiziell, um mit Politikern und Wirtschaftsleuten über eine Verminderung der Reparationszahlungen zu sprechen. Inoffiziell, weil man Pogrome befürchtete. Und damals waren die Nazis noch nicht an der Macht.«

Hedda erinnerte sich schwach, dass Ludwig und Adele seinerzeit mit ihren beiden jüngeren Töchtern für eine Weile außer Landes gewesen waren.

»Sie sind dann wieder zurückgekommen«, sagte sie.

»Ja, nach drei Monaten konnte man den Attentäter und die Hintermänner festnehmen. Spätestens seit damals habe ich diesem Land nicht mehr getraut. Ich habe einfach Angst um Ludwig, um uns. Ich habe schon lange versucht, ihn zu überreden, von hier wegzugehen. Keine Chance. Er meint, er habe nicht das Recht, seine einflussreiche Stellung freiwillig aufzugeben, solange er für andere sorgen kann. Er meint, reiche Juden hätten eine besondere Verpflichtung, in Deutschland zu bleiben und den Nazis zu widerstehen. Er denkt, weil seine Familie schon vierhundert Jahre hier gelebt hat, sei er einer von ihnen, ein Teil dieser ›Volksgemeinschaft‹.« Adeles Stimme wurde höhnisch. »Wie kann man nur so naiv sein?«

Hedda fühlte sich zunehmend unwohl beim Anhören dieser Philippika. »Er ist eben immer sehr zuversichtlich, sieht vor allem das Gute in den Menschen, und das Gemeinwohl liegt ihm am Herzen. Er ist sehr engagiert«, argumentierte sie stockend und selbst für ihre eigenen Ohren ziemlich schwach.

»Pah, Zuversicht, Gemeinwohl, Engagement ... Was hat ihm das denn gebracht?« Adele klang plötzlich erschöpft. »Wissen Sie, ich liebe das hier«, sagte sie dann und schaute Hedda mit ihren müden Augen an. »Das, was Sie hier geschaffen haben. Ich liebe diesen Garten, die Rosen, unser kleines Amphitheater und den Fluss. Als ich damals mit Ludwig hierherkam, hätte ich das nie für möglich gehalten. Ich bin ja wie Sie in Süddeutschland aufgewachsen. Da war alles irgendwie üppiger, glanzvoller, kultivierter, finden Sie nicht? Die Architektur, die Gärten, das Essen, die ganze Natur. Ich fand das hier sehr karg, sehr protestantisch eben und nicht besonders sinnenfreudig. Doch Sie haben hier etwas geschaffen ... ein Arkadien, eine Traumwelt, etwas Paradiesisches. Aber das muss ich Ihnen ja nicht sagen. Wir waren alle sehr glücklich hier.«

Und das klang dann schon wie ein Abgesang.

»Was werden Sie tun?«, fragte Hedda. Sie war mit einem Mal sehr milde gestimmt. Aller Unmut war vergessen. Angesichts ihrer beider Situation schienen ihr die Differenzen in der Vergangenheit tatsächlich belanglos.

Adele schwieg einen Moment. »Wir beide sollten endlich Du zueinander sagen, meine liebe Hedda, oder?«, sagte sie.

Hedda lächelte. »Ja, das sollten wir.«

»Und was wir tun werden ... Ich habe nicht die geringste Ahnung.«

Es war bei einem ihrer melancholischen Abendspaziergänge über den Berg, als sie von fern Hannah mit einer weiteren Person an der Arche erblickte. Die anderen Auszubildenden waren längst beim Abendessen im Gesindehaus, und sie hatte Hannah beim Klavierunterricht bei Adele gewähnt. Zumindest hatte Hannah ihr das gesagt, und ihr erster Impuls war Enttäuschung, dass das Mädchen sie so offenkundig angelogen hatte.

Als sie näher kam, sah sie, dass die andere Person ein Mann war, und im ersten Moment meinte sie, es sei Karl. Doch dann sah sie, dass dieser Mann viel jünger war, und schließlich erkannte sie Friedrich, den kritischen Zweifler, der immer noch einmal nachfragte, wenn eigentlich alles schon klar und offensichtlich war.

Hedda versteckte sich hinter dem Stamm einer Buche und

beobachtete die beiden mit einem mulmigen Gefühl. Sie hasste es zu spionieren, aber belogen zu werden hasste sie noch ein kleines bisschen mehr. So blieb sie stehen.

Die beiden schienen sehr vertraut miteinander. Sie konnte nicht hören, was sie sprachen, doch Friedrich redete sichtbar leidenschaftlich auf Hannah ein. Diese schwieg und hörte nur zu. Schließlich legte sie sacht ihren Zeigefinger auf seinen Mund, zog seinen Kopf zu ihrem hin und küsste ihn.

Hedda verdrehte die Augen. Es hätte ihr klar sein sollen, dass ihre wunderschöne Hannah irgendwann dem begehrenden männlichen Blick nicht mehr entkommen würde. Die verschwiegenen Winkel der Clarenburg'schen Gärten mit Haselhain und Efeulauben, Moosteppichen und hohen Farnen, mit Geißblatt, Maßlieb und wilden Stiefmütterchen und all den anderen Shakespeare'schen Zauberblumen boten ja auch den passenden Rahmen für ein Rendezvous. Und die wilde Blumenwiese an der Arche mit all ihren sommerlich süßen Düften ... Sie konnte sich kaum einen angemesseneren Ort für die sinnlichen Freuden und Seligkeiten des Körpers vorstellen.

Sie seufzte. Immerhin war Hannah keinem Windei aufgesessen; und Gott sei Dank auch nicht Karl. Friedrich war ein ernster, geradliniger Kerl; etwas schwierig im Umgang, aber aufrichtig und voller Ideale.

Sie schaute noch einmal auf das Paar, das da so leidenschaftlich miteinander zugange war. Dann drehte sie sich um. Sie ging zurück zum Gärtnerhaus und hoffte nur, dass Hannah recht hatte und die Jungs immer Kondome mit sich trugen.

Sie behielt ihre Beobachtung für sich. Hannah hatte ihrer Ansicht nach das Recht auf eine gewisse Privatsphäre, die sowohl im Gärtnerhaus als auch im Haupthaus kaum gewährt wurde. Und sie hatte auch das Recht auf eine Romanze.

Sie forschte auch nicht bei Adele nach, ob Hannah noch immer regelmäßig zum Unterricht kam. Friedrich würde in zwei, drei Monaten weg sein, weit weg in Palästina. Dann gäbe es vermutlich einen heftigen Liebeskummer, aber auch das würde irgendwann vorübergehen.

26

Schon eine ganze Weile lang hielt sich Vitus fast ausschließlich in Heddas Wohnstube im Korb am Kamin auf. Er war jetzt zweiundzwanzig Jahre alt. Der einst kräftige und flinke Kater war dünn geworden und bewegte sich nur mehr sehr langsam und vorsichtig. Draußen begnügte er sich mit einem Plätzchen im Kräutergarten. Hedda hatte ihm einen zusätzlichen Korb neben die Katzenminze gestellt. Dort verdöste er den Sommer. Mäuse fing er längst nicht mehr. Hedda bereitete ihm Mahlzeiten aus den Fleisch- und Fischabfällen zu, die Henriette Liesmann ihr zusteckte. Eine Aufgabe, die sie noch vor nicht allzu langer Zeit für lächerlich befunden hätte. Aber sie hing an diesem Tier mit einer für sie völlig unüblichen Sentimentalität. Und so war es ein kleiner Schock, als sie den Kater eines Morgens tot in seinem Korb vorfand.

Hannah war außer sich und lief tagelang mit vom Weinen geröteten Augen durch die Gegend.

»Er hatte ein gutes Leben«, versuchte Hedda sie zu trösten, doch sie selbst vermisste Vitus gleichfalls. Wenn sie von der Arbeit kam, erwartete sie wie gewohnt seine freudige Begrüßung. Bis ihr dann einfiel, dass er nicht mehr da war.

Was hält uns noch hier?, dachte sie dann manchmal. Aber sie versuchte, diese spontane Eingebung zu verdrängen. Sie fand es töricht, eines Katers wegen Entscheidungen von solch grundlegender Tragweite zu treffen. Und doch war ihr mit dem Tod des Tieres ein weiteres Stück ihres so harmonisch eingerichteten Daseins verloren gegangen.

»Warum willst du unbedingt hierbleiben?«, fragte auch Hannah.

»Ich habe hier eine Aufgabe«, gab sie zurück.

Hanna verdrehte die Augen. »Wir sind hier nicht mehr sicher. Das weißt du ganz genau. Die Deutschen wollen uns umbringen.«

»Nun übertreib mal nicht.«

»Wieso siehst du das nicht? Du bist sonst so offen für alles, nur in dieser Hinsicht bist du total vernagelt und blind.« Hannah klang fast verzweifelt.

»Liebes, ich hab hier meinen Garten. Ich kann den nicht einfach im Stich lassen«, sagte Hedda.

»Einen Garten? Im Stich lassen?« Hannah sah sie ungläubig an. »Ich hab genug gelesen, um zu wissen, wie man so was nennt: Eskapismus. Du willst einfach nicht wissen, was in diesem Land los ist. Ich versteh's nicht. Du bist sonst so fortschrittlich in deinem Denken, aber an dieses Stück Erde hier klammerst du dich wie ein stockkonservativer Bauer an seine Scholle. Dabei gehört dir dieses Land noch nicht mal. Ich wette, die Clarenburgs sind eher weg als du.«

»Unsinn. Die werden ihren Besitz verteidigen. So leicht können sie den Clarenburgs dieses Anwesen nicht wegnehmen.«

»Wo lebst du eigentlich?«, fragte Hannah inzwischen eher verwundert als empört. »Diese sogenannten Volksgenossen haben sich die Gesetze hier so passend zurechtgezimmert, dass sie genau das können, nämlich die Juden ausplündern und aus ihren Häusern werfen. Und du, die du immer deinen Thoreau mit dir rumschleppst und zitierst ... Was ist mit Henry Davids ehernem Credo? Hier ...« Hannah zog Thoreaus Schrift *Über die Pflicht zum Ungehorsam gegen den Staat* aus dem Regal und schlug das Buch an einer von ihr markierten Stelle auf.

»›Wenn aber das Gesetz so beschaffen ist, dass es notwendigerweise aus dir den Arm des Unrechts an einem anderen macht, dann, sage ich, brich das Gesetz. Mach dein Leben zu einem Gegengewicht, um die Maschine aufzuhalten. Jedenfalls muss ich zusehen, dass ich mich nicht zu dem Unrecht hergebe, das ich verdamme.‹ Das heißt nichts anderes als: Wir müssen uns wehren!«

Hannahs Wangen waren vor Eifer gerötet, und Hedda merkte, wie sie argumentativ langsam ins Hintertreffen geriet. »Ich hab mich eher für seine Naturbetrachtungen interessiert«, sagte sie und wusste sofort, dass dies eine reichlich dumme Ausrede war für ihr geringes politisches Engagement.

»Ich weiß, und das war vielleicht nicht deine schlaueste Entscheidung«, konterte Hannah. »Meine Eltern waren beide Sozialdemokraten ...«

»... und sind tot«, unterbrach Hedda und dachte: Oh Gott, was sag ich da?

»Stimmt«, sagte Hannah hitzig. »Aber ich werde überleben. Ich werde dafür sorgen, dass meine Eltern nicht umsonst gestorben sind. Ich werde diesem Abschaum, der gerade die Macht übernommen hat, nicht den Gefallen tun, klein beizugeben, und mich von ihnen abschlachten lassen. Ich werde kämpfen, verstehst du, kämpfen. Ich werde mich nicht in ein Gartenhaus verkriechen. Ich werde mich nach den Lehren deines Meisters Thoreau richten und mich nicht den Gesetzen dieses Regimes beugen.«

»Du hast tatsächlich ganz schön viel gelesen, oder?«, gab Hedda matt zurück.

»Natürlich. In den Schulen will man uns ja nicht mehr haben. Aber vermutlich habe ich durch deine Bücher mehr und Besseres gelernt als das, was die Kinder heutzutage in Schulen eingetrichtert bekommen.«

Erschöpft von ihrer Auseinandersetzung ließ sich Hedda auf das Sofa fallen. Sie dachte an Bens Worte: »Wie es aussieht, werden wir uns alle mit dem Gedanken abfinden müssen wegzugehen. Ludwig wird irgendwann seine Bank verlieren. Ich werde das Kaufhaus verlieren«, hatte er gesagt. Aber sie hatte nie so recht daran glauben wollen.

Hannah stand hibbelig am Tisch, Thoreaus Buch wie einen Schild umfassend, so als könnten seine Worte sie vor allem Unbill schützen. Und Hedda beschloss, den Text noch einmal gründlicher zu studieren. Es war Jahre her, dass sie ihn gelesen hatte.

»Wie willst du denn gegen diese Allmacht kämpfen?«, fragte sie müde.

»Hier geht das vielleicht gar nicht mehr«, gab Hannah zu. »Viel zu spät. Da hätte man früher drauf kommen müssen. Eigentlich war es von Anfang an ziemlich offensichtlich, dass die Nazis unsere Demokratie untergraben. Inzwischen sind die Menschen total fanatisiert. Und wer das nicht ist, hält die Klappe und sieht weg. Oder sitzt im Gefängnis. Oder ist tot. Den anderen ist es jedenfalls vollkommen egal, wenn wir Juden schikaniert und umgebracht werden. Also müssen wir uns selbst helfen.«

»Aber Pogrome gab es doch immer schon«, entgegnete Hedda. »Und die sind auch immer irgendwann wieder vorbei gewesen.«

»Ich geb's auf«, sagte Hannah resigniert und legte *Über die Pflicht zum Ungehorsam gegen den Staat* auf den Tisch. »Überleg dir einfach, wohin du gehen könntest.«

Mit dieser abschließenden Bemerkung ließ sie Hedda zurück, die in ihrer Verstörtheit gar nicht bemerkt hatte, dass Hannah in der zweiten Person Singular vom Weggehen gesprochen hatte und nicht in der ersten Person Plural.

An einem grauen, regnerischen Abend Anfang Oktober, als sie aus dem Gewächshaus zurück ins Gärtnerhaus kam, wurde ihr zumindest eine Entscheidung abgenommen. Hannah saß vor dem Kamin im Wohnzimmer und schaute nachdenklich in die Flammen.

»Oh, wie schön, dass du schon Feuer gemacht hast. Es ist scheußlich draußen«, sagte Hedda und zog ihre Jacke aus.

Sie ging zu Hannah und legte den Arm um ihre Schulter. »Na, wie war denn Hebräisch?« Sie wusste, dass sich Hannah mit der fremden Sprache schwertat, und sah auch im Grunde nicht recht ein, warum sie sie lernen sollte.

»War gut. Inzwischen bin ich richtig gut«, sagte Hannah und sah Hedda unsicher an.

»Ich muss dir was sagen«, sagte sie dann. Hedda stockte der Atem. Schwanger, dachte sie nur, aber sie schwieg. Auch das würden sie zusammen bewältigen.

»Ich gehe nach Palästina.«

Hedda starrte sie entgeistert an. »Du machst was?«

»Ich weiß, dass du dir das alles anders gedacht hast. Eventuell England und so weiter. Aber ich gehe mit Friedrich. Wir lieben uns. Wir bleiben zusammen.«

»Was weißt du in deinem Alter von Liebe?«, brach es aus Hedda heraus, und natürlich wusste sie im selben Moment, dass sie Unsinn redete. Sie hob beschwichtigend die Hände, als Hannah entrüstet hochfuhr und widersprechen wollte. »Ist gut, ist gut. Entschuldige. Das war gerade dumm. Ich meine nur ... nun ja ... meine Güte ...« Mühsam versuchte sie, sich zu fassen. »Wie soll das gehen?«

Hannah war aufgestanden und stand mit verschränkten Armen und trotzigem Gesicht an den Tisch gelehnt. »Wir gehen mit dem nächsten Kontingent«, sagte sie immer noch ungehalten. »Wir reisen über Salzburg mit dem Zug nach Italien. In Triest haben jüdische Hilfsorganisationen Behelfsunterkünfte für Flüchtlinge eingerichtet. Dort schiffen wir uns ein nach Tel Aviv.«

Hedda saß völlig erschüttert auf dem Sofa.

Eine Zeit lang war Stille.

»Tut mir leid«, sagte Hanna plötzlich besänftigt ob Heddas sichtlicher Fassungslosigkeit. Sie setzte sich neben sie und nahm sie in den Arm. »Aber ich möchte das wirklich, in Palästina leben und ein neues Land aufbauen. Ein Land, aus dem man uns nicht forttreiben kann, das wir selbst verwalten, in dem wir in Frieden leben können. Wir werden dort im Kibbuz wohnen und das Land fruchtbar machen. Wir werden Orangen anbauen, und ich verspreche dir, dass ich Rosen züchten werde. Vielleicht kannst du mir ein paar Stecklinge aus dem Rosengarten mitgeben. Ich weiß nicht, ob sie bis Palästina durchhalten, aber ich würde es gern versuchen.«

»Ich seh schon, Friedrich hat ganze Arbeit geleistet«, sagte Hedda, und sie hasste sich für den höhnischen Unterton.

»Das hat mit Friedrich gar nichts zu tun«, empörte sich Hannah ein weiteres Mal. »Das ist meine eigene Entscheidung. Wofür hab ich denn sonst die ganze Zeit Hebräisch gelernt und das Gärtnern und all das? Und diese ganzen Bücher hier ... All das Geschreibe über Willenskraft und Vertrauen in das Gewissen und die Kraft und den Mut, eigene Entscheidungen zu treffen, auch wenn sie unbequem sind. Das hast du mir doch auch die ganze Zeit gepredigt und vorgelebt. Ich mache im Prinzip nur das, was du mich gelehrt hast. Aber ich mach das nicht allein deswegen, sondern vor allem, weil auch ich es für richtig halte.«

»Schon gut, Kleines, schon gut«, sagte Hedda resigniert. Sie schwiegen wieder und schauten stumm ins Feuer.

»Du hast ja recht, und vielleicht ist es ja besser so«, meinte sie schließlich. »Wann soll's denn losgehen?«

»In drei Wochen.«

»So bald schon?«

»Ja, tut mir leid.«

Das passiert, wenn du Verantwortung für jemanden übernimmst, dachte sie; wenn du beginnst, jemandem Einlass in dein Herz zu gewähren. Man fängt an, außer den eigenen auch andere Gefühle zu berücksichtigen, für andere mitzudenken und das eigene Leben danach auszurichten. Und ehe man sich's versieht, ist die Freiheit dahin.

Sie hatte das nie gewollt. Nachdem ihre Mutter gestorben war, hatte sie sich verkapselt, war immer stiller und in sich gekehrter geworden. Und nach dem Tod ihres Vaters hatte sie für sich beschlossen, die Liebe fortan nicht mehr in ihr Leben zu lassen. Die Angst vor dem Verlust war zu groß. Seither war sie stets darauf bedacht gewesen, keinen Menschen so nah an sich heranzulassen, dass sie allzu starke Gefühle entwickeln konnte. Selbst bei Lorenz und Ben war sie immer auf der Hut und auf einen gewissen Abstand bedacht gewesen. Bei Lorenz, wie sich später herausstellen sollte, vergebens.

Und jetzt war da Hannah, die Tochter, die sie nie gehabt hatte und auch nie hatte haben wollen. Doch sie war ihr nun einmal ins Haus geschneit, dieses goldlockige Mädchen, das ihr inzwischen so ans Herz gewachsen war; gesandt vom Schicksal, einem gütigen, vielleicht aber auch einem zynischen Gott. Wer konnte das wissen?

Als sie viele Jahre später ihr Leben Revue passieren ließ, fielen ihr die Wiederholungen auf, die ihr Dasein von Anbeginn an geprägt hatten. Seit dem Tod ihrer Eltern hatte sie stets versucht, der Liebe mit all ihren Verbindlichkeiten und überhitzten Erregungszuständen aus dem Wege zu gehen. Doch die Götter waren launische Wesen und suchten sich offenkundig gerade diejenigen mit Vorliebe für ihre schicksalhaften Spiele aus, die sich ihnen verweigerten. Ohne dass sie es je gewollt hatte, hatte die Liebe sie aufgespürt, war ihr mehr oder weniger zugestoßen – und hatte ihr übel mitgespielt.

So sah sie es zumindest lange Zeit später, als sie längst in England lebte. Denn alle Menschen, die sie je geliebt hatte, waren tot, viel zu früh gestorben. Und manchmal fragte sie sich dann, ob das die Rache der Götter war, Rache für ihren Eigensinn und ihre sture Verweigerung.

»Es ist besser für sie«, sagte Ben, als er an einem Abend nach dem Gespräch mit Hannah bei ihr auftauchte. »Hier ist sie in Gefahr. In Palästina wird es ihr gut gehen. Dank dir ist sie eine versierte Gärtnerin geworden, und Hebräisch kann sie inzwischen perfekt. Sie wird keine Probleme haben.«

Sie schaute aus dem Fenster. Tränen schossen ihr in die Augen.

»Hedda, du wusstest, dass es irgendwann so weit sein würde«, sagte er und nahm sie in den Arm.

»Nein, wusste ich nicht«, sagte sie störrisch und schüttelte ihn ab. »Ich dachte, sie würde bei mir bleiben.«

»Sie ist jetzt wie alt? Sechzehn, siebzehn? Da müssen sich die meisten Eltern innerlich von ihren Kindern trennen.«

»Ich bin nicht ihre Mutter.«

»Aber du verhältst dich so, und das ist auch in Ordnung. Jetzt musst du sie trotzdem ziehen lassen. Friedrich Melchior ist ein zuverlässiger Bursche. Er passt auf sie auf.«

»Er ist ein Junge«, widersprach sie.

»Nein, Hedda, er ist ein Mann. In diesen Zeiten werden junge Juden schnell erwachsen. Seine Eltern waren Kommunisten, Juden natürlich, und werden vermutlich in irgendeinem dieser neuen Lager schikaniert, sind vielleicht schon längst tot. Wir wissen nicht, wo sie sind. Die Großeltern haben dafür gesorgt, dass er mit der Alijah nach Palästina kommt. Er ist ein guter Kerl. Er und Hannah werden das schaffen.«

Sie wandte sich ab. »Du wusstest das schon lange.«

»Nein. Ich kümmere mich nicht um jede Einwanderungserlaubnis. Ich hab das erst vergangene Woche erfahren.«

Er machte noch einmal den Versuch einer Umarmung, diesmal mit Erfolg. »Lass sie einfach ziehen«, sagte er.

Sie lachte auf. »Mein Gott, ich bin doch nicht der Pharao. Natürlich lass ich sie ›ziehen‹. Was bleibt mir anderes übrig? Was heißt Alijah eigentlich. Ich hab mich nie groß damit beschäftigt.«

»Alijah ist ein hebräisches Wort für Aufstieg und steht für die Rückkehr der Juden ins Land Israel.«

»Welche Rückkehr? Ich bin hier zu Hause.«

»Ach Hedda, wach auf«, sagte er und schaute ihr eindringlich in die Augen. »Die Leute gehen hier nicht freiwillig weg. Und auch wenn Ludwig immer noch von Auswanderern spricht, sind es doch Flüchtlinge, Verfolgte, Vertriebene.«

Stille Verzweiflung kroch ihr langsam ins Gemüt. Sie fühlte sich mit einem Mal unbehaust, auf unsicherem Boden. Sie brauchte Trost und Zuwendung.

»Lieb mich«, sagte sie plötzlich.

»Nichts lieber als das«, sagte er lächelnd.

27

AN EINEM GOLDENEN TAG Ende Oktober des Jahres 1937 stand Hedda sehr früh am Morgen auf, um Hannah Lebewohl zu sagen. Es war noch dunkel, als Hannah mit Friedrich an der Hand vor dem Gärtnerhaus erschien.

Da Hedda Abschiedsszenen hasste, verabschiedete sie sich ohne großen Aufwand von ihrem Ziehkind, das, wie sie nun verblüfft feststellte, kein Kind mehr war. Eine junge Frau stand hier vor ihr, Hand in Hand mit ihrem künftigen Mann.

Mit einem Dutzend Rosenstecklingen und einer kleinen Auswahl aus ihrer Bibliothek ließ sie Hannah gehen, und sie schaffte es sogar, den kritischen Friedrich zu umarmen und ihnen beiden alles Gute zu wünschen.

»Ich danke Ihnen für alles«, sagte Friedrich mit herrschaftlichem Ernst und diesmal ganz und gar unkritisch. Dann legte er seinen Arm um die glückstrahlende Hannah und stapfte mit ihr Richtung Haupthaus davon, wo Henry Liesmann mit dem Auto auf sie wartete.

Sie sah ihnen hinterher, bis sie verschwunden waren.

Dann ging sie ins Haus zurück, steckte eine Kerze für die beiden an und betete zu dem Gott, an den sie nicht glaubte, dass sie beide wohlbehalten an ihr Ziel gelangen mögen.

Sie kochte Tee und grübelte vor sich hin. Wehmut umgab sie. Die dunkle Jahreszeit stand vor der Tür. Zum ersten Mal in ihrem Leben graute ihr davor.

Sie starrte aus dem Küchenfenster in den heraufdämmernden Morgen. Während der vergangenen Jahre hatte sie die Winterabende mit Hannah lesend am Kamin verbracht, während sie

Henriette Liesmanns Weihnachtsplätzchen verdrückten. Sie hatten oft über das Gelesene gesprochen. Sie hatten gelacht und waren vergnügt gewesen.

Aber wenn sie ehrlich zu sich war, musste sie zugeben, dass es für sie beide stets eine Grenze der Vertraulichkeit gegeben hatte, eine Demarkationslinie, die keine von ihnen je zu überschreiten gewagt hatte. Hannah hatte nie über die Erlebnisse in jener Nacht gesprochen, als ihr Vater ermordet und ihre Mutter verschleppt worden war, und auch nicht über ihr Leben davor. Und sie selbst hatte gleichfalls nie über ihre Kindheit und Jugend, ihre Ausbildung oder gar über Lorenz geredet. Natürlich wusste Hannah von ihrer Beziehung zu Ben, in dem das Mädchen mehr und mehr eine Vaterfigur gesehen hatte. Aber auch das war nie zur Sprache gekommen.

Möglicherweise war ein Grund für diese Distanz, dass sie die Mutterrolle nie hatte übernehmen wollen; und Hannah hoffte vielleicht im Innersten ihres Herzens doch noch, ihre wirkliche Mutter würde irgendwann wieder auftauchen. Doch seit Friedrich Melchior in ihr Leben getreten war, war alles anders geworden. Friedrich war die Zukunft, das Leben in Deutschland Vergangenheit.

Sie seufzte und zündete sich eine Zigarette an, während das Licht durchs Zimmer wanderte. Ich hätte längst mit ihr nach England gehen sollen, dachte sie. Sie spürte die tiefe Überzeugung, dass sie Hannah nie wiedersehen würde. Woher sie diese Gewissheit nahm, konnte sie nicht ergründen. Aber sie war da.

Sie stand ächzend auf. Ihre Knie taten weh. Den Vortag hatte sie zu lange bei feuchtkaltem Wetter im Freien verbracht, um die Rosen anzuhäufeln. Vielleicht war es tatsächlich besser, dass Hannah mit dem kritischen Friedrich gegangen war. Die beiden schienen glücklich miteinander, hatten eine Zukunft. Was hätte sie dem Mädchen bieten können? Sie war alt, und Hannah brauchte junge Menschen um sich.

So ist es eben, dachte sie und machte sich auf in die Gewächshäuser.

»Vielleicht lebe ich tatsächlich in einem Elfenbeinturm«, schrieb sie Elisabeth. »Und vielleicht ist Hannah ein gutes Stück gescheiter und realistischer als ich. Wäre ich vor zwei Jahren mit ihr nach England ausgewandert, wäre sie ohne mit der Wimper zu zucken mitgekommen.

Ich vermisse sie schmerzlich. Meine Hannah, so klug und freundlich und warmherzig; ihre feenhafte Gestalt, gepaart mit dieser Widerständigkeit, ihr ansteckendes Lachen, ihre unbändige Leselust, ihre Vorliebe für Blumen mit ›Märchennamen‹ (ja, wie bei meiner Mutter, und wie wunderbar, dass Du Dich daran erinnert hast), ihr nie zu stillender Appetit auf Grießbrei und Arme Ritter, Gerichte, die ich nie wieder zubereiten werde, weil ich stets in Tränen ausbrechen würde. Ich bin wirklich eine alte Heulsuse geworden.

Viereinhalb Jahre sind vielleicht keine lange Zeit, aber sie haben genügt, um zwischen uns ein Band zu knüpfen. Ich hoffe, es zerreißt nicht, und dass die Distanz zwischen uns nur eine räumliche bleibt.

Und dann ist da noch Karl. Hannahs Auszug scheint ihn vollends aus der Bahn geworfen zu haben. Er ist wütend und schimpft ständig mit den Schülern. Sie haben inzwischen alle Angst vor ihm und gehen ihm aus dem Weg.

Ich bin mir immer noch nicht im Klaren darüber, welche Gefühle er Hannah entgegenbrachte beziehungsweise -bringt. Zu Friedrich war er immer freundlich, nun ja, Karl-freundlich eben. Er ist halt ein düsterer Gesell. Jedenfalls war von Eifersucht nichts zu bemerken.

Doch nun ist er voller Zorn. Jost ist ratlos und meint, dass sich seine Ausbrüche mit der Zeit legen würden. Das hoffen wir alle, denn wir brauchen ihn.

Jost kann nicht mehr mit den Schülern in den Gärten arbeiten. Er ist gar nicht mehr in der Lage, die schweren Arbeiten auf dem Berg zu bewältigen. Er ist jetzt dreiundachtzig und hätte es verdient, mit seinen Urenkeln auf dem Schoß in der Sonne zu sitzen und seinen Lebensabend zu genießen. Stattdessen steht er in den Gewächshäusern, erklärt meinen Auszubildenden die Mendel'schen Gesetze und zeigt ihnen, wie man Radieschen sät. Man bekommt den Mann aus dem Garten raus, aber den Garten nicht aus dem Mann. So ist das.

Und jetzt steht der Winter vor der Tür. Er nagt an mir, macht mich mürbe wie selten zuvor. Hier hat es bereits heftige Stürme gegeben, und eine Kältewelle wird vorhergesagt. Ich friere ständig, und das hat nichts mit der Temperatur im Gärtnerhaus zu tun.

Ich hoffe, das Jahr 1938 wird ein besseres als dieses. Aber ehrlich gesagt spricht nicht viel dafür.

Hat Cathy schon entbunden? Sie müsste doch jetzt schon über der Zeit sein, oder? Und sie will dann trotz der drei Kinder weiter in Oxford unterrichten? Deine Kinder haben eine unglaubliche Energie, und Cathy ganz besonders.

Und was macht Albert? Erkundet er weiterhin die Highlands auf der Suche nach seinem wahren Ich?

Es umarmt Dich ganz, ganz fest, Deine Hedda.«

»Liebste Hedda,
ich würde Dir so gern etwas Aufmunterndes schreiben, aber ich weiß nicht, was«, antwortete Elisabeth ungewohnt verzagt. »Die Situation in Deutschland ist beklemmend, und ich kann Dir nur immer wieder raten, zu uns nach England zu kommen. Wir besorgen Dir eine Anstellung. Du musst Dich nur entscheiden.

Und was Hannah betrifft, so sei froh, dass sie erst einmal in

Sicherheit ist. Ihr werdet in Verbindung bleiben, so wie auch ich immer in Verbindung mit meinen Kindern geblieben bin. Lässt man Kinder ohne zu klammern in ihr eigenes Leben hinaus, ist die Chance, dass sie einen schätzen und den Kontakt halten, meiner Meinung nach am größten. Sei einfach zuversichtlich, und ich empfehle trotz alledem Grießbrei oder Arme Ritter. Das sind Trostessen par excellence. Dann frierst Du auch nicht mehr so. Versprochen.

Cathy hat eine Tochter geboren; nach George und Richard eine kleine Margareth-Rose. Wie bei den Geburten der Jungen lief auch diesmal alles problemlos. James ist völlig aus dem Häuschen. Männer sind sonderbar. Wollen immer einen sogenannten Stammhalter, aber wenn der dann da ist, freuen sie sich wie die Schneekönige über Töchter. Und selbstverständlich wird Cathy weiterhin unterrichten. James lehrt ja auch in Oxford, und beide verdienen so gut, dass sie sich Kindermädchen und Gouvernante leisten können.

Unter uns gesagt habe ich den Verdacht, dass James es auch nie wagen würde, Cathy vorzuschlagen, zu Hause zu bleiben. Die würde ihm den Marsch blasen, dass ihm Hören und Sehen verginge.

Albert weilt immer noch in den Highlands. Und sein ›wahres Ich‹ scheint er inzwischen gefunden zu haben. Bei der Hogarth Press erscheint demnächst sein erster Gedichtband. Wir sind alle sehr gespannt und auch stolz. Selbst Everett ist inzwischen besänftigt und erwähnt auf Dinnerpartys neuerdings immer so mehr oder weniger beiläufig, dass sein Sohn bei einem der renommiertesten Verlage der britischen Literaturszene veröffentlichen werde. Dabei macht er ein sehr selbstzufriedenes Gesicht, ganz so als sei er selbst der Verseschmied. Ich muss mich dann schon sehr zusammenreißen, denn immerhin hätte er Albert fast enterbt, als der nach seinem Studium beschloss, in die Highlands zu ziehen und Dichter zu werden. Doch das Alter (und der Erfolg des Poeten!) stimmt uns vermutlich alle versöhnlicher.

Liebste Hedda, gräm Dich nicht, und fass endlich den Entschluss, nach England zu emigrieren! Hier kannst Du neue Gärten anlegen. Und mich von meiner Angst um Dich befreien.

In Liebe und Sorge, Deine Lizzie.«

Die ersten Briefe von Hannah klangen wenig ermutigend. Sie und Friedrich waren in einem Kibbuz südlich von Tel Aviv untergebracht und arbeiteten wie geplant als Gärtner. Es schien ein hartes Leben zu sein, und Hannah schrieb, dass sie das Klavierspielen und Bücher vermisse. Zwar gebe es eine kleine Bibliothek, doch die bestehe aus Werken in allen möglichen Sprachen, hauptsächlich Russisch und Polnisch. Ihre eigene kleine Auswahl enthielt vor allem Gedichtbänden von Rilke, Heine, Droste-Hülshoff, Eichendorff. Inzwischen, schrieb sie, könne sie einen Großteil der Verse auswendig. Die Hitze und die Sonne machten ihr zu schaffen, aber im Großen und Ganzen sei das Kibbuzleben in Ordnung. Doch Hedda spürte das Heimweh zwischen den Zeilen.

Was Hannah nicht schrieb und Hedda auch nicht ahnen konnte, war, dass der Kibbuz wie viele andere jüdische Siedlungen in Palästina regelmäßig unter arabischen Beschuss geriet. Der arabische Aufstand gegen die jüdischen Einwanderer, deren Zahl in den Dreißigerjahren enorm zugenommen hatte, war gerade auf seinem Höhepunkt. Hedda wusste nichts davon, und sowohl Clarenburgs als auch Ben hüteten sich, sie darüber zu informieren.

»Wie machen sich die neuen Kinder?« Ben war am Abend vorher gekommen. Jetzt saßen sie auf der Bank vor ihrem Haus, tranken Scotch und rauchten. Am Vormittag hatte es noch ausdauernd geregnet. Ein paar Böen zogen über das Land, doch die frische Brise streifte sie nur flüchtig.

»Gut. Sie lernen schnell«, sagte sie und zog an ihrer Zigarette.

»Das müssen sie auch, um irgendeine Zukunft zu haben. Und wo wir gerade von Zukunft sprechen: Dir ist klar, dass du hier nicht mehr lange bleiben kannst.«

»Clarenburgs bleiben auch hier.«

»Ja, ich weiß, und ich bin sicher, dass das ein Fehler ist. Ludwig ist ein weltgewandter Mann mit vielen Verbindungen. Doch manchmal kommt er mir in seiner unbeirrbaren Menschenfreundlichkeit nur noch naiv vor. Dieses Regime stellt für uns Juden eine tödliche Bedrohung dar. Das will er einfach nicht wahrhaben. Und dann hängt sein Herz zu sehr an dieser Stadt, an diesem Ort hier, seinem Haus, seinem Garten. Aber selbst er sollte inzwischen mitbekommen haben, wohin sich dieses Land entwickelt.«

»Und? Was soll er machen?«

»Emigrieren, und zwar schnellstens.«

»Hab ich ihm auch schon gesagt. Aber wo soll er denn hin?«

»USA«, sagte Ben spontan. »Ludwig hat dort Verwandtschaft und Geschäftsbeziehungen. Tommy arbeitet in New York und besitzt inzwischen die amerikanische Staatsbürgerschaft. Für Ludwig und Adele wäre es kein Problem, nach Amerika zu ziehen. Nur: Er will nicht. Er glaubt immer noch, alles würde sich irgendwie richten. Er schätzt die Situation völlig falsch ein. Und dabei ist er gerade dabei, seine Bank zu ›arisieren‹; verkauft sie an einen seiner langjährigen Mitarbeiter. Der Verkaufspreis ist natürlich ein Witz. Aber Ludwig will sich eben jede Möglichkeit erhalten, die Bank wiederzubekommen, wenn die Nazis die Macht verlieren. Auch das ist natürlich ein Witz. Die nisten sich hier erst mal ein. ›Arisieren‹... du meine Güte.«

»Ja, ein anderes Wort für ausplündern.«

»So ist es, aber Ludwig will weiter für erträgliche Lebensbedingungen der Juden in Deutschland kämpfen, sich für die Schwachen und Armen einsetzen, wie er sagt. Nur lässt er dabei außer Betracht, dass er vermutlich selbst bald zu den Armen und womöglich auch zu den Schwachen gehören wird. Ludwig kann ungeheuer stur sein. Aber wie auch immer: Ich denke in diesem Zusammenhang gerade gar nicht so sehr an ihn. Ludwig, Adele und die ganze Clarenburg-Sippe werden es irgendwie schaffen, aus diesem Land rauszukommen. Ich mach mir eher Sorgen um dich. Was willst du tun?«

»Du weißt doch, was man von dem Orchester auf der Titanic berichtet.«

»Untergehen mit Mann und Maus? Das ist nicht dein Ernst.« Er sah sie entgeistert an.

»Was soll ich machen? Wo soll ich hin?« Tief atmete sie den erdigen Geruch ihres regengetränkten Gartens ein, einen der schönsten Düfte, die sie kannte.

Sie betrachtete die Zimtrose, die gerade in voller Blüte stand, aber ihren Duft nur in dezenten Dosen verströmte. Bald, wenn die Sonne sich endlich hervorwagte, würde die Wärme dafür sorgen, dass sich ihr Parfum weithin verbreitete.

Es war Mai, der Hoffnungsmonat aller Gärtner. Mit ihren Lehrlingen hatte sie bereits Salat und Lauch, Spinat, Bohnen und Erbsen in die Gemüsebeete gesät und für die Terrassenbeete Flockenblumen, Elfenspiegel, niedrig wachsende Sommerastern und Kugelamarant in den Gewächshäusern vorgezogen. Es war immer noch ihr Ehrgeiz, die Südterrasse mit ungewöhnlichen, doch fein aufeinander abgestimmten Pflanzenkombinationen zu einem botanischen Schatzkästlein zu gestalten, in dem es fortwährend blühte. Die Terrassenbeete waren dazu bestens geeignet, auch wenn kaum mehr jemand ihre gärtnerischen Leistungen dort wahrnahm.

Mit einem Mal kam ihr der Gedanke, dass sie Blüte und Ernte vielleicht gar nicht mehr erleben würde.

»Dieser Garten hier, das ist mein Leben, meine Welt. Ich hatte gedacht, hier bis ans Ende meiner Tage bleiben zu können.« Sie sah plötzlich müde aus.

Ben zog an seiner Zigarette und blickte auf den Fluss. »Heirate mich«, sagte er unvermittelt.

Sie schaute ihn verblüfft an, dann lachte sie. »Netter Scherz.«

»Das ist kein Scherz. Ich habe auch die britische Staatsbürgerschaft, wie du weißt. Als meine Frau könntest du mit mir ohne Weiteres nach England gehen. Alleine wäre es für dich schwierig. Die Briten nehmen nur noch wenige Kontingente an Flüchtlingen auf.«

»Also bitte«, sagte sie, inzwischen leicht ungehalten. »Ich soll dich heiraten, damit ich eine Aufenthaltserlaubnis für England bekomme?«

»Nun ja, nicht nur«, sagte er und sah sie an. »Du weißt doch, wie sehr ich dich mag.«

»Soll das jetzt nach all den Jahren eine Liebeserklärung werden?«, fragte sie amüsiert. »Darf ich dich daran erinnern, dass ich vor zwei Monaten dreiundfünfzig geworden bin. Du bist gerade mal Mitte dreißig. Ein Mann in den besten Jahren, wie man so schön sagt. Die Behörden müssen nur einen Blick auf uns beide werfen, und schon ist klar, dass dies vor allem eine Zweckgemeinschaft ist. Und außerdem: Du liebst doch Jungs.«

»Die werde ich auch weiterhin lieben. Aber dich liebe ich eben auch. Hab ich immer getan. Ich will dich in Sicherheit wissen.« Er legte seine Hand auf ihre. »Wir könnten nach Surrey ziehen, in die Nähe von Elisabeth. Da könntest du wieder einen Garten anlegen. Ganz so, wie du magst. Heirate mich. Ich meine es ernst.«

Sie sah ihn belustigt an. »Du hast keine Ahnung, wie es ist, mit mir zusammenzuleben. Ich bin eine scheußliche Gefährtin, wenn ich nicht genügend Zeit und Raum für mich habe. Im Übrigen: Ich wollte nie heiraten, und ich will es auch nach wie vor nicht. Und ich lasse mich von den hergelaufenen Hohlköpfen, die gerade an der Macht sind, ganz sicher nicht zwingen, eine Scheinehe einzugehen, nur um mit heiler Haut durchs Leben zu kommen.« Sie stand auf und nahm sich eine weitere Zigarette. »Dein Angebot ist sehr freundlich, und ich fühle mich geschmeichelt. Aber eine Heirat ist wirklich ausgeschlossen.«

Er erhob sich ebenfalls und gab ihr Feuer. »Ich habe deinen Freiheitsdrang immer bewundert. Aber es sollte dir klar sein, dass es hier tatsächlich um dein Leben geht«, insistierte er.

»Ja, Ben, das ist mir klar.« Sie zog an ihrer Chesterfield und ließ den Blick über ihre Kräuterbeete wandern. Sie schaute ihn an, legte die Hand an seine Wange und küsste ihn leicht auf den Mund. »Du wirst immer mein bester Freund sein«, sagte sie. »Ich werde Elisabeth bitten, mir eine Stelle zu besorgen. Sie hat gute Verbindungen. Vielleicht braucht jemand eine alte Gärtnerin.«

28

Nach einer längeren Schlechtwetterperiode kehrte Ende Juli der Sommer zurück, und sie kam endlich dazu, den Rosengarten in Ordnung zu bringen. Ihre Schüler hatten sich bereits zurückgezogen, als sie an einem warmen, sonnigen Abend die recht desolat wirkenden Beete in Augenschein nahm. Es war kein Rosenjahr gewesen. Die Blüten waren durch den Regen zermatscht, und die Blätter zeigten Anzeichen von Mehltau.

Niedergeschlagen ging sie daran, die Büsche zurückzustutzen. Die abgeschnittenen Zweige kämen nicht auf den Kompost. Sie würde sie verbrennen müssen, damit die womöglich befallenen Blätter die anderen Pflanzen im Garten nicht mit dem Pilz infizierten. Doch wozu das alles noch?, dachte sie einen flüchtigen Moment lang. Aber sie wollte diese Gedanken gar nicht erst aufkommen lassen, arbeitete sich entschlossen durch die Beete und dachte an den Brief, in dem Elisabeth ihr mitgeteilt hatte, dass sie eine Anstellung für sie gefunden habe.

Sie seufzte und schnitt die braun gewordenen Blüten der *Rosa alba* ab, als sie hörte, wie das schmiedeeiserne Tor geöffnet wurde. Sie drehte sich um.

»Ben«, sagte sie erfreut und strich sich eine Haarsträhne aus dem Gesicht. Sie stieg über die Buchsbaumeinfassung und wollte ihm entgegengehen, als sie sein bedrücktes Gesicht wahrnahm.

»Was ist passiert?«, fragte sie.

»Hedda, es ist Hannah«, sagte er leise. »Es tut mir leid. Der Kibbuz wurde von arabischen Aufständischen überfallen, und sie ist dabei erschossen worden. Friedrich ist schwer verletzt, wird es aber wohl überleben.«

Ihr Magen hielt diesmal stand, aber die Beine sackten ihr weg, und dann fand sie sich auf dem Steinweg neben der Sonnenuhr wieder.

»Komm, wir gehen ins Haus«, sagte Ben und half ihr auf.

Schweigend gingen sie zum Gärtnerhaus. Er führte sie zum Sofa und schenkte ihr einen Scotch ein.

»Trink das«, sagte er.

»Ich mag nicht.« Sie war kreidebleich.

»Doch, magst du.«

Sie trank einen Schluck und empfand die süßliche Schärfe, die sich warm in ihrem Inneren ausbreitete, tatsächlich als wohltuend. Sie hatte es nie versucht, aber vielleicht würde ihr ein Vollrausch heute guttun.

Sie ließ es dann doch.

Sie hatte keine Lust zu reden und streckte sich, ein wenig benebelt dann doch, auf dem Sofa aus. Bald schlief sie ein.

Er holte eine Decke und setzte sich mit einem Buch, einem Drink und Zigaretten auf einen Stuhl neben sie. Dann stellte er sich auf eine lange, schlaflose Nacht ein.

Das Unterrichtspensum, das sie in diesem Sommer zu bewältigen hatte, ließ sie die Trauer zunächst verdrängen. Jede Pflicht erwies sich als Lebensretter. Sie mochte sich dem Verlust einfach nicht stellen. Jedes kleinste Anzeichen einer Kondolenz erstickte sie im Keim. Sie brauchte kein Mitgefühl. Sie war immer allein zurechtgekommen; mit ihrer Trauer und mit all den anderen Zumutungen des Lebens auch.

Sie weinte keine Träne und wollte nicht über Hannahs Tod nachdenken, geschweige denn darüber reden, noch nicht einmal mit Ben und den Clarenburgs. Dabei litt augenscheinlich vor allem auch Adele. Hannah hatte schließlich bei ihr gewohnt, Adele hatte ihr Unterricht erteilt und das Mädchen ganz offensichtlich gleichfalls in ihr Herz geschlossen. Doch wenn sich die beiden Frauen zufällig im Garten begegneten, nickte Hedda nur kurz und suchte das Weite. Ihrer Meinung nach bewältigte man Trauer nicht mit Gesprächen und tränenreichen Umarmungen. Und geteiltes Leid war ihrer Erfahrung nach auch keineswegs halbes Leid, sondern hatte vielmehr die Neigung, sich zu verdoppeln. Sie bevorzugte das Verdrängen, und so taten Arbeit, Beschäftigung, Lektüre, ihre großen Tröster, einmal mehr ihr Bestes und halfen ihr über die ersten Wochen hinweg.

Ben war jetzt häufiger auf dem Berg. Zum einen, um möglichst oft bei ihr zu sein, zum anderen, um Ludwig und Adele zur Emigration zu überreden. Ihre Kinder waren längst weg. Dora und ihre Familie wohnten seit einigen Monaten in Großbritannien. Lilly lebte mit Mann und Kindern weiterhin in Brasilien, Ida malte inzwischen in Kanada, und Esther war dann doch nicht nach Palästina ausgewandert, sondern spielte am Broadway Theater.

»Wenn du noch Ersparnisse hast, überlass sie mir«, beschwor Ben sie, als er wieder einmal bei ihr zu Besuch war.

»Ich habe einiges an Geld für Hannahs Emigration ausgegeben. Und klar, ein bisschen hab ich schon gespart. Ich brauche ja hier nichts.«

»Es gibt eine neue Verordnung über jüdisches Vermögen. Der Raubzug wird jetzt gesetzlich verankert. Wenn du also mehr als 5000 Mark auf der Bank, im Sparstrumpf oder sonst wo gelagert hast, gib es mir; am besten in bar. Ich leg's in England für dich an, und du hast dann einen kleinen Grundstock für den Neuanfang. Falls du mich wirklich nicht heiraten willst.«

Sie verdrehte die Augen und küsste ihn; küsste ihn zärtlich und zum ersten Mal nach Hannahs Tod auch wieder mit mehr Leidenschaft, die sich zunehmend steigerte. Diese Art von Hunger vergeht wohl nie, dachte sie noch und überließ sich dann seinen zärtlichen Händen, seinem Mund, seinem Körper.

»Bist du zurück im Leben?«, fragte er sie anschließend, als sie wie gewohnt in ihrem Bett lagen und rauchten. Es war ein regnerischer, warmer Sommerabend, und sie spürte die Feuchtigkeit selbst im Haus. Ihr rechtes Bein, vor unzähligen Jahren beim Skifahren in ihrer alten Heimat gebrochen, schmerzte. Ich werde wirklich alt, dachte sie.

»Ich weiß nicht recht«, sagte sie langsam und rauchte eine Weile vor sich hin. »Ich werde Hannahs Tod immer mit mir herumtragen.« Zum ersten Mal hatte sie es gesagt: Hannahs Tod.

»Natürlich wirst du das. Menschen, die wir lieben, tragen wir immer mit uns herum.«

»Weißt du, Hannah wollte schon früher weg. Lange bevor sie Friedrich kennenlernte. Und ich denke mir, wenn ich früher mit ihr nach England gegangen wäre, würde sie noch leben.«

Er seufzte tief. »Hedda, tu dir das nicht an. Lass diese Selbstvorwürfe. Ich weiß ja, unsere Bereitschaft zur Selbstbestrafung ist riesengroß. Wenn ich nur das getan hätte, wäre es nicht so schlimm gekommen und so weiter. Doch das bringt überhaupt nichts. Es macht Hannah nicht wieder lebendig, und dich macht es unglücklich. Wir tragen doch alle Schuld, das gehört zum Menschsein. Und bei dir kann von Schuld noch nicht einmal die Rede sein. Hannah war alt genug, um alleine zu entscheiden.«

»Ich war einfach zu zögerlich; bin es noch. Wir hatten es hier so gut.«

»Du darfst nicht vergessen, selbst zu leben. Es tut nicht gut, zu sehr in der Vergangenheit zu verweilen.«

»Ich verweile gerade ganz gern ein bisschen in der Vergangenheit«, sinnierte sie. »Ich fand die Jahre hier wundervoll, alles war so, wie ich es mir gewünscht habe. Oder sagen wir: Das meiste war so, wie ich es mir gewünscht habe. Vieles war ja auch nicht leicht, manche Erlebnisse schmerzhaft. Aber so ist halt das Leben: Achterbahn. Doch alles in allem war das hier eine glorreiche Zeit. Aber im Moment fühle ich nur noch ...« Sie überlegte.

»... Bitternis. Eine nie gekannte Bitternis. Und ich trauere der Vergangenheit nach.«

Er beugte sich zu ihr und umarmte sie von Neuem. »Für mich ist die Vergangenheit ein Land, in dem ich früher einmal gelebt habe«, sagte er und küsste sie sacht auf die Schläfe. »Ich war dort, und das kann ich nicht rückgängig machen, aber ich muss der Vergangenheit auch nicht ständig einen Besuch abstatten.«

»Woher hast du nur deine Weisheiten?«, fragte sie spöttisch und ließ ihre Hand nach unten wandern.

Er stöhnte auf. »Erklär ich dir später.«

Als sie am nächsten Morgen bei einem schmalen Frühstück und viel Tee in der Küche saßen, kam er wieder auf sein Thema zurück.

»Du musst hier weg.«

»Ich weiß«, sagte sie gereizt.

»Die Chancen stehen immer schlechter, irgendwo unterzukommen«, insistierte er. »Hast du von der Auswanderungskonferenz in Évian gehört?«

»Ja, sicher«, sagte sie müde. »Roosevelt hat soundso viele Staaten an den Genfer See eingeladen, um über die Einwanderung von Juden zu konferieren.«

»Zweiunddreißig Staaten«, sagte Ben bitter. »Doch schon die Einladung war der größte Witz. Da schrieb Roosevelt ganz klar, dass er von keinem Land erwarte, mehr Auswanderer aufzunehmen, als es die derzeitigen Gesetze vorsähen. Und da zwischen Einladung und Konferenzbeginn praktischerweise mehrere Monate lagen, nahmen einige Staaten dies zum Anlass, noch schnell ihre Einwanderungsbestimmungen zu verschärfen.«

Er erhob sich und steckte sich eine Zigarette an. Dass er vergaß, ihr eine anzubieten, zeigte das Ausmaß seines Zorns.

»Die Konferenz ist gerade zu Ende gegangen, und keines der neunundzwanzig Länder, die schließlich da waren, ist bereit, eine größere Anzahl jüdischer Flüchtlinge aufzunehmen. Ach doch, es gibt eine Ausnahme: die Dominikanische Republik.« Er lachte kurz auf. »Der australische Vertreter ließ verlauten, er wolle ›kein Rassenproblem importieren‹. Und die USA selbst wollen ihre Einwanderungsquoten auch nicht erhöhen. So sieht's aus.«

»Elisabeth hat sich umgehört«, sagte Hedda nach einer Weile. »Sie hat eine Anstellung gefunden, die passen könnte; ein Garten rund um einen Herrensitz in Oxfordshire. Die Besitzer sind sehr interessiert und würden sich darum kümmern, dass ich ohne Probleme einreisen könnte.«

»Dann wirst du diese Stelle verdammt noch mal annehmen«, sagte er laut und nachdrücklich.

Sie war ein wenig erschrocken über seine Erregung. So kannte sie ihn nicht. Normalerweise war er die Ruhe in Person.

Er atmete tief durch. »Entschuldige«, sagte er und bot ihr endlich eine Zigarette an, die sie ablehnte.

»Ich muss los. Die Schüler warten«, sagte sie, stand auf und räumte den Tisch ab.

»Das werden die letzten sein«, sagte Ben.

»Aha.« Sie war überrascht.

»Die Verordnung über jüdisches Vermögen betrifft auch Immobilien. Dieses Anwesen wird den Clarenburgs bald nicht mehr gehören. Und für eine vernünftige Ausbildung fehlt uns ohnehin die Zeit. Die Regierung setzt jetzt Schlag auf Schlag die sogenannte ›Entjudung‹ durch. Wir müssen schauen, dass wir so viel Leute so schnell wie möglich aus dem Land bekommen. Der Transfer nach Palästina läuft sowieso viel zu langsam. Also tu uns bitte beiden den Gefallen und nimm die Stelle in England an.«

Sie zögerte weiterhin. Sie hatte sich nie mit dem Begriff »Heimat« auseinandergesetzt. »Jeder Geist baut sich selbst ein Haus; und jenseits dieses Hauses eine Welt und jenseits dieser Welt einen Himmel.« Das hatte Emerson geschrieben, und nach dieser Prämisse hatte sie gelebt.

Heimat, das war in der gebräuchlichen Lesart der Ort, an dem man geboren worden war. Aber in der deutschen Denkart besaß dieser Begriff noch eine subtilere Nuance und war weit mehr als lediglich ein geografischer Punkt irgendwo auf dem Erdball.

Ihr Heimatbegriff hatte sich nie auf einen bestimmten Ort bezogen, schloss allerhöchstens noch Würzburg ein, die Stadt, in der sie und Elisabeth groß geworden waren. Aber das war schon so lange her, und ein irgendwie verbindliches Gefühl für diese Region hatte sich nie wieder eingestellt, seit sie das Tor zur Gärtnerei ihres Vaters ein für alle Mal hinter sich zugezogen hatte und für immer fortgegangen war.

Doch nun erkannte sie, dass sie in diesem Garten, auf dem Anwesen der Clarenburgs zwar keine Heimat, aber doch ein Zuhause gefunden hatte, einen Ort, den sie liebte, der ihr gemäß war; und das trotz all der politischen und gesellschaftlichen Drangsal der vergangenen Jahre, die für sie immer bedrückender wurde. Sie wollte hier nicht weg.

Andererseits war sie neuen Herausforderungen nie aus dem Weg gegangen, und sie erinnerte sich an ein Bibelwort, den Leitspruch ihrer Mutter: »Ein jegliches hat seine Zeit, und alles Vorhaben unter dem Himmel hat seine Stunde.« Vielleicht war ihre Zeit hier einfach abgelaufen, und sie musste ein neues Kapitel in ihrem Leben aufschlagen.

An einem wolkenverhangenen Tag Ende August bekam sie Besuch von Ludwig und Adele Clarenburg. Das kam selten vor. Meistens kam nur er allein auf eine Tasse Tee oder ein Glas Wein bei ihr vorbei, um zu plaudern. Doch in jüngster Zeit war auch Adele dann und wann bei ihr aufgetaucht. Adele und sie pflegten inzwischen einen Umgang, den man beinahe als freundschaftlich bezeichnen konnte. Aber nur beinahe. Zu unterschiedlich empfand Hedda ihrer beider Ansichten und Wertvorstellungen. Adeles Leben war ihre Familie. Und auch wenn sie ihre Töchter zu selbstbewussten Frauen erzogen hatte, die couragiert ihre beruflichen Ziele verfolgten, schien sie selbst aus einem anderen Holz geschnitzt zu sein.

Hedda hatte nie herausfinden können, ob sich Adeles frühere Abneigung gegen sie ausschließlich aus Eifersucht gespeist hatte oder aber der Tatsache geschuldet war, dass Heddas freiheitlicher Lebensstil für Adele ein rotes Tuch gewesen war. Vielleicht, weil Adele selbst nie die Chance gehabt hatte zu wählen zwischen Familie und Beruf oder gar beides zu vereinen. Vielleicht aber auch, weil sie in ihrer aristokratischen Attitüde eine solche Option für eine Gärtnerin als anmaßend empfunden hatte.

Sie hatten nie darüber geredet, und eigentlich war es auch egal. Denn schließlich wurde nie etwas Tiefschürfendes besprochen, wenn Adele bei ihr auftauchte. Über Hannah verloren sie kein Wort. Und selbst Ludwig Clarenburg war der Diskussionen und Problemwälzerei offensichtlich müde und beschränkte sich bei seinen Gesprächen mit ihr hauptsächlich auf den Garten und auf seine Kinder. Hin und wieder blätterte er in einem ihrer Bücher und ließ sich über philosophische oder religiöse Fragen aus, denen er sich zunehmend widmete. Im Gärtnerhaus wehte immer noch ein heiterer, freisinniger Geist. Und sowohl Ludwig als auch Adele schienen genau diese Stimmung bei ihr zu suchen und zu finden. Ihr Gang wirkte leichter und beschwingter, wenn sie wieder Richtung Haupthaus aufbrachen.

Sie selbst war mittlerweile weit entfernt von diesem hoffnungsvollen Gemütszustand. Sie hatte begriffen, dass dieses Leben in ihrer kleinen Oase inmitten eines nie gekannten Horrors inzwischen nur noch eine große Illusion war. Sie wollte sich nicht mehr selbst belügen.

Und so trat sie nachdenklich und bedrückt aus den Kräuterbeeten, wo sie gerade Salbei und Thymian zum Trocknen geerntet hatte, heraus, begrüßte die beiden, lud sie ins Haus und kochte Tee.

»Ich weiß nicht, ob es noch Sinn macht, diese Kräuter zu trocknen oder Wintergemüse zu säen oder überhaupt noch etwas in den Gärten zu tun, was über den Herbst hinausgeht«, sagte sie ganz offen, als sie beisammen in der Wohnstube saßen.

Adele und Ludwig sahen sich beklommen an.

»Vielleicht sollten wir einfach weitermachen wie bisher«, schlug Clarenburg vor.

»Mein Gott, Ludwig«, brach es aus Adele hervor. »Hedda hat ganz recht. Das alles macht überhaupt keinen Sinn mehr.« Und an Hedda gewandt: »Wir wollen dich auch gar nicht lange aufhalten und uns nur von dir verabschieden.«

»Ja, wir reisen morgen für ein paar Wochen in die Vereinigten Staaten«, erklärte Clarenburg. »Geld eintreiben für die Auswanderer, für den Transfer nach Palästina. Die üblichen Bettelreisen eben. Mal sehen, ob's hilft.«

»Wir wollen vor allem Tommy und Esther besuchen«, sagte Adele bestimmt und bedachte ihn mit einem grimmigen Blick.

»Ja, sicher, sicher«, sagte er vage. Und zum ersten Mal kam er Hedda alt vor, kraftlos, erschöpft. »Ja, dann wünsch ich euch beiden eine gute Reise«, sagte sie. »Und grüßt Tommy und Esther ganz herzlich.«

»Machen wir«, sagte er. »Im Herbst sind wir wieder zurück. Vielleicht kommt Tommy dann für ein, zwei Wochen mit uns.«

Adele zog die Brauen hoch und blickte ihn mitleidig an.

»Ja, vielleicht«, sagte sie.

Sie traten vor die Tür. Ludwig Clarenburg schlenderte selbstvergessen an den Kräuterbeeten entlang, blieb stehen und betrachtete interessiert einen Schwalbenschwanz, der sich auf einer Dillblüte niedergelassen hatte.

Adele schaute kopfschüttelnd ihrem Mann hinterher. »Er kann einfach nicht loslassen«, bemerkte sie bekümmert.

»Nun ja, ich kann ihn schon verstehen«, sagte Hedda und schaute ihm zu, wie er wehmütig lächelnd den Schmetterling taxierte.

»Natürlich ist es verständlich, doch es ist unklug, ja geradezu dumm«, ereiferte sich Adele. »Aber wie auch immer, wir reisen jetzt erst einmal nach New York. Da ist er in Sicherheit«, sagte sie nun wieder beherrscht. »Meine liebe Hedda, alles Gute.« Die beiden Frauen sahen einander einen Moment lang in die Augen, dann schloss Adele Hedda in die Arme.

Hedda spürte auf einmal Tränen über ihre Wangen laufen. »Euch auch alles Gute«, sagte sie.

Ludwig Clarenburg riss sich von dem Schwalbenschwanz los und kam auf die beiden Frauen zu. »Ja, liebe Hedda, bis bald dann. Hüten Sie mir den Garten in unserer Abwesenheit. Aber was sag ich, das tun Sie ja immer. Dies war ja von Anfang an Ihr Terrain, Terra Flora eben.«

Hedda lächelte. »Ja, vielleicht.«

»Alles Gute für Sie«, sagte Clarenburg und umarmte sie lange zum Abschied.

Hedda sah ihnen nach, wie sie langsam den Weg in Richtung Haupthaus gingen. Adele wie immer kerzengerade und erhobenen Hauptes, er merklich gebeugt, sich auf die viel kleinere Frau stützend, indem er den Arm um ihre Schulter gelegt hatte. Sie sah, wie Adele lächelnd zu ihrem Mann hochschaute, ihren Arm um seine Taille schlang und ihn an sich drückte.

Eine Metapher vielleicht für diese Ehe, dachte sie. Ohne diese winzige, zähe, unbeugsame Frau, ohne ihre offensichtliche Liebe zu ihm, hätte der große, glänzende, auf allen Hochzeiten tanzende Ludwig Clarenburg wohl kaum eine solche Karriere hingelegt. Ein Sinnbild vielleicht für die meisten Ehen, überlegte sie weiter.

Aber was wusste sie schon? Sie konnte sich diesbezüglich schließlich kein Urteil erlauben.

Sie ging ins Gärtnerhaus zurück. Einsamkeit umfing sie, ein Gefühl, das sie selten verspürte. Sie war immer gern allein gewesen. Doch im Moment fühlte sie sich verlassen und isoliert. Wenn Ludwig und Adele abgereist wären, wohnten im Haupthaus nur mehr die alten Liesmanns. Jost lebte noch als Einziger im Gesindehaus, Karl meistens in der Arche, wo er nach Hannahs Tod und der Emigration der letzten Gärtnerlehrlinge nach Palästina sein stilles Leben fristete. Von den übrigen Bediensteten kam inzwischen niemand mehr.

Sie hatte Jost gefragt, warum es ihm und Karl und auch den Liesmanns weiterhin erlaubt sei, für die Clarenburgs zu arbeiten.

Er hatte hintergründig gelächelt. »Für irgendwas muss es ja schließlich gut sein, dass Martha diesen Nazi geheiratet hat«, hatte er erklärt. »Wir dürfen hier arbeiten, weil wir hier umsonst wohnen können. Aber Sie, Sie sollten hier weggehen. Karl hat mitbekommen, wie sein Nazi-Stiefvater mit seinen Kumpanen in den Startlöchern steht, um die Juden endgültig aus der Stadt zu vertreiben. Sie warten nur noch auf einen geeigneten Anlass, um losschlagen zu können.«

»Was für einen Anlass?«

»Irgendwas, das der nichtjüdischen Bevölkerung und auch dem Ausland weismacht, dass man unbedingt gegen die Juden vorgehen muss. So wie damals bei dem Reichstagsbrand. Zur Not konstruieren sie was.«

»Ich fühl mich hier eigentlich immer noch recht sicher«, sagte sie.

Er zog die Brauen hoch und betrachtete sie seltsam mitfühlend. »Fräulein Herzog, glauben Sie mir, das sind Sie nicht. Die haben die Clarenburgs im Visier und damit uns alle. Sie müssen schauen, dass Sie hier wegkommen. Bevor die Schotten endgültig dicht sind.«

Sie sah ihn an und stellte überrascht fest, dass er der einzige Mensch auf dem Berg war, der noch »Fräulein Herzog« zu ihr sagte. Für alle anderen war sie »Hedda« oder auch »Fräulein Hedda«.

»Ich werde es mir überlegen«, versprach sie.

»Tun Sie das. Und entscheiden Sie sich möglichst rasch. Ich will nicht, dass Ihnen was passiert.«

Sie lächelte »Danke, Jost. Danke für Ihre Sorge und Anteilnahme.«

»Nichts für ungut«, brummte er. »Wär doch schade um so eine gute Gärtnerin.«

29

Sie las gerade den Brief des Ehepaars aus Oxfordshire, in dem stand, dass man sich freuen würde, wenn sie den Dienst als Obergärtnerin ihres Anwesens antreten würde, als es kräftig an der Tür klopfte.

Sie erschrak und schüttelte dann den Kopf. Sie konnte nicht mehr leugnen, dass auch sie inzwischen leicht in Panik zu versetzen war.

Doch als sie die Tür öffnete, stieß sie einen Freudenschrei aus.

»Tommy! Was tust du hier? Oh Gott, ist das schön, dich zu sehen.« Sie nahm ihn in den Arm, trat zurück und schaute ihn lange an. »Ich habe den Eindruck, du hast dich kein bisschen verändert, seit wir uns damals an dem Ameisenhügel kennengelernt haben. Nur ein bisschen größer bist du geworden.«

»Ein bisschen. Stimmt genau«, sagte er lachend und küsste sie auf beide Wangen, wobei er sich zu ihr hinunterbeugen musste.

Sie gingen in die Wohnstube, und er ließ sich in einen der Sessel am Fenster fallen.

»Ehrlich gesagt ist das mein letzter Besuch«, sagte er.

»Was meinst du damit?« Sie schenkte ihnen beiden einen Scotch ein, bot ihm eine Zigarette an und setzte sich ihm gegenüber.

Er rauchte, nippte an seinem Drink und schaute aus dem Fenster auf den Fluss.

»Das Land ist nicht mehr sicher für uns. Und du solltest auch schleunigst hier verschwinden. Mag sein, dass sie dich in deinem Eremitendasein irgendwie übersehen haben. Aber irgendwann erscheinst du auf ihrem Radar, und dann ist es zu spät.«

Sie verdrehte die Augen. »Das predigt mir Ben schon seit einer gefühlten Ewigkeit.«

»Und er hat recht.«

»Aber deine Eltern wohnen auch noch hier«, wandte sie ein.

»Ich würde mich nicht darauf verlassen, dass sie wiederkommen«, sagte er. »Hier wird gerade heftig gegen unsere Familie gehetzt; nicht nur allgemein gegen uns als Juden, sondern sehr persönlich gegen meinen Vater. Er würde sofort verhaftet, wenn er wiederkäme. Und die Regierung hat ja auch nichts mehr zu befürchten. Wo sie jetzt Österreich und das Sudetenland mit dem allgemeinen Einverständnis der europäischen Staaten eingesackt hat, sind alle ihre außenpolitischen Ziele, die man ohne Krieg durchsetzen kann, erreicht. Außenpolitische Beziehungen spielen keine Rolle mehr, und wir Juden sind vogelfrei.«

Bestürzt sah sie ihn an. Auf ihrem Arbeitstisch lag noch die Zusage für die Anstellung in Oxfordshire.

Und mit einem Mal fiel ihr die Entscheidung ganz leicht. Sie würde die Besitzer des Gartens gleich morgen früh anrufen und fragen, wann sie anfangen sollte.

»Wie lange bleibst du?«, fragte sie.

»Bis übermorgen. Ich bin hier ...«, er stockte und schaute wieder auf den Fluss, »na ja, um Abschied zu nehmen. Ich will noch einmal alles sehen, das Haus, die Gärten, das Theater und die Arche. Ich will noch mal die Liesmanns besuchen und Jost natürlich. Ich hoffe, sie lassen sie hier wohnen, wenn sie uns offiziell rausgeschmissen haben.«

Sie wischte ein paar Tränen fort. »Oh Gott, wie dumm«, schalt sie sich.

»Ach, warum denn. Das Ganze ist doch auch zum Heulen. Und mir fällt es auch schwer. Wollen wir morgen zusammen über den Berg gehen?«

Sie lächelte. »Ja, gerne. Wo übernachtest du?«

»In der Arche ist Karl, oder? Ich will ihn da nicht stören. Ich bleib oben im Haus.«

Sie umarmten sich zum Abschied und verabredeten sich für den nächsten Morgen.

Sie trafen sich am Haupthaus. Der Altweibersommer hatte sich endgültig davongemacht und Platz geschaffen für ein anderes Licht, für eine Sonne, die lange Schatten warf und eine diffuse Sphäre erzeugte.

Ihre Rucksäcke enthielten zwei Flaschen Wein und zwei von Henriette Liesmann zubereitete Lunchpakete.

»›Wer jetzt kein Haus hat, baut sich keines mehr. Wer jetzt allein ist, wird es lange bleiben‹«, rezitierte Tommy Rilke.

»›Wird wachen, lesen, lange Briefe schreiben und wird in den Alleen hin und her unruhig wandern, wenn die Blätter treiben‹«, fuhr Hedda fort. »Ich gehe im Dezember nach England«, sagte sie, während sie Richtung Arche wanderten.

»Gut, das ist wirklich gut. Du hast eine Arbeitsstelle?«

»Ja, habe ich. Die Aufenthaltsgenehmigung ist kein Problem, wie mir meine neuen Arbeitgeber versicherten. Ich werde deinen Eltern einen Brief schreiben.«

»Sie werden beruhigt sein, wenn sie wissen, dass du in Sicherheit bist.«

Sie passierten die Lichtung mit dem Ginkgobaum, dessen Blattwerk jetzt in einem weithin sichtbaren Goldgelb erstrahlte, und waren bald an der Arche angelangt.

Sie legten ihre Rucksäcke am Haus ab und schweiften jeder für sich durchs Gelände. Karl schien nicht da zu sein, und so wagte Tommy einen Gang durch das Haus.

Sie stand auf der Obstwiese, wo die letzten Äpfel in der Sonne leuchteten. Eine Handvoll Früchte, so hatte sie es als Kind gelernt, sollten immer am Baum bleiben. Sie seien für das Apfelmännchen gedacht, hatte ihr Vater ihr einst erzählt. Damit es im

Winter genügend zu essen habe und dafür sorge, dass der Baum auch im nachfolgenden Jahr gut trug.

Eine der märchenhaften Geschichten ihres Vaters, das war ihr schon als kleines Mädchen klar gewesen. Dennoch hatte sie stets darauf geachtet, dass die Obstbäume auf der Wiese nie ganz abgeerntet wurden. »Für die Vögel«, hatte sie argumentiert. Und natürlich waren die ungeernteten Früchte für die auf dem Anwesen lebenden Tiere im Spätherbst und Winter ein willkommenes Mahl. Doch ganz tief in ihrem Inneren war das Apfelmännchen für sie der ausschlaggebende Grund gewesen, die Äpfel am Baum zu lassen.

Ich werde wirklich eine alte Tucke, dachte sie bei sich. Glaube ich jetzt an Zauberei? Werde ich kauzig? Waldschratig?

Sie lehnte sich an einen der Bäume und schaute auf den Fluss hinunter. Es war Flut, und das Wasser strömte träge Richtung Hafen. Sie dachte an Magie und betrachtete das Berufskraut, das am Rand der Obstwiese wuchs und noch jetzt mit winzigen Strahlenblütchen aufwartete. Ihre Gärtner hatten die Pflanze gehasst, weil sie sich in Windeseile und massiv vermehrte. Aber sie hatte stets darauf geachtet, dass die Männer sie nicht gänzlich jäteten, und dafür Unverständnis geerntet. Doch was wussten ihre Gärtner schon von der Wirkung des Krauts? »Es schützt gegen alle bösen Geister«, hatte Isotta ihr einst zugeraunt. Die Halbschwester ihres Vaters, die sie mit großgezogen hatte, war immer darauf bedacht gewesen, dass die Pflanze an den trockenen Brachen am Rand der Gärtnerei unbeschadet wachsen konnte.

Sie hatte seit Jahren nicht mehr an Isotta gedacht. Sie hatte wenig Grund dazu. Isotta war eine herbe, strenge Person gewesen, die sich ihrer aus reiner Pflichterfüllung angenommen hatte. Sie hatte sie eher als eine Hausangestellte empfunden denn als Verwandte und versucht, ihr möglichst aus dem Wege zu gehen.

Und dennoch schienen sich die eigenartigen Geschichten ihrer Tante über Zauberpflanzen und deren Wirkung in ihr so festgesetzt zu haben, dass sie mehr oder weniger unbewusst zur Hüterin dieser Gewächse avanciert war. Sie hatte viele von Isottas suspekten Lieblingspflanzen auf dem Berg entdeckt und immer darauf geachtet, dass sie hier wachsen durften: die Tollkirsche mit den hübschen Glockenblüten, aus deren Wurzel man Liebestränke braute; das düster aussehende Bilsenkraut, mit dem die Zauberin Circe die Gefährten des Odysseus in Schweine verwandelt hatte und das den Hexen das Fliegen ermöglichte; den Schierling, der Sokrates den Tod gebracht hatte; und den schönen, majestätischen blauen Eisenhut, eine der giftigsten Pflanzen unter der Sonne.

Sie dachte auch daran, dass sie diesen Ort bisweilen für ein entrücktes Feenreich gehalten hatte, eine Art Avalon, das in Nebel gehüllt nur den Wohlmeinenden, den Friedvollen und Sanftmütigen Eintritt gewährte, ein Ort, der fernab lag von den Widrigkeiten der Welt da draußen.

Sie seufzte. Wie dumm ich doch war, dachte sie.

Sie sah Tommy aus der Arche kommen. Mit den beiden Rucksäcken in der Hand stapfte er durch das hohe Gras auf sie zu.

»Ach, hier steckst du«, sagte er, als er sie entdeckte. »Schau mal, ich hab im Haus eine Decke gefunden. Lass uns einen Moment hierbleiben.«

Er breitete die Decke unter den Apfelbäumen aus, und sie ließen sich darauf nieder.

Er zog eine Weinflasche und zwei Steingutbecher aus dem Rucksack und schenkte ihnen ein.

Sie tranken einen Becher, bedienten sich aus Henriettes Lunchpaketen, streckten sich dann auf der Decke aus und ließen die vermutlich letzten, noch hinlänglich wärmenden Sonnenstrahlen dieses Herbstes auf sich niederscheinen.

Irgendwann packten sie ihre Sachen zusammen und wanderten abwärts unter der Blätterpracht der in allen Tönen des Sonnenuntergangs schillernden Bäume. Die Natur schien noch einmal ihr Bestes zu geben und ihr ganzes Repertoire an Farben aufzubieten.

Der Rosengarten war um diese Zeit ein Paradies für Vögel, denn einige Sorten prunkten jetzt mit Hagebutten. Die mal länglichen, mal prallen Leuchtkugeln in Orange und funkelndem Scharlachrot waren ein Festmahl für Finken, Drosseln und Zeisige, die erschreckt aufflogen, als sie das schmiedeeiserne Tor öffneten.

Sie betrachtete die Beete mit den noch belaubten Büschen und schnupperte an den letzten müden Blüten der *Antoine Rivoire*.

»Ich hab dich hin und wieder heimlich beobachtet, wenn du hier gearbeitet hast«, gestand Tommy ihr, nachdem sie sich auf die Bank unter der Linde gesetzt hatten.

»Ach ja?«, sagte sie und schaute ihn fragend an.

»Ja, ich war wohl ein bisschen für dich entflammt. Du weißt schon, wie das eben so ist bei pubertierenden Jungs.«

»Und? Irgendwelche Erkenntnisse gewonnen?«, fragte sie amüsiert.

»Kann man sagen. Du hast einen schönen Hintern.«

Hedda lachte laut auf. »Oje, das ist aber schon wirklich sehr lange her.«

»Ich finde ihn eigentlich immer noch ganz hübsch.«

»Moment mal, wir flirten jetzt aber nicht, oder?« Sie war tatsächlich ein wenig alarmiert.

»Nein. Ich wollte dir nur sagen, dass es eine Zeit gab, in der ich schrecklich in dich verliebt war; noch vor Frieda Oldenhof. Und keine Angst, jetzt liebe ich Rachel Weinberg, die Tochter eines Kompagnons meines Onkels in New York. Wir wollen im nächsten Jahr heiraten.«

»Oh, das sind ja wunderbare Neuigkeiten; ein Funken Glück in trüber Zeit. Herzlichen Glückwunsch.«

»Ich werde diesen Garten nie vergessen«, sagte er, und bestürzt nahm sie wahr, dass sich seine Augen mit Tränen füllten. Er blinzelte, und die Tränen verliefen sich.

Sie legte den Arm um seine Schulter. »Tommy, das muss doch kein Abschied für immer sein. Irgendwann ist dieser ganze Wahnsinn vorüber. So dumm kann kein Volk sein, dass es nicht langsam kapiert, von wem es da regiert wird.«

Er lachte auf und fuhr sich mit der Hand über die Wangen. »Ich traue Völkern nicht, oder besser gesagt, ich traue Völkern alles zu. Völker bestehen aus Massen, und Massen sind nun einmal dumm. Ich glaube nicht, dass ich noch einmal hierher zurückkommen werde.«

Sie holte Wein und Becher aus den Rucksäcken und schenkte ihm und sich selbst noch einmal ein.

»Hier«, sagte sie und hielt ihm den Becher hin. »Lass uns den Tag einfach genießen.«

»Lechajim«, sagte er und hielt ihr seinen Becher entgegen.

»Lechajim«, sagte auch sie und stieß mit ihm an. »Wann wirst du morgen aufbrechen?«

»Früh. Ich treffe mich um fünf mit Alwin am Bootsanleger. Dort liegt die alte Jolle bereit. Wir segeln ein letztes Mal zusammen die Elbe hinunter Richtung Dänemark. Von dort reise ich weiter nach Schweden zu meinem Onkel und dann in die USA. Alwin segelt die Jolle zurück und kümmert sich um sie.«

»Er bewahrt sie für dich auf?«

Er lächelte. »Ja, wenn du so willst.«

»Alwin ist ein Guter?«

»Alwin ist ein Guter. Wir versuchen, in Kontakt zu bleiben.«

Sie schaute auf den Fluss, der in der schon schräg stehenden Herbstsonne glitzerte.

»Seltsam, ich habe die Elbe ausschließlich von dieser Uferseite aus und fast immer nur von hier oben aus betrachtet und mich nie gefragt, wie es wohl auf der anderen Seite aussehen mag«, sagte sie nachdenklich.

»Ich hab dich mal gefragt, ob du nicht einmal mit uns segeln willst, aber du hast mich nur angesehen, als wäre ich von allen guten Geistern verlassen«, sagte er.

Sie lachte. »Ich weiß, aber Wasser ist eben nicht mein Element. Doch dieser Fluss ist mir wichtig geworden. Zu Anfang bot er mir lediglich ein Panorama, ein interessantes Passepartout für die Girlandenhecke und den Garten. Aber mit den Jahren wurde er immer mehr Teil meines Lebens.«

»Wenn ich an dich denke, sehe ich dich nur im Garten und im Gärtnerhaus. Du warst immer da und hast dich stets gefreut, wenn ich kam. Du warst neben meiner Familie eine der wenigen Konstanten in meinem Leben.« Er lächelte. »Du und der Garten«, fügte er hinzu.

Sie seufzte. »Ja, das ist meine Welt, oder sollte ich besser sagen: Das war meine Welt?«

Er griff nach seinem Rucksack und zog ein zerknittertes Programmheft hervor. Er reichte es ihr aufgeschlagen. »Lies mal«, sagte er. »Der Text stammt von einem Autor namens Walter Mehring und wurde in einem Kabarett in der Schweiz vorgetragen. Da habe ich ihn zum ersten Mal gehört.«

Sie nahm das Heft und las.

»Werft eure Herzen über alle Grenzen,
und wo ein Blick grüßt, werft die Anker aus!
Zählt auf der Wandrung nicht nach Monden, Wintern, Lenzen,
starb eine Welt – ihr sollt sie nicht bekränzen!
Schärft das euch ein und sagt: Wir sind zu Haus!
Baut euch ein Nest!
Vergesst – vergesst,
was man euch aberkannt und euch gestohlen!

Kommt ihr von Isar, Spree und Waterkant:
Was gibt's da heut zu holen?
Die ganze Heimat
und das bisschen Vaterland,
die trägt der Emigrant
von Mensch zu Mensch – von Ort zu Ort
an seinen Sohlen,
in seinem Sacktuch mit sich fort.«

»So sollten wir es vielleicht sehen, oder?«, meinte er.

»Vergessen?«

»Besser als ein Leben lang hadern.«

30

SIE VERABSCHIEDETEN SICH ABENDS voneinander. Sie hatte ihm ihre neue Adresse gegeben, und sie versprachen, sich zu schreiben.

In den darauffolgenden Tagen begann sie, ihre Habseligkeiten zu ordnen und auszuwählen, was sie nach England mitnehmen wollte. Es waren vor allem voll beladene Kisten mit Büchern und Berties Fotografien, die Henry schon jetzt für sie zur Post brachte. Sie wurden erst einmal an Elisabeths Adresse geschickt. Die Fundstücke, die sie im Laufe der Jahre gesammelt hatte, all die Schneckenhäuser und Steine, die getrockneten Blüten, Früchte, Zapfen und Schoten, verteilte sie überall auf dem Berg. Für sich selbst behielt sie lediglich eine besonders schöne Seeigel-Versteinerung.

Da ihre Bücherkisten schon unterwegs nach England waren, bediente sie sich in der Bibliothek der Clarenburgs. Ludwig Clarenburg hatte ihr immer wieder angeboten, sich Lektüre aus seinem Bücherfundus auszuleihen. Nun machte sie von dem Angebot Gebrauch.

Sie staunte über die große Bandbreite an Interessen, die die Clarenburg'sche Bibliothek offenbarte. Eine Vielfalt an historischen und philosophischen Werken hatte sie erwartet. Auch mit Biografien bedeutender Politiker und Künstler sowie den Klassikern von Shakespeare und Dickens über Goethe und Schiller, Balzac und Stendhal bis hin zu Puschkin und Tolstoi war zu rechnen gewesen. Ungewöhnlich fand sie eine ganze Reihe von Gedichtbänden modernerer Autoren wie Yeats, George, Benn und Rabindranath Tagore sowie die Romane eines Amerikaners namens Hemingway.

Als sie die Widmungen auf den Einbänden las, stellte sie fest, dass sie fast allesamt Adele zugedacht waren. Sie war überrascht, dass Adele sich offensichtlich für moderne Literatur interessierte, und auch ein bisschen beschämt. Vielleicht habe ich sie falsch eingeschätzt, dachte sie.

In der noch verbliebenen Zeit verschlang sie die Werke Hermann Hesses und Jack Londons. Remarques *Im Westen nichts Neues* über die Schrecken des Ersten Weltkriegs erschütterte sie. Sie dachte an Lorenz, den sie viel zu spät als die Liebe ihres Lebens begriff, auch wenn ihr diese Wendung nie in den Sinn, geschweige denn über die Lippen gekommen wäre. Hin und wieder hatte sie sich bei dem Gedanken ertappt, was wohl geschehen wäre, wenn er den Krieg überlebt hätte. Doch das hatte sie sich rasch wieder untersagt: Les neiges d'antan, wie es der Dichter Villon formuliert hatte. Vorbei, vorbei und nicht wiederholbar.

Im Garten gab es nichts mehr zu tun. Alle Herbstarbeiten waren erledigt. Sie hatte sogar noch Tulpen- und Narzissenzwiebeln gepflanzt. Falls die Clarenburgs doch wieder heimkämen, sollten sie einen blühenden Frühling erleben. Doch sie rechnete nicht mehr mit ihrer Rückkehr.

Sie gewöhnte es sich an, mit den Liesmanns im Haupthaus zu Abend zu essen. Sie fühlte sich nicht mehr wohl in dem leeren Gärtnerhaus. Mit den Liesmanns war sie immer gut ausgekommen, und mit der quirligen Henriette war sogar so etwas wie eine Freundschaft entstanden. Dann und wann stießen Jost und Karl dazu, die aber meist im Gesindehaus blieben. Denn auch in der wohnlichen und früher immer so betriebsamen Küche war die Stimmung gedrückt. Niemand wusste, wie es weitergehen sollte.

Sie hatte vor, in den ersten Dezembertagen nach England zu reisen. Ihre neuen Arbeitgeber hatten die Überfahrt gebucht und alle Formalitäten erledigt. Sie hatte nicht vorgehabt, großes

Aufsehen um ihre Abreise zu machen. Lebwohl und Adieu, und dann auf und davon. So hatte sie sich das gedacht. Aber Renata war empört gewesen und hatte sie zu einem Abschiedsfest im Gesindehaus überreden können. Eine kleine Feier sollte es werden, mit Jost und Karl, den Liesmanns, Siggi Wermuth sowie Renata und Gisbert Dreyer samt ihren Familien. Doch die politischen Ereignisse zerschlugen diese Pläne einmal mehr.

Am Abend des 9. November saß sie in der Bibliothek im Haupthaus, rauchte und las in den *Blumen des Bösen*, als sie näherkommenden Lärm vernahm. Ein scheppernder Gesang drang an ihr Ohr, und plötzlich hörte sie Scheiben klirren.

Sie fuhr hoch, als auch schon Henriette Liesmann in die Bibliothek stürzte.

»Dieser Mob hat die Fenster in der Halle zerschlagen und kommt ins Haus«, schrie sie völlig aufgelöst.

Hedda legte ihr Buch beiseite und drückte ihre Zigarette aus.

»Was ist passiert?«, fragte sie ruhig.

»Ich weiß es doch nicht«, schluchzte Henriette.

Doch da drang schon ein junger Bursche in brauner Uniform, den armen Henry vor sich her stoßend, in die Bibliothek.

»Gehören Sie zu der Clarenburg-Sippschaft?«, fragte er barsch.

»Nein«, erwiderte Hedda kühl. »Ich bin die Gärtnerin, und dies sind die Köchin und der Chauffeur. Was wollen Sie?«

»Sie sind die Gärtnerin?«, fragte der Mann interessiert, während seine Kameraden schon in die oberen Gemächer stürmten, um ihrem Raubzug und ihrer Zerstörungswut freien Lauf zu lassen.

»Ja«, sagte sie. »Clarenburgs sind nicht hier, falls Sie die suchen sollten.«

Der Mann musterte sie unverfroren von oben bis unten. Er schien nicht älter als Anfang zwanzig, und irgendetwas an ihm kam ihr vage bekannt vor.

»Sie sind Hedda, oder? Hedda Herzog?«

»Ja, und?«

Ohne dass sie es kommen sah, schlug er ihr ins Gesicht. Sie taumelte rückwärts und fiel in den Sessel. Die Liesmanns schrien auf.

»Du kleine widerliche Hure. Immer noch auf dem hohen Ross, was?«, zischte er und beugte sich zu ihr. »Aber die Zeiten sind jetzt vorbei. Euereins wird endgültig vom Erdboden verschwinden. Und du Schlampe wirst keine ehrbaren Familienväter mehr verführen.«

Sie hörte die beiden Liesmanns noch einmal aufschreien, als er wieder und wieder auf sie einschlug.

Zunächst war sie viel zu perplex, um sich zu wehren. Sie war in ihrem ganzen Leben noch nie geschlagen worden oder sonst irgendeiner Gewaltanwendung ausgesetzt gewesen. Ihr Körper reagierte wie unter Schock auf das Ungewohnte, nämlich erst einmal gar nicht.

Schließlich versuchte sie, sich mit den Armen zu schützen, doch er zog sie vom Sessel auf den Boden und trat ihr mehrfach in die Seite.

Der Schmerz traf sie mit voller Wucht. Sie konnte kaum mehr atmen und glaubte zu ersticken.

Sie stöhnte auf, war aber schon fast nicht mehr bei Bewusstsein, als sie rasche Schritte vernahm und eine laute Stimme hörte.

»Sofort aufhören!«

In ihrer Benommenheit erkannte sie Karl, der ihren Peiniger hinterrücks packte, von ihr wegzog und eisern festhielt.

»Lass das, du dämlicher Krüppel«, brachte der Mann hervor und versuchte, sich loszureißen.

»Halt den Mund, oder ich schlag dir die Zähne ein«, fauchte Karl ungewohnt entschlossen und hielt den Eindringling mit eisernem Griff fest.

Sie hörte wieder Schritte. Dann stand Jost in der Tür. »Wilhelm, bist du von allen guten Geistern verlassen? Karl, lass ihn los!«

Karl lockerte seinen Griff. Sein Widersacher riss sich los und strich seine Uniform glatt.

»Was tust du hier?«, fragte er barsch an Jost gewandt.

»Wir wohnen nebenan. Schon vergessen?«, gab Jost kühl zurück. »Die Frage ist doch: Was tust *du* hier?«

»Diese Judenbrut hat einen von der deutschen Botschaft in Paris ermordet. Aber das wird jetzt ein Ende haben.«

»Clarenburgs sind nicht da. Also verschwinde mit deiner Horde«, sagte Jost.

»Sie hier ist auch eine von denen, oder? Ein Judenweib, und du weißt genau, was sie sonst noch ist«, zischte der Mann.

»Wilhelm«, sagte Jost in möglichst ruhigem Ton. »Das ist alles sehr lange her. Verzieh dich mit deinen sogenannten Kameraden und lass Fräulein Herzog in Frieden. Und vergiss nicht, dass diese ›Judenbrut‹ uns über Jahre hinaus ernährt hat und deinen Brüdern und auch dir eine Ausbildung hat zukommen lassen.«

»Und von welchem Geld? Diese Führer des Weltjudentums – nichts als Geldeintreiber; haben den Schmachfrieden von Versailles unterzeichnet, haben sich immer nur bereichert, diese Volksverräter und Erfüllungspolitiker. Nur wegen denen haben wir den Krieg verloren, deshalb musste mein Vater sterben.«

»Ich glaube, du bringst da einiges durcheinander, mein Junge. Du solltest deine Schlägerbande einsammeln und von hier verschwinden«, sagte Jost im Bemühen, seine Fassung nicht zu verlieren.

Sie lag am Boden. Ihr Atem ging stockend. Sie versuchte, sich still zu halten, ebenso wie die Liesmanns, die starr vor Schreck dabeistanden. Und sie versuchte, die Zusammenhänge zu begreifen. Wilhelm: Das war Lorenz' Jüngster, Josts Enkel und Karls Bruder. Deshalb war er ihr so bekannt vorgekommen.

Sie hörte Glas klirren und ein Geräusch, als ob Möbel zertrümmert würden. Sie vernahm schwere Stiefelschritte auf dem Parkettboden in den oberen Stockwerken und dann auf der Treppe.

»Komm, Wilhelm, hier gibt's nichts mehr zu holen«, rief einer der Männer.

Wilhelm schaute sich noch einmal um. »Wir kommen wieder«, sagte er. »Und dann«, fuhr er fort und zeigte auf Jost, »solltest du nicht mehr hier sein. Es gehört sich nicht für einen Arier, für dieses Pack zu arbeiten.« Er ging zu Karl, der ruhig neben seinem Großvater stand, und trat nahe an ihn heran. »Und du, Schwachkopf, gehst am besten sehr, sehr weit von hier weg. Wir wollen ja nicht, dass dir was passiert.«

Dann war er weg.

Aber erst als der Lärm deutlich abnahm, die schweren Schritte und die kakofonischen Gesänge sich in der Nacht verloren, wagte sie, sich zu bewegen.

Jost und Liesmanns stürzten auf sie zu.

»Wie geht es Ihnen?«, fragte Jost.

Sie hielt sich die Seite. »Geht schon wieder«, flüsterte sie. Ihr Gesicht war von den Schlägen geschwollen. Vergebens versuchte sie, ihr Zittern in den Griff zu bekommen.

»Sind sie weg?«, fragte sie.

»Scheint so. Ich guck mal nach«, sagte Henry. »Komm mit, Junge«, forderte er Karl auf.

»Legen Sie sich erst mal auf das Sofa. Und dann verarzten wir Ihre Wunden«, sagte die pragmatische Henriette. »Ich hole Desinfektionsmittel und Verbandszeug. Bin gleich wieder da.«

Jost half ihr auf die Beine und führte sie zum Sofa.

»Er hasst mich, und das nicht nur, weil ich Jüdin bin«, stellte sie sachlich fest.

»Ja, das tut er wohl«, sagte Jost und setzte sich in den Sessel neben sie.

»Er hätte mich umgebracht, wenn Karl nicht gekommen wäre«, sagte sie stockend.

»Ich weiß es nicht, aber möglich wär's. Ja, das wäre es.«

»Und wäre sogar davongekommen damit.«

»Ja, vermutlich. Die beiden anderen Jungs sind ganz in Ordnung und halten sich raus. Und Karl kennen Sie ja. Aber Wilhelm hat seinen Vater gar nicht gekannt. Nur diesen Nazi-Stiefvater, und Martha ist auch so eine Hundertprozentige geworden.«

»Und sie hat ihm natürlich von mir und Lorenz erzählt.«

»Muss sie wohl«, sagte Jost und seufzte tief. »Das war damals nicht leicht für sie. Ich will jetzt nichts von dem beschönigen, was da eben vorgefallen ist, wirklich nicht. Der Junge kam mir vollkommen übergeschnappt vor. Andererseits kenn ich ihn auch nicht so gut. Hab zu ihm nie so einen Draht gehabt wie zu seinen Brüdern. Aber so sind viele dieser jungen Leute heute; völlig fanatisiert, gewalttätig und ziemlich wirr im Kopf, wenn Sie mich fragen. Verstehen kann ich's nicht.«

Sie lag schweigend da. Ihr Kopf pochte, und die Rippen schmerzten.

»Wissen Sie, Lorenz hat versucht, diese Angelegenheit zwischen ihm und Ihnen damals diskret zu handhaben«, fuhr Jost fort. »Aber so was funktioniert auf Dauer natürlich nicht.«

»Sie haben alle davon gewusst?«

»Was heißt ›alle‹? Martha hat es mit Sicherheit gewusst und ich auch. Clarenburgs zweifellos ebenfalls. Das ist eben so: Man sieht es den Menschen an, wenn sie verliebt sind.«

Sie lachte auf und fuhr vor Schmerz zusammen.

»Wir müssen einen Arzt holen, der Sie anschaut«, sagte Jost besorgt.

»Das geht schon wieder«, beschwichtigte sie.

»Und dann müssen wir Sie hier wegschaffen. Nach diesem Attentat in Paris sind Juden ganz offensichtlich Freiwild geworden. Sie können nicht hierbleiben.«

»Ich bin doch sowieso schon fast weg«, stöhnte sie.

»Martha wird jetzt alles daransetzen, dass Sie in eines dieser Lager kommen. Sie ist völlig vernagelt. Sie müssen so schnell wie möglich aus dem Land, und bis dahin müssen Sie sich verstecken«, insistierte er.

Henriette kam mit dem Verbandszeug zurück.

»Henry sagt, sie waren überall und haben alles demoliert und ... na ja, eben beschädigt ... beschmutzt. Hier, Sie nehmen erst mal ein Schmerzmittel«, sagte sie zu Hedda und hielt ihr eine Tablette und ein Glas Wasser hin. Sie nahm es gefügig entgegen. Dann begann Henriette, ihr Gesicht mit einer Tinktur abzutupfen.

»Wir sollten Schuldts verständigen«, schlug Jost vor. »Sie wissen schon, Peer und Renata, die für uns früher als Gärtner gearbeitet haben«, erklärte er Henriette. »Ist das in Ordnung für Sie?«, fragte er an Hedda gewandt.

»Ich weiß nicht.« Das Desinfektionsmittel brannte, und ihre Augen tränten. »Ich will nicht, dass sie Ärger kriegen.«

»Unsinn«, sagte Jost. »Ich ruf sie an.«

Sie wusste nicht, wie lange sie vom Schmerz und wohl auch von dem Gegenmittel benebelt vor sich hingedämmert hatte, als sie Renata an ihrer Seite bemerkte.

»Hedda, du musst aufstehen. Du kommst mit uns. Peer steht mit dem Wagen vor der Tür.«

Mit Renatas Hilfe rappelte sie sich mühsam hoch und humpelte von ihr gestützt durch die Halle hinaus auf den Vorplatz, wo Peer mit laufendem Motor in seinem Lieferwagen wartete.

Jost, Karl und die beiden Liesmanns standen daneben.

»Sie braucht einen Arzt. Vielleicht ist eine Rippe gebrochen«, sagte Jost zu Renata.

»Wir haben einen vertrauenswürdigen Doktor. Der wird sie sich ansehen«, versprach Renata.

»Ich hole Ihre restlichen Sachen jetzt gleich aus dem Gärtnerhaus«, sagte Jost zu Hedda. »Henry bringt sie dann zu den Schuldts. Und ich werde Herrn Michaelis verständigen.«

Sie sah ihn an, noch immer zitternd und von Renata gestützt. »Oh, Jost.« Dann löste sie sich von der Freundin, trat auf den alten Mann zu und umarmte ihn so fest, wie es ihr lädierter Körper zuließ. Sie bemerkte eine für ihn ungewöhnliche Ergriffenheit.

»Alles Gute für Sie, Fräulein Herzog«, sagte er.

»Hedda«, entgegnete sie leise.

»Hedda.« Es klang ungewöhnlich aus seinem Mund, doch es war ihr ein Bedürfnis, ihren Namen einmal im Leben von ihm ausgesprochen zu hören. »Alles Gute für Sie, Hedda«, wiederholte er. »Wir denken an Sie, Sie wissen schon. Und lassen Sie von sich hören. Wir wollen wissen, dass es Ihnen gut geht.«

»Mach ich«, versprach sie.

Neben ihm stand Karl, reglos und ernst. »Danke«, sagte sie zu ihm und legte ihm sacht die Hand auf die Wange. »Du hast mir das Leben gerettet.«

Karl schaute verlegen drein und wusste nichts zu entgegnen. Dann rang er sich ein Lächeln ab. »Gern geschehen«, sagte er förmlich, und sie gaben sich ungelenk die Hand.

»Was für ein Abschied«, flüsterte sie. Sie umarmte auch die Liesmanns.

Dann stieg sie in das Auto.

Sie fühlte sich zerschunden. Es gab kaum eine Stelle an ihrem Körper, die nicht schmerzte. Aber es war nicht der Schmerz, der ihr zusetzte. Sie fühlte vor allem eine gewaltige Wut, eine Empörung über diesen kleinen Fatzke, diesen aufgeblasenen Bengel, der sie derart gedemütigt, beschimpft und geprügelt hatte, und wünschte ihm und seinem Anhang alle zehn biblischen Plagen zusammen an den Hals.

Und so, vor Zorn geradezu blind, fuhr sie mit Renata und Peer durch die Nacht. Ohne Blick für die im Zwielicht erkennbaren Konturen ihres Gärtnerhauses; ohne Blick für die dämmrige Parklandschaft und die alten Bäume, deren kahles Geäst die Sicht auf den Fluss preisgab; ohne Blick für die stille Villenstraße, die im anbrechenden Morgen langsam zum Leben erwachte; ohne Blick auch auf das im Wind wirbelnde bunte Herbstlaub der Blutbuchen, Eichen und Linden, das sie in günstigeren Zeiten aufgrund seiner Farbenpracht entzückt hätte.

Und ohne einen Blick zurück zu werfen auf das, was fünfundzwanzig Jahre lang ihr Zuhause gewesen war, fuhr sie mit Peer und Renata davon, fort vom Berg, fort von ihren Gärten, vertrieben in ein neues Leben.

Epilog

2017

SIE HATTE IHM GESAGT, dass es keinen anderen Weg gäbe. Immer am Fluss entlang und kurz vor der Stadtgrenze eine steile, uneben bestufte Treppe den Berg hinauf, so hatten ihre Anweisungen gelautet. Jetzt stand er ratlos auf einer schmalen, baumbestandenen, unbelebten Straße am Ufer der Elbe, studierte den Stadtplan auf seinem Smartphone und fürchtete schon, zu weit gegangen zu sein. Rechts von ihm erhob sich bewaldet und düster der Geesthang.

Er öffnete seinen Rucksack, holte eine leichte Windjacke heraus und zog sie an. Für Mitte Mai war es erstaunlich kalt. In England blühten bereits die Apfelbäume, und die Rosen trieben erste Knospen. Er wäre jetzt gerne dort, daheim in Surrey. Vermutlich würde Emily den ersten Thymian im Kräutergarten ernten. Vielleicht würde sie aber auch einfach nur auf der Bank unter dem alten Kirschbaum sitzen und den Bienen und Hummeln beim Bestäuben zusehen, während die Zwillinge und Jimmy, ihr Ältester, um sie herumtobten.

Er blickte auf den ruhig dahinfließenden Strom und schaute noch einmal auf sein Smartphone. Er musste nahe der Stelle sein, die sie ihm beschrieben hatte. Er kehrte um und ging ein Stück des Wegs zurück. Und dann sah er das Schild, unscheinbar und von Erlenzweigen fast verdeckt. Und da war auch die Treppe, jetzt von Westen kommend besser zu sehen als aus Richtung Stadt. Er schaute den Hang hoch und überlegte, ob er bei seinen fast siebzig Jahre alten Knochen das antun sollte. Bei einer seiner Bergtouren in den Highlands hatte er sich vor einem Jahr den rechten Unterschenkel gebrochen und seitdem ein paar Beschwerden mit dem Treppensteigen. Er würde eben Pausen einlegen müssen.

So nahm er denn den Aufstieg in Angriff. Hin und wieder blieb er stehen. Er sah auf die Elbe, die unter ihm liegenden Baumkronen, und stieg weiter. Dann entdeckte er auf der rechten Seite die Eibenhecken des Amphitheaters. Er bewältigte die letzten Stufen und folgte dem Pfad nach rechts. Er sah die Girlandenhecke in einiger Entfernung, und hier, wo er nun ging, musste der Rosengarten gewesen sein. Unter ihm lag das Amphitheater.

Er war überrascht, dass alles genauso aussah, wie er es sich vorgestellt hatte. Natürlich hatte er Fotos gesehen, aber denen war ja heutzutage oft genug nicht zu trauen. Doch diese Anlage entsprach ziemlich genau seinen Erwartungen, zumindest auf den ersten Blick.

Eine seltsame Rührung überkam ihn. Plötzlich fühlte er sich wie ein Zeitreisender, der in einem lang vergessenen Märchenreich gelandet war; einem Land, von dem er immer nur gehört und an das er eigentlich nie recht geglaubt hatte. Und jetzt war er hier, hier im Römischen Garten in Hamburg-Blankenese. Es kam ihm immer noch ein bisschen irreal vor.

Er ging weiter, vorbei an der Brüstung der spätbarocken Treppe, und dann sah er sie.

Sie saß auf der Rundbank zwischen den Trockenmauern und schaute auf den Fluss; eine schlanke, hochgewachsene Frau Ende fünfzig mit schulterlangem, dunklem Haar in Jeans und Outdoorjacke.

Als sie ihn kommen sah, stand sie auf und kam ihm entgegen.

»Mr. Wilkins-Clark?«, fragte sie. Große hyazinthenblaue Augen schauten ihn an.

»Ganz recht, nennen Sie mich Julian«, antwortete er in akzentfreiem Deutsch. »Und Sie sind Christine Vidal-Hennings?«

»Ja, ich bin Christine. Wie schön, dass es geklappt hat und Sie kommen konnten. Das Ganze ist ja doch eine etwas diffuse Angelegenheit«, sagte sie.

Er lachte. »Na ja. Ehrlich gesagt wollte ich diesen berühmten Garten immer schon sehen. Hedda hat so viel davon erzählt. Und das war jetzt einfach mal ein Anlass.«

Sie gingen nebeneinander an der Girlandenhecke entlang. »Ich fürchte, die Anlage wird bei Weitem nicht dem gerecht, was Hedda Ihnen darüber erzählt hat«, sagte sie. »Dieser Garten hier hat eine sehr wechselvolle Geschichte hinter sich, und er ist nicht gerade in einem erstklassigen Zustand.«

Sie standen an der Treppe zum Naturtheater, dessen Konturen unter dem dichten Grasbewuchs gerade noch erkennbar waren.

»Sieht doch eigentlich ganz passabel aus«, meinte Julian.

»Inzwischen wieder, so einigermaßen. Im Sommer finden sogar dann und wann Aufführungen statt. Und in unregelmäßigen Abständen wird sogar das Gras gemäht. Aber der Ort ist eben schlecht zu erreichen. Sie haben die Treppe ja gesehen. Und der Rosengarten ist gänzlich verschwunden. Die Clarenburgs hatten der Stadt den Garten eigentlich nur unter der Voraussetzung vermacht, dass sie die gesamte Anlage wiederherstellt. Aber das ist, wie Sie sehen, nur recht halbherzig in die Tat umgesetzt worden. Die schönen Sandsteinplastiken, die kunstvoll geschmiedete Eisentür zum Rosengarten, Steinbänke und Terrakottavasen, alles, was man irgendwie mitnehmen konnte, ist nach der Emigration der Clarenburgs gestohlen worden. Und der Rosengarten fehlt einfach. Vermutlich zu teuer im Unterhalt und der Pflege. Das ist hier ja eine öffentliche Anlage, auch wenn nur wenige Menschen herkommen.«

Er schaute sich um. »Die Hecke sieht gut aus. Die Terrassenbeete hatte ich mir anders vorgestellt.«

»Ja, die sahen früher auch anders aus. Blumenrohr und

Impatiens entsprechen ganz gewiss nicht der ursprünglichen Bepflanzung.« Christine bedachte die Beete mit einem freudlosen Blick. »Der Garten ist in seiner Bepflanzung und ich fürchte auch in seiner Ausstrahlung leider nur noch ein Schatten seiner selbst. Ich habe natürlich recherchiert. Das muss früher ein zauberhafter Ort gewesen sein.«

»Ja, so wurde es mir auch geschildert«, bestätigte Julian.

»Aber da kann man vermutlich nichts machen. Hier geht es jetzt nun mal hauptsächlich um Pflegeleichtigkeit. Darf ja alles nix kosten«, erklärte sie.

»Wo ist das Gärtnerhaus?«, fragte er.

Sie wies unbestimmt auf einen durch den dichten Baumbewuchs nicht auszumachenden Punkt oberhalb der Terrassenbeete.

»Irgendwo da. Ist längst an einen Investor verkauft. Wie Sie sehen, ist der ganze Berg parzelliert und bebaut worden. Den ursprünglichen Landschaftspark gibt es längst nicht mehr. Und die Besitzer dieser Hütten«, sie deutete wiederum vage auf den Hang mit seinen diskret von Gehölzen verborgenen Villen, »mögen es gar nicht, wenn hier zu viel Betrieb herrscht. Sie sind ganz froh darüber, dass dieser Garten so schwer zugänglich ist und ihn darüber hinaus kaum jemand kennt.«

Sie gingen wieder zur Rundbank zurück und ließen sich darauf nieder.

»Ich habe diese Briefe, die Hedda im Ersten Weltkrieg an meinen Großvater geschrieben hat, erst nach dem Tod meiner Mutter vor drei Monaten entdeckt«, sagte Christine. »Mein Bruder und ich haben das Haus leer geräumt, und da habe ich auf dem Dachboden einen Koffer gefunden voller alter Briefe und Fotos. Dieser Koffer hat wohl noch meinem Urgroßvater gehört und ist seit seinem Tod vermutlich nie mehr geöffnet worden. Jedenfalls waren die Briefe da drin, und beim Lesen wurde mir ziemlich schnell klar, dass Hedda Herzog und mein Großvater Lorenz ein Paar waren. Ich habe nicht die leiseste Ahnung, ob meine Großmutter das gewusst hat. In unserer Familie ist nie darüber gesprochen worden.«

Er schwieg eine Weile. Dann öffnete er seinen Rucksack und zog drei Bündel mit Briefen hervor. »Das sind die Briefe von Hedda an meine Großmutter Elisabeth.« Er reichte ihr zwei große Bündel. »Und das sind die Briefe von Ihrem Großvater an Hedda.« Dann reichte er ihr das weitaus kleinere Päckchen. »Tun Sie damit, was Sie für richtig halten.«

»Ist das Ihr Ernst? Sie überlassen mir die Briefe?«

»Wenn Sie wirklich ein Buch über diesen Garten schreiben wollen, finden Sie hier die Entstehungsgeschichte. Und ich denke, noch etwas mehr. Über Ihren Großvater steht auch eine ganze Menge drin. Aber ich weiß nicht, ob Sie das verwerten wollen.«

»Doch, natürlich. Ich möchte ja vor allem auch über Hedda schreiben. Sie war schließlich die erste Obergärtnerin Deutschlands; die erste Frau, der man hierzulande die Anlage und Pflege eines großen Gartens und wenn Sie so wollen auch die Verantwortung darüber anvertraute. Eigentlich eine feministische Ikone, aber leider ist sie so gut wie vergessen. Nur noch wenige Leute kennen ihren Namen oder das, was sie hier geleistet hat.« Christine dachte einen Moment nach. »Na ja, und die Geschichte dahinter kennen noch weniger Menschen. Was wurde aus Hedda in England? Sie haben sie ja wohl gut gekannt.«

»Gewiss. Nach dem Tod meines Großvaters zog Hedda zu meiner Großmutter in das Haus in Surrey, in dem ich heute noch wohne«, erklärte er. »Es war immer ein großer Spaß, wenn wir als Kinder damals meine Großmutter und Hedda besuchten. Meine beiden Schwestern und ich haben sie sehr gern gehabt.«

»Hat sie weiter als Gärtnerin gearbeitet?«

»Oh ja. Wenn man so will, hatte sie sogar eine Art Karriere.

Sie war Gärtnerin auf großen Anwesen in Oxfordshire und Kent. Und sie arbeitete in den Royal Botanic Gardens in Kew in London. Nach dem Krieg war sie Obergärtnerin in Coventry, wo sie einen Garten für einen Unternehmer anlegte. Und dann hat sie sich natürlich den Garten meiner Großmutter vorgenommen. Er ist heute noch weitgehend so, wie sie ihn konzipiert hat. Ein wunderschönes Fleckchen Erde. Ich bin sehr dankbar, dass ich dort leben darf.«

»Und sie hat nie geheiratet?«

»Nein, dazu war sie wohl nicht der Typ. In ihren Briefen an meine Großmutter hat sie immer wieder betont, dass sie nie an eine Ehe mit Ihrem Großvater gedacht hat. Die beiden hatten ein mehr oder weniger zwangloses Arrangement, und damit waren sie wohl beide ganz zufrieden.«

»Meine Großmutter bestimmt nicht.«

»Nein. Und es stellte sich dann später auch heraus, dass Hedda ihre Gefühle für Ihren Großvater doch ein wenig unterschätzt hat. Sie hat furchtbar gelitten nach seinem Tod und sehr um ihn getrauert.«

»Und danach gab es niemanden mehr in ihrem Leben?«, fragte Christine.

»Doch, es gab da noch einen Mann, Benjamin Michaelis, ein Deutsch-Engländer. Den hat sie bei den Clarenburgs kennengelernt. Er war sehr viel jünger als sie. Und wie Sie den Briefen an Elisabeth entnehmen können, war das keineswegs eine platonische Beziehung. Er war ernsthaft an ihr interessiert und wollte sie sogar heiraten, auch wenn er eigentlich eher auf Männer stand. Wie auch immer, Hedda hat die Beziehung zu ihm auch in England weiterhin gepflegt, aber heiraten wollte sie nicht.«

»Er war schwul und hat eine ältere Frau so sehr geliebt, dass er sie heiraten wollte?« Christine schaute Julian ungläubig an.

»Warum nicht? Er war wohl eher bisexuell, und Hedda war

eine faszinierende Frau. Das haben selbst wir Kinder gemerkt. Und Ben selbst war auch ein ungewöhnlicher Mann. Ein Freigeist und dazu ein wahrer Held, wie mein Vater Albert mir erzählt hat. Mein Vater war mit Ben befreundet. Wenn Ben in England war, sind die beiden oft in den Highlands wandern gewesen. Mein Vater hat eine Zeit lang dort gelebt. Es hat ihn schwer getroffen, als Ben im Krieg umgekommen ist.«

»Was ist passiert?«

»Ben war Jude, sehr wohlhabend. Mithilfe von Ludwig Clarenburg hat er Tausende jüdische Kinder vor den Nazis gerettet und ihnen eine Ausreise nach Palästina ermöglicht. Hedda war auch daran beteiligt. Sie hat die Jugendlichen zu ordentlichen Gärtnern ausgebildet, damit sie in ihrer neuen Heimat einen guten Start hatten. Sie hatte damals auch eine Art Ziehkind, ein Mädchen namens Hannah, das dann nach Palästina ausgewandert ist und dort bei irgendwelchen Scharmützeln ums Leben kam. Das hat ihr ziemlich zugesetzt.

Später, als Hedda und Ben schon in England lebten, hat Ben begonnen, Hilfsaktionen für jüdische Flüchtlinge zu organisieren, die in Spanien und Portugal gestrandet waren. Bei einer dieser Hilfsaktionen haben die Deutschen ihn im Juni 1943 über dem Golf von Biskaya abgeschossen. Er war in einer kleinen Passagiermaschine von Lissabon nach London unterwegs.«

»War er denn so bekannt, dass die Nazis ihn loswerden wollten?«, fragte Christine überrascht.

»Schwer zu sagen. War wohl eine etwas dubiose Geschichte«, fuhr Julian fort. »Mein Vater erzählte mir, dass unter den dreizehn Personen an Bord mindestens vier das eigentliche Ziel des Abschusses hätten gewesen sein können. Einer von ihnen war ein berühmter britischer Filmstar, der Goebbels aus irgendeinem Grunde ein Dorn im Auge war. Einer war nur der Buchhalter dieses Schauspielers, doch der sah fatalerweise aus wie

Churchill. Möglich, dass die Deutschen da einem Irrtum aufgesessen sind. Der echte Churchill wurde damals aus Afrika zurückerwartet. Der Dritte war ein englischer Geheimdienstoffizier, ebenfalls abschussverdächtig. Der vierte Mann war Ben.«

»Über diesen Mann habe ich nie etwas gehört«, sagte sie.

»Es gab sogar einen Nachruf auf ihn in der *Times*«, sagte Julian. »Aber in diesem Land hier hat man sich mit Menschen, die unter Gefahr für Leib und Leben Juden gerettet haben, ja wohl immer etwas schwergetan, oder? Oskar Schindler wurde ja auch erst durch diesen Film bekannt.«

»Ja, solche Beispiele erinnern die Menschen hierzulande wohl ein wenig zu explizit daran, dass es sehr wohl möglich war, ihre jüdischen Mitbürger vor Deportation und Ermordung zu schützen. Hier tat man ja sehr lange sehr ahnungslos; so als hätte man nicht mitbekommen, dass der jüdische Nachbar, der jüdische Hausarzt oder der Kaufmann um die Ecke plötzlich verschwunden waren. Niemand ist eben so blind wie jemand, der nicht sehen will.« Sie überlegte. »Haben sich Hedda und die Clarenburgs eigentlich je wiedergesehen?«

»Clarenburgs waren noch einmal in London, kurz vor dem Krieg. Da haben sie ihren vierzigsten Hochzeitstag gefeiert. Hedda war auch eingeladen, und sie hatten wohl auch weiterhin Kontakt.«

Sie schwiegen eine Weile.

»Wieso sprechen Sie eigentlich so gut Deutsch?«, wollte Christine wissen.

Er lachte. »Dafür haben Elisabeth und Hedda gesorgt. Sie hatten beide eine ziemlich umfangreiche Bibliothek, und die interessantesten Bücher waren leider auf Deutsch abgefasst.« Er grinste in Erinnerung an sein damaliges Ich. »Nun ja, da standen manchmal Sachen drin, die einen als schwer Pubertierenden mächtig interessieren. Ich habe dann tatsächlich Deutschkurse besucht, obwohl das damals in England nicht so populär war. Und mit Hedda und meiner Großmutter habe ich auch Deutsch gesprochen.«

»Wann ist sie gestorben?«

»Hedda? Mitte der Sechziger; 1964, wenn ich mich recht erinnere.«

»Und die Clarenburgs?«

»Sind in New York geblieben und auch dort gestorben. Sie haben nie wieder einen Fuß in dieses Land gesetzt. Kann man ihnen nicht verdenken, oder?«

»Nein. Und dass sie den Garten unter diesen Umständen der Stadt vermacht haben, finde ich ganz schön generös, wenn man bedenkt, was Hamburg ihnen angetan hat.«

»Wie ist es eigentlich Ihrer Familie ergangen?«, fragte er.

»Puh, meine Verwandten haben sehr unterschiedlich auf die NS-Zeit reagiert«, erzählte sie. »Mein Vater Arthur war der zweitjüngste der vier Söhne von Lorenz. Er und mein älterer Onkel waren nie Parteimitglied. Mein Onkel Helmut war sogar Kommunist und saß dann, als Hitler und Stalin ihren Pakt schlossen, zwischen allen Stühlen. Immerhin sind er und mein Vater einigermaßen heil durch diese Zeit und den Krieg gekommen. Meinen ältesten Onkel Karl habe ich nie kennengelernt. Er hat damals, nachdem die Clarenburgs emigriert waren und das Haus der Heeresverwaltung unterstellt worden war, Suizid begangen. Er war wohl ein bisschen labil, wie mir mein Vater erzählt hat. Meinen Urgroßvater hat das so mitgenommen, dass er einen Schlaganfall erlitt und wenig später starb. Er hat offenbar sehr an Karl gehangen.«

»Hedda hat nie viel darüber gesprochen. Aber ich habe dem, was in meiner Familie so erzählt wurde, entnommen, dass einer von Lorenz' Söhnen sie mehr oder weniger aus dem Land getrieben hat.« Er stockte kurz. »Tut mir leid, wenn ich Ihnen da jetzt zu nahe trete. Es ist schließlich Ihre Familie.«

Sie lachte auf. »Keine Sorge. Über so was muss man sogar

reden, finde ich. Familiengeheimnisse helfen niemandem und setzen sich nur immer wieder fort, meist auf potenzierte Weise. Ich weiß zwar nichts Genaues, aber der Mann, den Sie meinen, müsste mein Onkel Wilhelm gewesen sein. Ein Nazi allererster Güte, genauso wie sein Stiefvater und ich fürchte, auch meine Großmutter. Wilhelm ist nach dem Krieg nach Argentinien ausgewandert. Wir hatten danach keinen Kontakt mehr mit ihm, aber was man so hört, ist er dort sehr reich geworden. Und mein Stiefgroßvater hat nahtlos seine Karriere als Kaufmann fortgesetzt. Land und Stadt mussten schließlich wiederaufgebaut werden. Da waren seine Erfahrung und seine Verbindungen gefragt; selbst von einem sozialdemokratischen Bürgermeister.«

»Meine Güte, das nenne ich mal eine heterogene Familie.«

»Nett ausgedrückt. Es gab immer viel Streit, wie Sie sich vorstellen können.«

»Immerhin *gab* es Streit. In den meisten deutschen Familien ist diese Zeit doch in der Regel schamhaft verschwiegen worden. Keiner wollte genau wissen, was Vater oder Großvater im Krieg getrieben haben.«

»Klar, wenn Sie es so sehen wollen. Als Kind fand ich Familienfeste nur immer etwas anstrengend. Meinen Stiefgroßvater habe ich nicht mehr kennengelernt, aber meine Großmutter ist sehr alt geworden und hat den alten Zeiten solange sie lebte hinterhergetrauert. Mein Vater und Onkel Helmut waren immer stinkwütend auf sie.«

Er dachte einen Augenblick nach. »Da gab es noch eine Köchin«, sagte er.

»Ja, Henriette. Sie und ihr Mann sind, nachdem sie hier ausziehen mussten, in die Stadt gezogen und bei dem großen Luftangriff umgekommen.«

Er saß still auf der Bank und schaute sich um, schaute auf den Fluss, der wie eh und je dem Gezeitenstrom folgte, schaute auf die Girlandenhecke und das Seerosenbecken, das etwas ramponiert wirkte, aber immerhin noch bestand.

»Viele dieser Dramen haben sich hier auf diesem Berg, in diesem Garten abgespielt, oder?«, fragte er.

»Ja.«

»Das ist alles sehr lange her«, konstatierte er.

»Ja, ist es, aber wie der große William Faulkner schon sagte: ›Die Vergangenheit ist nicht tot. Sie ist nicht einmal vergangen.‹ Wie Sie sehen, beschäftigt sie uns immer noch.«

Ein Wind kam auf, und er zog den Reißverschluss seiner Jacke zu.

»Ich hab da noch was für Sie«, sagte er und griff wieder in seinen Rucksack. Er zog einen DIN-A4-großen Briefumschlag heraus und hielt ihn ihr hin.

Sie öffnete den Umschlag. Darin lagen drei Fotografien, eindeutig keine Originale, sondern Kopien von älteren Aufnahmen. Sie zeigten eine hochgewachsene, schlanke Frau mit Sonnenhut, in den Terrassenbeeten arbeitend, und dieselbe Frau in einem Rosengarten, mit leicht abgewandtem Gesicht in die Ferne schauend.

»Ist sie das?«, fragte sie.

»Ja«, sagte er lächelnd. »Das ist Hedda, Ende der Zwanzigerjahre. Der Fotograf hat den Garten porträtiert und sich offenbar ein bisschen in sie verguckt. Es gab wohl noch viel mehr Bilder von ihr. Aber bei einem Bombenangriff im Krieg wurde sein Archiv getroffen, und die Bilder wurden zerstört. Der Mann ist in Fotografenkreisen recht bekannt, Vertreter der Neuen Sachlichkeit. Den Namen hab ich vergessen. Ich such ihn für Sie raus. Ich glaub, es gibt sogar einen Preis, der nach ihm benannt wurde.«

Sie zog das dritte Foto heraus. Es zeigte die Girlandenhecke, von Westen aufgenommen. Sie sah genauso aus wie jetzt. Schwarz-weiß abgelichtet trat das Licht-und-Schatten-Spiel der Säulen besonders effektvoll hervor.

»Vom selben Fotografen?«, fragte sie.

»Ja, der Mann war einfach gut. Die Fotos hat er Hedda geschenkt. Sie hat sie überallhin mitgenommen. Es gibt noch Abzüge von ihren Händen und von einem Fingerhut. Die Girlandenhecke und der Fingerhut hingen in all ihren Wohnungen und am Schluss bei uns in Surrey. Da hängen sie jetzt immer noch. Ich glaube, sie sind inzwischen sogar einiges wert. Aber ich hab sie nie schätzen lassen. Meine Tochter bekommt sie, wenn ich tot bin. Sie kennt die Geschichte des Römischen Gartens. Die Kopien können Sie gern behalten.«

Sie steckte die Fotos in den Umschlag zurück und verstaute ihn in ihrer Tasche.

»Da ist noch was anderes«, sagte er. »Sie hat in England ihren Vornamen geändert.«

Christine blickte ihn erstaunt an.

»Ja«, bestätigte er. »Für unsere Familie blieb sie natürlich Hedda, aber bei ihren neuen Arbeitgebern, ihren neuen Freunden und Bekannten in England nannte sie sich fortan Flora, Flora Herzog.«

»Warum?«

»Hatte wohl mit ihrer jüdischen Mutter zu tun. Ein kleiner, später Tribut an sie. Sie hat sich in England wohl zum ersten Mal mit ihren jüdischen Wurzeln auseinandergesetzt. Nicht dass sie koscher gelebt oder den Sabbat eingehalten hätte oder so was, das nicht. Aber sie las viel über die Geschichte des Judentums und beschäftigte sich mit jüdischen Philosophen.«

»Eine Frau mit vielen Facetten«, sagte Christine. »Schwer, ihr gerecht zu werden.«

»Mag sein. Versuchen Sie es einfach.«

Eine Weile saßen sie still nebeneinander und schauten auf den Fluss.

»Was machen wir nun?«, fragte er.

»Wie viel Zeit haben Sie?«, fragte sie.

»So viel Sie brauchen«, sagte er. »Ich bin Pensionär, meine Frau ist vor drei Jahren gestorben, und meine Kinder sind erwachsen. Zu Hause wartet nur mein Garten, und um den kümmert sich meine Tochter, wenn ich nicht da bin.«

»Großartig«, sagte sie lächelnd. Schwungvoll stand sie auf und zog ihn mit sich hoch. »Wollen wir heute Abend zusammen essen gehen? Ich lade Sie ein. Dann können Sie mir noch ein bisschen mehr über Heddas Leben in England erzählen.«

»Ja, gern. Könnten wir noch ein bisschen hier herumspazieren?«

»Können wir machen, aber so viel gibt es hier gar nicht mehr zu sehen. Lassen Sie uns an der Girlandenhecke entlanggehen, und dann setzen wir uns einen Moment in das Amphitheater. Erst wenn Sie da unten auf den Rängen sitzen, bekommen Sie eine Ahnung von der zauberhaften Atmosphäre, die hier vor fast hundert Jahren geherrscht haben muss.«

So hielten sie es, und eine halbe Stunde später stiegen sie die Rokoko-Treppe hinauf und ließen ihre Blicke noch einmal über die Anlage wandern.

»Wo haben Sie Ihren Wagen stehen?«, fragte Christine.

»Ich hab hier kein Auto. Ich bin mit diesem lustigen kleinen Bus gekommen.«

Sie lachte. »Die Bergziege. Mit der fahre ich auch immer. Ist auch sinnvoller. Einen Parkplatz gibt es hier eh nicht. Wollen wir zusammen am Fluss entlang zur Haltestelle gehen?«

»Machen wir.«

Gemeinsam gingen sie zu der steilen Treppe, die hinunter zur Elbe führte.

Sie bemerkten nicht den schon jetzt blühenden Rosenbusch, der direkt neben einem niedrigen Sockel wuchs, einem Überbleibsel der alten Feldsteinmauer, die einst den Rosengarten umfriedet hatte. Dabei war der Strauch kaum zu übersehen. Fast zwei Meter hoch und weit ausladend stand er dort.

Mit ihrem stacheligen braunroten Geäst passte die Rose im Grunde genommen nicht in dieses sehr strukturierte, formale Ambiente. Zu wild die Anmutung, zu ungebärdig der Wuchs, und dann blühte sie auch noch jetzt im Mai. Dabei wusste doch jeder, dass eine Rose, die etwas auf sich hielt, erst im späten Juni ihre Blüten öffnete.

Doch diese hier war anders, zeigte ihren karminroten Flor mit den goldgelben Staubgefäßen eigenwillig bereits viel früher als die anderen, umschwebt von Bienen und Hummeln. Ein leichter Duft von reifen Äpfeln ging von ihr aus. Auch ein Hauch Aprikose oder Honig schwang mit; ein fruchtiger und gleichzeitig warmer Duft, der eigentlich jeden betören müsste, der hier vorbeiging.

Nur ging hier kaum einmal jemand vorbei, und die zwei Besucher, die nun die Treppe zum Fluss hinunterstiegen, hatten Wichtiges zu besprechen.

Doch auch diese Rose hing mit der Geschichte zusammen, die Julian und Christine beschäftigte. Einst wuchs ihre Mutterpflanze weit höher auf dem Berg, direkt am Gärtnerhaus, sodass man im fortgeschrittenen Frühjahr sofort dieses himmlische Bukett wahrnahm, sobald man aus der Tür trat.

Die braunen Schergen hatten damals versucht, dem Busch den Garaus zu machen, aus Wut darüber, dass die Bewohnerin ausgezogen war. So ließen sie ihren Unmut an dem Inventar und dem Garten aus.

Hedda hätte ihnen sagen können, dass dies ein nutzloses Unterfangen war, zumindest, was die Rose betraf. Denn es war eine Zimtrose, ein unverwüstliches Gewächs, das sich schon im darauffolgenden Frühjahr wieder mit den ersten Trieben aus der Erde hervorwagen würde. Darüber hinaus jedoch bildete die

Rose lange unterirdische Wurzeln, sodass sich ihre Kinder und Kindeskinder mit den Jahren ausbreiteten und immer weiter vermehrten und unermüdlich vordrangen, auch noch in die unwirtlichsten und entlegensten Winkel. Ein Blume gewordenes Zeugnis der Kraft und der Widerstandsfähigkeit allen Lebens.

Nachbemerkung, Literatur und Dank

Die Handlung dieses Buches ist erfunden, aber inspiriert wurde sie von der Lebensgeschichte Else Hoffas, der ersten Obergärtnerin Deutschlands. Sie begann im Jahr 1913 für die Familie Warburg den Römischen Garten in Hamburg-Blankenese anzulegen. 1938 musste sie wegen ihrer jüdischen Herkunft nach England emigrieren. Um die 25 Jahre dazwischen geht es in diesem Roman, der sich zwar an Else Hoffas biografischen Daten orientiert, ansonsten aber fiktiv ist.

Die beiden wichtigsten Quellen waren dabei das Buch *Campagna am Elbhang* des Biologen und Gartenhistorikers Oliver Breitfeld, Christians Verlag, Hamburg 2003, das Standardwerk über den Römischen Garten in Hamburg-Blankenese, sowie die Biografie *Max M. Warburg* der Historikerin Gabriele Hoffmann, Ellert & Richter Verlag, Hamburg 2009.

Max M. Warburg und seine Familie standen Pate für die Familie Clarenburg. Auch wenn sich der Roman an ihrer Lebensgeschichte orientiert, ist er keineswegs eine Biografie über die Familie Warburg. Die Figur des Benjamin Michaelis wurde inspiriert von Wilfrid Israel, Philantroph und Kaufhausbesitzer aus Berlin, der aktiv an der Rettung jüdischer Kinder aus dem nationalsozialistischen Deutschland beteiligt war.

Die in England erschienene Biografie von Naomi Shepherd, *Wilfrid Israel*, Verlag Weidenfeld and Nicolson, London 1984 (deutsche Ausgabe Siedler Verlag, Berlin 1985), beschreibt sein Leben.

Folgende Quellen waren mir bei meinen Recherchen gleichfalls eine große Hilfe:

Dietmar Molthagen, *Das Ende der Bürgerlichkeit? Liverpooler und Hamburger Familien im Ersten Weltkrieg*, Wallstein Verlag, Göttingen 2007.

John F. Jungclausen, *Risse in weißen Fassaden – der Verfall des hanseatischen Bürgeradels*, Siedler Verlag, München 2006.

Uwe Bahnsen, *Hanseaten unter dem Hakenkreuz*, Wachholtz Verlag-Murmann Publishers, Kiel/Hamburg 2015.

Anna Brenken/Urs Kluyver, *Blankenese*, Edition Ellert & Richter, Hamburg 2000.

Aus der Schriftenreihe des Hamburger Architekturarchivs: *Villen und Landhäuser – Bürgerliche Baukultur in den Hamburger Elbvororten von 1900 bis 1935*, hrsg. von Hans Bunge und Gert Kähler, Verlag Dölling und Galitz, München/Hamburg 2012.

Gunilla Budde, *Als Erzieherinnen in Europa unterwegs: Gouvernanten, governesses und gouvernantes*, Institut für Europäische Geschichte Online, hrsg. vom Institut Europäische Geschichte, Mainz 2011.

Websites

www.gartenhistorie.de/2008/11/10/warburgs-garten-auf-dem-koesterberg
www.abendblatt.de/Die-Hamburger-und-der-Erste-Weltkrieg-im-Sommer-1914
Online-Enzyklopädie Wikipedia

Für Informationen über den Postverkehr zwischen Deutschland und England während des Ersten Weltkriegs danke ich Gunnar Goehle, Museologe Brief- und Schreibkultur im Museum für Kommunikation Berlin.

Ich danke meiner Familie für ihre Unterstützung und Ermutigung sowie meinen Lektorinnen Maren Arzt und Christine Gerstacker für anregende Gespräche und inspirierenden Rat.

Textnachweise

S. 139 und S. 145: William Shakespeare, 43. und 29. Sonett. In: *Sämtliche Werke in vier Bänden,* aus dem Englischen von Gottlob Regis, Aufbau-Verlag, Berlin 2003.

S. 204: Das Zitat von Alexander Pope ist zitiert nach: Penelope Hobhouse, *Der Garten*, Dorling Kindersley Verlag, London 2002.

S. 235: Der Absatz über die unterschiedlichen Namen des Vergissmeinnichts ist inspiriert von Helga Schütz, *Von Gartenzimmern und Zaubergärten*, Aufbau-Verlag, Berlin 2020.